भारतीय साहित्य

भारतीय साहित्य

केरल विश्वविद्यालय के स्नातक वर्ग के लिए
Complementary Course VII के लिए पाठ्यपुस्तक

संकलनकर्ता

डॉ. आर. आई. शान्ति
प्राध्यापिका, सरकारी महिला महाविद्यालय
तिरुवनन्तपुरम

डॉ. प्रकाश ए.
प्राध्यापक, सरकारी कॉलेज, कार्यवट्टम्,
तिरुवनन्तपुरम

वाणी प्रकाशन

वाणी प्रकाशन

4695, 21-ए, दरियागंज, नयी दिल्ली 110 002

फ़ोन : +91 11 23273167 फ़ैक्स : +91 11 23275710

शाखाएँ

अशोक राजपथ, पटना 800 004, बिहार

कॉफ़ी हाउस कैम्पस, महात्मा गांधी मार्ग, इलाहाबाद 211 001, उत्तर प्रदेश

महात्मा गांधी अन्तरराष्ट्रीय हिन्दी विश्वविद्यालय, वर्धा 442 001, महाराष्ट्र

www.vaniprakashan.in
marketing@vaniprakashan.in
sales@vaniprakashan.in

BHARTIYA SAHITYA
Compiled by Dr. R.I. Santhi & Dr. Prakash A.

ISBN : 978-93-88684-30-9

प्रथम संस्करण 2018

मूल्य : ₹ 595

सिटी प्रेस, दिल्ली-110 095 में मुद्रित

वाणी प्रकाशन का लोगो मक़बूल फ़िदा हुसेन की कूची से

अपनी तरफ से

भारत के भिन्न-भिन्न प्रदेशों में भिन्न-भिन्न भाषाओं में तरह-तरह के साहित्य रचे जाते हैं। इन्हें क्या 'भारतीय साहित्य' की संज्ञा से अभिहित किया जा सकता है? यह सवाल काफी अहमियत रखता है। भारत की विभिन्न भाषाओं में रचित साहित्य और हमारी संस्कृति के अन्तःसम्बन्धों की समझ छात्र-छात्राओं के लिए आज के सामाजिक परिवेश में कितनी महत्त्वपूर्ण है यह इसी बात से स्पष्ट हो जाता है कि केरल विश्वविद्यालय के स्नतक तथा स्नातकोत्तर पाठ्यक्रमों में एक पर्चे के रूप में 'भारतीय साहित्य' को स्वीकार किया गया है।

केरल विश्वविद्यालय के स्नातक पाठ्यक्रम के लिए तैयार की गई इस पुस्तक में विभिन्न विद्वानों के लेखों तथा भारत की आठ प्रमुख भाषाओं में रचित कविताओं, कहानियों तथा यात्रावृत्तान्त के ज़रिए हमने यह स्थापित करने की कोशिश की है कि एक 'भारतीय साहित्य' की संकल्पना की जा सकती है। अलग-अलग भाषाओं में रचित साहित्य की अन्तरधारा एक है, दार्शनिक सांस्कृतिक, सामाजिक पृष्ठभूमि एक है। यद्यपि प्रत्येक भाषा के साहित्य की अपनी अलग पहचान है, अपना अलग व्यक्तित्व और वैशिष्ट्य है फिर भी उनमें कुछ ऐसी मौलिक समानताएँ है जो मिलकर उन्हें भारतीय साहित्य का रूप देती है।

इस पुस्तक के तीन खण्ड हैं। पहले खण्ड में 'भारतीय साहित्य' से जुड़े सामान्य लेख संकलित हैं। दूसरे खण्ड में उड़िया, मणिपुरी, बंगला, पंजाबी, मराठी तेलुगु तमिल और मलयालम भाषा में रचित कुछ कहानियों और कविताओं के हिन्दी अनुवाद प्रस्तुत किये गये हैं। चूँकि यह पुस्तक हिन्दी भाषा व साहित्य के छात्रों के लिए है, तीसरे

खण्ड में हिन्दी और हिन्दीतर उपर्युक्त आठ भारतीय भाषा साहित्यों के तुलनात्मक अध्ययन से सम्बद्ध लेख संकलित है। परिशिष्ट में ज्ञानपीठ पुरस्कार सरस्वती सम्मान एवं मूर्तिदेवी पुरस्कार प्राप्त साहित्यकारों का विवरण है।

हम उन सभी विद्वानों के आभारी हैं जिनके लेख हमने इस संकलन में लिए हैं। इसको प्रकाशित करने वाले वाणी प्रकाशन और श्री अरुण माहेश्वरी जी के हम विशेष आभारी हैं। आशा है कि छात्रों के लिए यह पुस्तक उपयोगी सिद्ध होगी।

डॉ. आर. आई. शान्ति

डॉ. प्रकाश ए.

(संकलनकर्ता)

अनुक्रम

खण्ड-एक
भारतीय साहित्य

खण्ड-दो
साहित्यिक रचनाएँ

खण्ड-एक
भारतीय साहित्य

भारतीय साहित्य की परिकल्पना : कल और आज

डॉ. आरसू

'भारतीय साहित्य' कई मायनों में एक अमूर्त संकल्पना रही है। इसका अमूर्त होना सकारण है। विभिन्न कार्यक्षेत्रों के विद्वान इसको विभिन्न अर्थों में लेते हैं। विभिन्न युगों में इसका अर्थ समान नहीं रहा है। विभिन्न राष्ट्रों की दृष्टि में इसका मक़सद अलग-अलग रहा है।

अमेरिकी साहित्य या फ्रेंच साहित्य के मक़सद पर इस प्रकार का कोई मतभेद नहीं है। भारतीय साहित्य की संल्पना पर मतभेद होना कोई हानिकारक बात नहीं है। विविधताओं को आत्मसात् करना विकास का बाधक तत्त्व नहीं है। भारत के सन्दर्भ में वह साधक तत्त्व ही रहा है। यूरोपीय साहित्य कहते समय यूरोप के एक देश के साहित्य पर बल नहीं दे सकेंगे। वह यूरोप में शामिल सारे राष्ट्रों के साहित्य का सम्मिलित रूप है। यहाँ छोटे और बड़े राष्ट्रों की भाषाओं के साहित्य का ख़याल करना अनिवार्य बन जाता है।

पाश्चात्य सम्पर्क में आने के बाद भारत को आधुनिक बनने की कई सुविधाएँ मिलीं। साहित्य के क्षेत्र में भी हम विश्व की विशालता की ओर झाँक सके। भारत के साहित्य और संस्कृति की ख़ूबियों को समझने की स्तुत्य प्रयास कुछ अंग्रेज़ मनीषियों ने भी किया था (यों भारतीय साहित्य की अवधारणा चर्चा कर विषय बन गयी थी। उनके मूल्यांकन के तरीके हमारे तरीक़ों से भिन्न थे)। उधर के विद्वानों का ध्यान भारत के प्राचीनकाल के कुछ कवि मनीषियों की कृतियों पर ही पड़ा था। भारतीय विद्या या इण्डोलॉजी के अन्तर्गत उन्होंने भारतीय साहित्य को पहला स्थान दिया था। ऐसी कृतियों में रामायण, महाभारत, वेद और उपनिषद् को ही विशेष महत्त्व मिला था। कुछ कृतियों की परख वे धर्म से जोड़कर करने लगे थे। फिर शुद्ध साहित्य के अन्तर्गत भी कुछ कवियों पर उनकी दृष्टि केन्द्रित होने लगी थी। कालिदास, भवभूति, जयदेव ऐसे कवियों में

शामिल थे। विंटरनिज़, चार्ल्स विलकिन्स, ए.बी. कीथ, शॉपनहोवर, मैक्समूलर, गेटे, सर विलियम जोन्स, रोम्याँ रोलाँ आदि भारतीय विद्या के विशारद थे। भारतीय कृतियों के अध्ययन और मूल्यांकन में उनके विचारबिन्दु अधिक चर्चित होने लगे थे। भारत के अतीतकाल के वैभव का विश्लेषण उन्होंने नये सिरे से किया था। यूरोप के विद्वानों को भारतीय साहित्य में रूचि पैदा करने का श्रेय मुख्यतः इन लेखकों को ही मिलता है। भारतीय साहित्य की परिकल्पना को आरम्भ में वे अवश्य एक रूप दे सके थे।

विदेशियों के मन में भारतीय साहित्य के बारे में एक और संकल्पना उभर आयी थी। सन् 1835 में अंग्रजों ने भारत में अपनी शिक्षा नीति चालू की थी। इससे फ़ायदा उठाकर भारत के कई लोगों ने अंग्रेजी में उच्च शिक्षा प्राप्त की। राजनीतिक क्रान्ति के उस युग में कई नेताओं ने अंगेजी में दक्षता प्राप्त की थी। अंग्रेजी साहित्य से भी उनका सरोकार था। अंग्रेजी में अभिव्यक्ति की क्षमता प्राप्त लेखकों ने उस भाषा में कई अमर कृतियाँ लिखीं। अंग्रेजी में भारतीय लेखकों द्वारा रचित मूल कृतियाँ विदेश के पाठक आसानी से समझ सके। मुल्कराज आनन्द, आर.के नारायण और राजाराव जैसे उपन्यासकारों की कृतियाँ बहुचर्चित हो गयी थीं। उनकी भाषा भले ही अंग्रेजी थी तथापि उनकी कृतियों का सांस्कृतिक धरातल भारतीय समाज का था। ऐसे लेखकों की एक बड़ी परम्परा है। टैगोर, हरीन्द्रनाथ चट्टोपाध्याय, अरविन्द और सरोजिनी नायडू की कविताएँ भी इस श्रेणी में आती हैं। गाँधीजी, नेहरू, आजाद, डॉ. राधाकृष्णन और राजगोपालाचार्य की गद्य कृतियाँ भी अंग्रेजी में प्रकाशित हुईं। कुछ अंग्रेजी ने ऐसी कृतियों करे भारतीय साहित्य के अन्तर्गत मानकर मूल्यांकन किया था। कुछ लेखकों के परिवार का बुनियादी सम्बन्ध भारत से है। लेकिन उत्तराधिकारियों का कार्यक्षेत्र यूरोप बन गया। उनमें से कुछ लेखकों की अमर कृतियों पर बाद में विस्तृत चर्चाएँ हुईं। वे कई अन्तर्राष्ट्रीय पुरस्कार विजेता भी बन गये। सलमान रुश्दी, वी.एस. नायपॉल, विक्रम सेठ और अरुन्धती राय ऐसे लेखकों में शामिल हैं। ऐसे अंग्रेज़ी लेखकों की कृतियों को आज भी अन्तर्राष्ट्रीय स्तर पर भारतीय साहित्य मानने की प्रथा क़ायम है। भारत में रहकर अंग्रेज़ी को अभिव्यक्ति का माध्यम बनाने वाले और भी कई लेखक यहाँ रचनारत हैं। उनकी कृतियाँ विदेश के पाठक मूल रूप में पढ़ सकते हैं। इसीलिए वे भारतीय साहित्य के अन्तर्गत माने जाते हैं। जयन्त महापात्र, प्रतीश नन्दी, निसीम एसोविकल, कमलादास, शशि थरूर इस श्रेणी के कुछ साहित्यकार हैं।

भारतीय साहित्य के बारे में भारत में प्रचलित दृष्टिकोण भी विचारणीय है। प्राचीनकाल में संस्कृत की बड़ी महिमा और गरिमा रही। उसके महत्त्व से अन्य भारतीय भाषाएँ भी लाभान्वित हो उठीं। संस्कृत के साहित्यकार भारत के विभिन्न प्रान्तों के रहने वाले थे। भारतीय काव्यशास्त्र के अधिकांश आचार्य कश्मीर के थे। कालिदास मध्य प्रदेश के थे। भक्ति आन्दोलन ने उत्तर भारत के साहित्य को एक नई दिशा दी थी। लेकिन भक्ति के उन्नायक आचार्य दक्षिण के थे। शंकर, माध्व, निम्बार्क, वल्लभ और रामानुज के आदर्श साहित्य उत्तर में अधिक विकसित हुए थे। भारत की विभिन्न भाषाओं में रामायण की रचना और व्याख्याएँ हुई थीं, सरलादास, कृतिवास, तुलसीदास, रंगनाथ कम्बर, पम्पा, शंकर देव, एषुत्तच्छन जैसे कवियों की भाषा एक नहीं थी। लेकिन वाल्मीकि रामायण की चेतना को आत्मसात् करने के कारण उनके काव्य में कई समानताएँ आयीं। महाभारत के भिन्न प्रसंग और प्रकरणों को लेकर भी परवर्ती युग में भारतीय भाषाओं में कई नयी कृतियाँ या व्याख्याएँ आयीं। यह सिलसिला आज भी जारी है। संस्कृत में विद्वत्ता न पाने वाले लोग भी संस्कृत की अमर कृतियों की आत्मा से यों अवगत हो सके। अनुवाद और पुनराख्यान के तरीके से यह सुगम हो गया था। भारतीय साहित्य की एकसूत्रता की तलाश के सन्दर्भ में यह एक उल्लेखनीय बात है।

भारतीय साहित्य का अन्तर्सम्बन्ध राष्ट्रीय आन्दोलन के युग में अधिक मज़बूत बन गया था। राष्ट्रानुराग और राष्ट्रपिता के आदर से ओतप्रोत रचनाएँ सारी भाषाओं में लिखी गयी थीं। वल्लत्तोल, सुब्रह्मण्य भारती, इक़बाल और मैथिलीशरण गुप्त की कविताएँ इसके श्रेष्ठ नमूने हैं। गाँधीजी ने उस युग में राष्ट्रभाषा के रूप में हिन्दी की हिमायत और वकालत की थी। ग्रामोद्धार, समाज सुधार, महिला जागरण, अतीत गरिमा का यशोगान जैसे प्रवृत्तियाँ सारी भाषाओं में प्रबल बन गयी थीं। राष्ट्र की माँग समाज बन गयी थी तो साहित्य की धारा भी तदनुसार बदल गयी थी। भारतीय भाषाओं को अनुवाद से जोड़ने की अनिवार्यता भी लोग समझने लगे। हिन्दी में अनुवाद द्वारा उपलब्ध साहित्य को अनौपचारिक स्तर पर भारतीय साहित्य की मान्यता मिल गयी। इतना ही नहीं, परवर्ती युग में कई हिन्दीतर भाषी लेखक हिन्दी में मौलिक कृतियाँ लिखने लगे। अन्य भाषाओं की कृतियों का अनुवाद भी वे करने लगे। आपसी समझदारी का मार्ग तब अधिक सुगम बन गया।

भारतीय साहित्य को प्रोत्साहन देनेवाली कई संस्थाओं का गठन बाद में

हुआ था। भारतीय ज्ञानपीठ न्यास की स्थापना 1944 में बनारस में हुई थी। 1965 में उन्होंने अखिल भारतीय स्तर पर एक प्रतिष्ठित पुरस्कार की स्थापना की। संविधान की मान्यता प्राप्त सारी भाषाओं की उत्कृष्ट कृतियों का मूल्यांकन पुरस्कार निर्णय का एक भाग है। भारतीय भाषाओं के बीच मैत्री और सद्भाव लाने में यह पुरस्कार सहायक हुआ है। 1991 में के.के. बिड़ला फाउंडेशन, दिल्ली द्वारा संस्थापित सरस्वती सम्मान इस दिशा का एक नया क़दम है (ज्ञानपीठ के समान इस पुरस्कार की राशि भी पाँच लाख रुपये है)। भिन्न भाषाओं की कालजयी कृतियों को उजागर करने की यह प्रक्रिया प्रशंसनीय है। आत्मकथा, आलोचना जैसी विधाओं की कृतियों को भी यह पुरस्कार मिला है। संस्कृत को भी इस पुरस्कार से फाउंडेशन ने सम्मानित किया है। तेलुगू के कवि गुर्रम जोश्वा की स्मृति में संस्थापित जोश्वा पुरस्कार (राशि एक लाख रुपये) लगभग इसी प्रक्रिया का पालन करता है। भारतीय साहित्य को एक इकाई के रूप में मानने का यह प्रयास स्तुत्य है। कोलकाता की भारतीय भाषा परिषद् की सेवाएँ भी उल्लेखनीय हैं। विभिन्न प्रदेशों की भाषाओं को एक ही मुख्य धारा से जोड़ते समय अनुवाद और तुलनात्मक मूल्यांकन पर भी बल देना पड़ता है।

स्वतन्त्रता प्राप्ति के बाद भारत ने अपना संविधान बनाया था। प्रशासनिक नीति के सन्तान सांस्कृतिक नीति की रूपरेखा भी संविधान समिति ने बनायी थी। संघ की राजभाषा के रूप में संविधान ने हिन्दी को मान्यता दी। राष्ट्र की भाषाओं का प्रावधान अष्टम् अनुसूची में रखा गया। तब चौदह भाषाओं को वहाँ स्थान मिला था। अब हम बाईस भाषाओं की चर्चा एक साथ करते हैं। अंग्रेजी को इस अनुसूची मे बाद में शामिल नहीं किया है। 1954 में साहित्य अकादमी का गठन हुआ। जवाहरलाल नेहरू साहित्य अकादमी के प्रथम अध्यक्ष थे। साहित्य अकादमी की गतिविधियों का व्यापक प्रभाव भारतीय साहित्य पर पड़ा। देश की भाषाओं के बीच का रिश्ता अधिक मज़बूत बन गया। पुरस्कार, अनुवाद, प्रकाशन, संगोष्ठियाँ, पत्रिकाएँ आदि की भी व्यवस्था करके अकादमी ने भारतीय साहित्य के वातावरण में एक जागरण लाने में सफलता प्राप्त की। संविधान की मान्यता से वंचित भाषाओं के उत्कर्ष और प्रोत्साहन के लिए भी अकादमी ने क़दम उठाया। अनेक भाषाओं में प्रणयन होने के बावजूद भारतीय साहित्य मूलतः एक है। डॉ. राधाकृष्णन का यह दृष्टिकोण बाद में अधिक चर्चित हो गया। राज्य सरकारों ने अपने-अपने प्रदेश में ऐसी अकादमियाँ गठित करके काम शुरू किया। ये अकादमियाँ अब स्वर्ण जयन्ती मना रही हैं। आज भारत की

एक भाषा का साहित्य सिर्फ़ उस भाषा तक सीमित नहीं है। पुरस्कार भारतीय स्तर पर होने के कारण कृति को राष्ट्रीय महत्त्व मिलता है।

हिन्दीतर भाषा-भाषी लेखक हिन्दी में कृतियाँ लिखते हैं तो उसको प्रोत्साहन देने के लिए मानव संसाधन मन्त्रालय के अधीन कार्यरत केन्द्रीय हिन्दी निदेशालय ने योजना बनायी है। केरल सरकार का संस्कृति विभाग मलयालेतर भाषा में केरल संस्कृति, मलयालम साहित्य आदि विषयों पर केन्द्रित कृतियाँ प्रकाशित करने के लिए विशेष अनुदान देता है। ऐसी योजनाएँ भारतीय साहित्य की श्रीवृद्धि के लिए अत्यन्त उपयोगी हैं।

विश्वविद्यालय अनुदान आयोग ने हिन्दी एम.ए. के नमूने पाठ्यक्रम में भारतीय साहित्य के लिए एक अलग पर्चा रखने का सुझाव दिया है। हिन्दीतर भाषाओं से हिन्दी में अनुदित भिन्न विधाओं की चुनी हुई कृतियाँ पाठ्यक्रम में शामिल करने का अनुरोध किया गया है। देश के सारे विश्वविद्यालयों के भाषा और साहित्य के पाठ्यक्रमों में ऐसा प्रावधान रखना सांस्कृतिक समन्वय के लिए आवश्यक है। हमारे देश की उदीयमान पीढ़ी के मन में भारत की संस्कृति, दर्शन, विरासत, इतिहास और परम्परा की अवधारणा का विकास आवश्यक है। दृष्टिकोण की विशालता और विराटता उनमें पैदा करने के लिए देश की शिक्षा तथा संस्कृति की नीतियाँ सफल और सक्षम बनें। आज प्रान्तीयता, धर्म और भाषा के बल पर दंगे-फसाद पैदा करने वाली शक्तियाँ देश में नंगा नाच कर रही हैं। मशहूर शिक्षाविद् डॉ. आशुतोष मुखर्जी ने सुझाया था, सांस्कृतिक और भावात्मक एकता का सन्देश देश में फैलाने का काम विश्वविद्यालयों से ही शुरू करना है। यह वर्तमान सन्दर्भ में अधिक संगत प्रतीत हो रहा है।

भारतीय साहित्य की संकल्पना का दायरा सीमित न रहे। इस देश में सामासिक संस्कृति क़ायम रहती है। उसकी सामासिकता की सही छवि मिलने के लिए एक भाषा के साहित्य पर निर्भर रहना काफी नहीं है। अनुवाद के सहारे भाषायी आदान-प्रदान का सिलसिला जारी रहे। हमारे देश में साहित्य अकादमी के समकक्ष एक अनुवाद अकादमी की स्थापना भी होनी चाहिए। भाषा, समकालीन भारतीय साहित्य जैसी हिन्दी पत्रिकाओं के हर अंक में विभिन्न भाषाओं की कविता, कहानी, नाटक, उपन्यास, निबन्ध आदि अनुवाद के माध्यम से प्रकाशित होते हैं। अन्य भाषाओं की पत्रिकाएँ भी यह रास्ता अपनाएँ।

साहित्यिक शोध के क्षेत्र में भी ऐसे क़दम उठाने की आवश्यकता है। हिन्दी में अनूदित दक्षिण भारतीय भाषाओं के उपन्यासों में ग्रामीण चेतना, 'समकालीन

भारतीय साहित्य' पत्रिका में प्रकाशित भारतीय भाषाओं की कहानियाँ, 'भाषा' पत्रिका में प्रकाशित भारतीय भाषाओं की कहानियाँ ऐसे विषयों को शोध विषय के रूप में चयन करके इन पंक्तियों को लेखक ने कुछ विद्यार्थियों को दिया था। भारतीय साहित्य की मूलभूत एकता की झलक वर्तमान सन्दर्भ में मिलती रहने के लिए ये अध्ययन अत्यन्त सहायक निकले।

हमारे देश में दो प्रकार की भाषाएँ कायम हैं। इस देश की मिट्टी में उगी-पनपी भाषाएँ प्रथम वर्ग में आती हैं। विभिन्न देशों के सम्पर्क से मिली भाषाओं का प्रयोजन भी भारतीयों को मिला है। अरबी, उर्दू, फारसी, फ्रांसीसी, पुर्तगाली और अंग्रेजी इस विभाग में आती हैं। इनको विदेशी मानकर भारतीय साहित्य के बाहर रखना ठीक नहीं होगा। इनमें उर्दू और अंग्रेजी में कई भारतीयों की श्रेष्ठ कृतियाँ मिलती हैं। उर्दू को संविधान की अष्टम् अनुसूची में स्थान मिला है। अंग्रेजी उसके बाहर की भाषा है। लेकिन भारतीयों की मूल अंग्रेजी कृतियों को भारतीय साहित्य में न शामिल करना विवेकसंगत नहीं होगा। भारतीय परिवेश, पात्र, चिन्तन, रस्म और रिवाज़ उनमें वर्णित हैं।

भारतीय साहित्य की संकल्पना को मूर्त बनाने की दिशा में कुछ विद्वानों के सोच-विचार और अध्ययन, अनुसन्धान हमें मिले हैं। डॉ. के. सच्चिदानन्दन, डॉ. के.एम. जॉर्ज, डॉ. प्रभाकर माचवे, डॉ. नवनीता सेन, प्रो. वी.के. गोकाक, प्रो. इन्द्रनाथ चौधरी, डॉ. भोलाशंकर व्यास, डॉ. गंगाधर गाडगिल, डॉ. के. अय्यप्पपणिक्कर, डॉ. लक्ष्मीनारायण दुबे के अध्ययन अत्यन्त उल्लेखनीय हैं। डॉ. रणवीर राग्रां की किताब 'भारतीय साहित्यकारों से साक्षात्कार' में हमारे देश के कई साहित्यकारों से हुए संवाद मिलते हैं। इन पंक्तियों के लेखक ने भारतीय ज्ञानपीठ पुरस्कार प्राप्त साहित्यकारों से हुए सृजन संवादों का संकलन प्रकाशित किया है। 'भारतीय भाषाओं के पुरस्कृत साहित्यकार' शीर्षक यह कृति दिल्ली के राजपाल एंड संस ने प्रकाशित की है। भारतीय साहित्य के बारे में सृजनात्मक लेखकों के दृष्टिकोण इन संवादों में मिलते हैं। ज्ञानपीठ पुरस्कार स्वीकृति भाषण और सरस्वती सम्मान स्वीकृति के भाषण भी पुस्तक के रूप में प्रकाशित हुए हैं। हमारे विशाल देश की संस्कृति के उदात्त पहलुओं पर बीसवीं सदी के यशस्वी लेखकों के विचार उन भाषणों में बिखरे पड़े हैं।

इतिहास, पुराण, मिथक, ग्रामांचल, जनश्रुति, नारी मुक्ति, महिला लेखन, लोक संस्कृति, दलित चेतना आदि विषयों के आधार पर रचित भिन्न भाषा-कृतियों में समानता के कई स्तर मिलते हैं। यह बात सही है कि भाषा विज्ञान

के मर्मज्ञ विद्वानों ने भारतीय भाषाओं को अलग-अलग परिवारों में रखकर वर्गीकरण किया है। लेकिन संस्कृति के स्तर पर इनमें एकसूत्रता तलाशने के प्रयत्न सृजनशील लेखकों ने किया है। एक पेड़ की अनेक टहनियाँ होती हैं। लेकिन हर टहनी को एक-एक पेड़ मानना ग़लत होगा। हमारे देश की भाषाओं की वर्णमालाएँ अलग-अलग हैं। लेकिन संस्कृति के स्तर पर उनका आधार-स्रोत एक ही है। यह आज की उद्भावना भी नहीं है। धुँधले दृश्य कोहरे के हटने पर साफ़ हो जाएँगे। भारतीय साहित्य के लिए भी यह लागू होता है। शासन, संविधान और न्यायपालिका के अधिकार के तहत देशवासियों में मानसिक एकता स्थापित नहीं कर सकेंगे। कला, संस्कृति और साहित्य के रास्ते से आगे बढ़ने पर ही भाव और विचार के स्तर पर साधर्म्य सम्भव होगा। केवल आधुनिक साहित्य को इसका आधार बनाना भी काफी नहीं होगा। हमारे पूर्वजों की सोच की जड़ों को प्राचीन कृतियों में तलाशना है। संस्कृत, पाली, अपभ्रंश जैसी भाषाओं की कृतियों से प्राप्त सामग्रियाँ भी महत्त्व रखती हैं। विदेशी विद्वानों ने उन स्रोतों का उपयोग किया था। प्राचीन से शुरू करके आधुनिक तक आने पर साहित्यिक उत्कर्ष की समग्र छवि मिलेगी। वहाँ ज्ञान साध्य है तो जिज्ञासा को उसका साधन बनाना होगा। 'सर्वभाषा सरस्वती' के दृष्टिकोण को अपनाकर हमें आगे बढ़ना है।

भारतीय साहित्य का स्वरूप

डॉ. रामछबीला त्रिपाठी

'भारतीय साहित्य' की अर्थ परिधि अत्यन्त व्यापक और जटिल है। इसकी व्याखा प्रायः दो प्रकार से की जाती है।

1. स्थूल रूप

स्थूल रूप से भारत की विविध भाषाओं के साहित्य की समष्टि का नाम भारतीय साहित्य है। भारतवर्ष अनेक भाषाओं का विशाल देश है—भारत के उत्तर पश्चिम में पंजाबी, हिन्दी और उर्दू भाषाएँ बोली जाती हैं। पूर्वी प्रदेश में उड़िया, बंगला और असमिया, मध्य पश्चिम में मराठी और गुजराती और दक्षिण में तमिल, तेलुगु, कन्नड़ और मलयालम। इसके अतिरिक्त कश्मीरी, डोंगरी, सिन्धी, कोंकणी आदि भाषाएँ हैं, जिनका साहित्यिक एवं भाषा वैज्ञानिक महत्त्व कम नहीं है। इनमें से प्रत्येक का अपना साहित्य है। कुछ को छोड़कर अधिकांश भाषाएँ प्राचीनता, गुण परिमाण आदि सभी दृष्टियों से अत्यन्त समृद्ध हैं। इनमें वैदिक संस्कृत, लौकिक संस्कृत या संस्कृत पालि, प्राकृत और अपभ्रंश भाषाओं को भी सम्मिलित किया जाता है। इनमें से प्रत्येक साहित्य का अपना स्वतन्त्र और प्रखर वैशिष्ट्य है। जैसे तमिल का संगम साहित्य, तेलुगू के द्विअर्थी काव्य, मलयालम के सन्देश काव्य, मराठी के पवाड़े, गुजराती के अख्यान, बंगला का मंगलकाव्य असमिया के बड़गीत, पंजाबी के वीरगीत, उर्दू की ग़ज़ल और हिन्दी का रीतिकाव्य छायावादी काव्य आदि। अतः भारतीय साहित्य अनेक भारतीय भाषाओं के साहित्यों का संचित कोष है। किन्तु यह स्थूल अर्थ मान्य नहीं है। इससे भारत एक राष्ट्र न होकर विविध प्रदेशों का मण्डल मात्र बनकर रह जायेगा और भारतीय संस्कृति अनेक संस्कृतियों का समुच्चय होकर रह जायेगी।

2. तात्विक रूप

तात्विक रूप में भारतीय साहित्य एक इकाई है, उसका मिला-जुला अस्तित्व है, जो भारतीय जीवन की अनेकता में एकता को अभिव्यक्त करता है। तमिल, तेलुगु, मराठी, बंगाली, गुजराती, पंजाबी आदि विभिन्न भाषाओं के माध्यम से अभिव्यक्त विभिन्न साहित्य एक होकर भारतीय साहित्य की संज्ञा पाने का अधिकारी है। जब हम हिन्दी साहित्य की बात करते हैं तो उसमें खड़ी बोली के साहित्यकार प्रसाद, पन्त, निराला, प्रेमचन्द, अज्ञेय, यशपाल आदि की रचनाओं के साथ-साथ अवधी, ब्रज, मैथिली आदि भाषाओं के साहित्यकार जायसी, सूर, तुलसी, विद्यापति आदि की कृतियों को भी समाहित करने में हम संकोच नहीं करते। इन विभिन्न भाषा/बोलियों के माध्यम से अभिव्यक्त होने वाला साहित्य एक है क्योंकि इसकी रचना करने वाले हिन्दी भाषाई समाज की जातीय चेतना एक है। किसी व्यक्ति की मातृ बोली चाहे ब्रज हो या अवधी, भोजपुरी हो या मैथिली वह जायसी, सूर, तुलसी, विद्यापति आदि को जैसे अपना कवि स्वीकार करता है वैसे ही निराली और प्रेमचन्द को अपना साहित्यकार मानता है।

उसी प्रकार हम यह भी कह सकते हैं कि तमिलनाडु का तमिलभाषी, आन्ध्रप्रदेश का तेलुगुभाषी, महाराष्ट्र का मराठीभाषी और बंगाल का बंगलाभाषी, अपनी तमाम क्षेत्रीय विशिष्टताओं के बावजूद सब भारतीय हैं अतः उनके द्वारा रचित साहित्य अपने समस्त भाषा भेद के उपरान्त भी एक भारतीय साहित्य के अन्तर्गत आते हैं, क्योंकि भारतीय समाज की ऐतिहासिक परम्परा, सांस्कृतिक मूल्य और काव्य संवदेना समानधर्मी हैं और उनके द्वारा रचित साहित्यिक कृतियों में भावबोध और शिल्पगत विन्यास की प्रकृति भी एक है।

निष्कर्ष यह है कि भारत सदियों से बहुजातीय, बहुसांस्कृतिक एवं बहुभाषिक देश रहा है। अतः यह स्वाभाविक है कि देशकाल के आधार पर यहाँ जातिगत एवं भाषिक भिन्नता है। पर देशकाल से जुड़ी इन समस्त विभिन्नताओं के बावजूद हमें यहाँ एक विलक्षण अभिन्नता भी दिखाई पड़ती है। चाहे वैदिक संस्कृत हो, या क्लासिक तमिल का संगम साहित्य, सर्वत्र हमें संस्कार चेतना एवं भावबोध में समानता देखने को मिलती है। डॉ. नगेन्द्र के अनुसार—"भारतीय मनीषा की अभिव्यक्ति का नाम भारतीय साहित्य है और भारतीय मनीषा का अर्थ है, भारत के प्रबुद्ध मानस की सामूहिक चेतना-सहस्राब्दियों से संचित अनुभूतियों और विचारों

के नवनीत से जिसका निर्माण हुआ है। यह भारतीय मनीषा ही भारतीय संस्कृति, भारत की राष्ट्रीयता और भारतीय साहित्य का प्राणतत्त्व है।" (डॉ. नगेन्द्र, भारतीय साहित्य का समेकित इतिहासः सम्भावना और संकल्पना, पृ. 10)

भारतीय साहित्य की एकता के आधार तत्त्व

भारतीय साहित्य की आत्मा एक है। जिस प्रकार अनेक धर्मों, विचारधाराओं और जीवन प्रणालियों के रहते हुए भी भारतीय संस्कृति एक है, इसी प्रकार अनेक भाषाओं और अभिव्यंजना पद्धतियों के रहते हुए भी भारतीय साहित्य एक है। इस मौलिक एकता के निम्नलिखित आधार तत्त्व हैं :

1. भारतीय भाषाओं का समान जन्मकाल

तमिल और उर्दू को छोड़कर भारत की लगभग सभी भाषाओं का जन्मकाल प्रायः समान ही है। तेलुगु साहित्य का प्रारम्भ ईसा की ग्यारहवीं सदी से माना जाता है। तेलुगु साहित्य के प्राचीनतम कवि 'नन्नय' हैं। कन्नड़ का प्रथम उपलब्ध ग्रन्थ "कविराजमार्ग" है जिसके रचनाकर नरेश नृपतुंग हैं और जिनका समय है—814 से 877 ई.। मलयालम की प्रथम रचना 'रामचरित्' है, जो अनुमानतः तेरहवीं सदी की रचना है। गुजराती और मराठी का आविर्भाकाल लगभग एक ही है—बारहवीं सदी। बंगला साहित्य का प्रारम्भ चर्यागीतों से माना जाता है जिसका रचनाकाल दसवीं और बारहवीं सदी के बीच है। असमिया साहित्य के सबसे प्राचीन कवि हैं हेम सरस्वती जिनका समय तेरीहवीं सदी के अन्त में माना गया है। उड़िया भाषा में भी तेरहवीं सदी में ही व्यंग्यात्मक काव्य और लोकगीत के दर्शन होते हैं। पंजाबी और हिन्दी में भी ग्यारहवीं सदी से ही व्यवस्थित साहित्य की उपलब्धि मानी जाती है। केवल दो भाषाएँ ऐसी हैं जिनका जन्मकाल भिन्न है। तमिल संस्कृत के समान ही प्राचीन भाषा है और उर्दू का जन्म अमीर खुसरों की रचनाओं से माना जाने लगा है।

2. आधुनिक भारतीय साहित्य के विकास के समान चरण

आधुनिक भारतीय साहित्य के विकास के चरण भी प्रायः समान ही हैं। प्रायः सभी भारतीय भाषाओं के साहित्य का आदिकाल पन्द्रहवीं सदी तक चलता है।

पूर्व मध्यकाल या भक्तियुग की समाप्ति सत्रहवीं सदी के मध्य में तथा उत्तर मध्यकाल या रीतिकाल की समाप्ति अंग्रेजी सत्ता की स्थापना के साथ होती है और तभी से आधुनिक युग का प्रारम्भ हो जाता है। कहने का आशय यह है कि समस्त भारतीय साहित्य चार चरणों में विभक्त है और अधिकांश साहित्य का विकास क्रम लगभग एक-सा ही है।

इस समानान्तर विकास क्रम का आधार भारत के राजनीतिक एवं सांस्कृतिक जीवन का विकासक्रम है।

जहाँ तक राजनीतिक जीवन का विकासक्रम है वह यह कि भारतवर्ष में शताब्दियों तक राजनीति व्यवस्था एक समान रही है। मुगलों के शासनकाल में तो लगभग एक सौ पचास वर्षों तक उत्तर दक्षिण और पूर्व पश्चिम में घनिष्ठ सम्पर्क बना रहा। राजपूतों के राजवंश भारत के अनेक भागों में शासन कर रहे थे, उनकी सामन्तीय शासन प्रणाली प्रायः एक-सी थी। बाद में अंग्रेजों ने तो केन्द्रीय शासन व्यवस्था कायम कर भारत की एकता को और दृढ़ कर दिया था। इन्हीं सब कारणों से भारत के विभिन्न भाषा-भाषी प्रदेशों की राजनीतिक परिस्थितियों में पर्याप्त साम्य रहा है।

सांस्कृतिक जीवन का विकास क्रम भी लगभग एक सा रहा है। देश में अनेक धार्मिक और सांस्कृतिक आन्दोलन हुए, जिनका प्रभाव भारतव्यापी था। इन आन्दोलनों के परिणामस्वरूप शैव-शाक्त धर्मों के संयोग से नाथ सम्प्रदाय उठ खड़ा हुआ जो उत्तर भारत से लेकर दक्षिण भारत तक फैला हुआ था। बौद्ध धर्म के ह्रास के फलस्वरूप सिद्ध सम्प्रदाय का आविर्भाव हुआ। भारतीय साहित्य के विकास के प्रथम चरण में इन सम्प्रदायों का प्रभाव प्रायः विद्यमान था। इसके बाद सन्त सम्प्रदाय निर्गुण भक्ति का प्रचार करते रहे, सूफी सम्प्रदाय उत्कट प्रेमानुभूति को लेकर उत्तर पश्चिम से दक्षिण तक फैल गये। इसके पश्चात् वैष्णव भक्ति आन्दोलन का आरम्भ हुआ, जो समस्त देश में बड़े वेग से व्याप्त हो गया। राम और कृष्ण की भक्ति की अनेक मधुर पद्धतियों का देश भर में प्रसार हुआ और समस्त भारत सगुण ईश्वर के लीलागान से गुन्जरित हो उठा। उधर मुस्लिम संस्कृति और सभ्यता का प्रभाव भी बढ़ रहा था। तभी अंग्रेजों का आगमन हुआ। वे सारे देश में स्थापित हो गए। अपनी शिक्षा, संस्कृति के माध्यम से अपने धर्म का प्रसार-प्रचार करने लगे। इसी प्राच्य और पाश्चात्य के सम्पर्क से आधुनिक भारत का जन्म हुआ।

3. भारतीय साहित्य का समान साहित्यिक रिक्थ

भारत की भाषाओं का परिवार यद्यपि एक नहीं है, फिर भी उनका साहित्यिक रिक्थ समान ही है। रामायण, महाभारत, पुराण, भागवत, कालिदास, भवभूति आदि की अमर कृतियाँ, पालि, प्राकृत और अपभ्रंश में लिखित बौद्ध, जैन तथा अन्य धर्मों का साहित्य भारत की समस्त भाषाओं को उत्तराधिकार में मिला है। उपनिषद्, स्मृतियाँ काव्यशास्त्र के अनेक ग्रन्थ जैसे भरत का नाट्यशास्त्र, आनन्दवर्धन का ध्वन्यालोक, मम्मट का काव्यप्रकाश आदि का सभी ने निरन्तर उपयोग किया है। वस्तुतः भारतीय भाषाओं के ये ग्रन्थ अक्षय, प्रेरणास्रोत रहे हैं। इनसे प्रेरित साहित्य में एक प्रकार की मूलभूत समानता स्वतः ही आ गयी है। अतः उनमें एक समान प्रवृत्तियाँ देखने को मिलती हैं, वे समान प्रवृत्तियाँ इस प्रकार हैं–

(i) नाथ साहित्य की प्रवृत्ति

प्रायः सभी भारतीय भाषाओं के साहित्य में नाथपंथियों और शिवभक्तों का महत्त्वपूर्ण योगदान रहा है। दक्षिण भारत में नाथ साहित्य का सृजन पूर्वी और उत्तरी भारत की अपेक्षा कम हुआ है। दक्षिण में शिव की सगुण भक्ति ही प्रमुख थी। यही कारण है कि तमिल के नायनमार, तेलुगु के पाल्कुरिकि तथा उनके परवर्ती कवि, कन्नड़ के वीर शैववाद के उन्नायक बसवेश्वर आदि उत्तर भारत के नाथ और सिद्ध कवियों से मूलतः भिन्न थे। दक्षिण भारत के कवि शुद्ध भक्त कवि थे, उत्तर और पूर्व के सिद्ध और नाथ कवि योगी अथवा तान्त्रिक साधक थे। फिर भी नाथ पंथियों का प्रभाव सुदूर दक्षिण तक पहुँच गया था। तेलुगु में रचित नवनाथचरित्राम् इसका प्रमाण है। मराठी और बांगला साहित्य में नाथ साहित्य की विशिष्ठ धारा प्रवाहित हुई है। मराठी में तो स्वयं गोरखनाथ की वाणी मिलती है जिसका नाम है 'अमरनाथ सनवड'। बंगला वस्तुतः नाथ साहित्य का गढ़ था। इसलिए गुण और परिमाण दोनों की दृष्टि से बंगला का नाथ साहित्य सर्वाधिक समृद्ध है। असमिया और उड़िया के प्राचीनकाव्य में नाथ आन्दोलन का केवल प्रभाव स्पष्ट लक्षित होता है। उसमें कोई स्वतन्त्र काव्यधारा प्रवाहित नहीं हुई है। पंजाब में भी नाथ सम्प्रदाय का प्रभुत्व रहा है। पंजाबी गोरखनाथ और चरपटनाथ को अपने साहित्य का प्रारम्भिक लेखक मानते हैं। हिन्दी में तो नाथपंथियों की अनेक गद्यपद्यमयी रचनाएँ उपलब्ध हैं। इस प्रकार भारतीय साहित्य में नाथ साहित्य की एक व्यापक प्रवृत्ति विद्यमान है।

(ii) चारण काव्य की प्रवृत्ति

भारत की अधिकांश भाषाओं में चारण काव्य की प्रवृत्ति प्रायः समान है। तमिल में चारण-काव्य संगमकाल (ई. पू. 500-200) के आरम्भ से ही मिलता है। पतुप्पाट्टु (दस लघु वर्णिकाओं) में से कई की रचनाओं में चारण-काव्य के उत्कृष्ट उदाहरण मिलते हैं। संगम युग का प्रसिद्ध महाकाव्य सिलप्पदिकारम् एक प्रकार से चारण काव्य है। तेलुगु में श्रीनाथ का लोकप्रिय काव्य "पलनाटिवीर-चरित्राम्" चारण काव्य का अत्यन्त श्रेष्ठ काव्य है। मलयालम के आदिम काव्य संग्रह पझय पाट्टुकल में अनेक चरित्रागीत हैं। मराठी के मध्ययुगीन वीरगीत रूप पवाड़े चारणकाव्य के ही अन्तर्गत आते हैं। पवाड़े के गीतों में चारणकवियों ने अपने आश्रयदाता राजाओं और वीरों का यशोगान किया है। गुजराती साहित्य में श्रीधररचित 'रसमल्लछंद' आदि अनेक वीर रसप्रधान काव्य लिखे गये हैं। पंजाबी में गुरु गोविन्दसिंह ने वीर रसपूर्ण अमरकाव्य की रचना की है। कुछ अन्य कवियों ने भी चारणकाव्य लिखा है। हिन्दी साहित्य में तो आदिकाल का नाम ही वीरगाथाकाल या चारणकाल है।

(iii) सन्तकाव्य की प्रवृत्ति

सन्तकाव्य की परम्परा भी प्रायः अधिकांशतः भारतीय साहित्य में देखने को मिलती है। तमिल के "अठारह सिद्धर" सन्त कवि थे, जिन्होंने सरल वाणी में रहस्यवादी रचनाएँ की हैं। तेलुगु में वेमन, वीरब्रह्म और इसी प्रकार कन्नड़ के सर्वज्ञ आदि सन्त परम्परा के कवि हैं। मराठी का सन्तकाव्य तो अत्यन्त प्रसिद्ध है। सन्त ज्ञानदेव, नामदेव, एकनाथ बारकरी पन्थ के सन्तकवि आदि इन कवियों ने मराठी में सन्त काव्य को अत्यन्त समृद्ध किया है। गुजराती में सत्रहवीं सदी में अखो की रचनाओं–"चित्तविचार संवाद", "अनुभव बिन्दु", तथा "अखोगीता" आदि में सन्तकवियों की वाणी सुनाई पड़ती है। बंगाल में बाउल गीतों का सत्रहवीं अठारहवीं सदी में बड़ा प्रचार हुआ। इन बाउल गीतों के रचयिता सन्तकवि थे। उड़िया के कंध कवि ने उन्नीसवीं शती में इस परम्परा को उद्दीप्त किया है। पंजाबी में गुरुनानक तथा अन्य सिख कवियों के द्वारा रचित सन्तकाव्य का अनन्त भण्डार विद्यमान है। हिन्दी में सन्तकाव्य परम्परा में कबीर, दादू, आदि द्वारा रचित विपुल साहित्य है। उर्दू में सूफी मुक्तक कवियों ने इसमें अपना योगदान दिया है।

(iv) प्रेमाख्यानक काव्य की प्रवृत्ति

प्रेमाख्यानक काव्य की परम्परा भी भारतीय साहित्य में समान रूप में व्याप्त है। तेलुगु में "राजशेख्र चरित्रम्", "रसिक जनमनोभिरामं", "चन्द्रलेखाविलासम्", आदि अनेक प्रेमानुभूति को व्यक्त करने वाले काव्य हैं। गुजराती साहित्य में प्रेमाख्यानकाव्य की परम्परा अधिक समृद्ध है। असायत की "हंसावलि", हीरानन्द की "विद्याविलासिनी", सोलहवीं सदीं में रचित नरपति की "नंदबत्तीसी", गणपति का "माधवानलकामकंधकला दोग्धक", कुशललाभ की "ढोलामारू चौपाई" आदि प्रेमाख्यानक काव्य की अत्यन्त प्रसिद्ध कृतियाँ हैं। बंगला में विद्या सुन्दर की प्रणय गाथा को लेकर अनेक कवियों ने प्रेमाख्यानक काव्य की रचना की है। पंजाबी और हिन्दी में तो प्रेमाख्यानक काव्यों कर परम्परा अत्यन्त व्यापक है। उर्दू में लौकिक, अलौकिक विरह प्रधान मसनवियों की रचना हुई है। मुल्लावजही का "कुतुबमुश्तरी", इब्ननिशाती का "फूलवन" आदि रचनाएँ एवं उर्दू शायरों की प्रेमगाथाएँ भी इसी के अन्तर्गत आती हैं।

(v) वैष्णव काव्य की प्रवृत्ति

यह भारतीय साहित्य की सबसे प्रबल प्रवृत्ति है। दक्षिण की भाषाओं में वैष्णव भक्ति भावना का प्राबल्य अपेक्षाकृत अधिक है। तमिल में वैष्णव काव्य का संग्रह "नालायिरप्रबंधम" नाम से प्रसिद्ध है। इसके रचयिता बारह आलवार भक्त हैं। इस काव्य में 4000 छन्द हैं। तेलुगु में रामकाव्य और कृष्णकाव्य दोनों ही धाराएँ प्रवाहित हुई हैं। तेलुगु कर प्राचीनतम रामायण "रंगनाथ रामायण" है, जिसकी रचना तेरहवीं सदी में हुई है। संस्कृत के भागवत से प्रभावित कृष्णकाव्य का अनुपम ग्रन्थ बम्मेर पोतन रचित "भागवतम्" है। तेलुगु में "सत्यभामा सांत्वनम्", "राधिका सांत्वनम्" कृष्णकाव्य की सरस रचनाएँ हैं। प्राचीन कन्नड़ साहित्य के इतिहास का तृतीय चरण वैष्णवकाल के नाम से प्रसिद्ध है। मलयालम में वैष्णव काव्य का आदि ग्रन्थ पन्द्रहवीं शती में रचित "कृष्णगाथा" है। इस ग्रन्थ की 47 कथाओं में कृष्ण के जन्म से स्वर्गारोहण तक की कथा है। रामकाव्य के रूप में मलयालम की प्रमुख रचना है–एजुत्तच्चन का "अध्यात्म रामायण"। रामकथा पर आधारित अनेक चम्पू काव्यों में "रामायण चम्पू" सर्वश्रेष्ठ है। मराठी में एकनाथ ने भागवत धर्म का प्रचार-प्रसार किया है। सन्त तुकाराम ने वैष्णव भक्तिभाव को व्यापक अभिव्यक्ति दी है। गुजराती में कृष्णभक्ति की

प्रधानता है। नरसी मेहता, भालण, विष्णुदास, प्रेमानंद आदि कृष्णकाव्य की अमर विभूतियाँ हैं। बंगला की वैष्णव साहित्य भी अत्यन्त समृद्ध है। भक्तकवि चंडीदास और चैतन्य महाप्रभु के बाद तो बंगाल में मधुर रस की धारा प्रवाहित हुई है। चैतन्य के समसामयिक एवं अनुयायी कवि थे–मुरारिगुप्त, नरहरि सरकार, वासुदेव घोष आदि और चैतन्य के बाद ज्ञानदास, गोविन्ददास, लोचनदास आदि कवियों ने वैष्णव भक्ति साहित्य में ऊँचा स्थान प्राप्त किया है। बंगला के भक्तकवियों में कृष्णभक्ति की ही प्रमुखता रही है। असमिया साहित्य में रामकाव्य के प्रमुख कवि माधव कंदलि, शंकरदेव और माधवदेव, जिन्होंने असमिया रामायण की रचना की है। उड़िया में भी कृष्णभक्ति का व्यापक प्रचार हुआ है। उड़िया कृष्णभक्ति काव्य के प्रमुख कवि हैं–अभिमन्यु सामत, कवि सूर्य बलदेव आदि। इन कवियों ने कृष्ण की लीलाओं का वर्णन किया है। रामकाव्य के अन्तर्गत बलरामदास की उड़िया रामायण प्रमुख है। उर्दू में नजीर अकबराबादी ने कृष्णभक्ति की नज़्में लिखी हैं। पंजाबी में गुरु गोविन्द सिंह ने राम और कृष्ण का चरितमान किया है। हिन्दी में तो वैष्णवकाव्य का अनन्त भण्डार विद्यमान है।

(vi) आधुनिक काव्य की समान प्रवृत्ति

लगभग सभी भारतीय भाषाओं में आधुनिक युग का सूत्रपात सन् 1857 की क्रान्ति के आसपास ही होता है। हिन्दी के समान ही सभी भारतीय आधुनिक साहित्य में पुनर्जागरण, जागरण सुधार, रोमानी सौन्दर्य दृष्टि साम्यवादी सामाजिक चेतना का उदय, कमोवेश सब में हैं। तमिल में पुनर्जागरण के नेता थे रामलिंग स्वामीगल। कवि सुब्रह्मण्य भारती ने भारत की सामाजिक, राजनीतिक एवं सांस्कृतिक क्रान्ति को अपने काव्य में वाणी प्रदान की है। तेलुगु के पुनर्जागरण युग का नेतृत्व वीरेशलिंगम ने किया। कन्नड़ के आधुनिक कवियों में श्रीकठैया, शंकरभट्ट आदि ने देशभक्ति से परिपूर्ण वीरगीतों की रचना की है। मलयालम साहित्य के आधुनिक कवि केरल वर्मा, वेनमणि आदि ने राष्ट्रीय भावनाओं से ओत-प्रोत गीतों की रचना की है। मराठी के अनेक पुनर्जागरण के कवियों ने नयी भंगिमाओं को प्रस्तुत किया है। गुजराती में नवजागरण काल के नेता थे नर्मद, जो भारतेन्दु के समकालीन थे। बंगला में ईश्वरगुप्त, मधुसूदन दत्त तथा बंकिमचन्द्र आदि ने साहित्य में नवीन युग का

प्रवर्तन किया है। असमिया और उड़िया में भी आधुनिक साहित्य की गतिविधि प्रायः समान रही है। चंदकुमार अग्रवाल, हेमचन्द्र गोस्वामी वर्तमान साहित्य के निर्माता हैं। पंजाबी, उर्दू और हिन्दी में उन्नीसवीं सदी के मध्य में नवजागरण का प्रारम्भ होने लगा था।

निष्कर्ष

निष्कर्ष यह है कि कुछ कठिनाइयों के बावजूद अनेक भाषाओं में रचित भारतीय साहित्य में अभिव्यक्त विचार प्रायः एक समान हैं। गुजराती, उड़िया, असमिया, तमिल, तेलुगु, कन्नड़ और मलयालम सभी की भूमि मधुर रस से आप्लावित हैं। समस्त साहित्य में स्वतन्त्रता के बाद विश्वकल्याण की भावना से प्रेरित राष्ट्रीय सांस्कृतिक चेतना और युवा समाज की नवीनीभूत आशा-आकांक्षाओं की विफलता से उत्पन्न अवसाद और मोहभंग की भावना प्रायः एक जैसी है। महाभारत और रामायण पर आश्रित काव्यों की अजस्र परम्पराएँ प्रायः सम्पूर्ण देश में मिलती हैं। भारतीय भाषाओं के काव्यशास्त्रों में भी एक ही स्रोत से उद्भूत होने के कारण एक ही तरह की मौलिक समानता विद्यमान है। कृष्ण कृपलानी ने लिखा है–

"भारतीय सभ्यता की तरह, भारतीय साहित्य का भी विकास, जो एक प्रकार से उसकी सटीक अभिव्यक्ति है, सामासिक रूप में हुआ है। इसमें अनेक युगों, प्रजातियों और धर्मों का प्रभाव परिलक्षित होता है और सांस्कृतिक चेतना तथा बौद्धिक विकास के विभिन्न स्तर मिलते हैं।

अत्यन्त प्राचीन विकासक्रम के अतिरिक्त इसमें दो अन्य विशेषताएँ भी हैं, जो सम्पूर्ण भारतीय साहित्य को अपूर्व गौरव प्रदान करती हैं। एक है तीन हजार से अधिक वर्षों तक व्याप्त अखण्ड सृजन परम्परा और दूसरी है वर्तमान में जीवित अतीत की प्राणवन्त चेतना।"

(कृष्ण कृपलानी, आधुनिक भारतीय साहित्य–दृश्यपट की एक झलक, 1971, पृ. 11-12)

विन्टरनित्स ने अपने ढंग से इसी तथ्य को रेखांकित किया है–

"भारतीय साहित्य का इतिहास भाषा के माध्यम से अभिव्यक्त तीन-हजार वर्ष के मानसिक क्रियाकलाप का विकास क्षेत्र वह देश है जो हिन्दुकुश पर्वत से कुमारी अन्तरीप–लगभग डेढ़ लाख वर्गमील तक फैला हुआ है–जिसका क्षेत्रफल

रूस को छोड़ समस्त यूरोप के बराबर है और विस्तार 8 से 35 उत्तरी अक्षांश तक अर्थात भूमध्यरेखा के उष्णतम प्रदेशों से लेकर शीतोष्ण कटिबन्ध तक है।"

X X X

विषयवस्तु की दृष्टि से इसमें व्यापक अर्थ में वाङ्मय के समस्त रूपों धार्मिक और लौकिक महाकाव्य, प्रगीतकाव्य, नाटक, नीतिकाव्य तथा गद्य में रचित कथा आख्यायिका, शास्त्र आदि का अन्तर्भाव है।" (विन्टरनित्स, "भारतीय साहित्य का इतिहास, खण्ड-1, 1927, पृ. 1")

भारतीय वाङ्मय की भूमिका में लिखा है–

"यदि आधुनिक भारतीय भाषाओं के ही सम्पूर्ण वाङ्मय का संकलन किया जाय, तो मेरा अनुमान है कि वह यूरोप के वाङ्मय से किसी भी दृष्टि से कम नही होगा। वैदिक संस्कृत, पालि, प्राकृत तथा अपभ्रंश समूह के वाङ्मय का समावेश कर लेने पर तो उसका अनन्त विस्तार कल्पना की सीमा को पार कर जाता है।" (भारतीय वाङ्मय–भूमिका, पृ. 1)

भारतीय साहित्य का यह अनन्त विस्तार ही उसकी अखण्ड कल्पना की सबसे बड़ी बाधा रही है और इसी के कारण प्रत्येक इतिहासकार भ्रमित होता रहा है। श्री कृष्ण कृपलानी ने भी दबी जुबान से श्रीमति सरोजिनी नायडू के दो एक छुटपुट उदाहरण देकर भारतीय साहित्य की एकता के प्रति सन्देह व्यक्त किया है। उनका निष्कर्ष है कि भारतीय साहित्य एक दृश्य न होकर दृश्य पटल है किन्तु इसमें कोई सन्देह नहीं है कि अनेक भाषाओं में प्रणीत–होने पर भी भारतीय साहित्य एक है। भारतीय साहित्य परिषद की स्थापना और साहित्य अकादमी के निर्माण के पीछे भी यह प्रेरणा है कि भारतीय साहित्य एक है। उसकी मूलभूत एकता का निषेध नहीं किया जा सकता।

भारतीय साहित्य के अध्ययन की समस्याएँ

डॉ. रामछबीला त्रिपाठी

भारत में अनेक जातियाँ हैं, अनेक भाषाएँ है। भौगोलिक दृष्टि से भारत एक विशाल देश है और काल की दृष्टि से इसका इतिहास और परम्परा बहुत पुरानी है। अतः यह स्वाभाविक है कि देशकाल के आधार पर जातिगत एवं भाषिक भिन्नता मिले। इसलिए भारतीय साहित्य के इतिहास से सम्बन्धित अनेक प्रकार की बहुत-सी समस्याएँ सामने प्रस्तुत हो जाती हैं। वैस जहाँ साहित्य का इतिहास है, वहाँ समस्याएँ होंगी ही। चाहे भारतीय साहित्य का इतिहास लिखा जाये, चाहे हिन्दी साहित्य का ऐसी समस्याओं पर विचार करना अनिवार्य है।

1. भारतीय भाषा परिवारों की समस्या

भारत में चार भिन्न भाषा परिवार हैं। ये शब्द भण्डार और व्याकरण की दृष्टि से एक दूसरे से अलग हैं। इन परिवारों की भाषाएँ बोलने वाले एक ही राष्ट्र में कैसे शामिल किये जा सकते हैं?

1. इस समस्या के समाधान के पहले तो यह देखना आवश्यक है कि राष्ट्र के निर्माण और विकास से भाषा परिवारों की भिन्नता का कुछ भी सम्बन्ध है या नहीं। राष्ट्र का निर्माण और विकास इस बात पर निर्भर है कि भिन्न भाषाएँ बोलने वाली जातियों के आपसी सम्बन्ध कैसे हैं, उनकी ऐतिहासिक और सांस्कृतिक परम्पराओं में कितनी समानता है, उनके आपसी आर्थिक और सांस्कृतिक सम्बन्ध कैसे हैं इत्यादि। सोवियत संघ में इण्डो यूरोपियन, फिनोउग्रियन और तुर्क परिवारों के अलावा एस्कीमों, चुकची आदि जातियों के उत्तरी क्षेत्रों में अनेक परिवारों की भाषाएँ बोली जाती हैं। वास्तव में भारत की अपेक्षा वहाँ भाषा परिवारों की विविधता

कहीं अधिक है। संयुक्त राज्य अमेरिका में भी रेड इण्डियन आदिवासियों की भाषाएँ एक ही परिवार की नहीं हैं और अंग्रेजी भाषा तो उन सबसे भिन्न परिवार की है। इसी प्रकार फ्रांस, स्पेन में जो बास्क भाषा बोली जाती है वह फ्रांसीसी और स्पेनी भाषाओं से भिन्न परिवार की है और ताइवान द्वीप की भाषा भारत की मुंडा भाषाओं से अधिक मिलती जुलती हैं, चीनी भाषा से उसका कोई सम्बन्ध नहीं है। डॉ. रामविलास शर्मा लिखते हैं कि "अनेक आधुनिक राष्ट्र और राज्य न केवल बहुजातीय हैं वरन् उसमें निवास करने वाली जातियाँ एक से अधिक परिवारों की भाषाएँ बोलती हैं। इसलिए भारत में अनेक भाषाओं का बोला जाना अथवा उनका अनेक परिवारों से सम्बद्ध होना कोई अनोखा व्यापार नहीं है।"

2. दूसरी बात यह है कि भारतीय भाषा परिवार संसार के किसी भी देश, राज्य या राष्ट्र की भाषाओं की अपेक्षा, अधिक लम्बे समय से साथ-साथ रहते आये हैं। अनेक भाषा विज्ञानी भारत को भाषागत इकाई (लिंग्विस्टिक एरिया) मानते हैं। भाषागत इकाई का अर्थ यह है कि एक ही भूखण्ड में बहुत दिनों तक साथ रहने के कारण भिन्न भाषा परिवारों ने ऐसी सामान्य विशेषताएँ विकसित की हैं, जो भारत के बाहर इन परिवारों से सम्बद्ध अन्य भाषाओं में नही मिलतीं। यथा भारत का आर्य भाषा परिवार इण्डो-यूरोपियन परिवार की शाखा माना जाता है। उसमें और द्रविड़ भाषा परिवार में ऐसी सामान्य विशेषताएँ उत्पन्न हुई हैं, जो यूरुप की 'आर्य' भाषाओं में नही मिलतीं। इससे कम से कम इतना तो सिद्ध होता है कि भारतीय भाषा परिवारों में परस्पर आदान-प्रदान शताब्दियों तक होता रहा है। विद्वानों ने इससे सम्बद्ध कई उदाहरण भी प्रस्तुत किये हैं। आज द्रविड़ भाषा परिवार के भाषाई अभिलक्षणों को आर्यभाषाओं में और आर्यभाषा कुल के भाषाई लक्षणों को द्रविड़कुल की भाषाओं में स्पष्ट रूप से हम अन्तरित पाते हैं। द्रविड़ और मुंडा भाषा परिवार के बीच भाषिक लक्षणों का अन्तरण पाते हैं।

3. तीसरी बात यह है कि भारतीय भाषा परिवारों में कुछ सामान्य विशेषताएँ ऐसी हैं, जो यूरोप के एक ही भाषा परिवार या एक परिवार की एक ही शाखा की भाषाओं में नहीं है। एक ही भारतीय भाषा परिवार अथवा उसकी एक शाखा की भाषाएँ परस्पर एक-दूसरे से सम्बद्ध है।

वर्तमान भारत में चार भाषा परिवार हैं। 1. आर्य, 2. द्रविड़, 3. नाग और 4. कोल। इनमें आर्य परिवार और द्रविड़ परिवार परस्पर सुदृढ़तम रूप से सम्बद्ध हैं। एक तरह से भारतीय आर्य भाषाओं का द्रविड़ीकरण और दविड़ कुल की भाषाओं का आर्यीकरण हो चुका है। दोनों परिवारों की सम्बद्धता भारत के समस्त भाषाई मानचित्र को प्रभावित करती हं। कुछ उदाहरणों के साथ हम यह सम्बद्धता देख सकते हैं–

(i) वाक्यरचना–भारत के सभी भाषा परिवारों में वाक्य रचना इस प्रकार होती है कि क्रिया वाक्य के अन्त में आती है और कर्म क्रिया से पहले आता है। उदाहरण के लिए तमिल का एक वाक्य लें। इवनै ऑरू पॅरियनागसर्पम् कडिक्कइरून्ददु। इसका अर्थ है–इसको एक बड़ा साँप काटने को था। यह हिन्दी के वाक्य विन्यास से मिलता जुलता है। कर्म क्रिया से पहले आया है। इसी प्रकार पूर्वी प्रदेशों में बोली जाने वाली नाग परिवार की इदु भाषा का एक उदाहरण लें। एक वाक्य है–एच इगु–मे बिरि अजिजि। इसका अर्थ है यह आदमी बीड़ी जलाता है। यहाँ कर्म बीड़ी क्रिया अजिजि से पहले आया है। इसी प्रकार मुंडा परिवार की बोंडा भाषा में–डॉकरी सेली बाट अलॉ–स्त्री ने सालन बाँट दिया। यहाँ भी कर्म पहले है क्रिया बाद में। इसकी पुष्टि प्रसिद्ध भाषाविद् नौर्मन ऐच जाइड ने कोल भाषा परिवार की एक सम्पादित पुस्तक में की है। उन्होंने लिखा है–मुंडा समुदाय में सर्वनाम से भिन्न जो कर्म हो, उसे क्रिया से पहले रखना भारतीय आर्य तथा / अथवा द्रविड़ प्रभावों के कारण है। (पृ. 180)

(ii) रूपरचना–सभी भारतीय भाषा परिवार इस नियम का पालन करते हैं कि कारकचिह्न अथवा सम्बन्धसूचक शब्द या शब्दांश संज्ञा के बाद आयेगा। यह स्थिति चारों भिन्न परिवारों की भाषाओं में हैं। भारतीय भाषा परिवारों ने आश्चर्यजनक सामंजस्य कायम किया है जबकि यूरोप के एक ही भाषा परिवारों में काफी वैषम्य दिखायी देता है।

(iii) क्रियारचना– भारतीय भाषाओं में एक सामान्य प्रवृत्ति के दर्शन होते हैं, वह है दो क्रियाओं को मिलाकर उनका प्रयोग करना। हिन्दी में उठ बैठा, चला गया, गिर पड़ा, जैसे प्रयोग होते हैं। इस तरह के प्रयोग न केवल अन्य आर्य भाषाओं में वरन् द्रविड़ परिवार की भाषाओं में भी होते हैं। यथा तमिल में–“ओडिप्पोयूविट्टाय” इसमें तीन क्रियाएँ हैं। हिन्दी में इसका अर्थ है–भाग चले। भाषा में क्रिया पदों की भूमिका अत्यन्त महत्त्वपूर्ण होती है। भारतीय भाषाओं में वाक्य के अन्त में क्रियापदों का प्रयोग और भी महत्त्वपूर्ण है। संयुक्त

क्रियापदों की रचना भी संसार की भाषाओं में अनूठी है। यह बहुत लम्बे सम्पर्क और पारस्परिक आदान-प्रदान से ही सम्भव हुई होगी।

(iv) सर्वनाम–क्रियापदों की तरह सर्वनाम भी भाषा की अचल सम्पत्ति है। भारतीय भाषाओं में प्रयुक्त सर्वनामों में काफी समानता दिखाई पड़ती है। यथा उत्तमपुरूष 'मैं' के लिए तमिल में 'नान्' का प्रयोग किया जाता हैं। नाग समुदाय की 'सेम' भाषा में 'मैं' के लिए 'डि' का प्रयोग होता है। कोल भाषा परिवार की सोर भाषा में 'ञैन' का प्रयोग होता है या इङ का प्रयोग होता है। इससे सिद्ध होता है कि भारतीय भाषाओं में न्, ङ, ञ् वाले रूप एक ही मूल के हैं। भाषा वैज्ञानिकों के अनुसार संस्कृत में 'हमारे' के लिए अस्माकम् रूप हैं, इसका विकल्प 'नः' है। इस 'नः' का सम्बन्ध अस्मद् से नहीं है वरन् द्रविड़, नाग, कोल भाषाओं के उक्त सर्वनाम से है। इससे इस बात की पुष्टि हो जाती है कि कम से कम तीन भाषा परिवारों–नाग, द्रविड़ और कोल के सर्वनामों में समानता है।

(v) ध्वनिरचना–भारत के विभिन्न भाषा परिवारों के ध्वनि रूपों में पर्याप्त भिन्नता देखने को मिलती है। फिर भी भारत के भाषा परिवारों की ध्वनियों में जो समानता है वह यूरोप की भाषाओं में नहीं है।

भारतीय भाषा परिवारों के ध्वनितन्त्रों में सबसे महत्त्वपूर्ण भेद सघोष महाप्राण स्पर्श ध्वनियों (घ, ध, भ) को लेकर है। ये ध्वनियाँ केवल आर्य भाषा परिवार में हैं। द्रविड़, नाग, कोल, इनमें किसी परिवार में ये ध्वनियाँ नहीं है। इसका कारण मूल भारत-ईरानी शाखा में अनेक परिवर्तन हैं। किन्तु द्रविड़ भाषाओं की बहुत-सी ध्वनियाँ भारतीय आर्य भाषाओं में आ गयी हैं। यथा ट वर्ग (ट, ठ, ड, ढ, ण) वाली मूर्धन्य ध्वनियाँ आर्य भाषा में नहीं थीं। द्रविड़ प्रभाव से उनका व्यवहार संस्कृत में होने लगा।

(vi) शब्दभण्डार–भारतीय भाषाओं के शब्द भण्डारों में पर्याप्त समानता है। द्रविड़ या मुण्डा परिवार के शब्द संस्कृत में मिलते हैं तो संस्कृत भाषा के कई शब्द द्रविड़ या मुण्डा परिवार की भाषाओं में प्रयुक्त होते हैं, द्रविड़ भाषा के विशेषज्ञ काडवेल ने द्रविड़ भाषा परिवार से संस्कृत में आगत शब्दों का उल्लेख किया है। उनके अनुसार वे शब्द इस प्रकार हैं– अनल, अर्क, कुटी, कुण्ड, कुण्डल, चन्दन, निविड़, पण्डित, वक, विडाल, बिल, मयूर, मल्लिका, माला, मुकुट, वल्लरी, शठ आदि। ये शब्द संस्कृत में इस प्रकार घुल मिल चुके हैं कि उनकी व्युत्पत्ति बताना कठिन है। संस्कृत के अनेक शब्द द्रविड़ भाषाओं में भी आ गये हैं। यथा तड़चमम (तत्सम), तड़वपम् (तद्भव), कालम् (कालः), उलकम् (लोकः), वतम् (व्रतम्) आदि।

इस प्रकार भारत के चार भाषा परिवारों में वाक्य रचना की बहुत बड़ी समानता है। शब्द भण्डार में सर्वनामों तक की समानता है किन्तु ध्वनितन्त्र में किन्चित मौलिक भेद है।

ब्लाक (1934) एमेन्यू (1956, 62, 74) काटूपर (1948, 67) अन्द्रानोव (1964, 70) मसीका (1976) आदि विद्वानों ने भारतीय भाषाओं के बीच पायी जाने वाली अमिसरण प्रक्रिया (अर्थात सम्पर्क की स्थिति में दो भाषाओं के बीच की अनुकूलता) पर प्रकाश डालते हुए उनकी संरचनात्मक भाषिक लक्षणों की चर्चा की है। उनके अनुसार द्रविड़कुल की भाषाओं के प्रभाव के फलस्वरूप भारतीय आर्य भाषाओं में निम्नलिखित संरचनात्मक परिवर्तन आये–

(i) ध्वनि संरचनात्मक–मूर्धन्य ध्वनियों का स्वनिम के रूप में विकास ह्रस्व ए और औ का आविर्भाव, व्यंजनगुच्छों का सरलीकरण।
(ii) शाब्दिक–अनुरणन शब्दों का प्रयोग 'पूजा, संस्कृति से सम्बद्ध शब्द समूह का विकास'।
(iii) रूपिमिक– द्विवचन का लोप (मध्यकालीन भारतीय आर्य भाषाओं में), पूर्वसर्गों के स्थान पर परसर्गों कर प्रयोग, क्रियारूपों में सरलीकरण।
(iv) वाक्य विन्यासात्मक– शब्दक्रम में परिवर्तन, संयोजक क्रिया का लोप कृदन्त और संयुक्त क्रियाओं के प्रयोग की आवृत्ति में वृद्धि।

इसी प्रकार भारतीय आर्य भाषाओं के कारण द्रविड़ कुल की भाषाओं में निम्नलिखित संरचनात्मक परिवर्तन आये–

(i) ध्वनि संरचनात्मक–अनुनासिक स्वरों का विकास, महाप्राण ध्वनियों का आविर्भाव।
(ii) शाब्दिक–यज्ञ, होम, वर्ण और आश्रम व्यवस्था से सम्बन्धित शब्द समूहों का प्रयोग।
(iii) रूपिमिक–उत्तम पुरूष बहुवचन सर्वनामों के बीच के अभिविहित और समर्यादित भेद का लेप।
(iv) वाक्य विन्यासात्मक– निषेधवाची क्रियारूपों का लोप, विशेषण और क्रिया विशेषण के प्रयोग की आवृत्ति में वृद्धि।

"एमेन्यू" ने यह सिद्ध किया है कि भारत के विभिन्न भाषा परिवारों के बीच पायी जाने वाली भाषायी समानता युगों से चली आ रही सम्पर्क स्थिति का परिणाम है।

"मासिका" ने लिखा है कि "ये वे, व्याकरणिक लक्षण हैं जो भारतीय

भाषाओं में समान रूप से मिलते हैं और इस प्रकार भारतीय भाषाओं के लिए एक साथ मिलकर वाक्य विन्यासात्मक पहचान के कारण कहे जा सकते हैं। भाषा खण्ड के इन समानार्थी लक्षणों के आधार पर भारत को एक भाषायी क्षेत्र सरलता से सिद्ध किया जा सकता है।'' प्रायः विद्वानों ने यह सिद्ध किया है कि भारतीय आर्य, द्रविड़कुल, मोटवर्मी और आस्ट्रिक भाषा परिवारों में पायी जाने वाली समरूपता का सम्बन्ध भाषा परिवार की सगोत्रता से न होकर इतिहास चक्र से उद्भूत एक साथ रहने की परिस्थिति जन्य नियति या सम्पर्क के कारण है।

2. बहु सांस्कृतिकता की समस्या

भारतीय समाज सदियों से न केवल बहुभाषिक वरन् बहुसांस्कृतिक भी रहा है। आर्य संस्कृति, द्रविड़ संस्कृति, कोल, भील संस्कृति, मोट बर्मी या किरात संस्कृति। ऐसी स्थिति में भारत में एक भाषाई समाज की संकल्पना निराधार है।

हमारे देश में संस्कृति शब्द का प्रयोग सामान्यतः मानवीय आचरण और सामाजिक व्यवहार के सन्दर्भ में किया जाता है, जो न केवल प्रबोधन को प्रतिबन्धित करता है बल्कि विभिन्न अध्ययनों से गहन ज्ञान को भी दर्शाता है। भारत के संविधान और दस्तावेज में 'संस्कृति' शब्द का प्रयोग किया गया है, परन्तु इसका सबसे महत्त्वपूर्ण उल्लेख अनुच्छेद 351 में भाषा के सन्दर्भ में किया गया है।

डॉ. मोटूरि सत्यनारायण (तेलुगु विश्वज्ञान कोश के सम्पादक) ने अपने एक लेख में लिखा है कि भाषा संस्कृति के विकास का एक अनिवार्य अंग है और वह भी एक मानी हुई बात है कि सांस्कृतिक विकास की प्रक्रिया साथ-साथ चलती रहती है और समाज का विकास अधिकांशतः भाषा के माध्यम से प्रतिबिम्बित होता है। भाषा, संस्कृति, व्यापार आस्था और व्यवसाय, धर्म और दर्शन सामाजिक नियम और सामाजिक प्रथाओं की विविधता होते हुए भी भाषा और संस्कृति के विकास की दृष्टि से भारत की एक विलक्षण स्थिति है। भारत की विविधता में एकता दर्शाने के अविरत, निरन्तर और सफल प्रयास किये जाते हैं। (राजभाषा भारती त्रैमासिकी अंक 66 वर्ष 17, पृ. 31)

देश में सांस्कृतिक एकीकरण का कार्यक्रम उतना ही पुराना है जितना भारत का इतिहास। इसका भारत के भौतिक, सांस्कृतिक तथा भाषाई भूगोल के साथ बहुत गहरा सम्बन्ध है। यदि ऐसा न होता तो भारत में सही सामाजिक आचरण के लिए निर्देशक सिद्धान्तों के रूप में पौराणिक साहित्य के प्रयोग में

एकरूपता न आ पाती और सामाजिक विधि, सामाजिक व राजनीतिक साहित्य तथा प्रशासन, व्यापार और वाणिज्य में समग्र शब्द व्यापक मात्रा में न मिलते। यह अस्तित्व अनादिकाल से सामाजिक, सांस्कृतिक और धार्मिक कार्यकलापों से पूर्णतः जुड़ा रहा है। इस समय भारतीय भाषाओं और साहित्य में प्रगति हो रही है, उस कर राष्ट्रीय एकीकरण के लिए सांस्कृतिक विकास से गहरा सम्बन्ध है। (वही पृ. 31, 32)

सागर के अन्तराल में प्रवाहित होने वाली धाराओं के समान हमारे भारतीय समाज में पूरे और व्यापक सांस्कृतिक अनुभव को प्रवाहित करने वाली भाषाओं के तीन स्तर हैं। एक स्तर पर संस्कृत और हिन्दी सारे देश की सांस्कृतिक चेतना का वहन करती रही हैं। दूसरे स्तर पर विभिन्न प्रदेशों की भाषाएँ हैं जो इस सांस्कृतिक चेतना को निजी विशेषताओं के साथ अभिव्यक्त करती हैं और फिर लोक जीवन के स्तर पर इसी सांस्कृतिक चेतना का वहन व्यापक रूप से लोक भाषाओं ने किया है। इस सारे परिप्रेक्ष्य में सांस्कृतिक दृष्टि से हमारी समस्या एकदम स्पष्ट है।" भाषा, समाज और संस्कृति डॉ. रघुवंश, राजभाषा भारती अंक 66, वर्ष 17, पृ. 28।

उपर्युक्त उद्धरणों से स्पष्ट है कि भारतीय समाज के जातीय एवं सांस्कृतिक चेतना के क्षेत्र में एक अभूतपूर्व साम्य है और इसका आधार आनुवांशिक न होकर ऐतिहासिक है जो आदान-प्रदान, अनुकूलन और अभिसारण को अपना साधन मानता है। ऐसा माना जाता है कि आर्यों के आगमन के पहले यहाँ तीन भाषा परिवारों की जातियाँ एवं संस्कृतियाँ थीं—द्रविड़, जो दास, दस्यु, शूद्र कहलाते थे, आस्ट्रिक, जो निषाद, भील, कोल या पुलिन्द के नाम से जाने जाते थे और मोटवर्मी जो किरात के नाम से प्रसिद्ध थे। इन चारों परिवारों के बीच भाषाई और सांस्कृतिक दृष्टि से समानता दिखलाई पड़ती है। इसी के परिणामस्वरूप द्रविड़ भाषाओं के शब्द जो पूजा से सम्बन्धित हैं, जैसे अगरू, अनल, कुण्ड, कुण्डल, चन्दन आदि के साथ संस्कृत में आस्ट्रिक परिवार के लवंग, कपास जाबाल (जौ) तांबूल आदि शब्दों का भी प्रयोग पाते हैं। अवमिश्रण और अभिसारण की प्रक्रिया आगे जिस अनुपात में देखने को मिलती है उसने तो संस्कृत भाषा के इतिहास को ही बदल डाला। सम्भवतः इसी तथ्य को सामने रखकर द्रविड़ भाषाओं के विशेषज्ञ काडवेल ने कहा था कि "संस्कृत भाषा अपने इतिहास के दौरान जिस प्रकार 'वर्नाक्यूलर' (पाली और प्राकृत) में ढली, उसके पीछे अनार्य भाषाओं का बहुत कुछ हाथ रहा है।"

इसमें सन्देह नहीं कि शुद्ध रक्तवाले आर्य हवन संस्कृति के अनुयायी थे।

"पूजा" संस्कृति द्रविडों की थी। अतः पत्र, पुष्प और अक्षत आदि का उनकी सांस्कृतिक चेतना में स्थान पाना अभिसारण (अर्थात सम्पर्क की स्थिति में दो भाषाओं के बीच अनुकूलता) प्रक्रिया का ही परिणाम कहा जा सकता है। इसी प्रकार द्रविड़ जाति में जो वर्ण और आश्रम व्यवस्था की छाप देखते हैं, जो आर्यों की देन माना जा सकता है। आज हम हिन्दुओं की चिन्तन परम्परा में निगम और आगम दोनों को ही वैदिक संस्कृति के दो पक्ष के रूप में स्वीकार करते हैं। पर 'आगम' जिसे हम तन्त्र और दक्षिण में विशेषतः जिसे हम तन्त्रशास्त्र के नाम से जानते हैं, उसमें परम ब्रह्म की संकल्पना इस जीवन और जगत की आद्य मातृशक्ति के रूप में की गयी है, जो चाटुर्ज्या के मत में आर्येतर संकल्पना है। पर संस्कृतियों के अनुकूलन और अभिसारण की जो ऐतिहासिक प्रक्रिया यहाँ चली उसने अन्ततः तन्त्र या मन्त्रशास्त्र को उपनिषदों के वेदान्त साहित्य की चेतना से इस प्रकार जोड़ डाला कि कालान्तर में प्रत्येक तान्त्रिक ने यह घोषणा करनी शुरू कर दी कि वेद और तन्त्र के आन्तरिक चिन्तन और दर्शन का मूलस्रोत एक है।

कहने का तात्पर्य यह है कि इतिहास के जिस दौर से गुजरकर आज हम यहाँ तक पहुँचे हैं वहाँ पर खड़े होकर केवल यही कहने की स्थिति में हैं कि हम भारतीय हैं। वैदिक युग की समाप्ति तक आते आते इतिहास के चित्रपट पर जिस भारतीय व्यक्ति का जन्म हुआ था, उसी की हम बार-बार दुहराई गयी कहानी हैं। आनुवांशिक दृष्टि से हम अपने को आर्य, द्रविड़ या किरात जाति के वंशज का दावा क्यों न कर लें, पर हम सबकी संस्कृति सामाजिक है। जिस प्रकार आर्य परिवार की भाषाओं में भारतवर्ष की आर्येत्तर (द्रविड़, कोल, किरात आदि) भाषाओं के गुण और आर्येत्तर भाषाओं के अभिलक्षण इस प्रकार संगलित हो चुके हैं कि उन्हें अलग कर आधुनिक आर्य हमारी जातीय चेतना या द्रविड़ भाषाएँ आधुनिक नहीं रह पायेंगी। उसी प्रकार में आर्य और आर्येत्तर जातियों के सांस्कृतिक अभिलक्षण संगलित होकर एक हो गये हैं अब उन्हें अलग नहीं किया जा सकता। हम अपने सांस्कृतिक आचार विचार में से न तो 'पूजा' की परम्परा को ही छोड़ सकते हैं और न ही हवन को। इस प्रकार हम आगम और निगम इन दोनों धाराओं में से किसी भी एक धारा को छोड़ने की स्थिति में नहीं है। हम आनुवांशिक रूप से ही अलग-अलग है किन्तु भारत की सभी भाषाओं में भीतरी स्तर पर अर्थ संरचना, व्याकरण संहिता और ध्वनि व्यवस्था की दृष्टि से एक अभूतपूर्व साम्य है। ऐसी स्थिति में भारतीय भाषाओं में जो भी साहित्य लिखा गया है उसका विवेचन भारतीय साहित्य में होना चाहिए। डॉ. रामविलास शर्मा ने

लिखा है कि, "एक बार यह मान लेने पर कि भारत एक राष्ट्र है, यह भी मानना होगा कि इस राष्ट्र में जो कुछ लिखा जाता है, वह भारतीय है वह अच्छा है या बुरा यह प्रश्न गौण है।" (भारतीय साहित्य के इतिहास की समस्याएँ, पृ. 73)

3. भारतीय साहित्य और संस्कृत

संस्कृत भाषा प्राचीन वैदिक भाषा के रूप में भरतगण की भाषा मानी जाती है। भरतगण से समूचे देश को भारत नाम प्राप्त हुआ है। भरतगण की शक्ति के कारण ही संस्कृत भाषा विभिन्न गणसमाजों के बीच व्यवहार में आने लगी थी। भिन्न भाषाएँ बोलने वाले समाज परस्पर विनिमय और सम्पर्क के लिए भरतगण की भाषा काम में लाते थे। यही कारण है कि वैदिक भाषा में अनेक आर्य बोलियों के मिश्रण के चिह्न पाये जाते हैं। इसी संस्कृत भाषा को पाणिनी ने परिनिष्ठित किया। संस्कृत भरत गण की भाषा थी इसलिए उसके अध्ययन और प्रसार के केन्द्र उत्तर भारत में हों यह स्वाभाविक था। इसी प्रदेश को बाद में हिन्दी भाषा-भाषी प्रदेश भी कहा गया। अब समस्या है कि कुछ लोग यह मानते हैं, जो संस्कृत में लिखा गया है वही भारतीय साहित्य है, वही एकमात्र भारतीय संस्कृति है। किन्तु जो लेखक देश की सभी भाषाओं के साहित्य को भारतीय साहित्य मानते हैं, उनके लिए यह समस्या नहीं है। इस सन्दर्भ में डॉ. रामविलास शर्मा ने लिखा है कि "संस्कृत साहित्य यदि संकुचित सामन्त वर्ग का साहित्य है तो भारत में ऐसी कौन-सी भाषा है जिसके साहित्य पर सामन्त वर्ग का प्रभाव नहीं पड़ा? वास्तव में संस्कृत में दो विरोधी धाराएँ हैं। एक रीतिवादी दरबारी काव्य परम्परा है, दूसरी रामायण और महाभारत जैसे महाकाव्यों की परम्परा है। तमिल, तेलुगु, मराठी, बंगला भाषाओं के साहित्य पर इन दोनों महाकाव्यों का अमिट प्रभाव है। इन काव्यों के बिना न तो भारतीय संस्कृति की कल्पना की जा सकती है, न तमिल, तेलुगु आदि भाषाओं के साहित्य का इतिहास लिखा जा सकता है।" (वही, पृ. 72)

इतिहास इस बात का साक्षी है कि प्रत्येक युग में भारतीयों की मातृभाषा कुछ रही है, विभिन्न जनजातियों को जोड़ने वाली भाषा कुछ तथा बौद्धिक चेतना या पद प्रतिष्ठा की भाषा कुछ और रही है। प्राचीनकाल में बौद्धिक चेतना की भाषा संस्कृत थी, जिसका व्यवहार उत्तर भारत में भी था और दक्षिण भारत में भी। बौद्धिक चेतना की भाषा होने के कारण इसीलिए हम सर्जनात्मक साहित्य के

अतिरिक्त इसमें दर्शनशास्त्र और ज्ञानविज्ञान के अन्य क्षेत्रों से सम्बन्धित विषयों पर प्रचुर साहित्य पाते हैं। बौद्धिक चेतना की सन्दर्भ भाषा के रूप में संस्कृत भाषा का प्रयोग मध्ययुग तक चलता रहा, ब्रज भाषाकाल में भी, आचार्यों में तत्वचिन्तन के लिए संस्कृत भाषा को अपनाया। मध्ययुग के भक्ति आन्दोलन में दक्षिण के आचार्यों की मातृभाषा द्रविड़ कुल की भाषा थी, उनके पुनर्जागरण और जनसम्पर्क की भाषा ब्रजभाषा थी पर तत्वचिन्तन की भाषा संस्कृत ही रही। इन तीनों भाषाओं के समुचित योग के सहारे ही रामानुजाचार्य, मध्वाचार्य निम्बकाचार्य, वल्लभाचार्य जैसे आचार्यों का व्यक्तित्व प्रखर और प्रभावी बन पाया। आद्य शंकराचार्य ने भी बौद्धिक चेतना के लिए संस्कृत भाषा को ही प्रयोग में लिया है। इसलिए संस्कृत भाषा को लेकर कोई समस्या नहीं है।

4. काल विभाजन की समस्या

भारत एक बड़ा राष्ट्र है। वृहत्तर भारत या प्राचीन भारत तो और भी विशाल था। ऐसी स्थिति में भारतीय साहित्य की परिकल्पना एक जटिल प्रक्रिया है क्योंकि जब हम किसी काल में किसी एक विचारधारा की बात भारत के सन्दर्भ में करते हैं तो भारत के एक भूभाग में उसका अस्तित्व ही नहीं मिलता। इसलिए भारतीय साहित्य में समान प्रवृतियाँ नहीं मिलतीं। किसी एक भाषा के साहित्य में आदिकाल की प्रवृति कुछ है तो दूसरी भाषा के साहित्य की प्रवृति कुछ और तीसरी भाषा के साहित्य का विकास ही प्रारम्भ नहीं होता। ऐसी स्थिति में भारतीय साहित्य के इतिहास के कालक्रम निर्धारण की भी महत्त्वपूर्ण समस्या उत्पन्न होती है कि भारतीय साहित्य के युगक्रम को एक निश्चित कालावधि के आधार पर रेखांकित किया जाये या प्रवृति परिवर्तन को विवेचन का आधार बनाया जाये।

आदिकाल का समय 1000 ई. से 1400 ई. के मध्य माना गया है जबकि तमिल में चौथी सदी ई.पू. में साहित्य रचना का कार्य आरम्भ होता है और मलयालम में साहित्य रचना का यह क्रम पन्द्रहवीं सदी में कर शुरू होता है। तो क्या माना जाये कि मलयालम तमिल के लगभग 2000 वर्ष बाद विकसित हुई, जबकि विद्वानों की यह मान्यता है कि मलयालम में कई भाषिक तत्व तमिल से भी पुराने हैं—इसका कारण क्या है? इसी प्रकार बंगला की तुलना में असमिया और उड़िया काफी देर से विकसित हुई। तेलुगु में नन्नय का "महाभारत", कन्नड़

में नृपतुंग का "कविराजमार्ग" तथा मलयालम का रामचरितम् (रामकमा), प्रथम उपलब्ध रचनाएँ हैं जो मूलतः अनुवाद हैं। यह बात दूसरी है कि इन ग्रन्थों में उनकी अन्तःप्रतिभा का वैशिष्ट्य भी उभरा है। "कविराजमार्ग" कन्नड़ काव्य के प्रारम्भ की ओर इंगित करता है किन्तु युग का प्रवर्तन महाकवि पम्प के आविर्भाव के साथ होता है; जिसे पम्पयुग के नाम से अभिहित किया गया है।

एक अन्य प्रश्न हमारे साहित्येतिहास के काल विभाजन से सम्बद्ध है। यूरोप में जब से लैटिन से अलग होकर फ्रेंच, अंग्रेजी आदि भाषाओं में साहित्य की रचना शुरू हुई तब से उसे आधुनिक काल की संज्ञा दी गयी क्योंकि यह एक महत्त्वपूर्ण सामाजिक सांस्कृतिक परिवर्तन का सूचक है, जिसका पर्यवसान नवजागरण काल में होता है। भक्तिकाल में भक्ति आन्दोलन द्वारा भी भारतीय साहित्य में आधुनिक भारतीय भाषाओं को प्रतिष्ठा मिलती है, पूरे भारतीय उपमहाद्वीप में नवजागरण और उसे माध्यम से एक नए मानवतावाद का उद्घोष होता है। यह भारतीय नवजागरण हर दृष्टि से यूरोपीय नवजागरण के समान या उससे बढ़कर है। ऐसी स्थिति में पूर्व मध्यकाल को मध्यकाल कहना कहाँ तक उचित है? भारतीय साहित्य के काल विभाजन को लेकर ऐसी और भी कई समस्याएँ उत्पन्न होती हैं यथा—क्या संस्कृत बोलचाल की भाषा थी या नहीं। यदि बोलचाल की भाषा नहीं थी तो कब से नहीं थी? क्या प्राकृतें, वास्तविक लोकभाषाएँ थीं? क्या आ.भा. आर्य भाषाओं का जन्म अपभ्रंश हुआ है? क्या पुरानी हिन्दी, पुरानी गुजराती, पुरानी बंगला जैसी कोई भाषाएँ थीं? साहित्य के इतिहास में काल विभाजन का आधार क्या हो? इन प्रश्नों पर विचार किया जाना आवश्यक है।

5. राष्ट्रीय एकता की भावना की समस्या

आधुनिक इतिहासकारों ने प्राचीन भारत को अलग-अलग खण्डों में प्रस्तुत कर यह निष्कर्ष निकाला है कि भारत कभी एक राष्ट्र था ही नहीं। उनके अनुसार भारत में उत्तर और दक्षिण दो भौगोलिक खण्ड रहे हैं, जिनका प्राचीन काल में एक दूसरे को ज्ञान नहीं था। भारत में केवल दो ही जातियाँ थीं—आर्य और द्रविड़। इनमें आर्य विजेता थे और द्रविड़ विजित। भारत में एक भाषा नहीं रही। जब संस्कृत का प्रभाव था तब भी यहाँ संस्कृत और द्रविड़ दो भाषाएँ थीं। वे यह भी तर्क देते हैं कि राजनैतिक दृष्टि से भारत में एकता का प्रश्न ही नहीं उठता

क्योंकि यहाँ सैकड़ों राजा थे जो परस्पर लड़ते रहते थे। भारत में धार्मिक दृष्टि से भी एकता नहीं थी। हिन्दू, बौद्ध, जैन धर्म जैसे कितने ही धर्म यहाँ प्रचलित थे। इस प्रकार अंग्रेजी के इतिहासकारों ने भारत के अतीत को विखंडित कर यह बताने का प्रयास किया कि अंग्रेजों ने राजनैतिक दृष्टि से समीकरण किया और यह भारत की राष्ट्रीयता आधुनिक युग में केवल राजनैतिक कारणों से हुई। कहने का आशय यह है कि बिटिश पूर्व भारत में राष्ट्रीय एकता की भाव थी ही नहीं। भारतीय राष्ट्रीयता आधुनिक काल की देन है। इस तर्क को आधार मानकर भारतीय साहित्य के अध्ययन का प्रयास करें तो यह समस्या खड़ी होती है कि नागरिकता, ध्वज संविधान की भाँति एक भाषा भी होनी चाहिए जिसे उस देश की राष्ट्रभाषा कहा जाये और उसके साहित्य को भारतीय साहित्य।

डॉ. रामविलास शर्मा ने लिखा है कि राष्ट्र के अस्तित्व के लिये एक ही भाषा का व्यवहार आवश्यक नहीं है। संसार के अधिकांश राष्ट्र बहुजातीय हैं, उनमें अनेक भाषाओं का व्यवहार होता है। XXX स्विटजरलैण्ड, कनाडा, संयुक्त राज्य अमेरिका, सोवियत संघ, चीन आदि देश भारत की तरह बहुजातीय राष्ट्र अथवा राज्य हैं। XXX भारत या स्विटजरलैण्ड जैसे देश में अनेक जातियाँ दीर्घकाल से साथ रहती आयी हैं उनमें सामान्य राष्ट्रीयता का भाव है। उनका देश राजनैतिक रूप से एक राज्य हो चाहे न हो, उसे राष्ट्र कहना उचित होगा। किसी जाति का राजनीतिक विभाजन होने से जैसे उसकी जातीयता का नाश नहीं हो जाता–कोरिया, वियतनाम, जर्मनी, बंगाल, पंजाब सभी विभाजित हैं या रहे हैं, फिर भी राजनीतिक विभाजन से एक की जगह दो जातियाँ नहीं बन गयीं–वैसे ही भारत जैसे देश का राजनीतिक विभाजन होने से उसकी राष्ट्रीयता समाप्त नहीं हो जाती।"

महाभारत में कश्मीर से लेकर केरल तक अनेक जनपदों के आर्य, द्रविड़, किरात, निषाद, यवन, म्लेच्छ आदि अनेक समाजों के जिस भारत का उल्लेख किया है वह किसी एक कवि की निराली कल्पना नहीं है। अनेक पुराणों में उससे मिलता जुलता स्वर सुनाई देता है। विष्णु पुराण के द्वितीय अंश के तीसरे अध्याय में भारतवर्ष का वर्णन है। जो देश समुद्र के उत्तर में है और हिमालय के दक्षिण में है वह भारतवर्ष है, उसकी सन्तति का नाम भारती है। इस देश के पूर्वी भाग में किरात हैं पश्चिमी भाग में यवन हैं। इसमें शतद्र, चन्द्रभागा, गोदावरी ताम्रपर्णी आदि नदियाँ बहती हैं। इस देश में कुरू, पांचाल, कोसल, कामरूप, पुण्ड्र, कलिंग, मगध, सौराष्ट्र आदि जन रहते हैं। ये सब लोग मिलकर रहते हैं और इस देश

की नदियों का जल पीते हैं—आसा पिबन्ति सलिलं वसन्ति, सहिताः सदा। कवि के अनुसार ये सब लोग सहितभाव से निवास करते हैं अर्थात मिलकर रहते हैं। यही राष्ट्रीय एकता का समर्थ आधार है।

भारतवर्ष की एकता और पत्रिता का यही स्वर आधुनिक काल में, तमिल कवि सुब्रह्मण्य भारती के प्रसिद्ध गीत में सुनाई देता है—

"भारत समुदायम् वालूग वे—वालूग। वालूग।
भारत समुदायम् वालूग वे।—जय जय जय।"

उपर्युक्त उद्धरणों से अब इस बारे में कोई सन्देह नहीं रह जाना चाहिए कि प्राचीन काल से लेकर अद्यावधि यहाँ अखिल भारतीय चेतना विद्यमान है। यहाँ राष्ट्रीय एकता की भावना उस समय भी थी जब राष्ट्र के अन्तर्गत गण समाज और लघु जातियाँ थीं और यह आज उस समय भी है जब यह राष्ट्र महाजातियों का समुदाय है। भारत एक बहुजातीय राष्ट्र है और उसमें बहुजातीय राष्ट्रीय एकता की भावना है। इसलिए जिसे हम विभिन्न प्रदेशों का साहित्य कहते हैं वह जातीय साहित्य है न कि अंग्रेजी की तरह राष्ट्रीय साहित्य। भारतीय साहित्य हम उसे कह सकते हैं जो भारतीय एकता, भारतीय गौरव, राष्ट्रीय एकता और राष्ट्रीय अस्मिता को प्रस्तुत करे। उसमें जातिभेद, भाषाभेद और कालभेद न हो।

6. बहुभाषिकता की समस्या

भारत बहुभाषिक देश है। यहाँ मराठी, बंगाली, तमिल, तेलुगु, कन्नड़, मलयालम, कश्मीरी, पंजाबी सिन्धी, हिन्दी आदि विभिन्न भाषाओं में रचित साहित्य मिलता है। अतः विभिन्न भाषाओं के माध्यम से अभिव्यक्त, विभिन्न साहित्य एक होकर भारतीय साहित्य की संज्ञा कैसे प्राप्त का सकता है?

इस प्रश्न को हम हिन्दी साहित्य की अपनी संकल्पना के द्वारा समझ सकते हैं। जब हम हिन्दी साहित्य की आज बात करते हैं तब उसे खड़ी बोली में रचित काव्यकृतियों तक ही सीमित नहीं रखते। इसमें निराला, पन्त, प्रसाद प्रेमचन्द, अज्ञेय, यशपाल, भवानीप्रसाद मिश्र, मुक्तिबोध आदि की रचनाओं के साथ अवधी, ब्रज, मैथिली आदि भाषाओं के साहित्यकार जायसी, सूर, तुलसी, विद्यापति आदि की कृतियों को भी समाहित करने में संकोच नहीं करते। इन विभिन्न भाषा, बोलियों के माध्यम से अभिव्यक्त होने वाला साहित्य एक है क्योंकि इनकी रचना करने वाले हिन्दी भाषाई समाज की जातीय चेतना एक है। काव्य वस्तु

संयोजना काव्य संवेदना आदि भी एक जैसा दिखता है। हिन्दी भाषाभाषी समाज का सदस्य होने के कारण किसी व्यक्ति की मातृबोली चाहे ब्रज हो या अवधी, भोजपुरी हो या मैथिली, वह जायसी, सूर, तुलसी, विद्यापति आदि को अपना कवि उसी प्रकार स्वीकार करता है जिस प्रकार कि वह निराला और प्रेमचन्द को अपना साहित्यकार मानता है। स्पष्ट है उसकी भाषाई विभिन्नता उसके साहित्य को एक (हिन्दी साहित्य) मानने के रास्ते में बाधक नहीं है। उसी प्रकार हम यह भी कह सकते हैं कि तमिलनाडु का तमिलभाषी, आन्ध्रप्रदेश का तेलुगुभाषी, महाराष्ट्र का मराठीभाषी और बंगाल का बंगलाभाषी, अपनी तमाम क्षेत्रीय विशिष्टताओं के बावजूद अपने व्यक्तित्व के एक वृहत्तर आयाम पर भारतीय है और उसके द्वारा रचित साहित्य अपने समस्त भाषाभेद के उपरान्त भी एक (भारतीय) साहित्य के अन्तर्गत आते हैं, क्योंकि भारतीय साहित्य की ऐतिहासिक परम्परा, सांस्कृतिक मूल्य और काव्य संवेदना समानधर्मी है और उसके द्वारा रचित साहित्यिक कृतियों में काव्यवस्तु का संयोजन, कथा-रूढ़ियों का निर्वाह, भावबोध का संस्कार और शिल्पगत अभिविन्यास की प्रकृति सामासिक है। उदाहरण के लिए महाभारत और रामायण पर आश्रित काव्यों की अजस्र परम्पराएँ प्रायः सम्पूर्ण देश में मिलती हैं। तमिल में कम्ब रामायण, तेलुगु में रंगनाथ रामायण, कन्नड़ में पम्प रामायण, मलयालम में अध्यात्म रामायण, मराठी में मोरोपन्त की रामकथा, बंगला में कृतिवास रामायण, असमिया में माधव कंदलि का रामायण, उड़िया में विलंका रामायण और हिन्दी में तुलसी रामायण एक व्यापक परम्परा के ही अंग है। इसी प्रकार महाभारत काव्य की शृंखला भी सभी भाषाओं में व्याप्त है। भागवत के रूपान्तर भी सभी भाषाओं में हैं। भरत के नाट्यशास्त्र, आनन्दवर्धन का ध्वन्यलोक, दण्डी का काव्यादर्श, मम्मट का काव्यप्रकाश, साहित्यदर्पण (विश्वनाथ) रसगंगाधर (पण्डित राज जगन्नाथ) आदि भारत की सभी भाषाओं के आचार्यों में लोकप्रिय रहे हैं। इसी कारण से भारतीय भाषाओं के काव्य शास्त्रों में एक ही स्रोत से उत्पन्न होने के कारण एक ही तरह की मौलिक समानता विद्यमान है।

मानक तत्व–भारतीय साहित्य एक है। इस एकता के कतिपय मानक तत्व इस प्रकार हैं–

1. भारतीय भाषाओं के अधिकांश साहित्य का विकास क्रम लगभग एक-सा है। समस्त साहित्य चार चरणों में विभक्त है।
2. भारत की सभी भाषाओं के साहित्य में भक्ति की धारा समान रूप से प्रवाहित हुई। रामकथा और कृष्णकथा को समान महत्त्व मिला है।

3. भारत की प्रायः सभी भाषाओं के साहित्य में रामायण और महाभारत के अनुवाद उपलब्ध हैं।
4. सभी भाषाओं के साहित्य में आधुनिक साहित्य का विकासक्रम समान है।
5. सभी भाषाओं के साहित्य पर भरत, आनन्दवर्धन, मम्मट, आचार्य विश्वनाथ, पण्डितराज जगन्नाथ आदि आचार्यों की काव्य शास्त्रीय मान्यताओं का प्रभाव पड़ा है।
6. सभी भाषाओं के साहित्य में भक्ति आन्दोलन को महत्त्व मिला है।
7. सभी भाषाओं के साहित्य में काव्य शैलियों और काव्यरूपों में समानता है।
8. सभी भाषाओं के साहित्य में अखण्ड भारत की परिकल्पना मिलती है।
9. सभी भाषाओं के साहित्य में राष्ट्रीय भावनाओं का प्रवाह एक साथ हुआ है।
10. सभी भाषाओं के साहित्य में सिद्ध, नाथ, जैन चरितकाव्य प्रायः समान रूप से लिखे गये हैं।

अतः जब भारतीय साहित्य के लेखन का प्रश्न उठता है तो समस्त भारतीय भाषाओं का साहित्य ही हमारे अध्ययन का विषय होता है। किसी एक भाषा का साहित्य नहीं क्योंकि सभी भाषाओं के साहित्य में राष्ट्र का स्वरूप विभिन्नताओं के बावजूद समान रूप से प्रतिबिम्बित होता है। अतः वाल्मीकि, व्यास, कालिदास, तुलसी, सूर, कबीर, प्रसाद ही नहीं वरन् भारतीय साहित्य का अध्ययन करते समय ललधद, वसवराज, रवीन्द्रनाथ ठाकुर, सुब्रह्मण्यम भारती और वल्लतोल भी समान रूप से प्रतिष्ठित होंगे। फिर भी भारत की सभी भाषाओं के साहित्य का इतिहास अभी अनेक समस्याओं से उलझा हुआ है। किसी को समस्याओं का ज्ञान न हो यह बात अलग है। इसके लिए प्रत्येक भाषा के साहित्य में निरन्तर अनुसन्धान हो रहा है, नई सामग्री सामने आ रही है, इतिहास की टुटी हुई कड़ियाँ जोड़ी जा रही हैं किन्तु यह कार्य तभी सम्भव है जब भारत के विभिन्न भाषाओं के साहित्य का अच्छी तरह ज्ञान प्राप्त कर लिया जाये।

भारतीय साहित्य में आज के भारत का बिम्ब

डॉ. लक्ष्मीकान्त पाण्डेय व डॉ. प्रमिला अवस्थी

भारतीय साहित्य का स्वरूप बताते हुए स्पष्ट यह किया जा चुका है कि प्राचीन काल से ऐसी अनेक सामान्य प्रवृत्तियाँ मिलती हैं, जिनको समस्त भारतीय भाषाओं के साहित्य में देखा जा सकता है। आधुनिक युग के पूर्व सम्पूर्ण भारतीय पर राकथा और कृष्णकथा का समान प्रभाव रहा है। इसी प्रकार मध्यकालीन साहित्य पर भक्तिकाव्य का प्रभाव सवादेशिक है। भारतीय साहित्य की यह समानता उस युग में विद्यमान रही है, जब भारतीय जनमानस की एकात्मता और समरसता में प्राकृतिक और राजनैतिक अवरोध विद्यमान थे। अंग्रेजों के आगमन के पश्चात् देशी रजवाड़े समाप्त होने लगे और एक शासन पद्धति का विकास हुआ। इसी के साथ यातायात के साधन भी सुगम हुए। वैज्ञानिक विकास, समान कानून और केन्द्रीय शासन पद्धति ने ब्रिटिश राज्य की स्थापना से आज तक भारतीय जनमानस को इतना निकट ला दिया कि पूरा देश एक चेतना और एक समस्या से जुड़ा हुआ है। सूचना क्रान्ति के इस युग में घटनाएँ पूरे राष्ट्र को समान रूप से प्रभावित करने लगी हैं। यातायात के सुगम साधनों और महानगरों में जीविका की तलाश ने भी क्षेत्रीय बन्धन तोड़ दिये हैं। ऐसे में आज के भारतीय साहित्य में सम्पूर्ण भारत का बिम्ब मिलता है। उदय शंकर भट्ट यदि मुम्बई के मछुआरों का वृत्तान्त लिख सकते हैं तो रांगेय राघव कन्जड़ों का जीवनी पर समान अधिकार से लिख सकते हैं। विमल मित्र और महाश्वेता देवी के कथा-साहित्य का प्रभाव पूरे भारत के मानस पर पड़ता है। अतः आज के साहित्य में, वह चाहे जिस भाषा में लिखा जा रहा हो, उसका प्रभाव पूरे देश पर पड़ता है। मराठी उपन्यास छावा और मृत्युंजय के पाठक पूरे देश में मिल जाते हैं। इसलिए आज के भारतीय साहित्य को किसी विशेष भाषा के दायरे से हटकर भारतीय परिप्रेक्ष्य में मूल्यांकित करना होगा।

प्रश्न जब आज के भारतीय साहित्य का उठता है तो उसका अर्थ मूलतः आधुनिक युग से है। आधुनिक काल की दो महत्त्वपूर्ण घटनाएँ हैं–1. भारत का स्वाधीनता संघर्ष और 2. स्वतन्त्रता के पश्चात् लोकतन्त्र की स्थापना। लोकतन्त्र की स्थापना के पश्चात् देश की संसद में समस्त भारत की महापंचायत ने राष्ट्रीय समस्याओं को एक साथ मिल बैठकर तय करने की व्यवस्था की। सूचनातन्त्र के माध्यम से पूरा राष्ट्र उन समस्याओं से जुड़ा है। इसलिए उन घटनाओं पर समान प्रतिक्रिया स्वाभाविक है। स्वतन्त्रता के पश्चात् प्रथम निर्वाचन के पूर्व महात्मा गाँधी की हत्या, चीनी आक्रमण, बांग्लादेश का उदय, आपातकाल, बाबरी विध्वन्स, रामजन्मभूमि आन्दोलन, आतंकवाद, इन्दिरा गाँधी की हत्या जैसी राजनीतिक-सामाजिक घटनाएँ हुई जिनका प्रभाव सम्पूर्ण भारतीय राजनीति एवं जनसामान्य पर पड़ा। साहित्य समाज का दर्पण है। अतः इन घटनाओं से साहित्य असम्पृक्त नहीं रहा। आज के भारतीय साहित्य में इन घटनाओं की समान अभिव्यक्ति हुई है। इसके साथ ही हिन्दी की प्रवृत्तियों के समान ही समस्त भारतीय भाषाओं की प्रवृत्तियों में भी समान रूप से परिवर्तन हुए हैं।

अतः आज के भारतीय साहित्य में सम्पूर्ण भारत की आत्मा की आवाज़ भाषा भेद, क्षेत्र-भेद के बावजूद लक्षित होती है। इस सम्बन्ध में निम्नलिखित तथ्य समानता का संकेत देते हैं–

1. आधुनिकता का उदय–भारत की समस्त भाषाओं का आधुनिक काल 1857 के स्वाधीनता संघर्ष से प्रारम्भ होता है। 1857 के स्वाधीनता संघर्ष ने भारतीय चेतना को झकझोरा। यद्यपि बंगाल और दक्षिण भारत में विदेशी शासन उत्तर भारत से पहले प्रारम्भ हो चुका था तथा पाश्चात्य सभ्यता का प्रभाव वहाँ पड़ने लगा था किन्तु पुनर्जागरण एवं आधुनिक युग का साहित्यिक स्वरूप 1857 के बाद ही लक्षित होता है।

2. पुनर्जागरण–भारतीय साहित्य में 1857 के पश्चात् पुनर्जागरण की प्रक्रिया समस्त भारतीय भाषाओं में मिलती है। यदि भारतेन्दु हरिश्चन्द्र ने हिन्दी पुनर्जागरण का श्रीगणेश किया तो बंगाल में राजा राममोहन राय, तमिल में रामलिंग स्वीमीगल, तेलुगु में वीरेशलिंगम् ने इस आन्दोलन को बल दिया। मराठी क्षेत्र में लोकमान्य तिलक, गोपाल कृष्ण गोखले, रानाडे, बाल शास्त्री आदि प्रारम्भ से ही पुनर्जागरण के पुरस्कर्त्ता थे जिनका प्रभाव साहित्य पर पड़ा। गुजराती में भारतेन्दु के समकालीन नर्मद ने पुनर्जागरण का सूत्रपात किया। बंगला में राम मोहनराय, ईश्वर चन्द्र विद्यासागर, देवेन्द्रनाथ ठाकुर, ईश्वर गुप्त, मधुसूदनदत्त,

बंकिम चन्द्र प्रभृति नेताओं और साहित्यकारों ने उसी काल में पुनर्जागरण आन्दोलन को विस्तार दिया। इस प्रकार पुनर्जागरण की चेतना समस्त आधुनिक भारतीय साहित्य में उपलब्ध है।

3. राष्ट्रीय चेतना–भारतीय साहित्य के आधुनिक युग की दूसरी महत्त्वपूर्ण विशेषता है, समस्त भाषाओं में राष्ट्रीय चेतना और स्वतन्त्रता का समान रूप से विकास। हिन्दी में जब राष्ट्रीय भावना से ओतप्रोत साहित्य लिखा जा रहा था, तभी समस्त भारतीय भाषाओं में राष्ट्रीय आन्दोलन की भावना सजग थी। तमिल कवि सुब्रह्मण्यम भारती ने भारत की स्वतन्त्रता ही नहीं व्यक्ति की स्वतन्त्रता का भी समर्थन किया। उनके अतिरिक्त तमिल के चिदम्बरम् पिल्लई, वी.वी.एस. अय्यर राष्ट्रीय काव्यधारा के कवि रहे हैं। कन्नड़ में श्रीकन्ठैया, गोविन्द शंकर भट्ट, मलयालम में केरल वर्मा, वेनमणि, राजराज वर्मा राष्ट्रीय चेतना के साहित्यकार थे। केरल में राष्ट्रीय कवि के रूप में ख्यात वल्लतोल इस दृष्टि से भारतीय राष्ट्रीय काव्य के प्रतिनिधि कवि हैं। मराठी में केशव सुत, कुंते, कुसुमाग्रज और सावरकर प्रमुख राष्ट्रीय कवि हैं। गुजरात महात्मा गाँधी की जन्मभूमि है। वहाँ का जन-जन राष्ट्रीय आन्दोलन से प्रभावित था। गाँधी जी के अतिरिक्त, नान्हालाल, ठाकोर, काका कालेलकर, आनन्द शंकर ध्रुव, उमाशंकर कन्हैयालाल माणिकलाल मुंशी राष्ट्रीय साहित्य के उन्नायक हैं। इसी प्रकार बंगला में रवीन्द्रनाथ टैगोर, असमी में आनन्दराय फूंकन, कमलाकान्त भट्टाचार्य, हेमचन्द्र बरुआ, चन्द्रकुमार अग्रवाल, लक्ष्मीकाथ बेज बरुआ, हेमचन्द्र गोस्वामी राष्ट्रीय काव्यधारा के प्रतिनिधि कवि हैं। उड़िया में फकीर मोहन सेनापति, राधानाथ और मधुसूदन ने राष्ट्रीय भावना को विकसित किया। उत्तर भारत में हिन्दी में पुनर्जागरण भारतेन्दु युग से हुआ। उस काल में हिन्दी-उर्दू गद्य का विकास समान्तर रूप से हो रहा था। उर्दू शायर इकबाल राष्ट्रीय चेतना के अग्रदूत थे तो पंजाबी में गुरुमुख सिंह मुसाफिर, हीरा सिंह दर्द का नाम राष्ट्रीय कवियों में अग्रगण्य है।

4. साम्यवादी प्रभाव–1936 में भारतीय प्रगतिशील लेखक संघ की स्थापना हुई। प्रगतिशील आन्दोलन मलूतः सोवियत क्रान्ति का परिणाम है। सोवियत क्रान्ति के प्रभाव के साथ भारत में भी साम्यवादी विचारधारा का विकास हुआ और सम्पूर्ण भारतीय साहित्य पर उसका समान प्रभाव पड़ा। हिन्दी प्रगतिवादी आन्दोलन और अन्य भाषाओं के आन्दोलन प्रायः साथ ही प्रारम्भ हुए। केरल, बंगाल और तेलुगु क्षेत्र पर इसका विशेष प्रभाव पड़ा लेकिन उस युग में भारत की कोई भाषा ऐसी नहीं है जिस पर साम्यवादी आन्दोलन का प्रभाव न पड़ा हो।

5. स्वाधीनता और उसके बाद--भारतीय इतिहास की सर्वाधिक महत्त्वपूर्ण घटना 15 अगस्त 1947 को भारत की स्वतन्त्रता है। स्वतन्त्रता के पश्चात् राष्ट्र-निर्माण और लोकतन्त्रीय शासन की स्थापना का ध्येय प्रमुख रहा है। स्वतन्त्रता की विजयगाथा का वर्णन भारत की सभी भाषाओं में समान रूप से किया गया और एक नये भारत और विश्व-स्वतन्त्रता की कामना सभी भाषाओं के साहित्यकारों ने की। स्वतन्त्रता के पश्चात् भारत में 26 जनवरी, 1950 को गणतन्त्र की स्थापना हुई। स्वतन्त्रता, समानता और समग्र विकास की भावना का समादर राष्ट्र की सभी भाषाओं के कवियों ने किया। आज भारतीय साहित्य का मुख्य स्वर केरल से कश्मीर और असम से कच्छ तक की राष्ट्रीय-सांस्कृतिक एकता है। विघटनकारी शक्तियों ने यद्यपि राजनीतिक उथल-पुथल को लगातार प्रश्रय दिया किन्तु साहित्य की मूल भावना राष्ट्रीय सांस्कृतिक एकता की स्थापना है। भारतीय साहित्य में यह एकात्मता विद्यमान है। स्वतन्त्रता के पश्चात् भारतीय भाषाओं के विकास के लिए अनेक संस्थाओं का उदय हुआ और सभी भारतीय भाषाओं का साहित्य दूसरी भाषाओं को जानने वाले पाठकों के लिये सुलभ हो गया। इसके परिणामस्वरूप आज किसी भी भाषा में लिखा गया साहित्य हर क्षेत्र में समादृत है। आज के.एम. मुंशी, रवीन्द्रनाथ ठाकुर, सुब्रह्मण्यम भारती, प्रेमचन्द, फकीर मोहन सेनापति, शरतचन्द्र, अमृता प्रीतम क्षेत्रीय भाषाओं के साहित्यकार नहीं हैं। महाश्वेता देवी और शिवाजी सामन्त के पाठक बांग्ला और मराठी से अधिक हिन्दी में हैं। अनुवाद ने भाषायी साहित्य का भेद मिटा दिया है। इसके परिणामस्वरूप आज के भारतीय साहित्य में सम्पूर्ण भारत का बिम्ब सरलता से मिल जाता है। चूँकि भारतीय साहित्य सबके लिए सुलभ है अतः लेखकीय दृष्टि में भी विस्तार हुआ है और प्रायः सभी लेखकों ने राष्ट्रीय पृष्ठभूमि को साहित्य में चित्रित किया है।

आज का भारत और भारतीय साहित्य

स्वतन्त्रता के पश्चात् भारतीय जन-जीवन में व्यापक परिवर्तन हुए। आजादी के बाद की पीढ़ी जब युवा हुई तो उसका लोकतन्त्र और उसके नेतृत्व से मोहभंग होने लगा था। परम्परागत समस्याएँ तो विद्यमान थी हीं युवा पीढ़ी को नयी समस्याओं से भी जूझना पड़ा। भारतीय जनमानस पर इसकी गम्भीर प्रतिक्रिया हुई। अशिक्षा, बेरोजगारी, निर्धनता जैसी आर्थिक समस्याएँ, दहेज, नारी शोषण, दलितों का शोषण जैसी सामाजिक समस्याएँ तथा भ्रष्टाचार, लूट, अराजकता नुतृत्व का दोमुँहापन आतंकवाद, लूट-हत्या जैसी समस्याएँ भारतीय

समाज के समक्ष यथावत् रहीं। देश की युवा पीढ़ी अर्थहीन हो गयी। शिक्षा और नैतिक मूल्यों का कोई महत्त्व नहीं रहा। ऐसे में समग्र भारतीय साहित्य का इन समस्याओं से अछूता रहना सम्भव नही था। आज के भारत का यह चित्र किसी क्षेत्र-प्रान्त और भाषा का नहीं है। यह समग्र भारतीय साहित्य में मिलता है। आज के भारतीय साहित्य में इसलिए बहुत सारी प्रवृत्तियाँ यथावत् विद्यमान हैं। देश काल भेद से केवल नाम और परिवेश परिवर्तित हुआ है किन्तु विवेचन उन्हीं तत्वों का हुआ है जो सार्वदेशिक हैं। नारी विमर्श, दलित चिन्तन, मोहभंग और संत्रास जैसे शब्द हिन्दी में ही नहीं सभी भारतीय भाषाओं के युवा लेखन में उभरे हैं। देश में जो भी ऐतिहासिक घटनाएँ हुई हैं, उनकी गूँज सभी भाषाओं के साहित्य में मिलती है। यही नहीं समान प्रवृत्तियों के चित्रण की पद्धति भी समान है। कविता हर भाषा के साहित्य में पृष्ठभूमि में है और कथा-साहित्य को केन्द्रीय विधा के रूप में सभी भाषाओं में देखा जा सकता है।

आज के भारत की समस्याओं का चित्रण समकालीन भारतीय साहित्य में न केवल देखा जा सकता है वरन् ये कहानी लेखक, एक-दूसरे को प्रभावित कर रहे हैं। साहित्य अकादमी और नेशनल बुक ट्रस्ट के माध्यम से सभी समकालीन उत्कृष्ट रचनाएँ अपनी मूल भाषा और अन्य भाषाओं में समान्तर रूप से प्रवाहित हो रही हैं जिससे सभी भाषाओं के लोग समकालीन भारतीय साहित्य से परिचित हो रहे हैं जिनमें अनेक अनुवाद मूल से भी अधिक अनूदित रचना के रूप में पढ़े जा रहे हैं। लगान व्यवस्था और जनजागृति के महत्त्वपूर्ण पहलुओं से परिचित करवाता तकषी शिवशंकर पिल्लै का उपन्यास 'रस्सी' सभी भाषाओं में उपलब्ध है। इसी प्रकार स्त्री शिक्षा की प्रगति से जुड़ा नारी जागृति का उपन्यास 'अनचला डगर' उड़िया का महत्त्वपूर्ण ग्रन्थ है। नारीवादी विमर्श की दृष्टि से आज अनेक आन्दोलन हो रहे हैं। इस दृष्टि से न केवल हिन्दी वरन् अन्य भाषाओं में भी अनेक कृतियाँ आयी हैं। उनमें सु. समुत्तिरम की एक घेरे से बाहर, एस.एल. भैरप्पा की एक कन्नड़ रचना गृहभंग, जयमोहन की तमिल कृति बदलते चेहरे प्रमुख हैं।

आज के लेखकों ने भारतीय जन-जीवन को ही नहीं हर क्षेत्र में व्याप्त विकृतियों को सहजता से प्रस्तुत किया है। इस दृष्टि से मलयालम उपन्यास 'दवा' का उल्लेख किया जा सकता है जिसके लेखक पुनत्तिल कुंजब्दुल्ला हैं। इस उपन्यास में चिकित्सा की दुनिया के अविश्वसनीय खोखलेपन और विद्रूपता का चित्रण किया गया है।

वस्तुतः आज का भारतीय साहित्य एक समान उत्स से प्रेरणा पर रहा है। स्वतन्त्र भारत में राष्ट्रीय एकता के मूल-मन्त्र, एक संघीय व्यवस्था और सूचनाक्रान्ति तथा नये जन माध्यमों के प्रभाव ने भारतीय भाषाओं के मध्य दूरी को कम किया है। अतः पारस्परिक आदान-प्रदान की स्थिति बनी है। राजभाषा के रूप में हिन्दी का प्रसार सार्वदेशिक है। वहीं विभिन्न भाषाओं के बोलने वालों में निकटत बढ़ी। महानगरीय संस्कृति के विकास के कारण पूरे भारत में हर प्रदेश के निवासी और बोलने वाले मिल जाते हैं जिससे हर भाषा की शब्दावली दूसरी भाषा को प्रभावित करती है। हिन्दी की अधिकांश तद्भव शब्दावली संस्कृत से विकसित हुई है। इसी संस्कृत से भारत की द्रविड़ेतर सभी भाषाओं की शब्दावली विकसित हुई है। इसके परिणामस्वरूप भाषिक आदान-प्रदान में कठिनायी भी नहीं आती। द्रविड़ भाषाओं पर भी संस्कृत का समान प्रभाव है। पूरे देश में केन्द्रीय भाषा के रूप में हिन्दी प्रतिष्ठित है जिसका प्रभाव सभी क्षेत्रों में है। सिनेमा, दूरदर्शन, आकाशवाणी के माध्यम से हिन्दी का प्रयोग हर क्षेत्र में बढ़ा है जिसका परिणाम यह है कि हिन्दी में भारतीय भाषाओं के शब्द बढ़े हैं तथा हिन्दी शब्दावली का प्रयोग अन्य भाषाओं में बढ़ा है। जनगणना के आँकड़ों के अनुसार भारत में हिन्दी बोलने वालों की संख्या का प्रतिशत 39.85 है। हिन्दी का साहित्य सम्पूर्ण भारत के लोगों द्वारा समृद्ध हो रहा है। वहीं भारतीय साहित्य को भी हिन्दी के माध्यम से लोकप्रियता मिल रही है। बंगला और मराठी के साहित्य के जितने पाठक मूल भाषा में हैं, उससे अधिक हिन्दी में हैं। अमृता प्रीतम, विमल मित्र, शिवाजी सामन्त, तकषी शिवशंकर पिल्लै, पद्मा सचदेव अब क्षेत्रीय भाषा के रचनाकार नहीं हैं, इनकी रचनाएँ हिन्दी में उतनी ही लोकप्रिय हैं, जितनी मूल भाषा में। 8 प्रतिशत बंगला में कोई प्रतिष्ठित नहीं होता 40% हिन्दी पाठक वर्ग से ही राष्ट्रीय पहचान बनती है। इस प्रकार आज का भारतीय साहित्य न केवल क्षेत्रीय साहित्य का संघ है वरन् हिन्दी साहित्य का भी अंग है। भारतीय संघ की भाँति भारतीय साहित्य भी क्षेत्रीय होने के साथ राष्ट्रीयता के विकास में संघीभूत होकर एक भाषा, एक विचार, एक संस्कृति का उद्घोष कर रहा है। यही अनेकता में एकता का स्वर है। लगभग 1600 बोलियों वाले इस राष्ट्र में सभी बोलियों की अपनी-अपनी विशेषताएँ हैं।

भारत जैसे विशाल राष्ट्र में भाषाओं की विविधता के बावजूद किसी प्रादेशिक भाषा के बोलने वालों की संख्सा किसी देश की जनसंख्या से

अधिक है। इसके साथ ही भारतीय समाज भी विविधतापूर्ण है। जाति, नस्ल, रीति-रिवाज, परम्परा भी भारतीय समाज में पृथक-पृथक है। भारत पर सुदीर्घकाल तक विदेशी शासन रहा। अतः विदेशी भाषाओं और धर्मों का भी व्यापक प्रभाव भारत पड़ा। फारसी और अंग्रेजी का समान प्रभाव भारत पर पड़ा है और दोनों भाषाओं का अलग स्वरूप भारत में दिखलाई पड़ता है। इसके साथ ही ईसाई और इस्लाम धर्म को मानने वालों की एक बड़ी संख्या भारत में विद्यमान है। इस विविधता के कारण ही संविधान निर्माताओं ने आज के भारत के निर्माण के लिए एक सर्वमान्य भाषा के साथ क्षेत्रीय भाषाओं की महत्ता को रेखांकित किया था। संविधान की धारा 351 में स्पष्ट निर्देश है–

"संघ का कर्त्तव्य होगा कि वह हिन्दी भाषा का प्रसार बढ़ाए, उसका विकास करे, जिससे वह भारत की सामासिक संस्कृति के सभी तत्वों की अभिव्यक्ति का माध्यम बन सके और उसकी प्रवृत्ति में हस्तक्षेप किये बिना हिन्दुस्तानी में और आठवीं सूची में विनिर्दिष्ट भारत की अन्य भाषाओं में प्रयुक्त रूप, शैली और पदों को आत्मसात करते हुए जहाँ आवश्यक या वांछनीय हो वहाँ उसके शब्द-भण्डार के लिए मुख्यतः संस्कृत से और गौणतः अन्य भाषाओं से शब्द ग्रहण करते हुए उसकी समृद्धि सुनिश्चित करे।"

आदान-प्रदान की प्रक्रिया–निकटवर्ती भाषाओं में आदान-प्रदान की प्रक्रिया निरन्तर चलती रहती है। यह प्रक्रिया प्रत्यक्ष और अप्रत्यक्ष दोनों रूपों में चलती है। विभिन्न महानगरों में ऐसी भाषाओं का प्रयोग आज व्यापक रूप से देखने में आ रहा है। कलकत्ता, चण्डीगढ़, मुम्बई और बनारस की हिन्दी का अन्तर स्पष्ट रूप से देखा जा सकता है। भारत की प्रत्येक भाषा पर अन्य देशी-विदेशी भाषाओं के शब्दों का और लोकोक्तियों, मुहावरों और ध्वनियों का प्रभाव बढ़ा है। यह प्रभाव आधुनिक युग की देन नहीं है। आदान-प्रदान की यह प्रक्रिया प्राचीन है जो कभी-कभी इतनी गहरी हो जाती है कि भाषा भेद मिट जाता है।

सूचना क्रान्ति के आधुनिक युग में घटनाएँ पूरे देश को एक साथ प्रभावित करती हैं। इसलिए आज का भारतीय साहित्य किसी क्षेत्र की समस्या को लेकर नहीं वरन् राष्ट्रीय समस्याओं को एक साथ प्रस्तुत करने में समर्थ है। इसीलिए समकालीन भारतीय साहित्य को पढ़ते समय प्रादेशिकता के स्थान पर समग्रता का बोध होता है। आधुनिक काल में भाषान्तरण मात्र से साहित्य का समान रूप उपलब्ध हो जाता है। मन्नू भण्डारी का महाभोज, अरूण संधू का बंबई दिनांक चाणक्य सेन का मुख्यमंत्री, बदी उज्यां का 'एक चूहे की मौत' एक ही कहानी

कहते प्रतीत होते हैं। दूरदर्शन धारावाहिक 'मालगुडी डेज' केरल की ही नहीं भारत की कहानी है। रामायण और महाभारत धारावाहिक भाषा भेद नहीं रखते। इसलिए आज के भारत को जानने के लिए भारतीय साहित्य देखना होगा न कि किसी एक भाषा का साहित्य।

समग्र रूप से कहा जा सकता है कि भारतीय साहित्य की प्राचीन काल से दो मुख्य भाषिक धारायें रही हैं—1. द्रविड़ कुल और 2. आर्य कुल। भाषिक धाराओं की विभिन्नता के बावजूद साहित्यिक धारायें दोनों कुलों की समना रही हैं। द्रविड़ कुल के आदि आचार्य अगस्त्य संस्कृत परिवार के सम्मानित सदस्य और भगवान राम के आराधक रहे हैं। अतः साहित्यिक धारायें मूलतः राम, कृष्ण, शिव को केन्द्र में रखकर प्रारम्भ हुई। कालान्तर में बौद्ध और जैन धर्म की रचनाएँ सभी भाषाओं में मिलती हैं। आज के भारतीय साहित्य की परम्पराएँ भी समान है। आज की भारतीय भाषाओं के साहित्य का विकास प्रायः एक साथ हुआ। सभी भारतीय भाषाओं के साहित्य पर नाथों और सिद्धों का प्रभाव है। इस प्रकार की भक्ति का उन्मेष सभी भारतीयों के साहित्य में साथ-साथ हुआ। स्वतन्त्रता-संघर्ष का उद्घोष भी सभी भारतीय भाषाओं में साथ-साथ हुआ। प्रगतिशील आन्दोलन भी एक साथ विकसित हुआ। आधुनिक हिन्दी गद्य की भाँति सभी भारतीय भाषाओं में गद्य विधाओं का विकास अंग्रेजों के आगमन के पश्चात् ही प्रारम्भ हुआ। भारतीय साहित्य की एक विशेषता साहित्यिक अस्मिता भी है। भाररतीय भाषाओं में अपने साहित्य के प्रति गौरव बोध है। विद्यापति भाषा की दृष्टि से भले ही हिन्दी के माने जाते हैं लेकिन मिथिला के लोग उन्हें मैथिली का कवि मानने में गर्व का अनुभव करते हैं। बंगला की ब्रजवुलि मूलतः ब्रजभाषा है किन्तु बंगाल के लोग चण्डीदास को अपना कवि मानने में गर्व का अनुभव करते है। द्रविड़ परिवार की आज चार भाषाएँ हैं। उनमें परस्पर नैकट्य है। द्रविड़ तमिल का ही प्राचीन रूप है किन्तु आज कन्नड़ और मलयालम के साहित्यकार द्रविड़ का नहीं कन्नड़ का साहित्यकार कहलाने में गौरव का अनुभव करते हैं। इस प्रकार भाषायी गौरव बोध विकसित होने के कारण उन भाषाओं के स्वतन्त्र अस्तित्व की चिन्ता बढ़ी है, जिनका उल्लेख संविधान की अष्टम अनुसूची में नहीं हुआ है। आज के समग्र भारतीय साहित्य के विकास का यह महत्त्वपूर्ण आधार है।

समग्र रूप से आज के भारतीय साहित्य का मूल्यांकन करने पर जो प्रमुख बिन्दु सामने आते हैं, वे इस प्रकार हैं—

आज के भारतीय साहित्य की सामान्य विशेषताएँ

1. आज की सभी भाषाओं के साहित्य में सामाजिक परिवर्तन का स्वर समान रूप से मिलता है।
2. सभी भारतीय भाषाओं के साहित्य में दलित-चिन्तन की विचारधारा और दलित विमर्श केन्द्रीय तत्व है।
3. आज के भारतीय साहित्य में नारीवादी विमर्श का स्वर समान रूप से मिलता है।
4. सभी भारतीय भाषाओं के साहित्य में केन्द्रीय विधा के रूप में कथा-साहित्य का महत्त्व कविता से अधिक बढ़ा है। हिन्दी ही नहीं बंगला, पंजाबी, मराठी, तमिल, तेलुगु, कन्नड़ और मलयालम में उपन्यास एवं कहानी को प्रमुखता मिली है।
5. भारतीय भाषाओं के साहित्य में भ्रष्टाचार, राजनीतिज्ञों के विरुद्ध वातावरण तथा पूँजीवादी शक्तियों के विरुद्ध आक्रोश मुखर है।
6. स्थान भेद एवं भाषा भेद के बावजूद भारत की सभी भाषाओं के साहित्य में व्यवस्था के प्रति विद्रोह, भ्रष्टाचार, बेरोजगारी और आमदनी की स्थिति का चित्रण मिलता है।
7. सभीभाषाओं के साहित्य में राष्ट्रीय चेतना का स्वर समान रूप से मुखरित हो रहा है।
8. सभी भारतीय भाषाओं का साहित्य अनुवाद के कारण दूसरी भाषा के साहित्य को प्रभावित करने में अधिक समर्थ है और अनेक साहित्यकार अपनी मूल भाषा से अधिक अनुवाद भाषा में प्रसिद्ध हुए हैं।
9. आज के भारतीय साहित्य में सामाजिक क्षेत्र का विस्तार हुआ है और हर भाषा की शब्दावली यहाँ तक कि अंग्रेजी शब्दावली का प्रयोग बहुलता से हो रहा है।

स्वातन्त्र्योत्तर भारतीय साहित्य की मूल प्रवृत्तियाँ

स्वातन्त्र्योत्तर काल में राजनीतिक स्वतन्त्रता का सुख गाँधी की हत्या, देश भर में मारकाट, हाय-हत्या के साथ विभाजन, आर्थिक विषमताओं की बढ़ती गति और सांस्कृतिक मूल्यों के विघटन के कारण नहीं आ सका। संविधान और पंचवर्षीय योजनाओं का उल्लास भी नव्य सामन्तवाद-पूँजीवाद के उदित होने से

खिन्नता में बदलता चला गया। विदेशी मानसिकता के भारतीय बुद्धिजीवियों ने स्वीधीनता के बाद भारत को भाषा-संस्कृति से, भारतीय परम्पराओं-विराधाराओं से जोड़ने में ढील बरती और वे पश्चिमी आधुनिकता, भौतिकता और टेक्नोलॉजी की ओर ही अन्धे होकर भागते रहे। फलतः हमारी अधूरी स्वाधीनता, नंगी आधुनिकता की चिन्तनधारा को तमाम विकृतियों ने घेर लिया। देश के टूटते स्वप्नों से एक ऐसा परिवेश जन्म ले उठा जिसमें विश्वास, आस्था-संकल्प, मूल्य-संस्कार का स्थान विद्रूपता, आत्मनिर्वासन, अकेलापन, अँधेरा, मृत्युबोध, पीड़ा, यन्त्रणा, कुण्ठा, विकृत यौन भोग, रिक्तता, बिसंगति, विघटन आदि ने ले लिया। शताब्दियों से भारत को अखण्ड रूप से धारण करने वाली आस्था, रक्षित करने वाले सन्त-सुधारकों के वचन, सांस्कृतिक नवजागरण के योद्धाओं के त्याग, उदारता, मानव की व्यापक कल्याण-भावना के भाव, 1950 के बाद के भारतीय सृजन में प्रभावहीन हो उठे। बंगला के जीवनानन्ददास, प्रेमेन्द्र मित्र, बुद्धदेव बसु, सुधीन्द्रनाथ दत्त, विष्णु दे, हिन्दी के अज्ञेय, मुक्तिबोध, धर्मवीर भारती, शमशेर बहादुर सिंह, सर्वेश्वरदयाल सक्सेना, भवानी प्रसाद मिश्र, मराठी के मर्ढेकर, शरतचन्द्र मुक्बिोध, उड़िया के अनन्त पट्टनायक, रमाकान्त रथ, असमिया के नवकान्त बरुआ, नीलमणि फूकन, उर्दू के जिगर मुरादाबादी, असर लखनवी, कैफी आज़मी, मंजर सलीम, कन्नड़ के द.रा. बेन्द्रे, एम. गोपाल कृष्ण अडिग, विनायक कृष्ण कोका, कश्मीरी के दीनानाथ नादिम, रहमान राही, तमिल के अ.कि. परन्दामनार, चिदम्बरम, तेलुगु के दाशरथि, विश्वनाथ सत्यनारायण, पंजाबी की अमृता प्रीतम, हरभजनसिंह, मलयालम के नम्मूतिरि, गोविन्दन नायर आदि भारत के कवियों ने अपनी रचनात्मक जरूरतों के सन्दर्भ में भारतीय काव्य-परम्परा के साथ वैसा श्रम नहीं किया जैसा कि टी.एस. इलियट, पाउण्ड आदि ने पश्चिम में किया। इनका परम्परा-विद्रोही व्यक्तित्व पश्चिमी आधुकिता के नारों-वादों-प्रवृत्तियों, खण्डित-बिम्बों की अभिव्यक्तियों से आक्रान्त बना रहा। ऐसी स्थिति में भारतीय नई कविता की प्रमुख प्रवृत्तियों पर विचार करते ही आगे दिये हुए महत्त्वपूर्ण तथ्य उभरते हैं :

परिस्थिति : परिवेश की अभिव्यक्ति

भारतीय साहित्य के नये कवि नवीनता, तात्कालिकता और समसामयिकता की प्रवृत्तियों से इतने अधिक आक्रान्त रहे हैं कि भारतीय सृजनात्मकता के मूल

स्रोतों को त्याग दिया। नतीजा यह हुआ कि रवीन्द्रनाथ टैगोर, सुब्रह्मण्यम भारती, जयशंकर प्रसाद के सांस्कृतिक स्रोतों का उपयोग ही कर सके। ये नये कवि अपने परम्परा-विद्रोही सृजन में देश और काल की समस्याओं से जूझते हुए वर्तमान के ऊपर ही दौड़ते रहे। गाँधी के बाद की राजनीति आनन-फानन में सत्ता की राजनीति में रूपान्तरित हो गयी जिसे जवाहर लाल नेहरू, लाहिया और जयप्रकाश कोई सही दिशा नहीं दे सके। हमारे बुद्धिजीवियों और रचनाकारों को भी समाज में निरन्तर बिगड़ती हुई हालत के कारण अपने पैरों तले की जमीन खिसकती हुई जान पड़ी। नई पीढ़ी में अहिंसा के स्थान पर पनपने वाली हिंसा, क्रूरता, असहिष्णुता के विसंवादी स्वर तेजी से उभरे। इसी स्थिति की अभिव्यक्ति बंगला की विद्रोही कविता और हिन्दी की अकविता जैसे काव्य-आन्दोलनों में हुई। कवि भूख और यौन-क्रान्ति के गीत गाने लगा। बंगला में मलय चौधरी, गुजराती में श्रीकान्त शाह और हिन्दी में श्याम परमार ने भूख, युयुत्सा, यौन क्रान्ति की कविताओं का अम्बार लगा दिया। विष्णु दे, धूमिल, रघुवीर चौधरी, शरतचन्द्र मुक्तिबोध आदि की कवि आक्रोश एवं खीझ की कविताएँ लिखते रहे जिन्हें अनुभूति की प्रामाणिकता का नाम देकर यथार्थ-जीवन का चित्रण स्वीकार कर लिया गया।

काव्य-संवेदना और मानव-मूल्यों के बदलाव की चेतना

सभी भारतीय साहित्यकारों ने नये काव्य के बदलते हुए काव्य-तत्त्वों को रचना और आलोचना में परिभाषित करने का प्रयत्न किया। नयी-नयी काव्य भूमिकाओं से काव्य सृजन-दृष्टि की चिन्ता और महत्ता को स्पष्ट किया। हिन्दी में 'सप्तकों' की भूमिकाएँ, गुजराती में 'कृति', 'कविता', 'रे' जैसी पत्रिकाओं के प्रकाशन, बंगला-मराठी के वाक्य आन्दोलन-सूत्र, नवीनवादियों-अकवितावादियों की काव्य घोषणाओं ने नये रचनाकारों के लिए नया पाठ भी तैयार किया। सभी भारतीय कवियों ने सबसे पहले युग-परिवर्तन के साथ बदलते हुए रागात्मक सम्बन्धों को रेखांकित किया। यह बात बार-बार कही गयी कि वस्तुओं को देखने की हमारी दृष्टि के बदलने के साथ-साथ हमारा सौन्दर्य-बोधानुभव या राग-बोध भी बदल गया है। इसलिए नयी कविता काव्य-सम्वेदना में रागात्मक सम्बन्धों के बदलाव के साथ मानव-मूल्यों के बदलाव की भाव-दीप्त चेतना है। ऐसी स्थिति में विष्णु डे, नादिम, अमृता प्रीतम, मुक्तिबोध, सुकान्त भट्टाचार्य जैसे कवियों की कोशिश यही रहती है कि सामाजिक यथार्थ के प्रति अधिकाधिक जागरूक रहा जाये और

वैज्ञानिक तरीके से समाज को समझा-समझाया जाये। नयी कविता का कवि बौद्धिकता का दावा करता है और पुराने रस-शास्त्र में उसकी कोई आस्था दृष्टिगत नहीं होती। काव्य की जटिल सम्प्रेषणीयता के लिए साधारणीकरण-सिद्धान्त को हिन्दी में अज्ञेय, मराठी में बा.सी. मर्ढेकर, प.द. भावे, गुजराती में सुरेश जोशी, प्रियकान्त मणियार, आदिल मन्सूरी, उर्दू के फ़िराक गोरखपुरी, बँगला के सुकान्त मणीद्रराय, नीरेन्द्रनाथ चक्रवर्ती जैसे कवियों का समर्थन मिला है।

प्रेम और प्रकृति के प्रति नयी सौन्दर्य दृष्टि

भारतीय नयी कविता में काव्य-संवेदना के बदलाव से प्रेम और प्रकृति जैसे विषयों के प्रति जीवनानन्ददास, बुद्धदेव वसु, उमाशंकर जोशी, अमृता प्रीतम, अज्ञेय, नादिम आदि कवियों में नयी प्रतिक्रिया हुई है। वास्तव में इस दृष्टिकोण को बंगाल की भूखी पीढ़ी और हिन्दी की अकविता आदि ने और जोर देकर स्थापित किया कि यौन-भावना के प्रति पवित्रता का दृष्टिकोण न होकर भोगने-जीने का होना चाहिए। हिन्दी में गिरिजाकुमार माथुर, पंजाबी में अमृता प्रीतम, उर्दू में कैफ़ी आज़मी, मराठी में बसन्त बापट, मंगेश पाडगाँवकर, गुजराती में सुरेश दलाल, मलयालम में सुगत कुमारी, बालामणियम्मा, कन्नड़ में माव्यनंद, वि.एच. श्रीधर आदि ने प्रेम में मानव-तत्व की प्रतिष्ठा की। मलयालम, तेलुगु, कन्नड़, तमिल की कविता में प्रकृति-वर्णन का बहुत विस्तार है जबकि हिन्दी, मराठी, बंगला, उड़िया, उर्दू, असमिया की नई कविता में प्रकृति का प्रवेश लगातार कम होता गया है। कन्नड़ में 'मल बन्तु', 'पानी बरसा' जैसी कविताओं के कवि वि.सी. रामचंद्र वर्मा और हिन्दी में भवानी प्रसाद मिश्र का गीत 'पानी बरसा री' अपनी अर्थ ध्वनियों में बड़ी उपलब्धियाँ हैं। अज्ञेय ने 'असाध्य वीणा', कश्मीरी के कवि जमीन कामिल ने 'दूर चमका एक तारा', फानी कवि ने 'रे केसर के फूल', उड़िया में मोहन मिश्र ने 'मोर परिचय', असमिया के वीरेश्वर बरुआ की कविता 'गारो पाहार', बंगला में सुकान्त ने 'प्रार्थी' आदि कविताओं में प्रकृति के आदिम उल्लास के चित्र खींचे हैं। पर इन भारतीय कवियों में जब विक्षोभ, क्रोध की ज्वाला फूटी है तो साफ़ कहा गया है :

हे महाजीवन, आर एकाव्येनय
एबार कठिन, कठो गद्ये आनों,
पद लालित्य-झंकार मुद्दे जाको

गद्येर कड़ा हातुड़िके आज जानो।
प्रयोजन नेई कवितार स्निग्धता—
कविता तोमाय दिलाम आज के छुटि
पूर्निमा चाँद जेनो झलसानो रूटि। (सुकांत, 'हेमहाजीवन')

आधुनिकता : परम्परा और प्रयोग

बँगला में नयी आधुनिकता का आरम्भ बुद्धदेव वसु, कन्नड़ में विनायक कृष्ण गोकाक, गुजराती में उमाशंकर जोशी, पंजाबी में अमृता प्रीतम और हिन्दी में अज्ञेय आदि से शुरू होता है। इन सभी कवियों ने नई कविता को नयी दिशा-दृष्टि देकर प्रतिष्ठित किया है। नयी कविता को प्रतिष्ठित करने के दौर में इन कवियों ने प्रहार भी बहुत झेले पर ये डटे रहे। बुद्धदेव वसु और अज्ञेय, मर्ढेकर और गोकाक ने भावभाषा के नये-से-नये प्रयोग किये और कविता को भ्यास-जड़ लीकों से छुटकारा दिलाया। बँगला में बुद्धदेव वसु, अचित्यकुमार सेन, प्रेमेन्द्र मित्र की त्रयी, हिन्दी में अज्ञेय, शमशेर, भवानी प्रसाद मिश्र की त्रयी, गुजराती में उमाशंकर जोशी, सुरेश जोशी, भोलाभाई की त्रयी, कन्नड़ में विनायक कृष्ण गोकाक, कर्वेषु, के.एस. नरसिंह स्वामी की त्रयी काफ़ी तुलनीय है। जीवनानन्द दास की तुलना हिन्दी के कवि ग.मा. मुक्तिबोध, मराठी के कवि शरतचन्द्र मुक्तिबोध से करने पर तीनों ही जटिल-युग की यन्त्रनाओं के खिलाफ़ लड़ते दृष्टिगत होते हैं। ग.मा. मुक्तिबोध फंतासी से यथार्थ रचते हैं पर जीवनानन्ददास कमाई हुई काव्यात्मक उग्रता से झकझोर देते हैं। इनमें सामाजिक भावना और साम्यवाद के प्रति झुकाव हिन्दी के कवि मुक्तिबोध की भाँति ही प्रबल है। यही अग्नि-सूर्य मराठी के शरद् मुक्तिबोध में उग पड़ा है। प्रभाकर माचवे और मर्ढेकर, असर लखनवी और बाला मणियम्मा में विचित्रताओं के रंगारंग वाक्य-प्रयोग हैं। इस प्रकार नये भारतीय कवियों ने परम्परा, आधुनिकता और प्रयोग की शक्ति से एक नया काव्यात्मक मुहावरा विकसित किया है। काव्य-वस्तु में धनी-गरीब का भेदभाव नहीं है। उदात्त नायक का स्थान यहाँ 'आम आदमी' ने लिया है। प्रेमेन्द्र मित्र ने साफ़ कहा है :

मैं लुहारों, ठठेरों, बढ़इयों का
कुली और मजदूरों का कवि हूँ
मैं सभी पराओं का कवि हँ। (प्रथमा काव्य संग्रह)

अज्ञेय ने कहा है :

पीड़ित श्रमरत मानव
अविजित दुर्जेय मानव
कमकर, श्रमकर, शिल्पी, स्रष्टा...
उसकी मैं कथा हूँ। (इन्द्रधनु रौंदे हुए ये)

व्यक्ति केन्द्रित अहंभाव ने अधिकाश नये कवियों को प्रयोगों की चादर में लपेटा हुआ है। इन्होंने 'लघुमानव सिद्धान्त' का रोग-राग भी उठाला है हालाँकि मार्क्सवाद रुझानों के नये कवि इस 'लघुमानव सिद्धान्त' की बीमारी के खिलाफ आवाज उठाते रहे हैं। ग.मा. मुक्तिबोध, जीवनानन्ददास ने व्यक्तिकेन्द्री अहंभाव का साथ कभी नहीं दिया। कारण है :

मेरे इस साँवले चेहरे पर कीचड़ के धब्बे हैं,
दाग है
और इस फैली हुई हथेली पर जलती हुई है
अग्नि विवेक की। (चाँद का मुँह टेढ़ा है)

संत्रास और यन्त्रणा बोध

सामाजिक परिवेश की भ्रष्टता ने संत्रास और यन्त्रणा को नयी कविता की सृजनात्मकता में अनिवार्य स्थान दिया है। संत्रास, यन्त्रणा और कुण्ठा इस कविता के स्थायीभाव कहे जा सकते हैं। आत्मपरायण, आत्म-निर्वासन, अकेलेपन, विवशता, शोषित, तिरष्कृत, मोहभंग के सर्प ने डँसा हुआ है। विद्रूपता और विसंगति-बोध इसी परिवेश के नरक से उपजा है। भूख, बेरोजगारी, महँगाई, आर्थिक शोषण, सांस्कृतिक मूल्यों के विघटन ने अनास्था को दृढ़ किया है। विश्वयुद्ध की पीड़ा, मानव-सम्बन्धों की धुरीहीनता और जटीलता ने मानव को पीस डाला है। युगीन भावबोध में यन्त्र और पूँजी के आंतक ने, निरन्तर बढ़ती अमानवीयता, सम्बन्धहीनता ने मानव को असहाय बना दिया है। इन कविताओं में सुब्रह्मण्यम भारती, वीरेशलिंगम, निराला, प्रसाद, रवीन्द्रनाथ आदि का सौन्दर्य-लोक गायब है। जीवन के माधुर्य और लालित्य का स्थान यहाँ यन्त्रणा-बोध ने ले लिया है। ग.मा. मुक्तिबोध, जीवनानन्ददास, फिराक गोरखपुरी, श्रीकान्त शाह आदि सभी भारतीय कवियों ने अन्धे युग की अनास्था और अवसाद को व्यक्त किया है। ग.मा. मुक्तिबोध की लम्बी कविता 'अंधेर में', धर्मवीर भारती का 'अंधायुग', उमाशंकर जोशी का 'छिन्न-भिन्न हूँ', प्रियाकान्त

मणि परा का 'स्पर्श', बसन्त बापट का 'बिजली', शरतचन्द्र मुक्तिबोध का 'यान्त्रिक' कविताओं का लोक आज के जीवन की भयावह तस्वीरें आँकता है। बुद्धदेव बसु कहते हैं :

आमि भुष्क निशाचर, अंधकारे मोर सिंहासन
आमि हिंस्र, दुरंत, पाशव
सुन्दर फिरिया जाय अपमाने, असहाय लज्जाए। (शापभ्रष्ट)

पश्चिमी विचारधाराओं का प्रभाव

1940 से पहले की भारतीय कविता में विदेशी अनुगूँजें सुनाई देने पर भी उसका केन्द्रीय चिन्तन वैष्णव-बौद्ध चिन्तनधाराओं से अनुशासित-नियन्त्रित रहा। किन्तु परिस्थितिवश द्वितीय विश्वयुद्ध के आस-पास पुरानी चिन्तन-धारायें या तो अपनी सार्थकता खो बैठीं या उनका भीतरी तेज चुक गया। वैष्णव संस्कारों में रंगी गुजराती की कविता नयी कविता में बदलते ही पश्चिमी आधुनिकता और अतियथार्थवादी घेरे में घिरकर बहने लगी। कविता केन्द्र से ईश्वर खिसककर किनारे बैठ गया और मानव केन्द्र में महत्त्व-प्रतिष्ठा पाने लगा। मार्क्सवाद तथा मनोविश्लेषण शास्त्र के मौलिक चिन्तन ने अरविन्द और गाँधी को पीछे धकेलकर अपना रास्ता बनाया। भारतीय नयी कविता के चिन्तन पर सबसे जोरदार हमला अस्तित्ववाद पर हुआ। क्षणवाद, लघुमानववाद, अनास्थावाद, इसी के भीतर से जन्मा और पुष्ट हुआ। हेडेगर, किर्केगार्द, कामू, सार्त्र और नीत्से के विचार प्रस्तोता यहाँ तेजी से उभर पड़े। यह प्रचारित किया गया कि ईश्वर बेकार और निरर्थक परिकल्पना है। हिन्दी-बंगाली, गुजराती, तेलुगु, उर्दू, तमिल की कविता में अस्तित्ववादी चिन्तन ने सतत विस्तार पाया जबकि मराठी, असमिया, कन्नड़, मलयालम, सिन्धी, कश्मीरी की नयी कविता में इसके हल्के झटके ही महसूस किये गये। अस्तित्ववादी चिन्तन ने भारतीय नई कविता में वैयक्तिकता पर विशेष आग्रह रखा। हिन्दी में अज्ञेय, धूमिल, विजयदेव नारायण साही, श्रीकान्त वर्मा, बँगला में बुद्धदेव वसु, मलयालम में इटश्शेरि गोविन्दन नायर, मराठी में आ.ना. पेडणेशर, तेलुगु में दाशरथि, तमिल में मुडियरशन, गुजराती में मनसुखलाल झावेरी, कश्मीरी में रहमान राही, मुहम्मद मुजफ्फर 'आजिम', उर्दू में शमीम करहानी, फ़िराक गोरखपुरी, उड़िया में श्रीवत्सनायक, मायाधर मानसिंह आदि कवि अस्तित्ववादी चिन्तन की ओर दृष्टिगत होते हैं। भारतीय नई कविता में संत्रास, मृत्युबोध, ईश्वर की सत्ता में अविश्वास, पराएपन के बोध

आदि की जीवन-विरोधी प्रवृत्तियाँ अस्तित्ववाद के प्रभाव से ही उभरी हैं। कुँवर नारायण की प्रबन्ध कृति 'आत्मजयी' का नचिकेता, गुजराती में 'रे' पत्रिका में प्रकाशित लाभशंकर ठाकुर, आदित मन्सूरी की कविताएँ इसी अस्तित्ववादी अँधेरे की झंकारें हैं।

भारतीय नयी कविता के साम्यवादी रुझान के कवियों ने निराशा-संत्रास कुण्ठा की परिवेशगति स्थितियों को शब्दमुक्त करते हुए भी अनास्था और पराजय-बोध को नहीं अपनाया है। हिन्दी में ग.मा. मुक्तिबोध, शमशेर, नेमिचन्द्र जैन, बंगला में जीवनानन्ददास, विष्णु दे, सुभाष मुखोपाध्याय, प्रेमेन्द्र मित्र, उर्दू में कैफ़ी आजमी, पंजाबी में अमृता प्रीतम, गुजराती में उमाशंकर जोशी, कन्नड़ में विनायक कृष्ण गोकाक आदि कवि जीवन में आस्थावादी राग के कवि हैं। यहाँ हर अँधेरे के खिलाफ़ विचार सूर्य की लड़ाई जारी है। सुभाष मुखोपाध्याय के शब्दों में :

कामरेड, आज नवयुग आनबे ना?
कुयाशा कठिन वासन जे सम्मुखे। (पदादिक)

इधर की समस्त भारतीय नयी कविता पर मनोविश्लेषणशास्त्र का प्रभाव गहराया है। फ्रायड, एडलर और युग की विचार-प्रतिपत्तियों ने 'फंतासी' के नये काव्य-रूप को ही यहाँ प्रतिष्ठित कर दिया है। भूखी पीढ़ी की कविता, अकविता पर अतियथार्थवाद की दृष्टियों से यौन-क्रान्ति मुद्रा दिखायी है। अतः भारतीय नयी कविता में अनेक विचारधाराएँ रिल-मिलकर काव्य-संसार रचती हैं।

अनिश्चय की भावना और एकाकीपन की अनुभूति

आज़ाद होने के बाद देश में आज़ादी का उल्लास अहुत जल्दी ही ठण्डा पड़ गया। बाढ़, युद्ध, पंचवर्षीय योजनाओं की विफलता, मानवद्रोही और टुच्ची राजनीति तथा स्थापित व्यवस्था के बड़े-बड़े तन्त्रों, महानगरों की सम्बन्धहीन जिन्दगी में मानव एकदम अकेला, विवश असहाय पड़ गया। बंगाल की 'नूतन कविता', हिन्दी की 'नयी कविता' और मलयालम की 'वचन कविता' ने इस स्थिति की भारतीय भाषाओं में प्रबल ढंग से अभिव्यक्ति की है। हिन्दी के कवि सर्वेश्वरदयाल सक्सेना ने लिखा है :

फिर भी मैं चलता हूँ मजबूरियाँ गति में साधे।
अपनी मंज़िल का धुआँ अपनी नज़र में बाँधे।

(काठ की घण्टियाँ)

मणीन्द्र राय लिखते हैं :

तबू गान गई
जीवनेर साड़ा ताते नाइ
राशि राशि श्मशानेर छाइ
गाये मारिव, वातासे उड़ाइ। (कविता)

संक्षेप में, भारतीय नयी कविता में अनिश्चय और अकेलापन शत-शत रूपों, भयावह आकृतियों और निष्ठुर-निर्मम साँसों के साथ झाँकता मिलता है।

लोक संपृक्ति झंकार

स्वाधीनता के बाद साहित्य ने आदर्शवाद की भूमि से उतरकर यथार्थवाद का पल्ला पकड़ा है। लोक-जीवन और लोक-व्यथा का ऐसा कोई पक्ष नहीं है जो इनकी सृजनात्मकता की धार से उजागर न हुआ है। सामाजिक चेतना की इतनी प्रखर अभिव्यक्ति इस काव्य-जगत में मिलती है कि यह लोकजागरण और लोक चित्तवृत्ति की भाव-मुद्राओं को बिम्बित करने वाली कविता कही जा सकती है। शमीम करहानी 'कोशिश' कविता में कहते हैं :

फिर मुझे वक्त जगाता है कि उठ अय राही
रास्ता ढूँढ जमाने को बदलने के लिए।
ऐसी ममता से थपक देती है परबत की हवा
अपनी धरती से गले मिल के मैं सो जाता हूँ।

दुरूहता और जटिलता तो नई कविता की एक विशेषता ही है। किन्तु इसके साथ-साथ इस कविता में मिथकों का नये अर्थ में प्रयोग हुआ है। कवियों ने इतिहास-पुराण की भारतीय कथाओं को नया सन्दर्भ दिया है। इस दृष्टि से बुद्धदेव वसु में द्रोपदी, दमयन्ती, रमा और अपर्णा की भरमार है, तो जीवनानन्ददास में विदिशा और श्रावस्ती की पुकार। हिन्दी के कवि धर्मवीर भारती कृत 'अन्धायुग', 'कनुप्रिया', नरेश मेहता कृत 'संशय की एक रात', भवानी प्रसाद मिश्र कृत 'कालजयी' की युग-सन्दर्भ गाथा है। विदेशी मिथक और इतिहास-कथाएँ सुधीन्द्र नाथ दत्त, अमिय चक्रवर्ती, विष्णु दे जैसे पश्चिमी ज्ञान-सम्पन्न कवियों में धड़ल्ले से आती हैं। देश-विदेश की इस मिथक और इतिहास-यात्रा से भारतीय नयी कविता ने विश्व-दृष्टि और विश्व-चेतना विकसित की है।

अनुभूति की प्रामाणिकता

अनुभूति में विस्तार और गहरायी के लिए भारतीय नयी कविता फ़िराक गोरखपुरी, जीवनानन्ददास, अज्ञेय, मुक्तिबोध, धूमिल, निरंजन भगत, अमृता प्रीतम, नादिम, भारतीदासन् आदि कवियों की विशेष ऋणी है। इन कवियो की कविता अपनी जमीन, अपने परिवेश और अपनी काव्य भाषा, उपमान योजना, छन्द-लय-विधान, बिम्ब-प्रतीकों से जीवन-रस पीकर बढ़ती-फूलती-फलती है। संवेगों की ईमानदारी समय की ईमानदारी और काव्य-माध्यम की ईमानदारी ने कविता के प्रति पाठक का भरोसा अर्जित किया है। ज्यादातर कवि व्यंग्य-वक्रोक्त, विसंगति-विडम्बना के प्रयोग में माहिर हैं और स्वातन्त्र्य तथा दायित्व का भीतरी संश्लेष करते रहते हैं। यहाँ वैयक्तिक अनुभूति को सामाजिक अनुभूति या कलानुभूति में रूपान्तरित करने की क्षमताओं का विकास दृष्टिगत होता है। नये कवि को यह अच्छी तरह ज्ञात है कि स्वचेतना के इस युग में निर्वैयक्तिकता और तटस्थता की स्थिति को प्राप्त किये बिना कला-सृजन की सार्थकता नहीं है। नया कवि प्रासंगिकता, अर्थवत्ता, प्रतिबद्धता, सन्दर्भगत स्थिति को ठीक से समझकर ही नये सृजन में प्रवृत्त हुआ है। यह तथ्य भारतीय नयी कविता के लगभग सभी समर्थ कवियों के सृजन से साफ़ ज़ाहिर है। कविता में भावावेग या रोमाण्टिक स्थिति का होना आज जरूरी नहीं है क्योंकि नयी कविता कस कवि ग़ैर-रोमाण्टिक काव्य सृजन के भीतर से ही जीवन की यथार्थ सम्भावनाओं को उजागर करने की क्षमता विकसित करता है।

नये शिल्प की तलाश

नया कवि, परम्परागत घिसी-पिटी काव्य भाषा को चुनौती के स्तर पर छोड़कर एक नयी काव्य-भाषा की सृजनात्मक सम्भावनाओं को विकसित करता है जिसमें बोलचाल की भाषा के शब्दों के नये अर्थ-संस्कार स्थान पाते हैं या पुराने शब्दों में नया अर्थ भरा जाता है या फिर कवि प्रचलित अति-परिचित शब्द में नया अर्थ-चमत्कार उत्पन्न कर देता है। बुद्धदेव वसु, अज्ञेय, उमाशंकर जोशी, अमृता प्रीतम और विनायक कृष्ण गोकाक जैसे काव्य-प्रवर्त्तक कवियों में व्यक्तित्व और अस्तित्व की चेतना काफ़ी तीखी हुई है तो उसके साथ-साथ भाषा-प्रयोग में रचनात्मकता का उत्कर्ष-उठान भी बढ़ा है।। बोलचाल की भाषा

ने लोक-लय, लहजे, वचन-भंगिमा, वाक्य-वक्रता की आन्तरिकता को भी तराशा है। बासी, निष्प्राण, अर्थहीन, अर्थक्षीण शब्दों की अभ्यास-जड़ लीकों से हटाकर नये भाषा-प्रयोगों को अपनाया है। नयी कविता की नयी काव्य-भाषा के लिए हिन्दी में अज्ञेय और मराठी में मर्ढेकर, गुजराती में निरंजन भगत तथा उर्दू में फ़िराक साहब ने अपने-अपने ढंग से महत्त्वपूण योगदान किया है। इसमें शब्द और लय की मौलिक टकराहट से नयी अर्थोत्पत्ति हुई है। नयी कविता में यह बात सर्वमान्य रही है कि बोलने और रचने की भाषा में दूरी नहीं होनी चाहिए। देशज, तद्भव शब्दों के साथ प्रचलित विदेशी शब्द यहाँ मज़े से खप गये हैं। इस प्रकार भारतीय नयी कविता की काव्य-भाषा ने भाषा की सृजनात्मकता का विस्तार किया है और उसकी शक्ति काव्य-भाषा की एकाग्र-संरचना में लगी है। नया कवि शब्दों के लोकतन्त्र में परहेज किसी से नहीं करता—जो शब्द उसे भा जाता है, सृजन में आदर से आ बैठता है। भाषा की इस कला के लिए अज्ञेय की 'असाध्य वीणा', बुद्धदेव वसु की 'कंकावती','शीत रात्रि प्रार्थना', उमाशंकर जोशी की 'प्राचीना', 'निशीथ', राजेन्द्रशाह की 'शान्त कोलाहल', शरतचंद्र मुक्तिबोध की 'यान्त्रिक', उड़िया के मनोजदास की 'बूढ़ा, उर्दू में मुहम्मद अलवी की 'ख़ौफनाक कमरा', नामक्ल राम लिंगम की 'नमक सत्याग्रह', मोड़ अक्कित की 'बीसवी शताब्दी का इतिहास' जैसी महत्त्वपूर्ण कविताएँ उल्लेखनीय हैं। इनकी भीतरी यात्रा करने पर स्पष्ट हो जाता है कि कैसे-कैसे परिवेश की रगड़ खाकर भारतीय भाषाओं ने नयी अर्थोत्पत्ति की है।

भारतीय नयी कविता के सभी समर्थ कवियो ने अभ्यास-जड़ प्रतीकों बिम्बों के प्रति विद्रोह किया है। नयी काव्य-संवदेना को मूर्त करने के लिए नया कवि नयी उपमान-योजना खोजकर प्रयुक्त करता हैं। बदले हुए रागात्मक-सम्बन्धों ने कवि-कर्म को कठिन बनाने के साथ शिल्पगत चुनौतियाँ पैदा की है। परम्परागत उपमान निरन्तर घिसने के कारण अपना चमत्कार खो बैठते हैं और विष-शक्ति प्राणहीन हो जाती है। इस बात को सिद्धान्त के रूप में हिन्दी के नवीन काव्य के प्रवर्तक कवि अज्ञेय ने स्पष्ट कहा है :

> अगर मैं तुमको/ललाती साँझ के नभ की अकेली तारिका/अब नहीं
> कहता/या शरद के भोर की नीहार-न्हाई कुँई/टटकी कली चम्पे की
> वगैरह, तो/नहीं कारण कि मेरा हृदय उथला या कि सूना है/या कि
> मेरा प्यार मैला है/बल्कि केवल यही—/ये उपमान मैले हो गये हैं।

यहाँ कवि रोमानी बिम्बों और उपमानों का खोखलापन दिखाता हुआ नये भाव-बोध के आधार पर नये उपमानों के ग्रहण की प्रासंगिकता को स्पष्ट करता है। वह 'विछली घास' और 'हवा में लहलहाती बाजरे की छरहरी कलगी' को नयी मनः स्थिति के अनुकूल मानकर ग्रहण करता है। भारतीय कविताओं में एक विशेष बात और करने की यह है कि नये कवियों ने बिम्ब को जिन उपकरणों से बनाया है, वे प्रायः पुराने हैं पर बिम्ब को राग-दीप्त करने वाली काव्य-संवेदना एकदम नयी है जिससे बिम्ब में नयी ताजगी और अर्थवत्ता आ गयी है। नया कवि, परिचित को अपरिचित और अपरिचित को परिचित बनाने की कला में बड़ा दक्ष है। बुद्धदेव वसु का एक नूतन प्रयोग देखिए :

> बाइरे बर्फेर रात्रि। डाइनि हावार कनकने चाबुक
> गालेर माँस छिड़े नेय, चाँदड़ा के कागजेर मतो टुकरो करे।

(शीत रात्रिर प्रार्थना : वसन्तेर उत्तर)

हिन्दी-बांग्ला, उर्दू, मराठी, तमिल, कन्नड़ आदि भाषाओं में पुराने प्रतीकों-बिम्बों को लेकर जितना तीव्र विरोध दृष्टिगत होता है उतना अन्य भारतीय भाषाओं की नयी कविताओं में नहीं मिलता। उदाहरण के लिये गुजराती की नयी कविता में ऐसा विद्रोह बहुत कम है—हालाँकि प्रयोगों मे नवीनता है, जैसे :

> लुब्र ना खंडपेरी माँ
> आज तो उष्मो छे गाँडो थई
> लीओ नार्दो वीन्सी
> अने सामे-मंगार माँ इसी रही छे मोनालीसा।

(क्षितिज : मणिलाल देसाई)

मनोवैज्ञानिक, सामाजिक सांस्कृतिक-राजनीतिक-धार्मिक प्रतीकों के साथ भारतीय नयी कविता में यौन-प्रतीकों की भरमार बढ़ी है और इन प्रतीकों को अकवितावादी रुझानों ने काफ़ी बढ़ावा दिया है।

भारतीय नयी कविता में बिम्बों की नवीनता का कारण है—समाजशास्त्र, मनोविश्लेषणशास्त्र, नृतत्त्वशास्त्र, खगोलशास्त्र आदि ज्ञान के अनुशासनों में नयी-नयी खोज-उपलब्धियाँ। नये काव्य-सृजन में खण्डित अनुभूतियों ने खण्डित -जटिल-बिम्बों को जन्म दिया है। सरल-बिम्बों का स्थान जटिल जीवन के प्रभाव से संश्लिष्ट अमूर्त जटिल बिम्बों ने ले लिया है। हालाँकि रूप, रस, स्पर्श, घ्राण,

श्रव्य सभी प्रकार के बिम्ब वैविध्यमय जीवन से चुने गये हैं, किन्तु इन पर पश्चिम के प्रतीकवादी-बिम्बवादी काव्य-आन्दोलनों की धमक भी जगह-जगह सुनायी दे जाती है। ज्यादातर बिम्बों में नये रोजमर्रा के जीवन का कोलाहल ही भरा हुआ है। देखा जाये तो सभी भारतीय नये कवियों का बिम्ब-विधान एक-दूसरे से अनूठा है। खुरदरी भाषा में आतंक और भय का बिम्ब देखिये :

गगन में करफ्यू है
धरती पर चुपचाप जहरीली छिः थू है।
पीपल के खाली पड़े घोंसलों में पन्थियों के
पैठे हैं खाली हुए कारतूस।

(ग.मा. मुक्तिबोध : चाँद का मुँह टेढ़ा है)

लोक-लयों और छन्दों के प्रयोग में नयी कविता ने बड़ी क्रान्ति की है। गद्यवत जीवन की लय ने काव्यात्मकता को तोड़ा है और सपाटबयानी बढ़ी है। हाइकू छन्द ने लगभग सभी कवियों को लुभाया है और कोष्ठक तथा ज्यामितिक आकृतियों का आलेखन अनुभव के यथार्थ निरूपण के लिए किया गया है। नया कवि गीत, सानेट, ग़ज़ल, मुक्तक, ओड (सम्बोधगीत) जैस काव्य प्रकारों में नये-से-नये प्रयोग कर रहा है। इधर का नया कवि चित्रकला की प्रवृत्तिगत भंगिमा को शिल्प में स्थान देता रहा है। रंगों के प्रयोग में प्रभाववादी चित्रकला का प्रभाव चमकता है। शमशेर, मुक्तिबोध, जीवनानन्ददास, अमृता प्रीतम, नादिम और श्रीकान्त शाह की कविताओं में इंद्रियगत रंग-चेतना बड़ी प्रभावी है।

संक्षेप में, भारतीय नयी कविता स्वातन्त्र्योत्तर भारतीय जन-मानस की सच्ची अभिव्यक्ति है। आरम्भ में स्वतन्त्रता-प्राप्ति का उल्लास है और नवरोमानवाद की झलक मिलती है। यहाँ काव्य-स्वर आशा और उल्लास का है जिसमें सुखद भविष्य की कल्पनाएँ है। किन्तु शीघ्र ही राजनीतिक अस्थिरता, सामाजिक आर्थिक-विपन्नता ने इन कवियों में अनिश्चय, संत्रास, कुण्ठा, वेदना, निराशा, अकेलापन, ऊब, जैसी प्रवृत्तियों को जन्म दिया है। कविता में गद्य का प्रवेश हुआ और वह कोमल-प्राण न रह सकी। नयी काव्य-संवेदना के जीवनानुभवों ने नये उपमान, नयी भाषा, नये प्रतीक, नये बिम्ब, नये लय-छन्द आदि को सृजनात्मकता में स्थान दिया है। नये ज्ञान-विज्ञान से देश-काल बदलने लगा। फलतः इस कविता ने एक विश्वदृष्टि को ग्रहण किया है।

नयी कविता में अनेक विचारधाराएँ और शैलियाँ विकसित हुई हैं किन्तु अस्तित्ववादी विचार-चिन्तन इसके केन्द्र में रहा है। मार्क्सवाद-मनोविशलेषणवाद भी यहाँ अपने ढंग से सक्रिय रहा पर प्रधान भूमिका अस्तित्ववादी नवमानववाद की ही रही है। ध्यान देने की बात यह है कि अलग-अलग भारतीय भाषाओं में लिखे जाने पर भी इसका केन्द्रीय स्वर और केन्द्रीय संवेदना, स्वभाव, प्रक्रिया लगभग एक-सी रही है। इस नयी रूपतन्त्र के नये प्रयोगों से नया सृजन-द्वार खोला है।

इस प्रकार न केवल प्राचीन साहित्य, वरन् वर्तमान भारतीय साहित्य का अध्ययन करने से यह स्पष्ट हो जाता है कि आज का भारतीय साहित्य अपने भाषिक रूप में पृथक होकर भी मूलतः एक है। साहित्य का बहिरंग बदला है पर उसकी आत्मा एक है।

संस्कृत तथा भारतीय साहित्य की एकता

इन्द्रनाथ चौधरी

प्रत्येक भाषा में रचित साहित्य का अपना स्वतन्त्र और वैशिष्ट्य है जो अपने प्रदेश के व्यक्तित्व से मुद्रांकित है। तमिल का संगम साहित्य, तेलुगु के द्वि-अर्थी काव्य और उदाहरण तथा अवधान-साहित्य, मलयालम के सन्देश काव्य एवं कीर-गीत (किलिप्पाट्टु) तथा मणिप्रवालम शैली, मराठी के पवाड़े, गुजराती के आख्यान और फाग, बांग्ला का मंगलकाव्य, असमिया के बड़गीत और बुरंजी साहित्य, पंजाबी के किस्से, उर्दू की ग़ज़ल और हिन्दी का रीतिकाव्य तथा छायावाद आदि अपने-अपने भाषा साहित्य के वैशिष्ट्य के उज्ज्वल प्रमाण हैं। फिर भी यह पार्थक्य आत्मा का नहीं है। जिस प्रकार अनेक धर्मों, विचारधाराओं और जीवन प्रणालियों के रहते हुए भी भारतीय संस्कृति की एकता असन्दिग्ध है, इसी प्रकार और इसी कारण अनेक भाषाओं और अभिव्यंजना-पद्धतियों के रहते हुए भी भारतीय साहित्य की मूलभूत एकता का अनुसन्धान भी सहज सम्भव है। भारतीय साहित्य का प्राचुर्य और वैविध्य तो अपूर्व है ही, उसकी, यह मौलिक एकता और भी रमणीय है। दरअसल भारत में भाषाएँ अनेक हैं मगर साहित्यिक संसार एक है। एक ही प्रकार के रूपकों, प्रतीकों, मिथकों, अनुश्रुतियों, परिपाटियों तथा नियमों का एक सर्वसामान्य निकाय पिछले हजारों वर्षों में विकसित होकर भाषिक, गैरभाषिक तथा प्रादेशिक भिन्नताओं के बावजूद भारतीय भाषाओं में रचित साहित्य की एकरूपता को प्रकट करती रही है। संस्कृत भाषा और उसकी परम्परा के आश्रय से इस एकता का विस्तार हुआ है। संस्कृत के एश्वर्य और प्राचुर्य से कोई इनकार नहीं कर सकता। नाना प्रकार के सामाजिक, राजनीतिक, धार्मिक तथा दार्शनिक विचारों के स्रोत के रूप में और उसके संचरण के द्वारा संस्कृत ने भारतीय साहित्य इतिहास को समृद्ध बनाया है और उसकी एकता को

पुष्ट किया है। इसीलिए पण्डित नेहरू कहते हैं कि एक ही सांस्कृतिक परिवेश और जीवन के प्रति एक जैसी दृष्टि के फलस्वरूप भारतीयता का ऐसा स्वर विकसित हुआ है जो विविधता के बावजूद हमें एक सूत्र में बाँधे रखता है। मध्ययुगीन भक्ति आन्दोलन की सहायता से इस बात को और भी स्पष्ट समझा जा सकता है। श्रीमद्भागवत पुराण, नारद तथा शांडिल्य भक्ति सूत्र और दूसरे नाना प्रकार की संस्कृत साहित्य परम्परा से जुड़े हुए विचार तत्त्वों और विशेष रूप से तमिल के आलवारों से प्रेरित भारतीय साहित्य का सर्वप्रमुख साहित्यिक आन्दोलन भक्ति साहित्य 6-7वीं शताब्दी में तमिल क्षेत्र से प्रसारित होकर कर्नाटक होते हुए महाराष्ट्र, गुजरात और राजस्थान में प्रकट होता है और फिर कश्मीर की प्रसिद्ध कवयित्री लालदेद इससे प्रभावित होती हैं और 15वीं शताब्दी तक पहुँचते-पहुँचते यह सारे मध्यदेश में फैल जाता है। इस आन्दोलन ने संस्कृत साहित्य से ग्रहण किये गये एक जैसे विश्वासों, आदर्शों, मिथकों तथा शैलीगत विविधताओं के बावजूद विभिन्न भाषाओं में भक्ति के एक सर्वभारतीय रूप को प्रकट किया है। अब भगवान मन्दिर में नहीं हैं, आपके परिवार के सदस्य बन जाते हैं, अब प्रत्येक भाषा में गीतगोविन्द के कृष्ण के साथ आप गा रहे हैं, नाच रहे हैं, और उनके विरह में रो रहे हैं और कह रहे हैं :

त्वमसि मम भूषणम् त्वमसि ममजीवनं
त्वमसि मम भवजलधिरत्नम्।

सूरदास कहते हैं हमें कृष्ण तुमसे कुछ नहीं चाहिए, धन नहीं, दीर्घायु नहीं, कुछ नहीं, हम तो सिर्फ यही चाहते हैं-छबीले मुरली नेकु बजाओ।

यह बात सही है कि इस आन्दोलन ने जन-समुदाय के सन्दर्भ में भाषा के प्रयोग, सांस्कृतिक विशिष्टताओं की अभिव्यक्ति तथा ऐतिहासिक अभिलक्ष्य की दिशा में प्रादेशिक अस्मिता को महत्त्व दिया है पन्तु साथ ही संस्कृत की परम्परा से प्रभावित भक्ति के वस्तु पक्ष की सर्वभारतीयता ने क्षेत्र और देश के बीच की अन्योन्याश्रित स्थिति को प्रकट कर दिया है। हमें यह नहीं भूलना चाहिए कि प्राचीन भारत में प्रादेशिक भिन्नता का अर्थ शैलीगत भिन्नता थी। इसका संस्कृत साहित्य से प्रभावित अनुभूति के विभिन्न रूपों या विचार अथवा वस्तु पक्ष के साथ कोई सरोकार नही था। दण्डी के अनुसार दक्षिण के लोग उत्प्रेक्षा का प्रयोग करना पसन्द करते हैं (उत्प्रेक्षा दक्षिणात्येक्षु) और गौड़वासी-अतिश्योक्ति पूर्ण भाषा को महत्त्व देते हैं (गौडेष्वक्षरडम्बरः)। इस प्रकार की प्रादेशिक अनेकरूपता शैलीगत रही है, वैचारिक नहीं; सांस्कृतिक विभिन्नता की परिचायक भी नहीं।

ऐसी बात नहीं कि सांस्कृतिक और विचारगत भिन्नता नहीं रही परन्तु कृतियों में पाये जाने बोले एक जैसे वैचारिक पैटर्न्स ने भारतीय साहित्य की एकता को ही अधिक मुखरित किया है और परिणामतः प्रादेशिकता और वैश्विकता, क्षेत्र और देश, प्रदेश और राष्ट्र का अन्तर दिखाई देने पर भी इनको एक-दूसरे के परिपूरक के रूप में स्वीकार करने में कोई परेशानी नहीं हुई है। संस्कृत के विरुद्ध लोकभाषा को महत्त्व तो दिया गया परन्तु इस लोकभाषा में कृष्ण और राम की आराधना कैसे करनी चाहिए इसका पाठ वल्लभाचार्य, रामानुजाचार्य, निम्बार्क, मध्व, जीव गोस्वामी, रूप गोस्वामी ने संस्कृत में तैयार किया और फिर सारे भारत में विभिन्न भाषाओं में राम और कृष्ण भक्ति की धूम मच गयी।

यह भी सही है कि सामाजिक आन्दोलन के रूप में प्रकट होकर भक्ति ने जातिप्रथा का विरोध किया, शास्त्र के स्थान पर लोक को महत्त्व दिया मगर हमें यह नहीं भूलना चाहिए कि वर्णव्यवस्था में कालान्तर में जो rigidity आ गयी थी और परिणामतः जाति प्रथा का जो विरोध शुरू हो गया था उसकी शुरुआत संस्कृत परम्परा से ही हुई थी। कृष्ण यजुर्वेद का वह महत्त्वपूर्ण श्लोक है :

किं ब्राह्मणस्य पितरं किमु पृच्छसिमातरम्।
श्रुतं चेदस्मिन् वेद्य स पिता स पितामहः।।

दरअसल कबीर, बसवा, नाम्मलवार, तुकाराम, नामदेव, ज्ञानदेव आदियों ने ऐतिहासिक कारणों से संस्कृत के स्थान पर भाषाओं का आश्रय लिया था, नहीं तो संस्कृत में सुरक्षित वेदान्त की दार्शनिक अन्तर्दृष्टि का ही उनकी रचनाओं में प्रसार हुआ है और फिर उनकी रचनाओं में जातिप्रथा का जो विरोध हुआ है और मतान्धता के विरोध में जो कुछ लिखा गया है अथवा आध्यात्मिकता को लेकर जो radicalism का प्रसार हुआ है उसके पीछे अद्वैत विवेक का ही सबसे हाथ रहा है। हमें यह भी नहीं भूलना चाहिए कि भक्ति आन्दोलन में भाषा लेखकों ने जो भी अस्त्र इस्तेमाल किये हैं वे सब संस्कृत की भट्टी में ही तैयार हुये थे। संस्कृत परम्परा के सन्दर्भ में देसी-मार्गी वैषम्य या प्रादेशिक या क्लासिकी वैषम्य वस्तुतः एक ही परम्परा की दो अलग अभिव्यक्तियाँ हैं। ये दो अलग परम्पराएँ नहीं हैं, दरअसल सांस्कृतिक नैरन्तर्य के दो ध्रुव बिन्दु हैं। इसीलिए भारतीय साहित्य में वस्तु की एकता है और शैली की विविधता भी और साथ ही सांस्कृतिक विशिष्टताओं का वैविध्य है और साहित्यिक परम्पराओं का ऐक्य भी और ये सारे तत्त्व एक-दूसरे के सम्पूरक होकर विद्यमान रहते हैं जैसे ऋतु और समय अथवा नदी और सागर।

18वीं शती से ही विदेशी प्राच्यवादियों ने orientalist perceptions की

सहायता से संस्कृत की प्राचीन परम्परा और मध्ययुगीन सांस्कृतिक परम्परा के बीच एक विभेदक रेखा खींचने की पहल की थी जिससे कि सांस्कृतिक नैरन्तर्य को अस्वीकार करते हुए भारत के मध्ययुग को यूरोपीय मध्ययुग की तरह अन्धाकरमय प्रमाणित किया जा सके और विशेषतः पाश्चात्य ज्ञान-विज्ञान के आधार पर तैयार किये गये नवजागरण को नये युग का अग्रदूत प्रमाणित किया जा सके। Sir William Jones ने 1786 में कलकत्ते में स्थित एशियाटिक सोसाइटी में अपने 'डिस्कोर्स' मे यह घोषित किया था कि भारतीय इतिहास की तलाश करते हुए he would go to remote antiquity but restrict his researches downwards only upto the 11th century. जोन्स के बाद लगभग सभी प्राच्य विदों ने इस तथाकथित अन्तर को मानते हुए संस्कृत की परम्परा को मध्ययुग और आधुनिक परम्परा से अलग ही नहीं रखा वरन् बड़ी चालाकी से मध्ययुग के लिए pre-British India पदनाम देकर उसे अन्धकारमय सिद्ध करते हुए British India के गौरव को प्रकट करने का प्रयत्न किया मगर रवीन्द्रनाथ टैगोर, आनन्द कुमारस्वामी, हजारी प्रसाद द्विवेदी, पण्डित विद्यनिवास मिश्र, ए.के. रामानुजन, प्रोफेसर वी.के. गोकाक आदि विद्वानों ने यह स्पष्ट कर दिया है कि संस्कृत heritage मध्ययुग के भाषा साहित्य और संस्कृत के बीच से गुजरते हुए आधुनिक भारतीय चेतना में प्रवेश कर पाती है और इसीलिए संस्कृत और मध्ययुगीन भाषा heritage को single historic continuity के रूप में स्वीकार करना आवश्यक है।

साहित्यिक परम्परा की निरन्तरता के आधार पर भारत को एक एकीकृत साहित्यिक क्षेत्र करार दिया जा सकता है जहाँ मूलतः संस्कृत की समृद्ध परम्परा ने सदियों से एक प्रकार की विशेषताएँ जुटाकर इस साहित्यिक संसार की रचना की है। दक्षिण भारत में वाल्मीकि रामायण और व्यास के महाभारत के आश्रय से इन दोनों महाकाव्यों के रूपान्तरण का सिलसिला 9वीं शताब्दी से शुरू हो गया था। पेरन्तुवन्नर का महाभारत और कम्बन की रामायण की रचना 10वीं शती तक हो चुकी थी। तेलुगु में महाभारत का अनुवाद 11वीं शती में ननैया ने शुरू किया और तिकन्ना ने 13वीं शती तक समाप्त किया। गोना बुद्ध रेड्डी ने उसी समय रंगनाथ रामायण की रचना की। कन्नड़ में 12वीं शती में पम्पा ने रामायण की रचना की। कुमार व्यास ने इस काम को आगे बढ़ाया। मलयाल में एडुउत्तचन ने 16वीं शती में रामायणम की रचना की। बंगाल में कृतिवास ने 15वीं शती में रामायण का रूपान्तरण किया और 17वीं शती में काशीरामदास का

महाभारत लिखी गया। उड़िया में यह काम सरलादास ने किया और बलरामदास ने रामायण लिखा। इसी तरह असमिया में माधव कन्दली, मराठी में एकनाथ तथा रामदास, हिन्दी में तुलसी और विष्णुदास ने रामायण और महाभारत की रचनाएँ कीं। और भी नाम गिनवाए जा सकते हैं। केवल रामायण और महाभारत की कहानियाँ नहीं कृष्ण, शिव, हरिश्चंद्र, नलदमयंती ने विभिन्न भाषाओं के लेखकों की कल्पना को जहाँ संजोया है वहाँ संस्कृत से ग्रहण किए गए कपितय नैतिक मूल्य एवं ईशकेद्रित विश्वदृष्टि ने साहित्यिक रचनाओं को रूप दिया है। 18वीं-19वीं शती में भी यह क्रम जारी रहा। कथकली नाटकों की अट्टकथाएँ तथा तुल्लाल नृत्य सर्वभारतीय संस्कृत परम्परा से जुड़े हुए हैं।

केरल के अपने चम्पू तथा दूत काव्य हैं। तेलुगु में शतकम् की लम्बी परम्परा है। शतकम् के अतिरिक्त प्रबन्ध की रचना संस्कृत परम्परा के आधार पर हुई है। कन्नड़ के संगीत त्रिमूर्ति श्याम शास्त्री मुतुस्वामी दीक्षितर तथा त्यागराज की भक्ति रचनाएँ संस्कृत से प्रभावित होते हुए भी भक्ति के नये दिगंत्तों का परिचय देती है।

मुतुस्वामी ने अधिकतर संस्कृत में लिखा और कभी-कभी मणिप्रवाल शैली का प्रयोग भी किया। श्याम शास्त्री की संस्कृत रचना जैसे "जननि नटजन परिपालिनि पाहि माम् भवानि" सर्वभारतीय प्रसिद्धि पा चुकी है। संस्कृत के अतिरिक्त तेलुगु में भी उनकी रचनाएँ हैं। त्यागराज ने भी यह मार्ग ग्रहण किया है। तमिल की टुटु संस्कृत का दूतकाव्य है। तमिल में शिव और मुरुगन के गौरवगान संस्कृत से उधार ली गयी। परम्परा है। गुजरात के अनपढ़ कवि धीरो की रहस्यात्मक पहेलियाँ, काफी और अवलवाणी में मन, माया और तृष्णा पर विचार करते हुए संस्कृत में संरक्षित दार्शनिक विचारों की ही अभिव्यक्ति है। हिन्दी का रीतिकाव्य संस्कृत काव्यशास्त्रीय परम्परा का विस्तार है। तमिल के काव्यसिद्धान्त मेयाप्पतु में इस सिद्धान्त का ही समावेश है। वस्तुतः भाषाओं में काव्यशास्त्रीय सैद्धान्तिक विवेचन के अभाव का मूल कारण भाषा विद्वानों का संस्कृत काव्यशास्त्र का अपार ज्ञान रहा है न कि ज्ञान की अल्पता। गुजराती में हेमचन्द्र, फारसी में अमीर खुसरो, पाली में संघरक्खित और कन्नड़ में नृपतुंग ने इन भाषाओं में स्वतन्त्र काव्यशास्त्र का निर्माण किया मगर उसकी परम्परा आगे नहीं बढ़ सकी। कदाचित् संस्कृत काव्यशास्त्र में अन्तर्निहित बहुभाषिकता के समाहार के कारण ऐसा हुआ हो। उदाहरण के रूप में, विश्वनाथ प्रशस्तिरत्नावली में 16 भाषाओं का प्रयोग करते हैं। काव्यशास्त्रीय ग्रन्थों में दूसरी भाषाओं के

उदाहरण प्रचुर उपलब्ध हो जाते हैं। बहुभाषिकता को आश्रय देने के कारण संस्कृत काव्यशास्त्र की अग्रगति में कभी भी कोई रुकावट नहीं आयी और आज भी उसका प्रभाव बना हुआ है। संस्कृत नाटकों में भी बहुभाषिकता का प्रचुर प्रयोग उपलब्ध है कालिदास के शकुंतला नाटकों में संस्कृत के अतिरिक्त शौरसेनी, महाराष्ट्री और मागधी प्राकृत का प्रयोग है। हिन्दी के केशवदास, पद्माकर, उड़िया के उपेन्द्र भंज, बलदेव रथ, बांग्ला के रामबसु आदि ने संस्कृत की साहित्य परम्परा को अपनी भाषाओं में गूँथ कर उसको प्रखर बना दिया है। फोर्ट विलियम कालेज में यूरोपीय छात्रों के लिए हिन्दी ग्रन्थों के निर्माण कार्य में जुटे हुए लल्लुजीलाल ने खड़ी बोली में प्रेम सागर की रचना की जो भागवत पुराण का अनुवाद था और इस प्रकार यह नयी प्रिंटिंग टेक्नॉलाजी के परम्परीकरण का महत्त्वपूर्ण उदाहरण है। दरअसल पाश्चात्यकरण के फलस्वरूप केवल राष्ट्रवाद का ही प्रसार नहीं हुआ संस्कृत परम्परा के आश्रय से पुनरुत्थानवाद का भी विस्तार हुआ था। मगर इसमें कोई सन्देह नहीं कि संस्कृत परम्परा की अविच्छिन्न धारा से जुड़े हुए भाषाओं के लेखकों ने अपनी स्वकीयता को बरकरार रखते हुए भारतीय साहित्य के वैविध्य को उजागर किया है और इसीलिए भारतीय साहित्य की एकता उसकी विविधता से ही जुड़कर प्रकट होती है। यह बात और भी स्पष्ट हो जाती है जब भारतीय भाषाओं में रचित साहित्य पर संस्कृत के असमान प्रभाव का विश्लेषण करते हुए हमें यह दिखाई पड़ता है कि संस्कृत के मार्गी पक्ष के साथ लोक का देसी पक्ष से प्रभावित एकता और विविधता से जुड़कर भारतीय साहित्य संसार का निर्माण हुआ है और फलस्वरूप कहीं संस्कृत का प्रभाव अधिक है तो कहीं कम। उदाहरण के रूप में बांग्ला का मंगलकाव्य, तमिल का तल पुराण तथा उड़िया का माहात्म्य संस्कृत की पुराण परम्परा से प्रभावित होने पर भी उनकी कथ्यसामग्री तथा narrative patterns पर लोक का निर्भ्रांत प्रभाव है।

प्राच्यविदों के उस orientalist perception से भी मुक्त होना जरूरी है जहाँ संस्कृत में रचित दर्शन और साहित्य और काव्यशास्त्र को एक अखण्ड monolith रूप में देखा जाता है और इस तरह संस्कृत की वैविध्यमय विचारधारा, अभिव्यक्ति की नाना प्रकार की शैली और अपार काव्यशास्त्रीय विभिन्नता को नकार कर हमारे rich और Varied inheritance के प्रति अन्याय करना होता है।

संस्कृत की समृद्ध साहित्य-परम्परा का विकास एक द्वन्द्वात्मक स्थिति पर आधारित है : यहाँ संवादों की एक अविच्छिन्न धारा प्रवाहित है, अविराम

वाद-विवाद का विस्तार है तथा विरोधात्मक स्थितियों के बीच लगातार बातचीत का सिलसिला जारी रहता है—ये ही इस धारा की मूल विशेषताएँ हैं। अगर यहाँ सुसंस्कृत नागर चेतना से जुड़ा हुआ एक कालिदास है तो ग्रामीण सामाजिक चेतना का चितेरा एक योगेश्वर भी है; अगर यहाँ राजाओं और अप्सराओं से सम्बधित नाटक विक्रमोर्वशीय है तो साधारण जनता को लेकर लिखा गया नाटक मृच्छकटिक भी है। रस-ध्वनि का संसार रचने वाला आनन्दवर्धन है तो दूसरी ओर वक्रोक्तिकार कुंतक भी है; अगर यहाँ लेखक केन्द्रित सिद्धान्त हैं तो दूसरी और अनुमान जैसे पाठक केन्द्रित सिद्धान्त भी उपलब्ध हैं, गौड़ीय वैदर्भी लाटीय आदि विभिन्न अभिव्यक्ति की शैलियाँ हैं; योग मोमांसा तथा वेदान्त जैसे आस्तिक आदर्शवादी दर्शन की धाराएँ हैं तो बौद्ध, जैन तथा चार्वाक जैसी नास्तिक दार्शनिक प्राणालियाँ भी हैं और न्याय, वैशेषिक, सांख्य जैसे बीच की दार्शनिक धाराएँ भी हैं और फिर इन्हीं के आश्रय से मध्ययुग में नव्यन्याय का प्रसार भी है जिसने प्रमात्र, प्रमेय, प्रमाण तथा प्रमिति का एक ऐसा universal model दिया है जिसकी सहायता से कोई भी दार्शनिक विश्लेषण सम्भव हो पाता है। यहाँ यदि एक ब्राह्मण विश्व दृष्टि है तो दूसरी ओर श्रमण विश्वदृष्टि भी उपलब्ध है। यहाँ यदि गीता महात्मा गाँधी को अहिंसा के रास्ते ले जाती है तो तिलक को सशस्त्र आन्दोलन के लिए प्रेरित करती है। यहाँ का कोई भी तर्क ले लीजिए तो उस तर्क के मुकाबले में एक प्रति तर्क भी आपको दिखाई पड़ जायेगा : संस्कृत की इस वैविध्यमय विश्वदृष्टि ने इसके रचना संसार को जीवन्त बना रखा है और भारतीय भाषाओं के साहित्य पर इसके प्रभाव को इतना वैचित्र्यमय और इसीलिए भारतीय साहित्य की एकता संस्कृत से प्रभावित उसकी अनेकत्ववादी विचारधारा और लोक से आयी हुई नाना साहित्यिक परम्पराओं से रची गई है। भारत की मार्गी-देसी, शास्त्राचार-देशाचार, नाट्यधर्मी-लोकधर्मी साहित्यिक अवधारणाएँ भारतीय परम्परा में निहित निरंतरता और परिवर्तन की द्वंदात्मकता को प्रकट करती हैं और विविधता और एकता के सह-अस्तित्व को प्रमाणित करती हैं। भारतीय मन सम्पूर्णता में विश्वास करता है। एकता के साथ अनेकता को एक सम्पूर्ण इकाई के रूप में देखना उसके लिए स्वाभाविक है। भारतीय साहित्य की भारतीयता उसके बहुलवाद के सन्दर्भ में ही प्रकट होती है।

आधुनिकतावाद के आधार पर इस तथ्य को और भी अधिक स्पष्ट किया जा सकता है। पश्चिम में आधुनिकता पुराने नियमों, परम्पराओं तथा रूढ़ियों को तोड़कर प्रकट होती है। इस प्रकार से मनुष्य की स्थिति, क्रियाएँ और प्रयोगों

के प्रति ताज़ा और नए ढंग से देखने का इंगित किया जाता है। भारत में किसी भी वस्तु का बहिष्कार नहीं होता है, यहाँ नये विकल्प तैयार होते हैं जो पुराने के साथ मिलकर विचार और रचनात्मकता के सन्दर्भ में भारत के नैरंतर्य को प्रदर्शित और हमारी सामाजिक संस्कृति की बहुलवादी दृष्टि का प्रसार करते हैं। इसीलिए भारत की आधुनिकता में पाश्चात्य प्रभाव के रहते हुए भी संस्कृत की निरंतरता की धारा अविराम प्रवाहित है।

भारत की अधिकतर भाषाओं ने आधुनिक काल में संस्कृत से अपना सम्बन्ध जोड़े रखा है। संस्कृत से शब्दों को उधार में लेना लगातार जारी है और पाठकों के एक वर्ग में संस्कृत शैली का प्रयोग विशेष सम्मान का विषय है। वस्तुतः संस्कृत साहित्य, महाकाव्य, पुराण, जातक, लोक साहित्य, दार्शनिक साहित्य, कला एवं संगीत से प्रभावित भारतीय साहित्यिक परम्परा में एक अटूट नैरन्तर्य दिखाई पड़ता है और साथ ही हमारी आधुनिकता में प्राचीनता की प्राणशक्ति स्पष्ट उभरी हुई प्रकट होती है। आधुनिक भारतीय साहित्य मात्र एक दृश्य नहीं, पैनारोमा है। ऊपर से नीचे तक इसमें बहुत से लैंडस्केप दिखाई देते हैं, मगर इन विभिन्न लैंडस्केपों के रहते हुए भी यानी अनेकता में भी एक सैद्धान्तिक एकता है जो साहित्य में मिथकों, मोटिफ, बिम्बों या प्रतीकों के प्रयोग में प्रतिफलित है जिसका स्रोत संस्कृत की सम्पन्न परम्परा है।

आधुनिक काल के प्रारम्भ में नवजागरण के प्रभावस्वरूप राष्ट्रवाद का जनमानस में जो नया उभार आया था उसको भारतीय साहित्य की आध्यात्मिक परम्परा के साथ जोड़ कर पुनरुत्थानवादी दृष्टि और समाज सुधार भावना का प्रसार हुआ था। उस समय बहुसंख्यक भारतीय बुद्धिजीवियों के लिए हजार वर्षों से संचित संस्कृत का अपार साहित्य हमारा सांस्कृतिक मूलधन था और उसे उस समय भारतीय राष्ट्रीय अस्मिता का major legitimizing source के रूप में स्वीकारा गया था। उस समय रचित विभिन्न भाषाओं के प्रथम उपन्यासों में राष्ट्रवाद, पुनरुत्थानवाद और सुधारवाद की सारी विशेषताएँ दिखाई पड़ जाती हैं और काव्य की सर्वसामान्यता प्रमाणित होती है। तमिल में सैमुअल वेदानायकम पिल्लई का उपन्यास 'प्रताप मुदलियरचरितम्', तेलुगु में कृष्णम्माचेट्टी रचित 'श्री रंगराज चरित्र', मलयालम में लिखा गया चन्दु मेनन का 'इन्दुमति', हिन्दी में लाला श्रीनिवास दास का 'परीक्षा गुरु', बांग्ला में मेरी हैचिन्सन का उपन्यास 'फूलमणि और करुणार काहिनी' आदि उपन्यासों के कथ्य के आधार पर यह निष्कर्ष निकाला जा सकता है कि लगभग एक ही प्रकार की आवेगात्मक तथा

बौद्धिक अनुभूतियों से प्रेरित किसी भी एक भारतीय भाषा का साहित्य अपने आप में एक सम्पूर्ण इकाई नहीं है और इसीलिए एक भाषा के साहित्य के आश्रय से भारतीय साहित्य के अध्ययन के प्रति न्याय नहीं किया जा सकता और न ही लेखकों के प्रति न्याय सम्भव है जो सर्वसामान्य सांस्कृतिक परिवेश में फलते और विकसित होते हैं। अतः भारतीय साहित्य का अध्ययन एक ऐसे आकार रूप में सम्भव है जो देश की जटिलताओं को समायोजित करता हो। इसके कई उदाहरण दिए जा सकते हैं। उपनिषदों के विचार किस प्रकार उत्तर से दक्षिण की ओर यात्रा करते हैं और फिर शंकराचार्य और रामानुजाचार्य के द्वारा अद्वैतवाद और विशिष्टाद्वैतदाद में परिवर्तित होकर उत्तर में प्रादुर्भाव होते हैं। इसी प्रकार संस्कृत के स्रोतों से फलीफूली भक्ति दक्षिण से उत्तर की ओर यात्रा करती है और हिन्दी के स्वर्णयुग का निर्माण होता है। काश्मीर का शैवाद्वैत सिद्धान्त तमिल प्रान्त में अपना स्थान बना लेता है। उपनिषदों से प्रभावित रवीन्द्रनाथ ठाकुर द्वारा प्रकृति और मनुष्य में सौन्दर्य की खोज और गीता से प्रभावित महात्मा गाँधी के सत्य और अहिंसा का प्रयोग भारत के कोने-कोने तक अपनी यात्राएँ पूरी करते हैं। जब कृति और कृतिकारों को बृहत् साहित्यिक परम्पराओं से जुड़ा हुआ स्वीकार कर लेते हैं तब उनका भाषिक परिचय दुर्लंघ्य व्यवधान प्रतीत नहीं होता और सर्वसामान्यता के आधार पर सहचरी वर्गों के रूप में उनकी शिनाख्त सम्भव होती है।

आधुनिक भातीय साहित्य में रवीन्द्रनाथ ठाकुर, जयशंकर प्रसाद, शंकर कुरुप, उमाशंकर जोशी आदि की कविताओं में एक अन्तर्दृष्टिपरक आध्यात्मिकता का स्वर है जो उपनिषदों के 'ईशावास्यमिदम् सर्वम्' से लेकर रवीन्द्र की 'सीमारमाझे असीमतुमि' से गुजरते हुए निराला के स्वर में सुनाई पड़ता है :

उस असीम में ले जाओ
मुझे न कुछ तुम दे जाओ।।

यहाँ आध्यात्मिकता धर्मपरकता नहीं रहस्यमकता है। भारतीय साहित्य का एक बड़ा अंश रहस्यपरक है। यह योग और भोग का मिलन है इसलिए यह दृष्टि, धर्म, अर्थ, काम, मोक्ष को स्वीकारती है। प्रसिद्ध समाज वैज्ञानिक सुधीर कक्कर के अनुसार भारतीय मानस का निर्माण पुरुषार्थ की भारतीय अवधारणा के द्वारा होता है। यह अवधारणा एक ऐसे सामाजिक, सांस्कृतिक वातावरण का प्रसार करती है कि इसमें पलने वाली हरेक भारतीय सन्तान पर कतिपय ऐसे मूल्यों, आदर्शों, आचारवृत्ति की छाप पड़ जाती है जिससे वह अपनी भारतीय

अस्मिता को प्रकट कर पाता है। योग और भोग का मिलन अन्ततः साहित्य में एक रहस्यात्मक बिम्बवाद का प्रसार करता है। ऋग्वेद के नासदीय सूक्त से लेकर आधुनिक युग में रवीन्द्रनाथ ठाकुर से सुब्रह्मण्यम भारती आदि विभिन्न भारतीय भाषाओं के कवियों में इसका बार-बार प्रयोग दिखाई पड़ता है।

भारतीय साहित्य में वैचारिक धरातल पर तीन आद्यप्रारूपी बिम्बों का प्रयोग हुआ है जिससे उसकी भारतीयता स्पष्ट होती है। इनमें पहली वेदान्तिक अवधारणा है जिसके अनुसार परमार्थिक सत्ता एकमात्र सत्ता है जिसे प्राकृतिक सत्ता के द्वारा समझा जाता है ब्रह्म और प्रकृति की इस मायामयी दोहरी भावना को कभी स्रष्टा और सृष्टि, कभी सत्य और ऋत, कभी आत्मा और देह की लीला रूप में प्रकट किया जाता रहा है।

मलयाली कवि शंकर कुरूप का कहना है :

मैंने उसके पैरों में लगे आलता का लाल रंग देखा
मगर मुझे लगा कि उषा शरमाई हुई है।
वह आसमान में अपनी अँगूठी छोड़ गई है।
मगर मुझे लगा नहीं वह तो सूर्य है।।

यह लीला खेल आत्मा और प्रकृति के आश्रय से सम्पूर्ण वृत्त को प्रकट करता है। यह लीला तभी समाप्त होगी जग शरीर-आत्मा का मिलन हो जाएगा। इसीलिए निराला कहते हैं :

नवजीवन की प्रबल उमंग
जा रही मैं मिलने के लिए पार कर सीमा
प्रियतम असीम के संग।।

भारतीय साहित्य का दूसरा आधप्रारूप आदर्शवाद का है। यहाँ पत्ते का झरना अंकुर के फूटने से अलग देखा नहीं जाता इसीलिए यहाँ कालिदास के शिशिरवसन्तौं के द्वारा मृत्युरूप जाड़े के साथ नवजीवन रूप वसन्त को जोड़ दिया जाता है। भारतीय साहित्य में मानवतावादी आद्यप्रारूप भी बहुत ही भव्य और प्रखर है। उपनिषद की कल्पना है कि मनुष्य स्वयं ईश्वर है : अहं ब्रह्मास्मि। महाभारत में कहा गया है कि दुनिया का सबसे बड़ा रहस्य मनुष्य है। सुमित्रानन्दन पन्त कहते हैं : 'मनुष्य ईश्वर'। चण्डीदास का कहना था कि 'सबार ऊपर मानुष सत्य ताहार ऊपर नाइ'। मानव इतना महान है कि सुरगण स्वर्गापवर्ग छोड़कर मनुष्य देह प्राप्त करने के लिए धरा पर उतर आते हैं—केवल उतरते ही नहीं, यहाँ आकर मनुष्य की तरह जीवन को बिता कर अपने को धन्य

मानते हैं। यहाँ के साहित्य में मनुष्य किस प्रकार देवत्व को प्राप्त कर सकता है उसी की गाथा वर्णित है चाहे वाल्मीकि की रामायण हो या शरत्चन्द्र का श्रीकान्त या प्रेमचन्द का रंगभूमि।

यह सर्वभारतीय सम्वेदना भारतीय साहित्य की विशेषता है जो कतिपय आद्यप्रारूपों, मूल्यों संस्कृति, इतिहास और विचारधाराओं की विरासत है। आधुनिक भारतीय साहित्य भले ही विभिन्न भाषाओं में लिखा जाता हो मगर उनमें एक सर्वभारतीय सम्वेदना दिखाई पड़ जाती है-ऐसी सम्वेदना जिसके मूल में संस्कृत के अपार समृद्ध साहित्य का प्रभाव है और विविधताओं के बीच इसकी एकता को प्रकट करती है जिसे पण्डित जवाहरलाल नेहरू ने a kind of innate affinity between Sanskrit and Indian soul कहा है। हमें भूलना नहीं चाहिए कि हमारा आकाश काफी बृहत् है जो हर प्रकार की विविधता को अपने में समेट सकता है और हमारी पृथ्वी इतनी छोटी कि विभिन्न भाषाओं और प्रदेशों के लेखकों की साहित्यिक सम्वेदनाओं में अन्तर्निहित एकता के बारे में हमें आश्वस्त कर सकती है।

भारतीय साहित्य, संस्कृति एवं हिन्दी भाषा

ब्रजेश त्रिपाठी

हमारा भारतीय साहित्य भाषा को लेकर कभी विभाजित नहीं रहा। जिसे हम 'भारतीय साहित्य' की संज्ञा से अभिहित करते हैं, उसमें विषय वस्तु, रूप विन्यास, सरोकार, अनुभव, प्रभाव, दिशा और आन्दोलन को लेकर अद्भुत समानता रही है। बहु भाषावाद और अन्तर्भाषिक अनुवादों ने भी 'भारतीय साहित्य' की अवधारणा को बल दिया है। भारतीय लेखक भारतीय ही रहेंगे, चाहे वे जिस भाषा में लिखें। यह बात भारतीय अंग्रेजी लेखकों के लिए भी सच है। जिस प्रकार अनेक धर्मों, विचारधाराओं और जीवन प्रणलियों के रहते हुए भी भारतीय संस्कृति की एकता असंदिग्ध है, उसी प्रकार और इसी कारण से अनेक भाषाओं और अभिव्यंजना-पद्धतियों के रहते हुए भी भारतीय साहित्य की मूलभूत एकता का अनुसन्धान भी सहज सम्भव है।

'संस्कृति' का अर्थग्रहण हम जीवन मूल्यों के रूप में करते हैं, लेकिन यह भी सच है कि संस्कृति मूल्य अथवा मान्यता से अधिक आन्तरिक आस्था पर निर्भर है। भारतीय संस्कृति में कर्म, ज्ञान और भक्ति तीनों को महत्त्व दिया गया है। भारतीय संस्कृति की एक महत्त्वपूर्ण विशेषता है--संसार में जो भी सत्य और सुन्दर है, उसे ग्रहण कर अपना हिस्सा बना लेना और आगे बढ़ते जाना। यही कारण है कि विश्व की अनेक महान संस्कृतियाँ लुप्त हो गयीं, अब केवल उनके पुरावशेष मिलते हैं, लेकिन भारतीय संस्कृति निरन्तर प्रवाहमान है : गंगा की निर्मल धारा की तरह, जिसमें अनेक धाराएँ मिलकर एकरूप हो जाती हैं। भारतीय संस्कृति का अर्थ है विशालता। भारतीय संस्कृति का अर्थ है समन्वय, मेल। सत्य, अहिंसा, परोपकार, त्याग, करुणा आदि जीवन के शाश्वत मूल्य इसमें समाहित हैं।

संस्कृति और भाषा का अन्योन्याश्रित सम्बन्ध है। किसी भी विकास यात्रा

का मापन उसकी भाषा की विकास-यात्रा द्वारा किया जा सकता है। हर संस्कृति किसी-न-किसी भाषा या भाषाओं द्वारा अपने को अभिव्यक्त करती है। 'संस्कृति' एक व्यापक प्रत्यय है और सन्दर्भ के अनुसार इसमें अर्थ की परिवर्तनशीलता दिखाई पड़ती है। किसी भी संस्कृति के विकास और संरक्षण के लिये उस भाषा का विकास और संरक्षण आवश्यक है, जिसमें वह संस्कृति अपनी अभिव्यक्ति पा रही है। यदि हम विश्व इतिहास और विश्व संस्कृति पर दृष्टिपात करें तो पाएँगे कि आज समूची विश्व संस्कृति या तो पुरावशेषों में संरक्षित है या भाषा में। पुरावशेषों में संरक्षित संस्कृति काल की मार से धीरे-धीरे क्षरित हो रही है, जबकि भाषा में संरक्षित संस्कृति काल के आयामों को पार कर आज भी बनी हुई है।

किसी भी समाज में भाषा का महत्त्वपूर्ण स्थान होता है क्योंकि भाषा ही सामाजिक आदान-प्रदान का माध्यम होती है। भाषा के ही माध्यम से व्यक्ति अपने विचार और भावनाएँ दूसरों तक सम्प्रेषित करता है। भाषा के ही द्वारा सामाजिक एवं राष्ट्रीय ऐक्य की भावना पुष्ट होती है। अतः हर समाज में सम्प्रेषण के लिये एक ऐसी भाषा की ज़रूरत होती है जो लोगों को अपनी लगे, जो सभी को स्वीकार्य हो, जिससे लोग प्रेम करें और जिसे आदर सम्मान दें। भारत के सन्दर्भ में हिन्दी ऐसी ही भाषा है जिसमें संस्कृति अपने को अभिव्यक्ति देती है।

हिन्दी भारत की प्राचीन भाषाओं में एक है और इसका इतिहास एक हज़ार साल से भी पुराना है। यदि हम ईसा के 1000 से लेकर 1400 ई. तक के कालखण्ड पर नज़र डालें तो पाएँगे कि यह वह समय था, जब हिन्दी भाषा का निर्माण हो रहा था और हिन्दी का साहित्य भी धीरे-धीरे अपना रूप ग्रहण कर रहा था। इस काल के दौरान समूचे भारत में बौद्ध धर्म के विभिन्न रूपों का प्रभाव दिखाई पड़ रहा था। चर्या गीतों में बौद्ध धर्म अपने हीनयान और महायान के विकास को चरम सीमा तक पहुँचाकर अब एक नयी दिशा लेने की तैयारी कर रहा था, जब उसे मन्त्रयान, वज्रयान या सहजयान की संज्ञा मिलने वाली थी। हिन्दी साहित्य के आदिकाल में यह समूची बौद्धकालीन संस्कृति हमें सिद्धों और नाथों के साहित्य में दिखाई पड़ती है। इस साहित्य में बौद्धों की नैरात्म्य भावना, कायायोग, सहजयोग, शून्य और समाधि की विभिन्न अवधारणाओं का वर्णन मिलता है। सिद्धों ने अपनी वाणियों के माध्यम से वर्णाश्रम व्यवस्था पर तीव्र प्रहार किये हैं। इन्होंने जिस भाषा-शैली में अपनी रचनाएँ लिखीं, उसे सन्ध्या भाषा कहा गया। इसी सन्ध्या भाषा में हिन्दी का वह आदि रूप छिपा हुआ था

जो आगे चलकर प्राचीन भारतीय संस्कृति का संरक्षण भी कर पाया और उसका विकास भी। बाद में कबीर ने सिद्धों के विचार दर्शन का अनुसरण करते हुए जात-पाँत और ब्राह्माडम्बरों का विरोध किया और उलटबासियाँ लिखीं। वज्रयानी सिद्धों के साथ-साथ नाथपन्थ के प्रवर्तक गोरखनाथ ने पातंजलि योग दर्शन को हिन्दी भाषा के माध्यम से जन-सामान्य को उपलब्ध कराया। सिद्धों और नाथों का साहित्य दसवीं शताब्दी के सांस्कृतिक परिदृश्य का एक अहम् भाग है। उसी कालखण्ड में भारत के गुजरात, राजस्थान और दक्षिण में जैन साहित्य में आदिकालीन हिन्दी तत्कालीन संस्कृति का पोषण कर रही थी। इस प्रकार हम देख सकते हैं कि सिद्धों से लेकर कबीर तक की जो संस्कृति थी, जीवन-शैली थी, विचार दर्शन था, आध्यात्मिक अवधारणाएँ थीं, वो सबकी सब हिन्दी भाषा के कारण ही संरक्षित रहीं।

पौराणिक काव्यधारा में अपभ्रंश के महान कवि स्वयंभू ने अपने ग्रन्थ 'पउमचरिउ' में रामकथा को तत्कालीन संस्कृति के परिदृश्य में प्रस्तुत किया। इसी प्रकार हिन्दी के आदिकाल में हमें रासों साहित्य के समय की संस्कृति के दर्शन होते हैं और उसके मूल्यों का परिचय मिलता है।

चौदहवीं शताब्दी तक आते-आते हिन्दी भाषा एक परिपूर्ण रूप लेकर हमारे सामने प्रकट होती है। यही वह कालखण्ड है जिसे विद्वानों ने हिन्दी भाषा और साहित्य का स्वर्णकाल कहा है अर्थात् भक्तिकाल। आचार्य रामचन्द्र शुक्ल ने भक्ति को धर्म का रसात्मक रूप कहा है और इस रसात्मक रूप वाली संस्कृति को भारत के कोने-कोने में हिन्दी के ही एक प्रमुख रूप ब्रजभाषा ने लोकप्रियता दिलाई। उस दौर में देशभर में ब्रजभाषा ही साहित्य सृजन की प्रधान भाषा बनकर उभरी जिसका एक रूप बंगाल में 'ब्रजबुलि' के नाम से जाना जाता था। गुजरात और सिन्ध से लेकर असम तक इसी भाषा में साहित्य की रचना हो रही थी। यह वह समय था जब भारत में इस्लामी संस्कृति अपने जड़ें जमा चुकी थी और राजनीति से लेकर भवन निर्माण कला तक में हिन्दू और इस्लामी संस्कृति आपस में मिलकर एक नयी धारा का रूप ले रही थीं। प्राचीन काल से चली आ रही वैदिक संस्कृति एक नया मोड़ ले रही थी। यह बात रेखांकित करने योग्य है कि इस काल में भाषा के स्तर पर, कला के स्तर पर, काव्य और संगीत के स्तर पर भारतीय संस्कृति अपना रूप परिवर्तित कर रही थी। संस्कृति से जुड़े हर क्षेत्र में परिवर्तन का दौर शुरू हो चुका था और इस बदलाव को हिन्दी अपने समर्थ रूप में न केवल ग्रहण कर रही थी, बल्कि उसे अभिव्यक्त भी कर रही थी।

भारतीय संस्कृति के इस मध्यकाल का पाट बहुत बड़ा है और इसमें विविधताएँ भरी पड़ी हैं। हिन्दी के एक रूप अवधी के माध्यम से जहाँ एक ओर तुलसी का रामचरित मानस संरक्षित है, वहीं दूसरी ओर जायसी का पद्मावत। सूरदास के काव्यालोक का तो कहना ही क्या! उनके पदों में मानों पूरी ब्रज संस्कृति और मानवीय अनुभूति की सूक्ष्म से सूक्ष्म अभिव्यक्तियाँ साकार हो उठी हैं। कुतुबन की मृगावती, मंझन की मधुमालती, मीरा के गीत, विद्यापति की पदावली, रहीम के दोहे, पद्माकर और मतिराम की शृंगार रचनाएँ, आलम, बोधा और ठाकुर का काव्य-संस्कृति के बहुआयामी रूप को संरक्षित करते दिखाई पड़ते हैं।

भारतीय संस्कृति की अस्मिता की गहरी पहचान हमें तुलसी के रामचरित मानस में दिखाई पड़ती है। हमारे सांस्कृतिक जीवन में इसका अत्यधिक महत्त्व है। भारतीय संस्कृति की रक्षा के लिये ही उन्होंने राम के आदर्श जीवन को उजागर किया है और मानवीय मूल्यों की स्थापना की है। यह एक ऐसा अमर ग्रन्थ है जिसमें भारतीय संस्कृति अपनी समूची विशेषताओं के साथ उपस्थित है।

उत्तर मध्यकाल या रीतिकाल संस्कृति के चौमुखी विकास के दौर का काल है। इस काल को देखने पर लगता है कि भक्ति अपना दायित्व पूरा कर चुकी है और जीवन की शुद्ध लौकिकता अपना रंग जमाने लगी है। चित्रकला, नृत्य, संगीत सभी में परिवर्तन दिखाई पड़ता है। इसी काल में हिन्दी दो शैलियों में विभाजित होकर संस्कृति के बहुआयामी रूप को वहन करती दिखाई पड़ती है। आगे चलकर हिन्दी केवल संस्कृति के रसात्मक रूप को वहन करने वाली भाषा नहीं रहती, बल्कि अन्याय, अत्याचार और दासता के ख़िलाफ़ आवाज़ उठाने वाली विद्रोही भाषा बनकर सामने आती है।

अठारहवीं-उन्नीसवीं सदी में हम पाते हैं कि पूरे भारत में अंग्रेज़ी साम्राज्य के ख़िलाफ़ एक वातावरण बनने लगता है और देश की पूरी चेतना में एक कसमसाहट महसूस होने लगती है। इस समय भारतीय संस्कृति यूरोपीय संस्कृति के समक्ष एक चुनौतीपूर्ण मुद्रा में खड़ी दिखती है। इस दौर में भारतीय जनमानस अपनी समूची परम्परा और संस्कृति का एक बार फिर शोधन करता दिखाई पड़ता है और यह स्वाभाविक है, क्योंकि जब भी किसी जाति या समाज के समक्ष अस्तित्व का संकट उत्पन्न होता है तो वह जाति या समाज भाषा में संरक्षित अपनी संस्कृति को मथकर, बिलोकर उसके गतिशील तत्त्वों

का नवनीत लेकर अपने संघर्ष के औजार तैयार करता है। भारतेन्दु काल में आकर हिन्दी भाषा की एक नयी लड़ाई शुरू होती है। भारतेन्दु हरिशचन्द्र अंग्रेज़ों से ज़्यादा अंग्रेज़ियत को चुनौती देते हैं। भारतेन्दु ने हिन्दी भाषा को एक नयी भंगिमा, एक नयी दृष्टि देने की कोशिश की। यही काम भारत की दूसरी प्रमुख भाषाओं में अपनी-अपनी भाषाओं के लेखक कर रहे थे। उन सभी भाषाओं के साहित्य के माध्यम से ही भारतीय संस्कृति एक नये रूपाकार में प्रस्फुटित हो रही थी। लेकिन हिन्दी भारत के मध्यदेश और एक बृहत्खण्ड की भाषा होने के कारण आन्दोलन की आधारभूमि थी। गाँधी ने बरतानवी सरकार के विरुद्ध अपने विराट आन्दोलन के लिए हिन्दी को ही चुना, क्योंकि वह हिन्दी की शक्ति से परिचित थे। वह जानते थे कि बरतानवी सरकार और संस्कृति से यदि कोई भाषा टक्कर ले सकती है तो वह हिन्दी ही है, क्योंकि उसमें भारत की मूल संस्कृति संरक्षित है। हिन्दी की इस शक्ति को दूसरे ग़ैर हिन्दी भाषियों ने भी स्वीकार किया जिसमें राजा राममोहन राय, केशव चन्द्र सेन, रवीन्द्रनाथ ठाकुर, सुभाषचन्द्र बोस, काका कालेलकर, विनोबा भावे आदि नाम सहज ही याद आते हैं।

अत्यन्त प्राचीन काल से हिन्दी देश की सम्पर्क भाषा रही और इसी भाषा के माध्यम से देश के अलग-अलग क्षेत्रों के लोग धार्मिक, सांस्कृतिक, शैक्षिक और व्यापारिक दृष्टि से एक-दूसरे से जुड़े रहे। हिन्दी ही एकमात्र ऐसी भाषा रही जिसने पूरे देश को एक अन्तःसूत्र में पिरोए रखा। महात्मा गाँधी हिन्दी की इस शक्ति से परिचित थे। उन्होंने कांग्रेस पार्टी के सदस्यों के लिए दो चीज़ें अनिवार्य बना दीं—हिन्दी और खादी। हिन्दी के माध्यम से ही स्वतन्त्रता की पूरी लड़ाई लड़ी गयी। गाँधी ने बरतानवी हुकूमत से लड़ने के लिए भारतीय सांस्कृतिक मूल्यों का सहारा लिया, जिसके समक्ष अंग्रेज़ टिक नहीं सके। गाँधी की वैष्णवता समूची भारतीय संस्कृति का प्राणतत्व है। उन्होंने सिद्ध किया कि वैष्णवता कायरता की द्योतक नहीं वरन् उन्नत और विकसित मनोदशा का रूप है। गाँधी जी ने जिस सत्य और अहिंसा को अंग्रेजों के विरुद्ध हथियार के रूप में प्रयुक्त किया, वह भारतीय संस्कृति का मूल तत्त्व है। गाँधी जी ने भारतीय संस्कृति के मूल तत्त्वों की व्याख्या हिन्दी में ही की, क्योंकि हिन्दी भारत के प्राणतत्व से निर्मित भाषा है, जिसमें एक ओर संस्कृत की तत्सम जीवन्तता है तो दूसरी ओर लोक भाषाओं और बोलियों के अनन्त फूल खिल रहे हैं। हिन्दी इन बोलियों से रस ग्रहण करके ही पुष्ट हुई है और उसने

अपने आपको धारदार बनाया है। भोजपुरी, छत्तीसगढ़ी, राजस्थानी, गढ़वाली कुमायूँनी, ब्रज, अवधी आदि ऐसी ही बोलियाँ हैं। इन बोलियों के पास लोक साहित्य का अमूल्य भण्डार है, जिसमें भारतीय संस्कृति अपने को अभिव्यक्त करती दिखाई पड़ती है।

हिन्दी न केवल देश में बल्कि विदेशों में भी, जहाँ भारतीय मूल के लोग रहते हैं, भारतीय संस्कृति के संरक्षण की अपनी भूमिका का सफल निर्वहन करने की कोशिश कर रही है। अप्रवासियों के लिए हिन्दी का प्रश्न उनकी अस्मिता से जुड़ा हुआ है, उनकी भावनाओं से जुड़ा हुआ है। वहाँ पर हिन्दी को बचाए रखने और अप्रवासियों में एक जुटता कायम रखने में लोकगीतों और धार्मिक ग्रन्थों का विशेष योगदान है। उनके लिए हिन्दी और धर्म एक-दूसरे से सम्बद्ध चीज़ें हैं। लेकिन उनके लिए हिन्दुत्व एक व्यापक अर्थ रखता है और उसका अर्थ भारतीयता या भारतीय संस्कृति से जाकर जुड़ता है। वे भारतीय संस्कृति के उस मिले-जुले या समन्वित रूप से परिचित हैं, जो 150 वर्षों पहले भारत में था, जब उनके पुरखे यहाँ आये थे। उन लोगों ने प्रतिकूल परिस्थितियों के होते हुए भी अपनी भाषा और अपनी संस्कृति से जुड़ाव बनाये रखा। लेकिन अब स्थितियाँ बदलने लगी हैं, नयी पीढ़ी को जब हिन्दी के कारण अपनी पहचान धूमिल होती दिखाई पड़ी तो वह हिन्दी से कटने लगी है। जबसे इन लोगों में समृद्धि आयी है तो वे अपनी बोली से कटने लगे हैं क्योंकि वो बोली या भाषा मज़दूरों की भाषा थी और नयी पीढ़ी स्वयं को मज़दूर की सन्तान कहलाना पसन्द नहीं करती।

भारतीय भाषाओं का समन्वय : हिन्दी की भूमिका

डॉ. आरसू

भारत अनेक प्रकार की विविधताओं का एक अपूर्व संगम स्थान है। ये विविधताएँ हमारी संस्कृति के विकास में गुणकारी तत्त्व है। दृष्टिकोण की विशालता, आपसी समझ की गहराई और सद्भावनापूर्ण व्यवहार की विराटता हर उदात्त संस्कृति के विकास का सही मापदण्ड है।

एक इन्द्रधनुष में एक साथ कई रंग दिखाई पड़ते हैं। एक बग़ीचे में एक साथ अनेक रंगों के फूल खिलते हैं। इसी प्रकार हमारे देश में एक साथ कई भाषाएँ पलती-पनपती आयी हैं। इनके बीच कोई संघर्ष नहीं है। विवेकशील लोग भाषा को कभी भी दीवार के रूप में नहीं मानेंगे। उनकी दृष्टि में भाषा हमेशा वातायन के समान है। हमारे संविधान की अष्टम् अनुसूची में कुल अठारह भाषाएँ हैं। इन सारी भाषाओं की अपनी-अपनी साहित्यिक विरासत, परम्परा, इतिहास और धरोहर है। एक को बढ़िया और दूसरे को घटिया मानने की प्रवृत्ति वांछित नहीं है। सभी भाषाओं के बीच मैत्री का पुल बाँधना है। हर भाषा असल में विकासशील है। विकासशील भाषाओं को विकसित भाषा बनाने के लिए कई तरीक़े अपनाए जा सकते हैं। इनमें अभिव्यक्ति के आदान-प्रदान का रास्ता सबसे प्रमुख है।

पश्चिम से आए कुछ विद्वानों ने भारत की भाषाओं का भाषा वैज्ञानिक अध्ययन किया था। इनमें डॉ. ग्रियर्सन का नाम सर्वप्रमुख है। उन्होंने अपने अध्ययन के आधार पर स्थापित किया था कि भारत की भाषाएँ भिन्न परिवारों में आती हैं। लेकिन ग्रियर्सन का यह निरीक्षण सांस्कृतिक सन्दर्भ में सर्वथा ठीक नहीं है। हमारी भाषाओं की सांस्कृतिक विरासत एक ही है। केन्द्रीय साहित्य अकादमी एक आदर्श पर बल देती है—'Indian literature is one though written in many languages.' अर्थात् भले ही अनेक भाषाओं में लिखा जाता है, भारतीय साहित्य की मूल चेतना एक ही है। इधर एक ही संस्कृति को एकाधिक भाषाओं में एक साथ अभिव्यक्ति मिलती है। भारतीय साहित्य को आज एकवचन के रूप में मान लेना उचित होगा।

जापान, जर्मनी, अमेरिका, इण्ग्लैंड, फ्रांस आदि देशों में हम देख सकते हैं कि यहाँ एक राष्ट्र-एक भाषा (One nation One language) की नीति क़ायम है। लेकिन हमारे देश में एक राष्ट्र अनेक भाषाओं की स्थिति बनी रहती है। जबकि उन अनेक भाषाओं का सांस्कृतिक धरातल एक ही है। महाकवि जी. शंकर कुरुप ने कहा था कि भारत अनेक भाषाओं का एक कॉमनवेल्थ है। हमारे देश में आज एक सांस्कृतिक संकट की स्थिति बनी हुई है। विदेशी भाषाओं के तृतीय स्तर के साहित्यकारों की कृतियों से हमारे मानसिक सम्पर्क हैं। किन्तु हमारे देश के प्रथम स्तर के अधिकांश लेखक हमारे लिए अजनबी हैं। यानी इधर के विभिन्न भाषाओं के कई मशहूर लेखक अपने-अपने अजनबी हैं। इस अजनबीपन की दीवार को तोड़ना सांस्कृतिक समन्वय को सुगम बनाने का प्रथम रास्ता है।

भारतीय भाषाओं के वैविध्य को बनाए रखते हुए इनके बीच के अन्तःसूत्रों को देखना-परखना होगा। सांस्कृतिक समन्वय के लिए एक आम कड़ी की ज़रूरत है। वर्तमान सन्दर्भ में हिन्दी इस कड़ी की भूमिका सफलतापूर्वक निभा सकती है। हमारी विभिन्न प्रान्तीय भाषाओं की कालजयी कृतियों का अनुवाद हिन्दी में करना होगा। हिन्दी के ज़रिए उन कृतियों को दूसरी भाषाओं में लाने का प्रयास भी अवश्य करना होगा। स्वतन्त्रता संग्राम के अवसर पर उसके कर्णधार महात्मा गाँधी ने राष्ट्र के सामने रचनात्मक कार्यक्रमों की एक सूची रखी थी। राष्ट्र के लिए एक आम भाषा की अनिवार्यता पर उन्होंने बल दिया था। हिन्दी की हित साधना पर उनका दृष्टिकोण आज भी प्रासंगिक है। भारत की विशाल संस्कृति को पहचानने के लिए हिन्दी भी प्रासंगिक है। भारत की विशाल संस्कृति को पहचानने के लिए हिन्दी एक सशक्त माध्यम है। हमारे देश की विभिन्न भाषाओं में रचित कृतियों को राष्ट्रीय सन्दर्भ में परखने-पहचानने के लिए भी हिन्दी एक कसौटी है। देश की सामसिक संस्कृति की सशक्त संवाहिका बनने की शक्ति हिन्दी में निहित है। अन्य भारतीय भाषाओं के नितान्त सम्पर्क में रहकर खुद विकसित होने की शक्ति हिन्दी ने अर्जित की है। इतना ही नहीं, इधर की सहोदर भाषाओं के साहित्यक भण्डार को विकसित करने की दिशा में हिन्दी विशेष मदद दे रही है।

भारतीय भाषाओं के पारस्परिक अनुवाद की प्रारम्भिक कड़ी के रूप में हमें किस भाषा को अपनाना उचित है? अंग्रेजी और हिन्दी में से किसका चयन सुविधाजनक है? इस मुद्दे पर मतभेद हैं। पंजाबी की मशहूर कवयित्री श्रीमती अमृता प्रीतम ने इसका उत्तर दिया है। उनके शब्दों में–''मेरे ख़याल से हिन्दी हमारी संस्कृति और चिन्तन के नजदीक हैं अंग्रेजी एक उन्नत जबान होते हुए भी हमारी संस्कृति से दूर है। हमारे आदान-प्रदान की पहली कड़ी हिन्दी बन सकती है। तभी तो अनुवाद सुगम होगा। घरों, खेतों और गलियों में प्रयुक्त भाषा के प्रयोग अनुवाद में भी आयें। अगर हम लोगों की पहुँच के बाहर की भाषा का प्रयोग करते हैं तो अनुवाद को कोई नहीं पढ़ेगा।'

सांस्कृतिक निकटता की भाषा ही सांस्कृतिक समन्वय कर सकेगी। हिन्दीतर भाषाओं की कई कालजयी कृतियाँ पहले हिन्दी में अनूदित होती हैं, इसके बाद अन्य प्रान्तीय भाषाओं में इनका अनुवाद आता है। ताराशंकर कृत 'गणदेवता', वी.एस. खांडेकर कृत 'ययाति', शिवाजी सावन्त कृत 'मृत्युंजय', प्रतिभा राय कृत 'द्रौपदी' आदि उपन्यासों के अनुवाद इसके ज्वलन्त उदाहरण हैं। अखिल भारतीय स्तर पर दिए जानेवाले पुरस्कारों के विचारार्थ कृतियाँ पेश करने के लिए प्रान्तीय भाषाओं की कृतियों के हिन्दी अनुवाद अनिवार्य बन जाते हैं।

तुलनात्मक साहित्य की दिशा में आज गम्भीर अध्ययन चल रहे हैं। इसके लिए अनुवादों की अनिवार्यता महसूस होती है। मलयालम और हिन्दी के सन्दर्भ में ऐसे कई अध्ययन सम्भव हुए हैं। तुलसीदास और तुंचन एषुन्नच्छन कृत रामायणों का तुलनात्मक अध्ययन आया है। कबीर और पून्तानम के विचारों में कई समानताएँ हैं। सूर और चेरुइशेरी के कृष्ण-काव्यों में कई समान तत्त्व हैं। प्रेमचन्द कृत 'गोदान' और तकबी कृत 'दो सेर धान' का तुलनात्मक अध्ययन हुआ है। मैथिलीशरण गुप्त और वल्लत्तोल की राष्ट्रीय चेतना का भी तुलनात्मक अध्ययन आया है। यशपाल के 'मनुष्य के रूप' और केशवदास के 'नाली से' (आटयिल निन्नु) की तुलना हुई है। अज्ञेय और एन.वी. कृष्णवारियर की काव्य-चेतना में भी ऐसी कई समानताएँ दिखाई पड़ती हैं। विद्यानिवास मिश्र कृत 'महाभारत के काव्यार्थ' और कुट्टिकृष्ण मारार कृत 'भारत पर्यटनम्' एक ही चेतना से अनुप्राणित कृतियाँ हैं।

समान अन्यय समन्वय है, जब इकतरफ़ा विकास होता है तो उसे हम समन्वय नहीं कह सकेंगे। हिन्दी को भारतीय भाषाओं को जोड़नेवाली कड़ी के रूप में मानना और भाषाओं के बीच भाईचारे का रिश्ता बनाये रखना सांस्कृतिक

समन्वय के लिए आवश्यक है। उत्तर भारत की सांस्कृतिक गतिविधियों को दक्षिण भारत ने बड़ी मात्रा में समझ लिया है। प्रेमचन्द, यशपाल, राहुल सांस्कृत्यायन, अज्ञेय, निर्मल वर्मा, मोहन राकेश आदि की कृतियों की सांस्कृतिक छवियों से दक्षिण के उत्सुक पाठक अवगत हैं। लेकिन दक्षिण भारत के कई दिग्गज साहित्यकारों की कृतियों से उत्तर भारत के पाठक उस मात्रा में परिचित नहीं हो पाये हैं। ज्ञानपीठ पुरस्कृत लेखकों की कृतियों की थोड़ी-सी जानकारी अवश्य मिली होगी। लेकिन पुरस्कारों से दूर रहने वाले कई लेखक हैं। गोपाल कृष्ण अडिगा, मैरप्पा अय्यप्प पणिक्कर, शिवशंकरी, वासी रेड्डी सीतादेवी, बी.बी. बोरकर, जयकान्तन जैसे अनेक लेखक उस पंक्ति में आ जाते हैं।

हिन्दी के माध्यम से उनकी कृतियों को प्रकाशित करने के लिए एक अभियान शुरू करना है। सरकारी प्रकाशक यह दायित्व थोड़ी मात्रा में निभाते हैं। लेकिन गैर-सरकारी प्रकाशक उस ओर ध्यान नहीं देते हैं। इस स्थिति में परिवर्तन लाना है प्रान्तीय साहित्य अकादमियों की नीति भी इसकी पूरक बन जाये। केन्द्रीय साहित्य अकादमी और प्रान्तीय अकादमियों में अनुवादकों को प्रतिनिधित्व देना भी एक उचित क़दम होगा।

साहित्यकारों को सरकारी तौर पर यात्रानुदान देकर राष्ट्र में भ्रमण करने की सुविधाएँ प्राप्त हैं। यह सुविधा अनुवादकों को भी देनी चाहिए। भाषा और साहित्य के स्नातकोत्तर पाठ्यक्रम में कुछ अनूदित रचनाओं को शामिल करने के लिए विश्वविद्यालय स्तर पर क़दम उठाना होगा। भारतीय साहित्य पर एक अनिवार्य चर्चा एम.ए. के पाठ्यक्रम में रखने से छात्रों का साहित्यिक दृष्टिकोण विशाल बन जायेगा। यू.जी.सी. के परिवर्तित पाठ्यक्रम में इसका संकेत मिलता है। पूरे देश में इसे अमल में लाना एक उचित क़दम होगा। हिन्दीतर प्रान्त के हिन्दी सेवी संगठन तथा अनुवादकों के शिष्टमण्डल को हिन्दी प्रान्त में यात्रा करने का मौक़ा देना है। उसी प्रकार उत्तर के संगठनों को दक्षिण आने का प्रावधान रखना है।

हिन्दी सम्बन्धी नीति निर्धारण समितियों में हिन्दी प्रदेश के विद्वानों का ही अधिक चयन होता है। भाषायी सद्भावना के क्षेत्र में कार्यरत हिन्दीतर प्रान्तों के हिन्दी विद्वानों की सेवा से भी लाभान्वित होने के लिए ये समितियाँ तैयार हो जायें, तो नये सुझाव मिलते रहेंगे। सरकार की राष्ट्रीय एकता परिषद् में भाषायी एकता के लिए प्रयत्नरत व्यक्तियों का चयन होना है। हिन्दी के माध्यम से अन्य भारतीय भाषाओं की छवि और चेतना से हम जितना अवगत हो सकते

हैं, उतना अन्य प्रान्तीय भाषाओं से सम्भव नहीं होगा। समता, ममता, सहृयता और समझदारी के चौराहे पर खड़े होकर ही समन्वय के बारे में हम सोच सकेंगे। भारतीय भाषाओं की सड़कें हिन्दी रूपी चौराहे पर मिलती हैं। इस सम्पर्क-बिन्दु पर खड़े हो हम चारों ओर की गतिविधियों को समझ सकेंगे।

विशाल देश की संस्कृति को इधर की भिन्न भाषाओं की कृतियों में अभिव्यक्ति मिलती है। अगर वे सिर्फ़ प्रान्तीय भाषाओं की निधि बन जायें तो बहुत कम लोग उससे ज्ञानार्जन कर सकेंगे, वे हिन्दी रूपी सृष्टि में विलीन हो जायें तो देश के अधिकांश लोग उससे अवगत हो सकेंगे। तब भारतीयता की दीप्ति उसे अवश्य मिलेगी। आपसी सम्पर्क के रास्ते को लम्बा-चौड़ा बनाना है। संस्कृति अपने आप विशाल नहीं बनेगी। दृष्टिकोण की विशालता, कार्यक्षेत्र की विराटता और रिश्तों की व्यापकता से ही उसका विकास होगा। हिन्दी इस मार्ग की गौरव गरिमा को मानकर चलती है।

भाषायी अलगाववाद आज का बड़ा अभिशाप है। इसका मुक्ति मार्ग सांस्कृतिक समन्वय से ही सम्भव होगा। हमारे देश में भाषाओं के संयुक्त परिवार का सद्‌भावनापूर्ण वातावरण कायम है। संयुक्त परिवार में सारे सदस्यों को कुछ ज़िम्मेदारियाँ निभानी होंगी, किन्तु एक सदस्य की अधिक ज़िम्मेदारी होगी। हिन्दी की भूमिका संयुक्त परिवार के मुखिया की भूमिका है। दूसरी भाषाओं के विकास में मदद पहुँचाकर तथा उनके नितान्त सम्पर्क में रहकर विकसित होने की क्षमता हिन्दी अर्जित कर रही है। सर्वभाषा सरस्वती की विराट् संकल्पना होने की क्षमता हिन्दी अर्जित कर रही है। सर्वभाषा सरस्वती की विराट् संकल्पना को अपनाकर भारत की सांस्कृतिक रथयात्रा को उद्‌देश्यपूर्ण बनाने का दायित्व हिन्दी सफलतापूर्वक निभा रही है।

खण्ड-दो

साहित्यिक रचनाएँ

डॉ. मनोरमा विश्वाल महापात्र

डॉ. मनोरमा विश्वाल महापात्र उड़िया की प्रसिद्ध कवयित्री हैं। उनका जन्म 27 नवम्बर 1948 को ओडिशा के बालेश्वर ज़िले में हुआ था। पिछले करीब चार दशकों से वे अपनी कविताओं के माध्यम से उड़िया पाठकों को मुग्ध करती आ रही हैं। वे उड़िया भाषा व साहित्य की अध्यापिका हैं। ओडिशा की राजधानी में रहने पर भी उनके रोम-रोम में ग्राम्यता की श्री सुषमा समायी हुई। वे केन्द्रीय साहित्य अकादमी के क्षेत्रीय (उड़िया) समिति की सदस्या रह चुकी हैं। उनके पन्द्रह काव्य संग्रह प्रकाशित हो चुके हैं जिनमें थरे बालि, डाकिदेले स्वातिलग्न, एकला नयी र गीत, जन्हराति र मुँह केते गीत केते कथा, शब्द र प्रतिमा, फाल्गुनि तिथि र झिअ आदि प्रमुख हैं। डॉ. महापात्र संग्रह हिन्दी, अंग्रेजी, के अनूदित हुए हैं। वे कविता के लिए ओडिशा साहित्य अकादमी तथा अन्य अनेक पुरस्कारों से अलंकृत हुई हैं। मनोरमा विश्वाल महापात्र की कविताएँ ग्रामीण परिवेश और लोक संस्कृति के प्रति गहरा प्रेम दर्शाती हैं। उनकी कविता में इनसान के प्रति, गाँव के प्रति, प्रकृति के प्रति प्यार तथा जीवन के प्रति अपार स्नेह प्रमुख रहा है।

माँ अब अस्सी साल की

पिताजी बराबर कहा करते थे
बच्चे बड़े हो जायें तो
माँ को अपने साथ ले चलेंगे
उत्तर भारत, दक्षिण भारत को।
माँ देखेगी सभी तीर्थभूमि।
पर एक दिन अचानक
किसी से कुछ न कह कर
पिता जी आसमाँ में
तारों के साथ जा मिले।
बच्चों के बड़े हो जाने पर
अपने आप बदल गये।
तीर्थ जाने की क्या जरूरत है!
माँ अब है अस्सी साल की?
तीर्थ दर्शन के लिए
लायी हूँ अपने साथ।

बद्रिका, मथुरा, हरिद्वार
हरिद्वार में माँ के आँसू
धुल गये हैं गंगा के प्रवाह में।
माँ अब अस्सी साल की
आँसू उसके
जा मिले त्रिवेणी
मथुरा वृन्दावन से

बरसों के बाद वर्ष बीते
अब माँ अस्सी साल की है
किसी ने पूछा तक नहीं कि
माँ को क्या अच्छा लगता है।
हम तो उसे टुकड़ों में
बाँट चुके हैं अरसे से।
अब उससे क्या चाहती है वह
पूछना बेकार है
वह अब अस्सी साल की
छाती में जमकर है गम बेशुमार
आँखों में मोतियाबिन्द।

काफी दिन पहले
उसे जरा निवास को भेज देने की
योजना बनी थी।
तीर्थाटन की बात थी नहीं उसकी
भावना में।
सामने गंगा की पवित्र धारा
हिमाद्रितनया
दीपान्वित सन्ध्या की रौनक
उसी गंगा की लहरों में
एकाकार हो गया माँ का आँसू।

माँ की जिद्द है कि वह रहेगी हरिद्वार में
और घर लौटेगी नहीं।
कहाँ है भी घर उसका
एक साल हुए वह आयी है
कौन लेता है खबर उसकी
सुख-दुख सौभाग्य सम्पदा
वह तो कब से दे चुकी है सबको
अब क्यों लौटे?

अनुवाद : श्रीनिवास उदगाता

कविता

लहलहाता-धनखेत

आकाश सी चाहत भरे
वह आबोर कर थी इस संसार को
लहलहाते-धनखेत-सी
झूम उठती अन्दर ही अन्दर ॥

छिड़क कर प्रेम क़ा गंगोदक
वह हर गलती ठीक कर देती
धूप और वर्षा खाकर
पेड़ जैसे हो जाता...शाखायित
गौरैया की काकलि में
खिलता है मातृत्व पत्ते-पत्ते में ॥

उसी पेड़-सी
अनखिली, उच्चाटित आवेग से
कैसे अपना लेती सब को
कोमल मधुर अपनी नेह की डोर में ॥

अमृत में भरपूर धान गुच्छे-सी
वह सदा नेह में भरी पूरी
आज इस पतझर के पलों में
विसर्जन हो चुकी देवी मूर्ति-सी
एकदम नीरव-निश्चल।

मेरी स्मृति के स्थापत्य में
भिगोती, थराती अपनी वार्धक्य-छाया
लहलहाते धनखेत-सी
जो कभी इतनी भरपूर थी
वह देवी-सी माँ
आज बूढ़ी हो गयी ॥

अनुवाद : शंकरलाल पुरोहित

अमृता प्रीतम

अमृता प्रीतम का जन्म 31 अगस्त सन् 1919 में पंजाब के गुजरांवाला शहर (अब पाकिस्तान में) के सिक्ख परिवार में हुआ था और उनकी मृत्यु वर्ष 2005 में दिल्ली में हुई। अमृता प्रीतम को 11 वर्ष की छोटी सी उम्र में ही परिवार की जिम्मेवारियों को निभाना पड़ा था क्योंकि इनकी माता को देहान्त हो गया था और कच्ची उम्र से ही उन्होंने लिखना भी प्रारम्भ कर दिया था। 16 वर्ष की उम्र में 'ठण्डियाँ किरणां' (1935) नामक उनका पहला काव्य-संग्रह प्रकाशित हुआ था और इसी वर्ष उनका विवाह एक सम्पादक के साथ हुआ जिसके साथ बचपन में ही उनकी सगाई हो गयी थी। वर्ष 1947 में विभाजन के बाद जब साम्प्रदायिक दंगे भड़के ओर उसमें लाखों मासूम मुसलमानों, हिन्दुओं और सिक्खों को निर्ममता से मारा गया तो अमृता प्रीतम बहुत गहरे तक घायल हो गयीं और विभाजन की त्रासदी से जन्मी इनसान की विडम्बना को उन्होंने अपनी कलम का विषय बनाया। विभाजन के दौरान ही वे दिल्ली आ गयीं और उन्होंने पंजाबी के स्थान पर हिन्दी में लेखन प्रारम्भ किया। वर्ष 1961 में उनका पति से तलाक हो गया। बस यहीं से उनके कथा-साहित्य में नारी मन की घुटन और घुमड़न प्रमुख रूप से वाणी पाने लगी। उनकी कई कहानियों और कविताओं में उनके असफल वैवाहिक जीवन की पीड़ा दिखाई देती है। 'जिन्दा जीवन' (1939), 'लोकपीड़ा' (1944), 'पत्थर गीटे' (1946), 'मैं तवारीख हाँ हिन्दी दी' (मैं हिन्दी का इतिहास हूँ) (1949), 'सरघी वेला' (1951) इनके महत्त्वपूर्ण कविता-संग्रह हैं। 'रसीदी टिकट' उनकी आत्मकथा है।

इनकी हिन्दी में अनूदित पुस्तकें हैं—सात सवाल, तीसरी आँख, सात-मुसाफिर (साक्षात्कार) कोरे काग़ज़, हरदत्त का जिन्दगी नाम (उपन्यास)। इसके अतिरिक्त उनके कहानी-संग्रह में पाँच बरस लम्बी लड़की, एक शहर की मौत, यह कहानी नहीं एवं तीसरी औरत (कथा-संग्रह), 'काग़ज़ और कैनवस' तथा 'धूप का टुकड़ा' अन्य कविता-संग्रह हैं।

अमृता प्रीतम की अधिकांश रचनाओं के हिन्दी, अंग्रेजी तथा अन्य देशी-विदेशी भाषाओं में अनुवाद हो चुके हैं। जीवन के अन्तिम क्षणों तक वे पंजाबी मासिक 'नागमणि' के सम्पादन और लेखन के कार्य में लगी रहीं।

वर्ष 1969 में भारत के राष्ट्रपति के द्वारा पद्मश्री पाने वाली ये पहली पंजाबी महिला हैं और वर्ष 1982 में पंजाबी साहित्य में उनके योगदान के कारण उन्हें ज्ञानपीठ पुरस्कार से सम्मानित किया गया। वर्ष 1973 तथा वर्ष 1983 में दिल्ली, जबलपुर तथा विश्व भारती विश्वविद्यालयों ने उन्हें डी.लिट् की मानद उपाधि प्रदान की।

होश सम्भालने के साथ ही अमृता प्रीतम ने लिखना शुरू कर दिया था। उनकी प्रारम्भिक कविताओं में किशोर मन खुलता है तो समझ आने के बाद की रचनाओं में नारी मन की गहराइयों तक बैठी हुई करुणा और घुटती हुई कामना व्यक्त होती है।

वारिस शाह से—'हीर रांझा' जैसी रोमानी कृति के लेखक वारिस शाह का आह्वान अमृता प्रीतम इस कविता में करती हैं। एक 'हीर' के दुख से द्रवित होकर वारिस शाह ने एक अमर प्रेम कथा लिखी थी लेकिन आज पंजाब की हजारों हीरें चीख पुकार रही हैं, ऐसी स्थिति में वारिस शाह का आह्वान इस कविता को मानवीय गारिमा प्रदान करता है। मानवीय प्रेम की झलक कवयित्री हर व्यक्ति में देखना चाहती है जो बदली हुई परिस्थितियों में कहीं खो-सा गया है। विभाजन केवल स्थूल रूप से देश का ही नहीं था अपितु यह विभाजन था मन का मन से। साम्प्रदायिकता, द्वेष, घृणा आदि भावनाएँ पुरानी मैत्री, लगाव, भाईचारे, सौहार्द पर हावी हो गयीं। खुशियों भरा पंजाब आज लहूलुहान है। इसकी कारुणिक दशा देखकर ही कवयित्री पाक-साफ़ प्रेम से भरपूर कवि का आह्वान कर वर्तमान को सदय करने का प्रयास कर रही है।

वारिस शाह से*

आज वारिस शाह से कहती हूँ—
अपनी कब्र में से बोलो!
और इश्क़ की किताब का
कोई नया वर्क खोलो।
पंजाब की एक बेटी रोयी थी,
तूने एक लम्बी दास्तान लिखी,
आज लाखों बेटियाँ रो रही हैं
वारिस शाह! तुम से कह रही हैं :
ऐ दर्दमन्दों के दोस्त,
पंजाब की हालत देखो
चौपाल लाशों से अटा पड़ा है,
चनाव लहू से भर गया है...
किसी ने पाँचों दरियाओं में
एक ज़हर मिला दिया है
और यही पानी
धरती को सींचने लगा है
इस ज़रखेज़ धरती से
ज़हर फूट निकला है
देखो, सुर्खी कहाँ तक आ पहुँची!
और कहर कहाँ तक आ पहुँचा।
फिर ज़हरीली हवा

*'अमृता प्रीतम की चुनी हुई कविताएँ', भारतीय ज्ञानपीठ, नयी दिल्ली।

वन-जंगलों में चलने लगी
उसमें हर बाँस की बांसुरी
जैसे एक नाग बना दी...
नागों ने लोगों के होंठ डस लिए
और डंक बढ़ते चले गये
और देखते-देखते पंजाब के
सारे अंग काले और नीले पड़ गये
हर गले से गीत टूट गया,
हर चरखे का धागा छूट गया
सहेलियाँ एक-दूसरे से बिछुड़ गयीं,
चरखों की महफ़िल वीरान हो गयी
मल्लाहों ने सारी किश्तियाँ
सेज के साथ ही बहा दीं
पीपलों ने सारी पेंगें
टहनियों के साथ तोड़ दीं
जहाँ प्यार के नग़्में गूँजते थे,
वह बाँसुरी जाने कहाँ खो गयी
और रांझे के सब भाई
बाँसुरी बजाना भूल गये...
धरती पर लहू बरसा,
कब्रें टपकने लगीं
और प्रीत की शहजादियाँ
मजारों में रोने लगीं...
आज सभी 'कैदो' बन गये—
हुस्न और इश्क के चोर
मैं कहाँ से ढूँढ़ कर लाऊँ
एक वारिस शाह और
वारिस शाह! मैं तुमसे कहती हूँ
अपनी कब्र से बोलो

डॉ. जे. बापुरेड्डी

डॉ. जे. बापु रेड्डी का जन्म करीमनगर जिले में हुआ। कर्तव्यपरायण आई.ए.एस. अफ़सर बापुरेड्डी ने तीस देशों का दौरा करके जो विशेष अनुभव प्राप्त किया वह उनकी रचनाओं में प्रतिफलित हुआ है। उनकी कविता तीन धाराओं में बहती दिखाई पड़ती है—1. प्रणयात्मक (प्रेमारामं संकलन), 2. प्रगति गर्भित (नादेशं नव्वुतुंदि, अंता मन चेतिलोने उंदि-संकलन), 3. प्रणवाचक (अनन्त सत्यालु, श्रीकार शिखरं संकलन) 1971 में उन्हें अपनी रचनाओं के लिए आन्ध्र प्रदेश साहित्य अकादमी का पुरस्कार मिला तो 1984 में मोरोको में सम्पन्न विश्व कवियों की महासभा में इनको 'ऑनररी डॉक्टरेट' देकर सम्मानित किया गया। 1986 को मद्रास में आयोजित अन्तर्राष्ट्रीय कवियों की सभा ने इनके लिए अन्तर्राष्ट्रीय पुरस्कार घोषित किया।

सूरज मेरे घर

मेरे घर में सूरज ने
पूछ लिया घुस आ कर–
'कहाँ है तिमिर फिर?'
रह गया मैं शरमा कर!

बताया मैं ने धीरे-धीरे...
यहाँ आने तक तुम्हारे
वह साथ ही था मेरे
आते देख तुम का फिर...
गायब हो गया वह सत्वर!

बोले वे आभा वाले–
तिमिर-तिमिर कह चिल्लाये!
मगर पूछने पर तुम
दिखा नहीं सके तम!'

झेंपते-झेंपते बोला मैं–
'न तो पता मिला तुम्हारा
और न पहचान हुई मेरी
किसी का ज्ञान न कराने वाली
अजीब स्थिति को मैं
तिमिर न मानूँ तो शिव कहूँ चिर?

मुसका कर बोले मरीचिमाली—
'मूँदे हुए हो आँखें अपनी
भ्रम में पड़े तो—है सर्वत्र अँधेरी
आँखें खोल कर—मुझे देखकर
देख नहीं सकते तुम तिमिर!'

अनुवाद : डॉ. ए. रामरेड्डि

के. सच्चिदानन्दन

के. सच्चिदानन्दन का जन्म 1946 में केरल के त्रिशूर जिले के पुल्लूट में हुआ था। एरणाकुलम महाराजास् कॉलेज से अंग्रेजी में एम.ए. की उपाधि हासिल करने के बाद वे 1992 तक केरल विभिन्न कॉलेजों में प्राध्यापक रहे। 1992 को वे प्राध्यापक की नौकरी छोड़कर भारतीय साहित्य पत्रिका के सम्पादक बने। 1996 में वे साहित्य अकादमी के सचिव बने। 2006 में वे सेवा निवृत्त हुए। सच्चिदानन्दन के साहित्यिक जीवन का आरम्भ 1970 में कुरुक्षेत्रं नामक निबन्धों के संकलन के प्रकाशन से हुआ। मलयालम में उनके अब तक 33 काव्य संकलन, दो नाटक, 30 निबन्धों ओर समीक्षात्मक लेखों के संग्रह प्रकाशित हो चुके हैं। उनकी 30 पुस्तकों का तमिल, हिन्दी, कन्नड़, असमिया, पंजाबी, बंगाली, उड़िया तेलुगु, उर्दू जैसी विभिन्न भारतीय भाषाओं और अंग्रेजी, इतावली, जर्मन, अरबी आइरिश जैसी विदेशी भाषाओं में अनुवाद हुआ है। उनके चार निबन्धों के संकलन अंग्रेजी में प्रकाशित हुए हैं। उन्होंने नज़रुल इस्लाम, ब्रेक्त, पाबलों नेरुदा, माया कोवस्की तथा स्वीडन और अफ्रीका के कई कवियों की कविताओं का तथा भारत के विभिन्न कवियों की कविताओं का मलयालम में अनुवाद किया है।

सच्चिदानन्दन को कई राष्ट्रीय-अन्तर्राष्ट्रीय पुरस्कार मिले हैं। उन्हें सात बार केरल साहित्य अकादमी पुरस्कार मिले हैं।

टाँग

यह जो अधजली टाँग है
हरिश्चन्द्र घाट की राख में
है किस शरीर की?
कितने मन्दिरों में, मठों में घिसटती रही
खोजती आत्मशान्ति?
कितने चकलों की देहरियाँ चढ़ी-उतरी–
आसक्तियों के बोझ को उतारती?
क्या यह भी हलधर बैलों के पीछे-पीछे दौड़ती रही गाँव खेतों में
फ़सलों के सपने सँवारती-संजोती?
क्या यह भी भटकती रही महानगरों के
रेल के मुकामों पर टुकड़े बटोरती
थक गयी होंगी मांसपेशियाँ इसकी
घड़ों की कसोरों की मिट्टी को सानते?
चूर हो चुकी होंगी हड्डियाँ इसकी भी
एक कचहरी से दूसरी कचहरी तक
न्याय की गुहार में।
चकरा गयी होगी खड़े-खड़े
शव के प्रसव के कमरों के सामने।
इस टाँग ने भी
कुचली होंगी ज़िन्दगनियाँ अनेक
या यह होगी ऐसी टाँग
जिसे घूरती होंगी मुग्ध-मदिर आँखें
खेल के मैदानों नृत्य के वितानों पर

इस पर पड़े हर निशान और घाव की
कथा है दर्दनाक
हितगिरि की ठण्ड में ठिठुरती हुई
घाम में झुलसती हुई टाँग यह पहुँच गयी
अन्त में उसी गंगा किनारे।

सिर और धड़ पा चुके मोक्ष
सिर्फ़ यह टाँग...धू में अभी भी...आग और पानी के बीच
...अगले जनम की दूरियाँ भाँपती...हाँफ़ती विकल...

अनुवादक : गिरिधर राठी

गवाहियाँ : चुनी हुई कविताएँ—कविता संकलन से

सुब्रह्मण्य भारती

सुब्रह्मण्य भारती का जन्म मद्रास राज्य के तिरुनेलवेली जिले के एट्टयपुरम नामक स्थान पर सन् 1882 ई. तथा मृत्यु सन् 1921 में हुई। ग्यारह वर्ष की अवस्था में ही विशिष्ट काव्य प्रतिभा के लिए इन्हें 'भारती' (ज्ञान की देवी सरस्वती) की उपाधि प्रदान की गयी। इन्होंने अध्यापक के रूप में अपनी जीविका आरम्भ की थी। उन्होंने तमिल दैनिक 'स्वदेश मिलन' के उप सम्पादक के रूप में कार्य किया गया तथा 'इण्डिया' पत्रिका के भी सम्पादक रहे। 1906 ई. में स्वामी विवेकानन्द की शिष्या भगिनी निवेदिता तथा 1910 ई. में श्री अरविन्द से मुलाकात उनके जीवन को एक दूसरे मोड़ पर ले जाती है। वेदों के प्रति रुचि, जातिवाद का अन्त तथा महिला-मुक्ति की भावनाएँ उनमें यहीं से दृष्टिगत होती हैं।

राजनीतिक दृष्टि से एक क्रान्तिपूर्ण युग में जन्म लेने पर भी इन्होंने अनेक सुन्दर भावपूर्ण कृतियों की सर्जना की है। इन्होंने अपनी स्फुट कविताओं में भारत देश, भारतवासी, तमिलनाडु, तमिल भाषा के प्रति अपने प्रेम की अभिव्यक्ति की है। इन्होंने देश के लिए अपना तन मन और धन अर्पित कर दिया था। 1908 में प्रकाशित उनके दो काव्य-संग्रह हैं—'सन्देश गीतांजलि' तथा 'जन्मभूमि'। उनकी कविताओं के विषय-व्यक्तिगत-मुक्ति, राष्ट्रीय स्वातन्त्र्य, समाज-सुधार, विश्व बन्धुत्व की भावना आदि हैं। 'भारयिर कविदैहक' में इनकी स्फुट कविताएँ संगृहीत हैं। इन्होंने बच्चों के लिए कुछ उपदेशात्मक और राष्ट्रीय भावना प्रधान कविताएँ लिखी हैं। 'कृष्णन् पाट्टु' में कवि की कल्पना-शक्ति और भक्ति-भावना का परिचय मिलता है। कवि ने कृष्ण कन्हैया को आदर्श माता; पिता, स्वामी, सेवक, मित्र, बालक, प्रेमिका आदि रूपों में देखा है। 'पांचाली शब्दम्' एक प्रभावशाली रूपक काव्य है जो महाभारत के एक प्रसंग पर आधारित है। 'कुचिल पाट्टु' मधुर शैली में रचित एक प्रेम प्रधान कृति है जो महाभारत के एक प्रसंग पर आधारित है। 'कुचिल पाट्टु' मधुर शैली में रचित एक प्रेम प्रधान

कृति है। इसमें कवि की कल्पना शक्ति एवं कवित्व प्रधान का अच्छा परिचय हुआ है। 'ज्ञानरथम्' गम्भीर चिन्तन प्रधान, 'चंद्रिकैयिन कदै' भावना प्रधान और 'नवतंदिर कदैहक' इनकी नीति प्रधान कृतियाँ हैं। इन्होंने कुछ निबन्धों की भी रचना की है। इन्हें अंग्रेजी, संस्कृत, हिन्दी, उर्दू, बंगला, फ्रेंच, तेलुगु, कन्नड़ आदि भाषाओं की भी अच्छा ज्ञान था। इन्होंन टैगोर की कहानियों और 'भगवद्‌गीता' का तमिल में तथा अपनी कुछ कविताओं और 'दिव्य प्रबंधम्' के कुछ पदों का अंग्रेजी में अनुवाद किया है। आधुनिक काल के तमिल कवियों में राष्ट्रीय कवियों के रूप में इनका नाम अग्रगण्य है।

स्वतन्त्रता का पल्लु--यह एक छोटी-सी कविता है जिसमें कवि ने 'पल्लु' नामक दलित जाति के हर्ष और उल्लास का वर्णन किया है। इस कविता में एक ऐसे नवयुग की कल्पना की गयी है जिसमें चारों तरफ एकता, मैत्री, समानता विद्यमान है तथा साथ ही कर्मशाक्ति की आह्वान भी इसमें निहित है।

स्वतन्त्रता का पल्लु

हम नाचेंगे और पल्लु गायेंगे।
आजादी पाई है, हम खुशी मनायेंगे।
हम नाचेंगे...
ब्राह्मण को मालिक कहने के दिन अब बीत गये।
गोरों की सेवा के दिन अब बीत गये।
याचक पर अत्याचारों के दिन अब बीत गये।
धोखेबाज की सेवा के दिन अब बीत गये।
हम नाचेंगे...
सभी लोग कहते हैं अब तो हम स्वतन्त्र हैं।
हम सब भारतवासी निश्चय ही समान हैं।
शंख फूंक कर जय-जय उच्चार करेंगे।
विजयनाद से धरती को गुंजरित करेंगे।
हम नाचेंगे...
भारत में समानता का अब नवयुग आया है।
छल-प्रपंच से पूर्णमुक्ति का युग आया है।
सज्जन की महिमा गाने का युग आया है।
दुर्जन विनाश का अब सतयुग आया है।
हम नाचेंगे...
कृषि का पूजन, उद्योगों की वन्दना करेंगे।
मात्र उदरपूर्ति की भर्त्सना करेंगे।
ऊसर भू को सींच-सींच कर हरी करेंगे।
दलितों की सेवा करने में नहीं थकेंगे।
हम नाचेंगे...

रवीन्द्रनाथ टैगोर

भारत के प्रथम नोबल पुरस्कार विजेता रवीन्द्रनाथ टैगोर ब्रह्म समाज के नेता देवेन्द्रनाथ टैगोर के सबसे छोटे पुत्र थे। रवीन्द्रनाथ टैगोर का जन्म 1861 में कलकत्ता के सुसंस्कृत और समृद्ध परिवार में हुआ था। इनकी माता का नाम शारदा देवी था। रवीन्द्रनाथ का विवाह 1883 में मृणालिनी देवी से हुआ था।

रवीन्द्रनाथ टैगोर की प्रारम्भिक शिक्षा घर में ही हुई और 17 वर्ष की आयु में उन्हें पढ़ने के लिए इंग्लैण्ड भेजा गया लेकिन वे एक वर्ष में ही वहाँ से लौट आये। रवीन्द्रनाथ टैगोर की रुचि कलात्मक और साहित्यिक थी। परिवार की जमींदारी के साथ-साथ वे समाज-सुधार, साहित्यिक, कला आदि की गतिविधियों में लगे रहे। उनके पिता देवेन्द्रनाथ टैगोर ब्रह्म समाज के नेता थे, जिन्होंने उपनिषदों के ज्ञान को पुनः प्रसारित करने का कार्य किया था और रवीन्द्रनाथ टैगोर ने 'शान्ति निकेतन' स्कूल की स्थापना करके उपनिषदों की शिक्षा शैली को पुनर्जीवित करने का कार्य किया। वर्ष 1916 में उन्हें 'गीतांजलि' रचना के लिए नोबल पुरस्कार से सम्मानित किया गया और उससे एक वर्ष पहले 1915 में उन्हें ब्रिटिश सरकार द्वारा 'सर' की उपाधि से विभूषित किया गया लेकिन 1919 में अमृतसर में हुई जलियाँवाला बाग हत्याकाण्ड की घटना के कारण तथा ब्रिटिश नीतियों से सहमत न होने के कारण रवीन्द्रनाथ टैगोर ने यह उपाधि लौटा दी।

रवीन्द्रनाथ टैगोर का साहित्यिक और कलात्मक रचनाकान 60 वर्षों का रहा। एक हज़ार से भी अधिक कविताएँ, दो दर्जन नाटक और एकांकी, आठ उपन्यास, आठ से भी अधिक लघु कथा संग्रह, दो हज़ार से भी अधिक गीत तथा साहित्यिक, सामाजिक, राजनैतिक, धार्मिक आदि विषयों पर लिखे गये उनके निबन्ध भारतीय साहित्य की अद्‌भुत निधि हैं। उनकी रचनाओं का अंग्रेजी में अनुवाद हो चुका है और उनकी कलाकृतियाँ पूरे विश्व में सराही जाती हैं। शिक्षा और संगीत के क्षेत्र में उनके योगदान के प्रति सभी कृतज्ञ हैं। भारत को

उन्होंने 'जन-गण-मन' राष्ट्रगान भी दिया। रवीन्द्रनाथ टैगोर की मुख्य रचनाओं में 'चोखेर बाली', 'नष्ट नीड़' (कथा-साहित्य), राजा, डाकघर, अचलायतन आदि नाटक गोरा, घरे बाहिरे, योगायोग आदि उपन्यास, गीतांजलि, गीतमाल्या, बलाक आदि गीत-पुस्तिकाएँ विशेष महत्त्वपूर्ण हैं।

काबुलीवाला—रवीन्द्रनाथ टैगोर की 'काबुलीवाला' कहानी अनोखी मैत्री की कहानी है। कथा की प्रमुख पात्र मिनी और कथा नायक काबुलीवाला की आयु में पिता-पुत्री का अन्तर है लेकिन उनके बीच में नोक-झोंक और बातचीत बालसुलभ मैत्री वाली होती है। रहमत पिस्ता, बादाम और मेवों की फेरी लगाता है और इसी दौरान उसकी लेखक की पाँच वर्ष की बेटी मिनी से मुलाकात होती है। रहमत ब्याज पर पैसा भी देता है और पैसे के लेन-देन में वह एक खून भी कर बैठता है। जेल की सज़ा काटने के बाद जब वह बालिका मिनी से मिलने आता है तब घर में मिनी की शादी की तैयारियाँ चल रही थीं। परिवार की मर्यादा के कारण मिनी को काबुलीवाले से मिलने की अनुमति नहीं दी जाती लेकिन जब उन्हें पता चलता है कि रहमत काबुलीवाला अपनी छोटी-सी बच्ची के हाथ की छाप के काग़ज़ को इतने वर्षों से छाती से लगाये घूमता रहा है तब वे उसके बालिका-प्रेम से भावुक हो जाते हैं और दुल्हन बनी मिनी को काबुलीवाले से मिलने बुला लेते हैं। रवीन्द्रनाथ टैगोर पिता के मन की कोमल संवदेना को बड़ी ही सरल शैली में सहजता से कह सुनाते हैं। रहमत खाँ का मिनी को देखकर गहरी साँस लेकर जमीन पर बैठना पितृहृदय की विवशता को बताने में पूरी तरह से समर्थ है।

काबुलीवाला*

मेरी पाँच बरस की छोटी बेटी मिनी बिना बोले पल-भर भी नहीं रह सकती। संसार में जन्म लेने के बाद भाषा सीखने में उसने केवल एक वर्ष का समय खर्च किया था, उसके बाद से जब तक वह जगती रहती है एक पल भी मौन रहकर नष्ट नहीं करती। उसकी माँ बहुत बार डाँटकर उसका मुँह कर देती है, किन्तु मैं यह नहीं कर पाता। चुपचाप बैठी मिनी देखने में ऐसी अस्वाभाविक लगती है कि मुझे बहुत देर तक सहन नहीं होता। इसलिए मेरे साथ उसका वार्तालाप कुछ उत्साह के साथ चलता है।

सुबह मैंने अपने उपन्यास के सत्रहवें परिच्छेद में हाथ लगाया था कि मिनी ने आते ही बात छेड़ दी, "पिताजी, रामदयाल दरबान काक को कौआ कहता था, वह कुछ नहीं जानता। है न?"

संसार की भाषाओं की विभिन्नता के सम्बन्ध में उसे ज्ञानदान करने के लिए मेरे प्रवृत्त होने के पहले ही वह दूसरे प्रसंग पर चली गयी। "देखो पिताजी, भोला कह रहा था कि आकाश में हाथी सूँड से पानी डालता है, उसी से वर्षा होती है। ओ माँ! भोला कैसी बेकार की बातें करता है! खाली बकबक करता रहता है! दिन-रात बकबक लगाये रहता है।"

इस बारे में मेरी हाँ-ना की तनिक भी प्रतीक्षा किये बिना वह अचानक प्रश्न कर बैठी, 'पिताजी, माँ तुम्हारी कौन होती है?

मन-ही-मन कहा, 'साली'; ऊपर से कहा, 'मिनी, जा तू भोला के साथ खेल! मुझे इस समय काम है।'

तब वह मेरे लिखने की मेज के किनारे मेरे पैरों के पास बैठकर अपने दोनों घुटनों पर हाथ रखकर बड़ी तेजी से 'आगडूम वागडूम' कहते हुए खेलने लगी।

---

*साहित्य अकादेमी द्वारा प्रकाशित असित कुमार बन्द्योपाध्याय द्वारा संकलित 'रवीन्द्र संचयन' से साभार उद्धृत।

मेरे सत्रहवें परिच्छेद में उस समय प्रतापसिंह कांचनमाला को लेकर अँधेरी रात में कारागार के उच्च वातायन से नीचे बहती नदी के जल में कूद रहे थे।

मेरा कमरा सड़क के किनारे पर था। सहसा मिनी 'आगडूम वागडूम' का खेल छोड़कर जंगले की तरफ़ भागी और ज़ोर-ज़ोर से पुकारने लगी, 'काबुलीवाले, ओ काबुलीवाले!'

मैले-से ढीले-ढीले कपड़े पहने, सिर पर पगड़ी बाँधे, पीठ पर झोली लिए, हाथों में अंगूरों के दो-चार बक्स लिए एक लम्बा काबुलीवाला सड़क पर धीरे-धीरे जा रहा था—उसे देखकर मेरी कन्या रतन के मन में कैसे भाव उठे, कहना कठिन है। उसने उसको ऊँची आवाज़ में बुलाना शुरू कर दिया! मैंने सोचा, 'बस अब पीठ पर झोली लिए एक आफ़त आ खड़ी होगी, मेरा सत्रहवाँ परिच्छेद अब पूरा नहीं हो सकता।'

किन्तु मिनी की चीख पर ज्यों ही काबुलीवाले ने हँसकर मुँह फेरा और मेरे घर की ओर आने लगा, त्यों ही वह झटपटकर अन्तःपुर में भाग गयी—उसका नामो-निशान भी दिखाई नहीं पड़ा। उसके मन में एक तरह का अन्धविश्वास था कि उस झोली के भीतर खोज करने पर उसके समान दो-चार जीवित मानव-सन्तान मिल सकती हैं।

इधर काबुलीवाला आकर मुस्कुराता हुआ मुझे सलाम करके खड़ा हो गया। मैंने सोचा, 'यद्यपि प्रतापसिंह और कांचनमाला की अवस्था अत्यन्त संकटापन्न है तथापि आदमी को घर पर बुला लेने के बाद उससे कुछ न खरीदना शोभा नहीं देता।'

कुछ खरीदा। उसके बाद दो-चार बातें भी हुईं। अब्दुर्रहमान से रूस, अंग्रेज़ों आदि से लेकर सीमान्तप्रदेश की रक्षा-नीति के बारे में बातचीत होने लगी।

अन्त में उठकर चलते समय उसने पूछा, "बाबू, तुम्हारी लड़की कहाँ गयी?"

मैंने मिनी के भय को समूल नष्ट कर देने के अभिप्राय से उसे भीतर से बुलवा लिया—वह मेरी देह से सटकर काबुली के चेहरे और झोली की ओर सन्दिग्ध दृष्टि से देखती खड़ी रही। काबुली उसे झोली से किशमिश, खुबानी निकालकर देने लगा, पर वह लेने को किसी तरह राज़ी नहीं हुई। दुगुने सन्देह से मेरे घुटने से सटकर रह गयी। प्रथम परिचय इस प्रकार पूरा हुआ।

कुछ दिन बाद एक दिन सवेरे किसी काम से घर से बाहर जाते समय देखा, मेरी दुहिता द्वार के पास बेंच के ऊपर बैठकर अनर्गल बातें कर रही है और

काबुलीवाला उसके पैरों के पास बैठा मुस्कुराता हुआ सुन रहा है और बीच-बीच में प्रसंगानुसार अपना मतामत भी मिश्रित बाङ्ला में व्यक्त कर रहा है। मिनी को अपने पंचवर्षीय जीवन की अभिज्ञता में पिता के अतिरिक्त ऐसा धैर्यवान श्रोता कभी नहीं मिला था। मैंने यह भी देखा कि उसका छोटा आँचल बादाम-किशमिश से भरा था। मैंने काबुलीवाले से कहा, 'उसे यह सब क्यों दिया? अब फिर मत देना!' और मैंने जेब से एक अठन्नी निकालकार उसको दे दी। बिना संकोच के अठन्नी लेकर उसने झोली में रख ली।

घर लौटकर देखा, उस अठन्नी को लेकर पूरा झगड़ा मचा हुआ है।

मिनी की माँ सफ़ेद चमचमाते हुए गोलाकार पदार्थ को लेकर कड़े स्वर में मिनी से पूछ रही थी, 'तुझे यह अठन्नी कहाँ से मिली?'

मिनी कह रही थी, 'काबुलीवाले ने दी है।'

उसकी माँ कह रही थी, 'काबुलीवाले से अठन्नी लेने तू क्यों गयी?'

मिनी ने रोने की तैयारी करते हुए कहा, 'मैंने माँगी थोड़ी ही थी, उसने स्वयं दी।'

मैंने आकर आसन्न विपद् से मिनी का उद्धार किया और उसे बाहर ले गया।

पता चला, काबुलीवाले से मिनी की यह दूसरी मुलाकात हो, ऐसा नहीं था। इस बीच में उसने प्रायः प्रतिदिन आकर पिस्ता-बादाम, घूस में देकर मिनी के नन्हें लुब्ध हृदय पर बहुत-कुछ अधिकार कर लिया है।

मालूम हुआ, उन दो मित्रों में कुछ बँधी हुई बातें और परिहास प्रचलित हैं—जैसे रहमत को देखते ही मेरी कन्या हँसते-हँसते पूछती, 'काबुलीवाले! ओ काबुलीवाले! तुम्हारी झोली में क्या है?'

रहमत अनावश्यक चन्द्रबिन्दु जोड़कर हँसते हुए उत्तर देता, 'हांति।'

अर्थात् उसकी झोली में एक हाथी है। उसकी हँसी का यही गूढ़ रहस्य था। यह रहस्य बहुत ज्यादा गूढ़ था यह तो नहीं कहा जा सकता, किन्तु इस परिहास से दोनों ही काफ़ी विनोद का अनुभव करते रहते—और शरत्काल के प्रभात में एक वयस्क और एक अप्राप्तवयस्क शिशु का सरल हास्य देखकर मुझे भी अच्छा लगता।

इनमें एक और बात भी प्रचलित थी। रहमत मिनी से कहता, 'मुन्नी, तुम क्या ससुराल कभी नहीं जाओगी!'

बंगाली परिवार की लड़की जन्मकाल से ही 'ससुराल' शब्द से परिचित

रहती है, किन्तु हम लोगों के कुछ आधुनिक ढंग के लोग होने के कारण शिशु बालिका को ससुराल के सम्बन्ध में परिचित नहीं कराया गया था। इसीलिए वह रहमत के अनुरोध को ठीक से नहीं समझ पाती थी, फिर भी प्रश्न का कुछ-न-कुछ उत्तर दिये बिना चुप रह जाना उसके स्वभाव के बिलकुल विपरीत था—वह उलटकर पूछती, 'तुम ससुराल जाओगे?'

रहमत काल्पनिक ससुर के प्रति खूब मोटा घूँसा तानकर कहता, 'मैं ससुर को मारूँगा।'

सुनकर मिनी 'ससुर' नामक किसी एक अपरिचित जीव की दुरवस्था की कल्पना करके खूब हँसती।

शुभ्र शरत्काल था। प्राचीन काल में, राजे-महाराजे दिग्विजय के लिए इसी ऋतु में निकलते थे। मैं कलकत्ता छोड़कर कभी कहीं नहीं गया, शायद इसी से मेरा मन पृथ्वी-भर में चक्कर काटता फिरता है। मैं मानो अपने घर के कोने में चिरप्रवासी होऊँ, बाहर के जगत् के लिए मेरा मन सदा विकल रहता है। विदेश का कोई नाम सुनते ही मेरा मन दौड़ पड़ता है, उसी प्रकार विदेशी व्यक्ति को देखते ही नदी-पर्वत-अरण्य के बीच कुटी का दृश्य मन में उदित होता है और एक उल्लासपूर्ण स्वाधीन जीवन-यात्रा की बात कल्पना में साकार हो उठती है।

दूसरी ओर मैं ऐसा उद्भिज्ज प्रकृति का व्यक्ति हूँ कि अपना कोना छोड़कर बाहर निकलते ही सिर पर वज्राघात हो जाता है। इसीलिए सुबह अपने छोटे-से कमरे में मेज़ के सामने बैठकर इस काबुली के साथ बातचीत करने से भ्रमण का मेरा काफ़ी काम हो जाता। दोनों ओर बन्धुर दुर्गम दग्ध रक्तवर्ण उच्च गिरि-श्रेणी, बीच में संकीर्ण मरुपथ, भार से लदे ऊँटों की चलती हुई पंक्ति; साफ़ा बाँधे वणिक, पथिकों में से कोई ऊँट के ऊपर, कोई पैदल, किसी के हाथ में बल्लम, किसी के हाथ में पुरानी चाल की चकमक जड़ी बन्दूक-काबुली मेघ-मन्द्र स्वर में टूटी-फूटी बाङ्ला में अपने देश की बातें कहता और उसकी तसवीर मेरी आँखों के सामने आ जाती।

मिनी की माँ बहुत शंकालु स्वभाव की महिला थीं। रास्ते में कोई आवाज़ सुनते ही उन्हें लगता, धरती के सारे शराबी उन्हीं के घर की ओर लक्ष्य बनाकर दौड़े चले आ रहे हैं। यह पृथ्वी सर्वत्र चोर, डकैत, शराबी, साँप, बाघ, मलेरिया, शूककीट, तिलचट्टों और गोरों से परिपूर्ण है, इतने दिन (बहुत अधिक नहीं) धरती पर वास करने पर भी यह विभीषिका उनके मन से दूर नहीं हुई थी।

रहमत काबुलीवाले के सम्बन्ध में वे पूर्ण रूप से निःसंशय नहीं थी। उस

पर विशेष दृष्टि रखने के लिए उन्होंने मुझसे बार-बार अनुरोध किया था। मुझमें एक-एक करके कई प्रश्न पूछे, 'क्या कभी किसी के बच्चे चोरी नहीं हो जाते? काबुल देश में क्या दास-व्यवसाय प्रचलित नहीं है? एक भीमकाय काबुली के लिए एक छोटे-से बच्चे को चुरा ले जाना क्या नितान्त असम्भव है?'

मुझे स्वीकार करना पड़ा बात असम्भव हो, ऐसा तो नहीं, किन्तु अविश्वास्य है। पर विश्वास करने की शक्ति सबमें समान नहीं होती, इसीलिए मेरी पत्नी के मन में भय बना रहा। किन्तु, मैं इस कारण निर्दोष रहमत को अपने घर आने से मना नहीं कर सका।

प्रतिवर्ष माघ के महीने के बीचों-बीच रहमत अपने देश चला जाता। इस समय वह अपना सारा रुपया वसूल करने में बड़ा व्यस्त रहता। दूर-दूर घूमना पड़ता, पर फिर भी वह मिनी को एक बार दर्शन दे जाता। देखने पर सचमुच ऐसा लगता मानो दोनों में कोई षड्यन्त्र चल रहा हो। जिस दिन वह सवेरे नहीं आ पाता, उस दिन देखता कि वह सन्ध्या को आ पहुँचा है। अँधेरे में कमरे के कोने से उसे ढीले-ढाले कुरता-पयजामा पहने, झोला-झोली वाले उस लम्बे आदमी को देखने पर मन में सचमुच ही अचानक एक आशंका उठती। किन्तु, जब देखता कि मिनी 'काबुलीवाले, ओ काबुलीवाले' कहती हँसती हुई दौड़ी चली आती एवं उन दो असमान वय वाले मित्रों में पुराना सरल परिहास चलता रहता तो मेरा हृदय प्रसन्नता से भर उठता।

एक दिन सवेरे मैं अपने छोटे कमरे में बैठा प्रूफ़-संशोधन कर रहा था। विदा होने से पहले आज दो-तीन दिन से जाड़ा खूब कंप-कंपा रहा था, चारों ओर एकाएक सीत्कार मच गयी थी। जंगले को पार करके सुबह की धूप टेबिल के नीचे आकर मेरे पैरों पर पड़ रही थी। उसकी गरमाहट बड़ी मीठी लग रही थी। यही कोई आठ बजे का समय रहा होगा, सिर पर गुलूबन्द लपेटे तड़के टहलने वाले प्रायः सभी सवेरे की सैर पूरी करके लौट आये थे। तभी सड़क पर बड़े जोर का हल्ला सुनाई पड़ा। आँख उठाई तो देखा दो पहरे वाले अपने रहमत को बाँधे लिए जा रहे हैं–उसके पीछे तमाशबीन लड़कों की टोली चली आ रही है। रहमत के शरीर तथा कपड़ों पर खून के दाग हैं और एक पहरे वाले के हाथ में खून से सना छुरा है। मैंने दरवाज़े के बाहर जाकर पहरे वालों को रोककर पूछा, 'मामला क्या है?'

कुछ उससे, कुछ रहमत से सुनकर मालूम हुआ कि हमारे एक पड़ोसी ने रामपुरी चादर के लिए रहमत से कुछ रुपया उधार लिया था–उसने झूठ बोलकर

रुपया देने से इनकार कर दिया, और इसी बात को लेकर कहा–सुनी करते-करते रहमत ने उसे छुरा भोंक दिया।

रहमत उस झूठ को लक्ष्य करके तरह-तरह की बेहूदी गालियाँ दे रहा था, तभी 'काबुलीवाले, ओ काबुलीवाले' पुकारती हुई मिनी घर से निकल आयी।

पलक मारते रहमत का चेहरा कौतुकपूर्ण हँसी से प्रफुल्लित हो उठा। उसके कन्धे पर आज झोली नहीं थी, इसीलिए झोली के सम्बन्ध में उनकी नियमित आलोचना नहीं हो सकी। मिनी ने छूटते ही उससे पूछा, 'तुम ससुराल जाओगे?'

रहमत ने हँसकर कहा, 'वहीं जा रही हूँ।'

देखा, उत्तर मिनी को विनोदपूर्ण नहीं लगा, तब वह हाथ दिखाकर बोला, 'सुसर को मारता, पर क्या करूँ–हाथ बँधे हैं।

घातक प्रहार करने के अपराध में रहमत को कई वर्ष की जेल हो गयी। उसकी बात करीब-करीब भूल गया। हम जिस समय घर में बैठकर सदा के समान नित्य नियमित काम में एक के बाद एक दिन काट रहे थे, उस समय एक स्वाधीन पर्वतचारी पुरुष कारा-प्राचीर में किस प्रकार वर्ष बिता रहा था, यह बात हमारे मन में उठी भी नहीं।

और चंचलहृदया मिनी का आचरण तो अत्यन्त लज्जाजनक था, यह उसके पिता को भी स्वीकार करना पड़ेगा। उसने स्वच्छन्दतापूर्वक अपने पुराने मित्र को भुलाकर पहले तो नबी सईस के साथ सख्य स्थापित किया। बाद में धीरे-धीरे और ज्यों-ज्यों उसकी उम्र बढ़ने लगी त्यों-त्यों सखा के बदले एक-एक करके सखियाँ जुटने लगीं। यही नहीं, अब वह अपने पिता के लिखने-पढ़ने के कमरे में भी नहीं दिखाई पड़ती थी। मैंने तो उसके साथ एक प्रकार से कुट्टी कर ली थी।

न जाने कितने वर्ष बीत गये! एक और शरत्काल आया। मेरी मिनी का विवाह-सम्बन्ध निश्चित हो गया; पूजा की छुट्टियों में उसका विवाह होगा, कैलाशवासिनी के साथ मेरे घर की आनन्दमयी भी पितृ-भवन में अँधेरा करके पतिगृह चली जायेगी।

अत्यन्त सुहावना प्रभात था। वर्षा के बाद शरत् की नयी धुली धूप ने जैसे सुहागे में गलाये हुए निर्मल सोने का-सा रंग धार लिया हो। यही नहीं, कलकत्ता की गलियों के भीतर के घुटनदार जर्जर ईंटों वाले सटे हुए मकानों पर भी इस धूप की आभा ने एक अपूर्व लावण्य बिखेर दिया था।

आज मेरे घर में रात बीतते-न-बीतते ही शहनाई बज उठी थी। वह बाँसुरी मानो मेरे हृदय के अस्थि-पिंजर में क्रन्दन करती बज रही थी। करुण भैरवी

रागिनी में मेरी आसन्न वियोग-व्यथा को शरद् की धूप के साथ समस्त संसार भर में व्याप्त कर रही थी। आज मेरी मिनी का विवाह था।

सवेरे से ही बड़ी भीड़-भाड़ थी, लोग आ जा रहे थे। आंगन में बांस बाँधकर मण्डप ताना जा रहा था, घर के कमरों और बरामदों में झाड़ टाँगने की ठक्-ठक् आवाज़ हो रही थी; शोर-गुल की हद नहीं थी।

मैं अपने लिखने के कमरे में बैठा हिसाब देख रहा था, तभी रहमत आकर सलाम करके खड़ा हो गया।

मैं पहले उसे पहचान नहीं सका। उसके पास न वह झोली थी, न उसके वे लम्बे बाल थे; और न उसकी देह में पाहिले जैसा तेज था। आख़िर उसकी हँसी सुनकर ही उसे पहचाना।

मैंने कहा, 'क्यों रे रहमत, कब आया?

उसने कहा, 'कल शाम को जेल से छूटा।'

बात सुनकर कानों में जैसे खटका हुआ। कभी किसी खूनी को प्रत्यक्ष नहीं देखा, इसे देखकर सारा अन्तःकरण जैसे संकुचित हो गया। मन में हुआ, आज इस शुभ दिन पर यह आदमी यहाँ से चला जाता तो अच्छा होता।

मैंने उससे कहा, 'आज हमारे घर में एक काम है, मैं कुछ व्यस्त हूँ। आज तुम जाओ!

बात सुनते ही वह तत्क्षण चले जाने को उद्यत हुआ, अन्त में दरवाज़े के पास पहुँचकर थोड़ा इधर-उधर करके बोला, 'क्या एक बार मुन्नी को नहीं देख सकूँगा?

कदाचित् उसे विश्वास था मिनी अब भी वैसी ही होगी। मानो उसने सोचा हो, मिनी अब भी पहले की भाँति 'काबुलीवाले' करती दौड़ी आयेगी। उनके उस अत्यन्त उत्सुकतापूर्ण पुरानी हँसी-विनोद की बातों में किसी प्रकार का अन्तर नहीं होगा। यही नहीं, पुरानी मित्रता का स्मरण करके शायद अपने किसी स्वदेशीय मित्र से माँग-जाँचकर वह एक डिब्बा अंगूर और काग़ज़ के ठोंगे में थोड़े-से किशमिश और बादाम जुटा लाया था। उसकी वह अपनी झोली अब नहीं थी।

मैंने कहा, 'आज घर में काम है, आज और किसी से भेंट नहीं हो सकेगी।'

वह मानो कुछ दुखी हुआ। चुपचाप खड़े-खड़े एक बार स्थिर दृष्टि से उसने मेरे मुख की ओर देखा, फिर 'सलाम बाबू' कहकर दरवाज़े से बाहर चला गया। मुझे अपने मन में न जाने कैसी व्यथा का अनुभव हुआ। सोच रहा था कि उसको वापस बुलवा लूँ, तभी देखा कि वह स्वयं लौटा चला आ रहा है।

पास आकर बोला, 'ये अंगूर और थोड़े-से किशमिश-बादाम मुन्नी के लिए लाया था। उसे दे दीजिएगा।'

उन्हें लेकर दाम देने के लिए मेरे तैयार होते ही उसने तुरन्त मेरा हाथ कसकर पकड़ लिया। बोला, 'आपकी बड़ी कृपा है, मुझे सदा याद रहेगी—मुझे पैसा मत दीजिए। बाबू, जिस तरह तुम्हारे एक लड़की है, उसी तरह देश में मेरे भी एक लड़की है। मैं उसी का चेहरा याद करके तुम्हारी मुन्नी के लिए हाथ में थोड़ा-बहुत मेवा लेकर आया हूँ, सौदा करने नहीं।'

यह कहते ही उसने अपने ढीले-ढाले कुर्ते में हाथ डालकर कहीं छाती के पास में मैले काग़ज़ का एक टुकड़ा निकाला और बड़े यत्न से उसकी तह खोलकर दोनों हाथों से मेरी मेज़ पर बिछा दिया।

देखा, काग़ज़ पर किसी नन्हें हाथ की छाप थी। फ़ोटोग्राफ़ नहीं तैलचित्र नहीं, हाथ में थोड़ी-सी कालिख लगाकर काग़ज़ के ऊपर उसकी छाप ले ली गयी थी; कन्या के स्मरण-चिह्न को छाती से लगाये रहमत हर साल कलकत्ता की सड़कों पर मेवा बेचने आता-मानो उस सुकोमल नन्हें शिशुहस्त का स्पर्श मात्र उसके विराट् विरही वक्ष में सुधा-संचार करता रहता हो।

देखकर मेरी आँखों छलछला आयीं। वह एक काबुली मेवा वाला है और मैं एक सम्भ्रान्तवंशीय बंगाली—उस समय मैं भूल गया—उस समय मैंने समझा कि जो वह है, वह मैं हूँ। वह भी पिता है, मैं भी पिता हूँ। उसकी पर्वत-गृहवासिनी नन्हीं पार्वती की उस हस्तछाप ने मुझे भी अपनी मिनी का स्मरण दिला दिया। मैंने तत्क्षण उसे भीतर से बुलवाया। अन्तःपुर में इस बात पर बहुत-सी आपत्तियाँ की गयीं। मैंने उन पर कोई ध्यान नहीं दिया। लाल चोली पहने, माथे पर चन्दन लगाये, वधूवेशिनी मिनी सलज्ज भाव से मेरे पास आकर खड़ी हो गयी।

उसको देखकर पहले तो काबुलीवाला सकपका गया, अपनी पुरानी बातचीत नहीं जमा पाया। अन्त में हँसकर बोला, 'मुन्नी, तू ससुराल जायेगी?'

मिनी अब ससुराल का अर्थ समझती थी, उस समय वह पहले के समान उत्तर नहीं दे सकी—रहमत का प्रश्न सुनकर लज्जा से लाल होकर मुँह फेरकर खड़ी हो गयी। काबुलीवाले से मिनी की जिस दिन पहली भेंट हुई थी, मुझे उस दिन की बात याद हो आयी। मन न जाने कैसे व्यथित हो उठा!

मिनी के चले जाने पर गहरी साँस लेकर रहमत जमीन पर बैठ गया। अचानक उसकी समझ में साफ़ आ गया, इस बीच उसकी पुत्री भी इसी तरह बड़ी हो गयी होगी। उसके साथ भी अब नया परिचय करना होगा। वह उसे

बिल्कुल पहले जैसे नहीं मिलेगी। इन आठ वर्षों में उस पर क्या बीती होगी, यह भी भला कौन जानता है। सवेरे के समय शरत्कालीन स्निग्ध सूर्य की किरणों में शहनाई बजने लगी, रहमत कलकत्ता की किसी गली में बैठकर अफ़गानिस्तान के किसी मरु-पर्वत का दृश्य देखने लगा।

मैंने एक नोट निकालकर उसे दिया। कहा, 'रहमत, तुम अपनी लड़की के पास अपने देश लौट जाओ; तुम्हारा मिलन-सुख मेरी मिनी का कल्याण करे।

इन रुपयों का दान करने के कारण हिसाब में से उत्सव-समारोह की तैयारियों में से दो-एक चीज़ों की कटौती देनी पड़ी। जैसा सोचा था, बिजली की वैसी रोशनी नहीं की जा सकी। फ़ौजी बैण्ड भी नहीं आ सका। अन्तःपुर में स्त्रियाँ बड़ा असन्तोष प्रकट करने लगीं, किन्तु मंगल-आलोक से मेरा शुभ-उत्सव उज्ज्वल हो उठा।

तकषी शिवशंकर पिल्लै

मलयालम के प्रसिद्ध कथाकार तकषी शिवशंकर पिल्लै का जन्म 17 अप्रैल 1912 को केरल के आलपुषा जिले के कुट्टनाड् के तकषी नामक गाँव में हुआ था। उनके उपन्यासों में प्रमुख हैं–'तोट्टियुडे मकन', 'रंडिडंकषि चेम्मीन', 'एनिघडिकल और कयर'। इंकुलाव, पतिव्रता, ज्ञान पिरन्न नाडु, जीवितत्तिन्टे ओरु ऐडु, तिरज्ञेडुत्त कथकल आदि उनके प्रमुख कहानी संकलन हैं। 'एण्टे बाल्यकाल कथा', 'ओरमयुडे तीरंगल', 'एन्टे वकील जीविन्त आदि उनकी आत्मकथाएँ हैं।

मलयालम के यथार्थवादी उपन्यासों की परम्परा में उनके भंगियों की ज़िन्दगी पर रचित 'तोट्टियुडे मकन' और अनुसूचित जातियों की दुर्दशा पर आधारित रंडिडंकषि का प्रमुख स्थान है। उनका 'चेम्मीन' समुद्र की पृष्ठभूमि और मछुआरों के विश्वासों-अन्धविश्वासों के परिप्रेक्ष्य में विद्यामान एक शक्तिशाली मिथ पर आधारित है। इस रचना के लिए उन्हें 1957 का साहित्य अकादमी पुरस्कार मिला। 'कयर' के लिए उन्हें 1980 को बयलार पुरस्कार और 1984 को ज्ञानपीठ पुरस्कार मिला।

खून का रिश्ता

"मैंने फैसला कर लिया है। जो भी हो, मैं उसके साथ विवाह करूँगा।"

पिता के सामने न सही, गोपाल ने ऐसा कह तो दिया। वह घर के उत्तरी तरफ़ वाले आँगन में खड़ा था। उसके पिता शंकरन नायर पूर्वी तरफ़ की चौपाल पर खड़े थे। पुत्र दृढ़तापूर्वक कहता है! वह जरूर उस लकड़ी के साथ विवाह करेगा! "तेरी ऐसी हिम्मत!" गरजते हुए शंकरन नायर उछल कर उसकी ओर दौड़ पड़े। उनके हाथ में लाठी थी। पिता को दौड़ा आते देख गोपाल ऐसे चलने लगा, मानो भागता हो। शंकरन नायर ने लाठी गोपाल के घुटने को लक्ष्य करके फेंकी, सौभाग्य से निशाना चूक गया।

शोरगुल सुन कर पार्वती रसोई घर से बाहर आयी, "क्यों हल्ला मचाते हो?" पति पर रोब-सा जमाते हुए उसने पूछा।

शंकरन नायर ने जवाब दिया, "देखो न इसकी हिम्मत! मेरे सामने कहता है कि उस लड़की से विवाह करेगा। बदतमीज़!"

फिर भी पार्वती ने पति को दोषी ठहराया, "खैर उसने तो उस लड़की के साथ विवाह करने का निश्चय कर लिया। लेकिन मैं पूछती हूँ, तुमने क्यों ऐसा कहने का मौका उसे दिया?"

शंकरन नायर अब पत्नी पर गुस्सा हो उठे। "तुम क्यों नहीं कहोगी! तुम्हारा खानदान ही कुछ ऐसा है! बाप को मारने वाला।"

पार्वती भड़की, "मेरे खानदान के बारे में कुछ न कहना। हमारी परम्परा में बाप को मारने वाला कोई पैदा नहीं हुआ।"

"तो तुम कहती हो कि हमारी परम्परा में पैदा हुआ था!"

"मैंने थोड़े ही ऐसा कहा!"

झगड़ा तूल न पकड़े, इस ख़याल से पार्वती भीतर चली गयी। मारे गुस्से के शंकरन नायर कुछ बड़बड़ा रहे थे। रसोईघर में पार्वती भी कुछ झुनझुना रही थी।

घर से निकल जाने पर, गोपाल गया सीधे गौरी के घर। वह मानो एक कलाकार थी। झगड़ा खत्म होते-न-होते वह सीधे गौरी के घर जाता है। मानो इस उद्देश्य से कि उसके पिता देख लें। अपने पिता की रत्ती-भर भी उसे परवाह नहीं।

किसी पागल की तरह शंकरन नायर चिल्ला उठे, "अरी पारो देख न, वह कहाँ जाता है!"

पार्वती उत्तरी तरफ़ वाले आँगन में आयी। उसने देखा कि उसका बेटा गौरी के घर की चौपाल पर बैठकर बीड़ी पी रहा है। तब गौरी आँगन में आकर खड़ी हुई। दोनों में कुछ बातचीत हो रही है। वह छोकरी पैर के अँगूठे से ज़मीन कुरेद रही है। पार्वती और शंकरन नायर दोनों ने यह सारा दृश्य देखा।

अबकी बार कराल काली का आवेश हुआ पार्वती पर।

"देखो न उसे! कैसी ठसक दिखा रही है। बेहया कहीं की। न मालूम कौन-सा टोना-टोटका करके उसने मेरे बेटे को बस में कर रखा है?" कहते-कहते पार्वती का कलेजा मुँह को आ गया। उसे ऐसा लग रहा था, जैसे उसका बेटा सदा के लिए उसके हाथ से निकल गया हो। वह अपने आप को भूल कर ज़ोर से पुकार उठी, 'अरे गोपाल!' लेकिन मुड़ कर देखा गौरी ने। गोपाल भीतर चला गया।

उस गाँव के लिए उस महीने की प्रमुख घटना थी यह। गोपाल गौरी के साथ विवाह करना चाहता है, लेकिन गोपाल के माता-पिता को यह बिल्कुल पसन्द नहीं। यही नहीं, दोनों इस विवाह के विरुद्ध हैं। एक-दो मध्यस्थ आये। उन लोगों ने समझाया कि लड़की नेक है, पड़ोस का सम्बन्ध होने से लाभ होगा।

'पुप्पुल्ली घर' अम्मूम्मा आयी, उसने उसने पार्वती को समझाया, "पार्वती, सुनो न मेरी बात। लड़की नेक है। पड़ोस का सम्बन्ध है। समझो कि तुम बीमार पड़ी, कौन है तुम्हें 'काँजी' या कॉफी बनाकर देने वाला? यह लड़की लगन से तुम्हारी सेवा करेगी। मेरी बात मानो, इस सम्बन्ध में तुम्हारा भला है।"

"धत्!" पार्वती ने ऐसा दुत्कारा कि अम्मूम्मा के कान फट गये। पार्वती को ऐसी गाली नहीं देनी चाहिए थी। अम्मूम्मा को क्रोध और अपमान हुआ। दोनों में मनमुटाव हो गया।

दूसरा मध्यस्थ 'कंडत्तिल' रामन नायर था। उसने ज़रा सूझ-बूझ से काम लिया।

रामन नायर ने शंकरन नायर से कहा, "जो भी हो, गोपाल उस लड़की

के साथ विवाह करेगा ही। चूँकि उसने फैसला कर लिया है, इसलिए भला यह होगा कि हम सब मिलकर उनका विवाह करें। कम से कम दुनिया वालों को दिखाने ही..."

"चूल्हे में जायें तुम्हारे दुनिया वाले! हमारी सहमति से यह विवाह नहीं होगा। आखिर वह लड़की है कौन? जानते नहीं हो कि कोंचुकुंज मेरा दुश्मन है। दुश्मन के भाई की बेटी मेरे घर की बहू बने! वाह रे!"

एक और मध्यस्थता जो आयी, ज़रा गौरवपूर्ण थी। मध्यस्थ केशव पिल्लै थे। माता-पिता का यह दावा करना स्वाभाविक है कि सन्तान के लिए उन्होंने बहुत कुछ झेला है। शंकरन नायर ने कहा, "इस लड़के के लिए हमने क्या नहीं सहा? लेकिन वही लड़का आज मुझे देखकर निस्संकोच कहता है कि वह उस लड़की के साथ विवाह ज़रूर करेगा। ऐसी हिम्मत!"

बेचारे शंकरन नायर रो पड़े।

केशव पिल्लै ने कहा, "ऐसा कहना नहीं चाहिए था। फिर भी लाचार होकर उसने ऐसा कहा था।"

बात शंकरन नायर की समझ में नहीं आयी। "भाई, ज़रा बताओ कि वह लाचार क्यों?"

"हाँ भाई, वह लाचार तो है। तुम्हारे प्रति उसमें अटूट श्रद्धा है। समझ लो कि इस श्रद्धा के कारण ही उसने यह विवाह करने का फैसला किया था।"

शंकरन नायर अब भी कुछ समझ नहीं सके। "यह क्या पहेली बुझाते हो जी?"

केशव पिल्लै मुस्कुराते हुए बोलने लगे, "वह चाहता है कि उसके नाम पर कोई बट्टा न लगे। इसलिए ही उसने उस लड़की के साथ विवाह करने का निश्चय किया। लेकिन बात कुछ ऐसी है कि वह तुमसे कह नहीं पा रहा है।"

शंकरन नायर हक्का-बक्का रह गये। आखिर केशव पिल्ले ने वह रहस्य उनके कानों में कहा, "वह लड़की माँ बनने वाली है। कोई और नहीं...तुम्हारा ही बेटा है। ऐसी हालत में उस लड़की को छोड़ना क्या धरम होगा?"

शंकरन नायर के लिए यह बिल्कुल ताजा खबर थी। एक निमेष के लिए वह सन्न रह गये। फिर बोले, "मैं तभी से उसको चेताता आ रहा था कि उधर मत जाया करो। उस शकुनी कोंचुकुंज का घर तो है वह। जाओ तो खतरा। अब आया है अक्लमन्दी का काम करके। समझाता है कि माँ-बाप मानेंगे। यही बात है न?"

केशव पिल्लै ने शंकरन नायर को मनाते हुए कहा, "वैसी बात नहीं भई, तुम यह क्यों नहीं समझते कि वह धरम-न्याय देख रहा है।"

शंकरन नायर ने अपना निर्णय सुनाया। "जो भी हो, हम इस विवाह में सम्मिलित नहीं होंगे। हमारी अनुमति के साथ यह विवाह नहीं होगा।"

वह दैत्य भी पराजित हुआ। अब यह निश्चित रूप से मालूम हो गया कि माता-पिता की सहमति के साथ वह विवाह सम्पन्न होने वाला नहीं है।

गौरी मातृविहीन लड़की थी। पिता अनपढ़ थे। पिता के एक छोटा भाई था। बड़ा होशियार। नाम था कोंचुकुंज पिल्लै। उसमें और शंकरन नायर में बड़ी दुश्मनी थी। शंकरन नायर को अपमानित करने का एक अच्छा अवसर कोंचुकुंज पिल्लै को मिला। ऐसा मौका वह क्यों हाथ से निकलने देगा? गोपाल का विचार था कि किसी प्रकार के आडम्बर के बिना, गाँव के चार बड़े आदमियों के समक्ष विवाह सम्पन्न हो जाये। माता-पिता, चाचा, मामा और अन्य सगे-सम्बन्धी नाराज़ हो चुके। उनकी अनुपस्थिति में भोज आदि रखना अनावश्यक है। पैसे का खर्च अलग। गौरी के पिता ने इस सुझाव को मान लिया। किन्तु कोंचुकुंज पिल्लै इससे सन्तुष्ट नहीं हैं। उसके भाई के घर होने वाला अन्तिम शुभ कार्य है यह। इसलिए ठाट-बाट से ही करना है। गौरी के पिता के पास कुछ रूपये थे। छोटे भाई के दबाव के सामने बड़े भाई को झुकना पड़ा। गौरी की भी यह अभिलाषा थी कि उसका विवाह ठाट-बाट से हो। इसलिए गोपाल ने मान लिया।

सारा गाँव विवाह में निमन्त्रित था। अच्छा-खासा भोज भी था। 'आलप्पुषै' से कोंचुकुंज पिल्लै एक ग्रामोफोन लाया, जो उस गाँव के लिए एक नयी चीज़ थी। कोंचुकुंज पिल्ले ने उस ग्रामोफोन का मुख शंकरन नायर के घर की तरफ रखा। विवाह के पहले दिन, रात-भर गाना ही गाना था। एक प्रकार के आत्मतोष के साथ कोंचुकुंज पिल्लै बोला, "वह बेईमान शंकरन आज सो न पाये।"

न सिर्फ़ ग्रामोफोन वाला गाना-बजाना था, बल्कि नागस्वर भी था। उस दिन एक बड़ा भोज भी था। उस दिन तड़के ही शंकरन नायर उठकर कहीं चले गये थे। लेकिन पार्वती थोड़े ही कहीं जा सकती थी। निशि-दिन उसकी आँखें बरसती रहीं। जिस पुत्र को अपनी कोख में दस महीने ढोकर जन्म दिया उस पुत्र ने न केवल उसकी अवहेलना की बल्कि अपनी माता को कहीं मुँह दिखाने योग्य न रखा। वह यह भली-भाँति जानती थी कि यह सारा ठाट-वाट उसे और उसके पति को अपमानित करने के लिए ही है। इस काम में उसका बेटा उन लोगों का साथ देता है। वह सब कुछ भूला हुआ है।

पार्वती ने अपने सिर पर दोनों हाथ रखकर शाप दिया, "जिसने मेरे बेटे को टोने-टोटके से इस तरह कर दिया, उसका सिर फूट जाये।"

गोपाल की पुरानी अनुसरणशीलता का स्मरण करती तो यह विश्वास पक्का हो जाता है कि बेटे पर टोना-टोटका कर दिया है। गोपाल पहले ऐसा नहीं था। माँ-बाप की बात मानने वाला था।

विवाह हो गया। पार्वती और शंकरन नायर गोपाल को दूर से देख लेते थे। कहने-सुनने को बहुत कुछ था। गौरी के पिता को इस बात का भरोसा था कि उसे एक दामाद मिल गया, भले ही सारे रुपये खर्च हुए हों। कोंचुकुंज पिल्लै को ऐसी तृप्ति हुई जैसी खीर पीने पर होती है।

दो महीने बीत चले। एक दिन गोपाल अपने घर गया। शंकरन नायर और पार्वती आँगन में नारियल के पत्ते सँवार रहे थे। गोपाल विवाह के पहले अपना घर छोड़ गया था, तब से पहली बार घर में कदम रखा है। मुखमुद्रा देखने पर ऐसा मालूम होता है कि वह किसी निर्णय पर आ पहुँचा है।

आहट सुनकर शंकरन नायर ने सर उठा कर देखा। गोपाल थर-थर काँप उठा। शंकरन नायर मारे क्रोध के उछल पड़े, "क्यों रे, तू इधर क्यों आया?"

गोपाल ने जो वाक्य कण्ठस्थ कर रखा था, जैसे-तैसे कह दिया, "मुझे अपना हिस्सा चाहिए।"

"तुझे हिस्सा चाहिए?" हाथ उठाते हुए शंकरन नायर आगे कूद पड़े। गोपाल चम्पत हो गया।

इस बीच में गौरी के पिता का देहान्त हो गया। गौरी का गर्भ बढ़ रहा था। घर का खर्च मुश्किल से चलता था। तब उसका एकमात्र संरक्षक कोंचुकुंज पिल्लै ही था। उसने गोपाल को उपदेश दिया, "तुम बगिया से नारियल तोड़ लाओ, तुम्हारा भी तो हक है।"

दिन में बगिया में घुसकर नारियल तोड़ने की हिम्मत गोपाल में न थी। इसलिए कार्रवाई रात में होने लगी। जिद्दी शंकरन ने थाने में शिकायत की। पुलिस के सिपाही गोपाल को कैद कर ले गये। शाम को कोंचुकुंज पिल्लै उसे छुड़ा लाया।

खैर, कहीं चैन नहीं। गाँव वालों में कुछेक मध्यस्थता करने आये। अन्त में, दक्षिणी तरफ़ पाव एकड़ जमीन गोपाल के हिस्से में देने के लिए शंकरन नायर राजी हुए।

गौरी ने एक बच्चे को जन्म दिया। प्रसव कुछ कष्टपूर्ण था। अस्पताल ले

जाना पड़ा। इतना ही नहीं। दो-चार दिन उधर उसे ठहराना भी पड़ा। इधर-उधर से कर्ज लेने पर ही गोपाल यह सारा खर्चा सँभाल सका। बँटवारे में जो पाव एकड़ बगिया मिली उसमें दस-बीस नारियल के पेड़ थे। इससे क्या दिन कटते। कोंचुकुंज पिल्लै की मदद से गोपाल ने बगिया एक ईसाई को छह-सौ रुपये में बेच दी।

गोपाल को छह-सौ रुपये मिले थे। उसमें दो सौ रुपये कर्ज चुकाने में लग गये। पचास रुपये में उसने गौरी के लिए एक साड़ी और चोली खरीदी। पहली बार उसने पत्नी को साड़ी खरीद कर दी। गोपाल ने एक नये आनन्द का अनुभव किया।

उस दिन रात को पति-पत्नी ने भविष्य के बारे में देर तक सोच-विचार किया। तीन-सौ रुपये बचे हुए हैं। गौरी को एक युक्ति सूझी, "क्यों न हम एक व्यापार शुरू करें?"

गोपाल को यह सुझाव पसन्द आया।

एक दिन की बात है। पार्वती अपनी एक दूसरी बगिया में घास निरा रही थी। सिर उठा कर देखा, तो एक लड़की गोद में एक बच्चे को लिए खड़ी थी। पार्वती को यह समझने में देर न लगी कि वह बच्चा किसका है। पार्वती ने उस लड़की को अपने पास बुलाया—"बिटिया मुन्ने को इधर लाओ न।"

वह लड़की पार्वती के पास आयी। हाथ बढ़ाने के पहले ही मुन्ना पार्वती की तरफ़ उछल पड़ा। अगर पार्वती नहीं पकड़ती तो, मुन्ना नीचे गिरा होता। ऊधम मचाता, चीखता-चिल्लाता अपनी दादी से हिल-मिल गया।

उस दिन रात को भोजन के बाद जब शंकरन नायर पान खा रहे थे, उसे एक उपयुक्त अवसर जान कर जरा संकोच के साथ पार्वती बोली, "सुनिए तो, आज एक खास बात हुई है?"

शंकरन नायर ने पूछा, "हूँ, कौन-सी बात?"

पार्वती ने कहा, "खून का रिश्ता बड़ी चीज़ होती है।"

"हुआ क्या?"

"आज शाम को मैं घास निरा रही थी। वह मुन्ना 'दद्दी' कहता हुआ मेरी तरफ़ कूद पड़ा। अगर मैं हाथ न बढ़ा लेती, तो बच्चा नीचे गिर होता। मुझे छोड़ जाता ही नहीं।"

शंकरन नायर ने कहा, "परसों मैंने भी उसे देखा। वह मेरी तरफ भी कूद पड़ा। मुना तो बिल्कुल तुम्हारी तरह है।"

पार्वती ने विरोध किया, "ना, मैं कहती हूँ कि वह बिल्कुल अपने दादा की तरह है।"

गोपाल के व्यापार में वृद्धि नहीं हुई। बात यह थी, उसे व्यापार सम्बन्धी बातों का परिचय न के बराकर था। घर के खर्च के लिए व्यापार से पैसा लेना पड़ता था।

शाम का समय था, पार्वती और शंकरन नायर अपनी एक दूसरी बगिया में तरकारी के पौधे लगा रहे थे। उस दिन भी वह लड़की मुन्ने को लेकर आयी। उस दिन वह अपने दादा के हाथों में कूद पड़ा। शंकरन नायर ने मुन्ने का मुखड़ा दादी के मुख से मिलाते हुए कहा, "लो, कोई फरक नहीं।"

मुन्न को ले जाते समय, गौरी से कहने के लिए पार्वती ने एक बात कही, "कह दो उससे कि रोज़ मुन्ने की नज़र उतारे।"

एक सन्ध्या को गौरी के घर से मुन्ने के लगातार बिलख-बिलखकर रोने की आवाज़ सुनायी पड़ी। शंकरन नायर और पार्वती घर के पिछवाड़े में खड़े थे। पार्वती ने बेचैनी से पति से पूछा, "मुन्ना क्यों ऐसा बिलख रहा है? कहीं उसका दम न घुट जाये! वह लड़की ही तो उसे उठाये हुए है। मुन्ने की माँ कहाँ गयी?"

"शायद वह घर में नहीं है। बच्चा क्यों ऐसा रोता है? उसकी सेहत ठीक नहीं है क्या?

"गोपाल भी उधर नहीं है।"?

"वह हाट गया है"

दूसरे दिन मालूम हुआ कि गौरी बेहोश पड़ी है। उसे जोर का बुखार है। तीन या चार बार डॉक्टर बुला लाये गये। लेकिन बुखार जरा भी कम नहीं हुआ। शंकरन नायर और पार्वती ने मुन्ने को घर बुलवा लिया। उस लड़की ने ही मुन्ने को ला कर दिया। पाँचवे दिन गौरी ने आँखें खोलीं। गोपाल की छाती ठण्डी हुई।

गौरी ने पूछा, "मेरा मुन्ना कहाँ है?"

"वह अपने दादा और दादी के साथ है।"

गौरी का मुख चमक उठा। उसकी आँखें बन्द हुईं। वे आँखें फिर कभी नहीं खुलीं।

शंकरन नायर और पार्वती आँगन में बैठे थे। मुन्ना अपने दादा को चार

पैरों पर खड़ा होने पर मजबूर कर रहा था। उसके बाद वह 'हाथी पर चढ़ेगा। शंकरन नायर चार पैरों पर खड़े हुए। मुन्ना दादा की पीठ पर चढ़ बैठा।

उस समय गोपाल उधर आ पहुँचा। उसने बेटे को डाँटा, "अरे, यह तू क्या कर रहा है?"

पार्वती बोली, "करने दो बेटा तुम्हारे पिता तीस साल बाद हाथी बन रहे हैं। तुम्हारे लिए हाथी बनने के बाद आज ही बने हैं।"

अनुवाद : के. नारायण

प्रतिभा राय

भारत के अग्रणी लेखकों में प्रतिभा राय की गिनती होती है। उनका जन्म 21 जनवरी 1943 को उड़ीसा के जगतसिंहपुर में हुआ था। अब तक उनके 20 उपन्यास, 24 कहानी संग्रह, 10 यात्रा वृत्तान्त, 2 कविता संग्रह और कई निबन्ध प्रकाशित हो चुके हैं। यद्यपि वे अपनी मातृभाषा उड़िया में लिखती हैं पर उनकी कृतियाँ कई भारतीय और विदेशी भाषाओं में अनूदित हुई हैं। उनकी प्रमुख रचनाएँ हैं–'मगनमति', 'यज्ञनासैनी', 'महामोह', 'उल्लंघन', 'द्रौपदी'। उनके लेखन में उस सामाजिक न्याय ओर विकास की तलाश रहती है जिसमें धर्म, जात, प्रांत, भाषा का कोई भेदभाव नहीं और पुरुष व स्त्री का समान दर्जा है। वे पद्मश्री से अलंकृत हुई हैं। उन्हें उड़ीसा साहित्य अकादमी पुरस्कार, सरला पुरस्कार, मूर्तिदेवी पुरस्कार केन्द्र साहित्य अकादमी पुरस्कार और अमृत कीर्ति पुरस्कार मिला है। 2011 में उन्हें ज्ञानपीठ पुरस्कार प्रदान किया गया।

कहानी

पूजा-घर

नीचे-ऊपर के मिलाकर बीस-पच्चीस कमरों का मकान। सामने अच्छा-खासा लॉन। कई गन्धहीन फूल खिले हैं। फिर फूलहीन ड्रूपिंग देवदारु, थूजा, कैक्टस आदि का करीने से लगाया आटोप सारे घर को खूब आडम्बर से भर देता है। ऊँची दीवार, बड़ा-सा लोहे का फाटक, बाहर से लगता है जैसे कोई महल। सड़क से देखें तो सोच उभरेगा कि क्या काम आते होंगे इतने कमरे?

मगर अन्दर जो घर के मालिक रहते हैं, उनका खयाल है—पहले ही एक-दो कमरे और बना देते तो आज यह समस्या नहीं आती। पति-पत्नी, तीन बच्चे, दो कुत्ते, खानसामा, नौकर-नौकरानी, माली आदि के साथ उनकी छोटी-सी दुनिया मज़े में चल रही थी। समस्या पैदा हो गयी माँ को लेकर। पिचहत्तर वर्ष की उम्र में उच्च रक्तचाप और मधुमेह की चिकित्सा और बहू से सेवा-टहल की आस लिए माँ अपनी गठरी बाँध गाँव से आ पहुँची है। यानी अब वह यहाँ रहेगी। हर बार की तरह कुछ दिन रुककर वापस नहीं लौटेगी। जीवन के बाकी दिन अब वह यहीं काटेगी। हालाँकि तीन और बेटे हैं इसी शहर में—उनके भी अपने-अपने मकान हैं, मगर दूसरे बेटे लखन बाबू का मकान सबसे बड़ा है। बड़े बेटे से उनकी कमाई भी काफी ज्यादा है और उनका मन भी माँ के लिए कुछ अधिक ममतामय है।

मकान के प्लान में मास्टर बैडरूम और बच्चों के अलावा माँ के लिए बैडरूम नहीं रखा गया। अब क्या किया जाये? निचली मंजिल में बैठक, किचन, स्टोर, गेस्टरूम आदि हैं। फिर मनोरंजन-रूम है, जहाँ बिटिया नाच-गीत आदि सीखती है। कभी-कभी म्यूजिक की बैठक भी जमती है। किचन गार्डन, घर की सफाई, पशु-पक्षियों और गाय-बाछों का काम करते-करते सुरेखा जब थक जाती है तो वहीं कुछ समय लेट जाती हैं, ताकि बार-बार बैडरूम जाने के लिए सीढ़ी चढ़ना-उतरना न करना हो! फिर लखन बाबू लंच के बाद आधा घण्टा आराम करते हैं। तब ऊपर आना उन्हें अच्छा नहीं लगता। अतः नीचे एक बैडरूम

है। दो पलँग हैं उसमें, बहूजी के आराम के लिए। बाबू अपराह्न में विश्राम कर सकेंगे। ओर एक कमरा है बच्चों के ट्यूशन के लिए। ट्यूशन-मास्टर आयें तो ऊपर वाले पढ़ाई के कमरे में जाने की जरूरत नहीं। वैसे भी ऊपर हर किसी का जाना लखन बाबू को पसन्द नहीं। न सुरेखा को और न बच्चों को ही यह बात पसन्द है। एक और है चौदह बाई आठ का कमरा—यह बॉक्स रूम है। आलमारी, बक्सा, जाड़ों के बिस्तर, कम्बल, रजाई, दरी, कार्पेट और अतिथियों के लिए रखे कपड़े उसमें ठुँसे पड़े हैं।

ऊपर की मंजिल पर सुरेखा और लखन बाबू के बड़े-बड़े बैडरूम हैं। तीनों बच्चों के स्टडीरूम। बेटी का अलग कमरा पढ़ाई के लिए। दोनों बेटों का एक है। अच्छी-खासी लाइब्रेरी। लखन बाबू ओर सुरेखा का स्टडी/टी-रूप या सुस्ताने का अलग कमरा। लखन बाबू का घर के दफ्तर का अलग रूम। इसके अलावा गेट के पास गैरेज से सटकर कुत्ते का कमरा, ड्राइवर और नाइट वॉचमैन के दो अलग कमरे हैं। पिछवाड़े में लकड़ी का चूल्हावाला रसोईघर है, गायों का ठाँव, सर्वेण्ट्स क्वार्टर, उनके पैखानाघर, पानी उठाने के लिए पम्पघर। पुआल एवं दाना, बगीचे के काम के औज़ार रखने के लिए छोटा कमरा भी है।

समूचे मकान के चारों ओर विराट् बगीचा और इन सबको घेरती ऊँची दीवार खड़ी है। फाटक के पास सीमेण्ट के खम्भे पर सफेद मार्बल पर गाढ़े काले अक्षरों में लिखा है—'मातृपूजा'—इस मकान का नाम! कई लोगों ने इस आधुनिक बिल्डिंग का ऐसा पुराना नाम पसन्द नहीं किया। मगर लखन बाबू ने तो काफी पहले ही इसे अपने लिए चुन लिया था। जिस घर में मातृपूजा नहीं होती, उसकी उन्नति नहीं हो सकती। मातृ जाति शक्ति का प्रतीक ठहरी। माँ बिना तो दुनिया में कीड़े तक का कोई वजूद नहीं हो सकता।

वास्तव में माँ के प्रति लखन बाबू के मन में खूब भक्ति है। भक्ति ही नहीं, माँ के प्रति गहरी श्रद्धा, करुणा, सहानुभूति और मधुर सम्वेदना भी भरी है। धन-दौलत, मान-मर्यादा, इज्जत जितनी ही बढ़ती माँ के प्रति भक्ति उतनी ही गहरी होती गयी। वास्तव में दरअसल बापू राम, लखन, भरत, शत्रुघ्न—चारों बेटों और कमला, विमला दोनों बेटियों को छोटी उमर में छोड़कर चले गये। माँ अगर हिम्मत कर खड़ी न होती, तो हालत क्या होती!

पिछली ज़मींदारी में काफी सम्पत्ति थी, मगर उस उमर में पति के जाने का धक्का सम्भालकर सम्पत्ति की देखभाल करना कम पढ़ी-लिखी औरत के लिए एक कठिन साधना बन गयी। लखन बाबू को याद है—जब बापू थे तब

माँ–'बहूरानी जी' का रूप, वेश, चाल-चलन, खान-पान कैसा था–और फिर रातों-रात सब बदल गया। बापू को याद कर पागल हुई माँ धीरे-धीर मूक हो गयी, मगर जड़ नहीं हुई, वरन् उसकी आँख-कान-नाक-मन–सब चौकन्ने हो गये; चारों ओर के लोभी आत्मीय-जनों के प्रति। अपनी उस थोड़ी बुद्धि में माँ पता नहीं कैसे उस आँधी-तूफान को सम्भालती चली गयी। बच्चे देखकर अचम्भे में भर जाते। माँ की तत्परता के बावजूद अचल सम्पत्ति धीरे-धीरे चलती गयी, हाथ से निकलती गयी। अभावों के कारण माँ को कुछ-कुछ सम्पत्ति बेचनी पड़ जाती और कुछ षड्यन्त्रों की भेंट हो जाती।

एक-एक कर चारों बच्चों को पढ़ाया। ऊँची पढ़ाई के लिए उन्हें शहर भेजना पड़ा। दोनों बेटियाँ हॉस्टल में रहकर पढ़ने लगीं। ठीक समय पर सबके पास रुपये पहुँचते। गाँव से डिब्बे भरकर आते-गजक, रेवड़ी, पेठा, चिवड़ा, मगज के लड्डू, अचार, गाय का घी...। जिस बच्चे को जैसा कलेऊ पसन्द, उसके लिए डिब्बा-भर भेजतीं। सब छुट्टियों में गाँव में इकट्ठे होते, पता भी नहीं चलता कि 'दुख' नाम का कोई शब्द शब्दकोश में है। बच्चों के सुख के लिए माँ जैसे कोई जादू का पिटारा है। बापू के न होने का बोध माँ को देखकर मन के किस कोने में कहीं दब जाता कि माँ के त्याग, जादुई स्पर्श में फिर कहीं वह नहीं दीखता। माँ ने भी कभी 'बिना बाप के अनाथ' कहकर करुणा या लाचारी नहीं जतायी। मुँह खोल माँ कुछ न कहने पर भी माँ की नेहमयी मूर्ति को देख बच्चों को लगता–माँ है, तो सब कुछ है। कितनी ही विपदा आये, वह अपना आँचल पसार सबको ढाँपकर बचा लेगी। डरने को क्या है, माँ जो पास में है।

माँ का मन कभी छोटा नहीं हुआ, देह कभी अस्वस्थ नहीं हुई। मन्दिर के देवता की तरह माँ का चेहरा अजर, अमर जैसा धारणा में बस गया।

माँ की करुणा से बच्चे सब आदमी बन गये। चारों अपने-अपने काम में जमे हैं। चारों के अपने-अपने मकान हैं।

बेटे आकर शहर में बस गये, फिर भी माँ ने कभी गाँव नहीं छोड़ा। कभी आतीं हैं तो बस एक-दो दिन किसी मेहमान की तरह रुकीं और फिर लौट गयीं बेटों से दूर अपने गाँव में। कभी खाली हाथ नहीं आयीं। लाती हैं बेटे-पोते-पोतियों के लिए ऐसी चीज़ें जो शहर में नहीं मिलतीं। फिर बासमती चावल, बड़ी, घी, मूड़ी, अचार, बाड़ी के तोड़े नींबू, कैंथ, नारियल, डाब, बेर, कमरख, सहिजन की फली, केलों की पौद आदि कई तरह की चीज़ें। सबको समान बाँट देतीं। नाती-पोते सब माँ को तरसते। किसी बेटे के घर एकाध दिन अधिक रह गयीं तो पोते-पोतियों में

खूब रूसा-रूसी, मान-मनौवल होता। माँ हँसते हुए कहतीं—सबको तो इसी देह से गढ़ा है—फिर मेरे कारण कैसी खींचा-तानी! कहीं रहूँ—एक ही बात है। सच कहें तो माँ के पास बच्चे 'आई माँ' के पास सोएँ तो सवाल यह उठता कि उनकी छाती के पास कौन-सा बच्चा सोएगा।

जितने दिन माँ रहतीं, कभी चैन नहीं लेतीं। माँ के हाथ का पकाया किसे क्या अच्छा लगता, उसकी फेहरिस्त के लिए इस वक्त वो बनाना, उस वक्त वो पकाना चलता। माँ के उन मशीनी हाथों में लगता है जैसे काम न करने पर ज़ंग लग जायेगा। मानो आँगन में धान सूखते छोड़ आयी हैं। वह हड़बड़ी मचाकर गाँव लौट जातीं। ज़िद करने पर कहतीं—तुम लोगों को थोड़ा-बहुत चावल भेजने वहाँ गाँव में पड़ी हूँ। जिस दिन अचल हो जाऊँगी—चली आऊँगी—अभी से क्यों?

माँ कभी अचल होगी, गाँव छोड़कर शहर में रहेगी, किसी को इसका विश्वास नहीं होता। मगर धरती पर पता नहीं कितनी नयी बातें होती हैं। माँ का शहर आकर रहना, बीमारी की हालत में, उन्हीं नयी घटनाओं में एक है। उससे भी नयी बात है कि माँ दूसरे बेटे लखन के घर ठहर गयी। फिर बाकी किसी बेटे ने नहीं बुलाया? लखन बाबू थोड़े सोच में पड़ गये कि माँ के लिए कौन-सा कमरा खाली करना होगा?

किसी तरह वह व्यवस्था तो हो गयी। निचली मंज़िल का बॉक्सरूम खाली कर दिया गया। गोदरेज की अलमारी, बक्सा, सूटकेस वगैरह को भिन्न-भिन्न कमरों में सजा दिया गया। हालाँकि बैडरूम यों ठसाठस भरे होने से सुरेखा को घुटन लगती है, मगर और कहाँ रखते?

माँ को बॉक्सरूम में जगह दे दी गयी। नाती पोतों ने भी दादी के पास रहने के लिए कोई झगड़ा-झँझट नहीं किया। इसी बीच माँ बूढ़ी हो चुकी थी, और पोते-पोती जवान हो गये हैं।

समस्या उठी ठाकुर जी को लेकर। माँ साथ में ठाकुर जी की गठरी लायी थीं। पूछा—"पूजाघर कहाँ है?" बेटे लखन ने लड़खड़ाते हुए कहा, "पूजाघर कहाँ से आयेगा? देख रही हो, सारे कमरे भरे हैं।" माँ सत्यभामा ने जीभ दबाकर कहा, "अरे! जिनकी कृपा से तुम्हारा यह घर भरा है, उनके लिए एक कोठरी भी नहीं रखी इतने बड़े बँगले में? देखा है... गाँव में कितना बड़ा पूजाघर है...!"

लखन बाबू ने कहा, "गाँव की बात और है माँ! वहाँ घर-बार पड़े हैं—जिसे जितना चाहिए। शहर में जगह की किल्लत है, अलग से पूजा-घर आयेगा कहाँ से?" माँ ने फैसला सुनाने की तरह कहा, "इस मकान में नौकर, कूकर, गाय,

बकरी, जूते-चप्पल—सबके लिए कमरा है। मगर ठाकुर जी के लिए कोई कमरा नहीं रखा। पर मैं जितने दिन रहूँ, मुझे अलग ठाकुर जी के लिए पूजा-घर चाहिए। वरना ठाकुर जी को रखूँगी कहाँ? पूजा कहाँ करूँगी?''

मन-ही-मन लखन बाबू थोड़े खीझ उठे। कहा, ''अपने ठाकुर इस कमरे में टाँग दो...।'' माँ ने खबरदार करते हुए कहा, ''मेरे ठाकुर कोई एक-दो हैं? पीतल की प्रतिमा, फिर संगमरमर और काले पत्थर की मूर्तियाँ अलग हैं। बूढ़ी औरत, कभी पान की पीक का छींटा लग जाता है, कभी सिर चकराता है, टट्टी-पेशाब का होश भूल जाती हैं। तेरे बच्चे जूते-चप्पलें पहने भी अन्दर आ जाते हैं। माँस-मछली खाते-खाते जूठे हाथों पान माँगने आ जायँगे। अतः सोने के कमरे में ठाकुर जी को रख पाप की भागी नहीं बनूँगी।''

''तो एक काम करें, ठाकुर जी को गाँव भेज दें। वहाँ अराम से रहेंगे।''

''मगर ठाकुर जी बिन पूजे रह जायँगे।''

''ब्राह्मण पूजा कर देगा, मैं व्यवस्था कर देता हूँ।''

''बेटे! मैं ठाकुर जी की पूजा बिना पानी भी नहीं पीती। भूल गया? जब तुम छोटे थे, प्रसाद के लिए पूजा-घर में कैसे रहते थे देर तक! गुड़ या मिश्री का टुकड़ा या केला या अमरूद की फाँक लेने के लिए तुम छहों में कितनी धूम मची रहती थी! हालाँकि उनमें एक को ठाकुर ने बुला लिया...।'' कहते हुए अकाल मृत्यु को प्राप्त बड़ी बेटी की याद कर दुख से भर उठती माँ। उदासी घिर आती।

लखन बाबू को याद है माँ का वह पूजा-घर। माँ की गोद और माँ का वह पूजा-घर इकसार-से निर्भय लगते। माँ को देखो या पूजा-घर में चले जाओ, एक ही तरह के पवित्र निर्मल भाव से मन भर जाता। कहीं कोई भूल-चूक हुई हो, खुद ही वहाँ निकल जाती। कुछ छुप नहीं जाता यहाँ। कोई गलती कर बैठते, न मानते तो माँ घसीटकर ले जाती पूजा-घर की ओर। कहती—मेरी ओर देख! सच, माँ की उन गहरी आँखों की ओर देखते ही लगता, ठाकुर जी सब देख रहे हैं। माँ और ठाकुर जी दो नहीं, एक ही हैं। पूजा-घर को ठाकुर जी का कमरा कहने पर माँ चिढ़ जातीं। कहतीं, ''यह विश्व ब्रह्माण्ड तो ठाकुर जी का है। संसार के सारे घर तो ठाकुर जी के हैं। एक कमरे को ठाकुर जी का कमरा क्यों कहते हो? ठाकुर जी तो हर घर में, हवा, पानी, धूल वर्षा, धूप—सब में मिले हुए हैं। हाँ, इसे पूजा-घर कहना ठीक होगा। जिस घर में बैठकर मन पवित्र होता है, संसार के सारे जंजाल भुला देता है, वही तो पूजा-घर है।''

माँ का वह पूजा-घर फूल, चन्दन, दीप, धूप और माँ की देह-गन्ध का

मिला-जुला पृथ्वी का सबसे सुरभित स्थान जैसा लगता। पीतल की कारीगरी की गयी चौकी पर छोटी-बड़ी सारी प्रतिमाएँ चन्दन में चर्चित होकर वहाँ विराजमान होतीं। पाटवस्त्र पहने होतीं। सुबह नींद टूटते ही माँ नहा-धोकर ठाकुर जी का दतौन, स्नान, शृंगार कर देतीं। भोग लगाने से पहले बच्चों को आवाज लगातीं। भोग के लोभ में बच्चे चट-पट मंजन कर, मुँह धोकर ठाकुर जी के आगे हाथ जोड़कर आ खड़े होते। भोग लगता। बच्चे प्रणाम करते। माँ भोग बाँटती। शाम को फिर सब एक-साथ उसी कमरे में प्रार्थना करते। फिर पढ़ाई शुरू होती। बचपन कभी याद आता तो माँ का वही पूजा-घर सबसे पहले झलक उठता, जहाँ माँ मनौती करती--प्रभु! इन नन्हे-मुन्नों को भी आदमी बनाना...इन्हें परमायु प्रदान करें। इनके आगे मैं चली जाऊँ...।

वे सब आदमी बने। मगर माँ के सामने चली गयी बड़ी जीजी--चार वर्ष हो गये। फिर छोटे बहनोई। माँ कहती--ठाकुर जी ने उन्हें पास बुला लिया है। मैं पापी हूँ, अतः पड़ी हूँ पाप की दुनिया में।

मगर आज इस शहर में माँ के लिए पूजा-घर कहाँ से आये? लखन बाबू ने समझाया--"तुम्हें रोज सुबह-शाम ठाकुर जी के दर्शन करने हैं न? इधर पार्वती मन्दिर है, उधर महादेव मन्दिर है, सामने जगन्नाथ जी का मन्दिर है। गाड़ी है, ड्राइवर है। जब इच्छा हो, जाकर दर्शन कर आया करो। जिस दिन नहीं जा पाओगी, मन्दिर के पुजारी आकर चरणामृत दे जायँगे। घर में इतना झमेला बढ़ाने से क्या होगा?"

माँ अवाक् रह गयीं। बोली, "क्या कहा? ठाकुर जी तुम्हारे लिए झमेला बन गये? ठाकुर जी ही झमेला हैं, तो मैं भी तुम्हारी निगाह में झमेला ही हूँ। बेटे लखू! मुझे गाँव भेज दे। आखिरी घड़ी मुँह में चरणामृत देने वाला कोई पास हो न हो, यह सोच चली आयी। ...ख़ैर, ठाकुर जी की मरज़ी। आदमी क्या कर सकता है?" लखन बाबू थोड़े घबरा गये। कहा--'चू...चू...चू...तू चिन्ता न कर माँ! मैं तो तेरी ही सुविधा की खातिर कह रहा था। ठाकुर-पूजा में क्या कम झंझट होते हैं? तुझमें इतनी शक्ति है? तेरी इच्छा ही है पूजा-घर की, तो इन्तज़ाम हो जायेगा..."

हालाँकि लखन बाबू के घर पर कभी-कभी धर्म-चर्चा हुआ करती है। इसके लिए हॉल है। बाबा आते हैं। भजन-कीर्तन, प्रवचन होते हैं। नामी वक्ता आते हैं। भजन के बाद भोजनादि की व्यवस्था होती है। धर्म-चर्चा के बाद गण्यमान्य लोगों में आध्यामिक चेतना जगाये या न जगाये, माइक लगाकर बाहर के लोगों के कान में वह चर्चा जरूर पड़ती। अखबारों में उसका लम्बा-चौड़ा विवरण

छपता। धर्म-चर्चा के समय लखन बाबू के घर पर बड़े-बड़े लोगों के पाँव पड़ते। कई मुश्किल काम इसी बीच आसान हो जाते। मगर माँ वहाँ पूजा-घर नहीं बनायेगी। उसके पूजा-घर में हर कोई, जैसे मरजी में आये नहीं घुस सकता।

काफी सोच-विचार के बाद सीढ़ियों के नीचे जो जगह है, उसे पूजा-घर बनाने की बात तय हुई। लखन बाबू और सुरेखा ने मिलकर फैसला किया। काफी चौड़ा है सीढ़ीघर। मोज़ाइक का फर्श। सीढ़ियों के नीचे सागवान की दीवार खड़ी की गयी, दीवार में आधी तो लकड़ी की और बाकी आधी अल्यूमिनियम की जाली लगा दी। हवा के लिए किवाड़ों में भी आधी जाली लगायी गयी। बस, सुन्दर कोठरी बन गयी। माँ सत्यभामा ठाकुरजी वाली गठरी लेकर आ गयी। खोलकर पीतल की प्रतिमाओं को आसान पर सजा दिया। दीवार पर झुला दिये देवी-देवताओं के चित्र। साथ में वहाँ लगे स्वर्गवासी पिता, बड़ी बहन और छोटे बहनोई के चित्र। सिर पर पिपली ग्राम का बना चन्दोआ तान दिया। कारीगरी की गयी थी उसमें भी। माँ के हाथ लगाने पर सीढ़ीघर कितना सुन्दर पूजा-घर बन गया। माँ का ज्यादा समय वहीं कटने लगा। गीता पढ़ती, माला फेरती, चन्दन घिसती, माला बनाती, गुनगुनाकर प्रार्थना बोलती, भजन गाती। ठाकुरजी को सीढ़ीघर में जगह मिली, इस बात का न कोई दुख था और न कोई अफ़सोस। भक्ति के पवित्र जल से सींच उन्हें जहाँ रखो, वे वहीं विराजमान होंगे। गीत गोविन्द सुनते-सुनते ठाकुर जगन्नाथ बैंगन की बारी में फिरते रहे। भक्त धूलि में लुढ़का दे तो प्रभु धूल में सन जाते हैं। धूल भी चन्दन बन जाती है। क्या सत्यभामा ये बातें नहीं जानती जो उसे दुख होगा?

सत्यभामा ठाकुरजी के आगे गुड़, कन्द का भोग लगाती। लाखन बाबू, सुरेखा एवं बच्चों को आवाज़ लगाती। लखन बाबू भोग लेकर सिर से छुआते। सुरेखा अंगुली के सिरे से छूकर जीभ पर लगाती। बच्चे तो उधर आते भी नहीं। कहते—हम कोई कीड़े-मकोड़े हैं जो गुड़-कन्द खाएँगे? हम कॉलेज जाते हैं, क्या दादी बुढ़िया को इतना भी नहीं मालूम?

तब दादी सत्यभामा आँखें तरेरती—तेरे बाप और माँ ने मेरे सामने जन्म लिया है। समझे? वे भी बच्चे हैं मेरे लिए। और तुम तो कल के अण्डे हो...

बच्चे और ज़ोर से हँसते। मगर भाग-भागकर भोग लेने कोई नहीं आता। सत्यभामा मन-ही-मन मन गुनगुनाकर सोचती—कैसा खारा युग है कि बच्चे भी मीठा नहीं लेते! बस नमकीन और मिर्च-मसाले चाटते हैं!

दूसरी बहुएँ जब सास को देखने आतीं तो कहतीं—अच्छा हुआ, सासजी

यहाँ रह गयीं। कम-से-कम पूजा-घर की व्यवस्था तो हो सकी! हमारा मकान तो इतना छोटा है कि सासजी के लिए अलग कोठरी कहाँ हो पाती? सीढ़ीघर तो एकदम सँकरा है।

मगर लखन बाबू के अन्दर ग्लानि जम रही थी।

पसीने में तर माँ दिन-भर पूजा-घर में रहती। अपने एयरकण्डीशण्ड कमरे से आकर सीढ़ियों की बगल से उतरते वक्त पूजा-घर के पास अनायास कदम थम जाते। वहाँ ठाकुर जी की फोटो के पास उधर टँगे फोटो में पिता, जीजी और बहनोई को देखती माँ आँख मींचे बैठी होती। लखन बाबू और दूसरे बेटों के परिवार का मंगल मनाती। पसीने में तर बैठी है माँ। अचानक लखन बाबू की देह में पसीना उतर आता। अचानक ठक-ठक करते कदमों से आगे बढ़ जाते। कहीं माँ की आँखें उन पर न पड़ जायें, उनकी आँखें पिताजी के फोटो पर न पड़ जायें। बाहर से लौटते समय फिर एक पल पाँव सीढ़ीघर के पास थमते। सिर पता नहीं क्यों बोझिल-सा लगता। कोई अनजान भय मन में उमड़ता-सा लगता।

बचपन में गलती करते तो पूजा-घर ही उनके लिए कठघरा था। गीता छुआने की जरूरत न पड़ती। ठाकुरजी के फ़ोटो की ओर देख माँ की आँखों का सामना करते तो सत्य के सिवा कुछ नहीं कह पाते। माँ की गोद में मुँह छुपाकर कहते—"अब कभी ऐसा नहीं करूँगा..." बस इतने में माँ की कठोर निगाह शीतल हो जाती। माँ गोद में लेकर कहती—"मैं जानती हूँ, बच्चू ने बालपन-वश गलती कर डाली है, मेरे नन्हे ऐसे नहीं हैं।" माँ के मुँह से 'मेरे नन्हे' इस ढंग से निकलता कि मन को एकदम निर्मल, पवित्र कर देता। तभी बच्चे प्रतिज्ञा करते—"माँ के बच्चू होकर गलती करना अन्याय है, पाप है!" फिर प्रतिज्ञा टूटती। फिर पूजा-घर में सच बोलना, माँ द्वारा माफ़ करना, फिर प्रतिज्ञा करना। इन सब में मन कभी बोझिल नहीं होता। दिमाग भन्नाता नहीं। छाती पर बोझ लदा होने जैसा नहीं लगता। जीवन सुन्दर, सरल छन्द में बह जाता। मन में आता—आह, पृथ्वी कितनी सुन्दर है! मगर इधर कुछ दिन हुए मन खूब भारी-भारी लगता है। सीढ़ियाँ चढ़ने पर छाती धकधकाने लगती है। पाँव साथ नहीं देते। घर से बाहर निकलो तो आदमी चाकरी, व्यवसाय, राजनीति, वकालत, शिक्षण—कुछ भी करे, कहीं सत्य बोल पाता है?

बाहर से लौटकर लखन बाबू अनायास शंका में भर जाते। सीढ़ीघर की ओर आगे बढ़ते-बढ़ते मन पता नहीं क्यों बैठ जाता। डर लगता कि कहीं माँ पूजा-घर में न बुला ले। पूछ न बैठे—"साखी है ठाकुरजी की। मेरी ओर देखकर

बोल, सब ठीक कर रहा है? तू इतनी देर से क्यों लौटता है रात में? आँखें यों लाल-लाल क्यों दिख रही हैं? पाँव क्यों लड़खड़ा रहे हैं? मि. मिश्र घर नहीं होते, तब उनकी स्त्री के पास तेरा क्या काम आ पड़ता है? इतने अधिक टूर क्यों करता है? हरदम लेडी सेक्रेटरियों को ही साथ लेकर क्यों जाता है? भजन-समारोह में नेताओं, अफ़सरों और गण्यमान्य लोगों को बुलाकर बन्द किवाड़ों के पीछे उनसे क्या चर्चा करता है? धर्मचर्चा? उसमें इतना चौकन्ना, गोपनीय क्या है? गाड़ी में नोटों से भरी अटैची, बड़े-बड़े पैकेट रात में लेकर किसे दे आता है? शहर के नामी गुण्डे, दागी लोग तेरे यहाँ क्यों आते हैं? उन्हें मासिकी क्यों देता है? ...अरे और...इसके बाद के सवाल माँ की बुद्धि-विद्या के घेरे के बाहर हैं। जितना उसकी आँख में पड़ता है, उतने का उत्तर क्या वह साफ़-साफ़ दे पायेगा? माँ अगर 'मेरे बच्चू' कहकर कहीं पूछ बैठी तो?

हालाँकि माँ कुछ नहीं पूछती। लखन बाबू माँ को टाल जाते हैं या ठाकुरजी से कन्नी काट लेते हैं, या माँ उसकी अपेक्षा कर दती है। कौन जाने! मगर कभी-कभी मन करता कि कहूँ—'माँ, उन दिनों की तरह मेरे मन को कुछ हलका कर दे। खुला कर दे, प्रफुल्लित कर दे।' छाती इतना भार सह नहीं पाती—यह भी माँ को वे नहीं बता पाते। जीवन की जटिलता के साथ धीरे-धीरे ग्लानि बढ़ती जाती है—साथ-साथ बढ़ रहा है रक्तचाप, छाती का कष्ट, क्लान्ति। वैसे देखें तो उन्हें क्या कमी है?

सुरेखा भी सोचती—सास के आने के बाद मन में बोझ-सा लगता है। चीख-चिल्लाकर नौकर-चाकर, माली रसोइए को गाली नहीं दे पाती। बैठक में ठहाके नहीं मार पाती। काम करते-करते नीचे वाले बैडरूम में धड़ाम से लेट नहीं पाती। हर घड़ी काँटा-सा चुभता—कि सास हैं, पूजा-घर में गरमी में बैठी-बैठी सबका मंगल मना रही हैं। बेटे-बेटी, बहू, पोते-पोती—सबका जीवन नियम-कायदे में रहे, इसी की मनौती कर रही हैं। हर बात में हाथ—पाँव, ज़बान, मन थोड़ा रुक-रुक-सा जाता है। लगाम-सी लगती है। बच्चे भी पूजा-घर के पास जाते-जाते सजग हो जाते हैं। जूते-चप्पल-सैण्डलों की धम्म-धम्म बन्द हो जाती है उधर से गुज़रते समय। व्हिसित पर गीत नहीं गा पाते। याद आ जाता है—माँ पूजा-घर में हैं! पूजा-घर माने सबके लिए अनुचित कदम बढ़ाते समय लक्ष्मण-रेखा बन जाता है! नाती-पोते खीझ उठते—"उफ़्! बुढ़िया कितनी पूजा... करती है रे बाबा!..."

सुरेखा पति से कहती—"पूजा-घर सीढ़ी-तले करने के सिवा चारा नहीं। मगर इसमें भी बड़ी दिक्कत है। सीढ़ियाँ चढ़ते समय लगता है—पैरों-तले ठाकुरजी हैं,

माँ हैं–कुछ संकोच-सा आ जाता है। ऐसे कब तक चलेगा?" लखन भी गम्भीर होकर कहते–"मेरा भी प्रेशर आजकल कुछ अधिक लगता है। पता नहीं क्यों? मगर और उपाय भी क्या है? कुछ दिन की बात है–माँ कौन सदा ही हमारे घर बैठी रहेगी?" अब और कहाँ जायेगी? फिर दूसरे किसी बेटे-बहू के पास रहने को राज़ी भी नहीं होती।" सच तो! चौंक उठते लखन बाबू। ऐसी बात मुँह से निकल कैसे गयी? माँ भला अब कहाँ जायेगी? क्यों जायेगी? वह तो माँ है अपनी। कोई अतिथि-अभ्यागत नहीं जो दो-चार दिन में चली जायेगी। लखन बाबू बात वहीं बन्द कर देते। माँ को लेकर तर्क-वितर्क नहीं किया जा सकता। ऐसी बात निकल गयी कैसे उनकी ज़बान से? मन थोड़ा खिन्न हो जाता। बच्चा कितनी ही ज़िद करे, माँ को तो कभी बुरा नहीं लगता। माँ की जरा, व्याधि, रोग-शोक, बच्चों को अटपटे क्यों लगते हैं? मन पर काबू पाने की कोशिश कर रहे हैं लखन बाबू।

मगर एक दिन माँ चली गयीं। कहाँ गयी, कोई नहीं जान पाया। खाँसते हुए कहा–"चलती हूँ...!" ऊपर की ओर हाथ दिखाकर संकेत किया। बस चली गयीं। उसी ठाकुरघर में पूजा करते-करते छाती में थोड़ा कष्ट–बेटे, बहु, पोते-पोती–सब दौड़े आये...। इतने बड़े घर के बीच में अचानक उठ गयीं। पसीने में भीगा उसकी आत्मा का जीर्ण खोल पड़ा है पूजा-घर के फर्श पर। क्रिया-कर्म के बाद माँ के ठाकुर जी समेत पूजा-घर का सामान गाँव की ठाकुरबाड़ी में भिजवा दिया गया। बेटे-पोते बहू आदि सब पहले की तरह चैन से आना-जाना करने लगे।

वैसे सीढ़ीवाले उस घर को देख लखन बाबू को खाली-खाली लगता है। भारी-भारी लगती छाती अब एकदम खाली-खाली लगती है। यह कैसा रोग है! वे सोचते–पूजा-घर पाँवों तले था इसीलिए उनके पाँव बाट-कुबाट पहचान लेते थे। वहीं बैठ माँ की दोनों आँखें चुपचाप मानो उनका पीछा करती हैं। सीढ़ियों से ऊपर उठते समय पाँवों तले रहती माँ, उसका पूजा-घर, ठाकुरजी। सचमुच! माँ का उत्सर्गीकृत जीवन–उस पर पाँव रखकर वे इतनी दूर आये हैं।

आधुनिक जीवन में पिचहत्तर वर्ष की माँ और पूजा-घर की तरह आधुनिक अट्टालिकाओं में सीढ़ीवाला कमरा प्रायः बेकार और ग़ैर-ज़रूरी हो जाता है। लेकिन सीढ़ीघर के बिना ऊपर उठा नहीं जा सकता। माँ और ठाकुर के बिना सृष्टि में जीवन और उसकी पूर्णता वैसे ही असम्भव है।

अनुवाद : शंकरलाल पुरोहित

शरणकुमार लिंबाले

मराठी दलित कवि, उपन्यासकार, कहानीकार, समीक्षक तथा सम्पादक के रूप में प्रतिष्ठित शरण कुमार लिम्बाले का जन्म 1 जून 1956 को हुआ था। उनके दो कहानी संकलन दो कविता संकलन, पाँच उपन्यास, तीन समीक्षा ग्रन्थ तथा दस से अधिक सम्पादित ग्रन्थ प्रकाशित हो चुके हैं। उनकी कृतियाँ भारत की विभिन्न भाषाओं और अंग्रेजी में अनूदित हुई हैं। वे अपनी आत्मकथा 'अक्करमाशी' के लिए भारत भर में प्रसिद्ध हुए।

नाग पीछा कर रहे हैं

भारत को आजादी मिल चुकी थी, उसी समय की समय है। हमारे अक्कलकोट रियासत के राजमहल पर तिरंगा झण्डा फहर रहा था। रियासत भारत में शामिल हो गयी थी। हमारे पास पाँच गाँव की पटेलगिरी थी। आजादी के कारण हमारी पटेलगिरी समाप्त हो गयी, लेकिन पहले आम चुनाव में हमारी तहसील के पहले विधायक के रूप में मेरे बापू ही निर्विरोध चुने गये थे। लगातार पन्द्रह बरस तक वह इस तहसील से विधायक के रूप में चुने जाते रहे। इस वर्ष हमारा मतदाता क्षेत्र आरक्षित घोषित होने वाला था, वरना मेरे बापू तो मुझे ही चुनाव लड़ने के लिए कहने वाले थे।

मेरे बापू का नाम है विलास सिद्रामप्पा पाटील।

हमारे यहाँ कोंड्या नाम का महार था। वह हमारे घर का महार था। कोंड्या मेरे बापू की खातिर कुछ भी करने को तैयार रहता था। हमारा खानदान कोंड्या को ही नहीं, उसकी सत्रह पीढ़ियों को पालतू जानवरों की तरह पालता आ रहा था। कोंड्या महार कुत्ते-बिल्ली जैसा ही एक पालतू जानवर था। बापू के बाहर से आ जाने पर वह उनके पैर धोता। घर के लिए हाट-बाजार जाना, खेती की देखभाल करना, मजदूरों को वेतन देना आदि काम किया जाता था। बापू को वह 'अण्णा' सम्बोधित करता था। कोंड्या की जोरू केरा हमारे घर के गोठ में काम करती थी। खेती के कामों के लिए और-और औरतों को ले आती थी।

बापू के विधायक हो जाने के बाद कोंड्या महार पी.ए. बन गया। क्या महार और क्या पी.ए., काम तो एक ही था। पी.ए. बन जाने के बाद कोंड्या महार के काम बढ़ गये थे। उसके बदन पर खादी के कपड़े आ गये थे। कोंड्या बापू का पी.ए. बॉडीगार्ड और चेला भी था। बापू के पीछे-पीछे चलना उनके नारे लगाना जैसे काम वह करता था। इसलिए बापू उस पर बड़े खुश रहते थे।

मेरे दादाजी पुराणपन्थी थे। छुआछूत मानते थे। प्रवृत्ति से धार्मिक और

कठोर अनुशासन को माननेवाले थे। 'महारों को सिर पर नहीं बिठाना चाहिए। नौकरों को जूते की नोक पर रखना चाहिए।' ऐसा उनका निश्चित मत था। बचपन की एक याद मुझे अभी भी आती है। मुझे प्यास लगी थी। आसपास कोई नहीं था। कुएँ में उतरकर पानी पीना मेरी जान के लिए एक संकट हो गया था। मैंने कोंड्या महार को पुकारा। कुएँ से पानी लाने के लिए कह दिया। पानी लाने को वह तैयार नहीं था। किसी ने देखा तो गजब हो जायेगा, इस विचार से वह कुएँ में उतरने से आनाकानी कर रहा था। मैं जिद पकड़कर बैठ गया। कोंड्या आखिर पानी लाने के लिए कुएँ में उतर गया। मैं बाहर पहरा दे रहा था। इतने में न जाने कहाँ से दादाजी वहाँ आ गये।

दादाजी ने कोंड्या महार को कुएँ में उतरते हुए देख लिया था। मैं वहाँ से भाग खड़ा हुआ। दादाजी ने कोंड्या को जूतों से बेहद पीटा। उसने कुआँ भ्रष्ट कर दिया था। महार यदि कुएँ को भ्रष्ट कर देता है तो खेत से लक्ष्मी भाग जाती है। महार अमंगल होता है। कोंड्या चीख रहा था। कह रहा था-"छोटे मालिक ने भेज दिया।" दादाजी आग बबूला हो उठे थे, "छोटे मालिक ने गू खाने के लिए कहा तो तू खायेगा? अरे तू महार है न, अपनी जात को भी भूल गया? तुझे मस्ती चढ़ गयी है?"

कोंड्या महार का बेटा दौल्या मेरा दोस्त था। हम दोनों एक साथ ही सातवीं कक्षा पास हो गये थे। सातवीं के बाद हाईस्कूल के लिए गाँव से दो मील दूर जाना पड़ता था। मेरी दादी के नाम पर इस हाईस्कूल की स्थापना हुई थी। आसपास के पाँच गाँवों के लड़के यहाँ आकर पढ़ते थे। सुन्दर बगीचा, आलीशान इमारत, लम्बा-चौड़ा क्रीड़ांगन-इन बातों में मन रम जाता था। पाँच गाँव के लड़के आते थे, इसलिए माहौल मेलजोल का रहता था। मैं और दौल्या साथ-साथ स्कूल जाते थे। रास्ते में अन्दाप्पा का कुआँ पड़ता था। वहाँ हम भोजन करते। दौल्या की चटनी मुझे बहुत पसन्द आती थी। चटनी बहुत तेज हुआ करती थी। मैं दौल्या की चटनी खाता और दौल्या मेरी सब्जी खाता। आते-जाते दौल्या ही मेरे बस्ते का बोझ उठाता। कभी-कभी दौल्या के साथ मेरा झगड़ा भी हो जाता, तब वह मुझे धमकी देता था, "गाँव में कह दूँगा कि हमारी चटनी खाता है!" फिर तो मैं बिल्कुल ठण्डा पड़ जाता। अगर लोगों को पता चल गया कि मैं महार के हाथ की चटनी खाता हूँ तो बड़ी बदनामी होगी। इसी बात का मुझे डर था।

एक बार मेरा और दौल्या का जोरदार झगड़ा हो गया। मैंने दौल्या को नीचे गिराकर बहुत पीटा। उस दिन हम दोनों का स्कूल में नागा हो गया।

"मेरी चटनी खाई, यह बात मैं तेरे घर जाकर बता दूँगा!" दौल्या ने कहा।

"कह देना! क्या करेगा? तू भी तो इनसान है।" मैंने कहा।

"महार की चटनी खाकर पटेल भ्रष्ट हो गया।" दौल्या बोल उठा।

शाम को घर जाकर दौल्या ने बता दिया कि मैं उसकी चटनी खाता हूँ और न देने पर उसे मारता-पीटता हूँ। जैसाकि अपेक्षित था, दादाजी ने मेरी पिटाई की।

शाम को माँ ने मुझे अपने पास बुला लिया। उस दिन मैंने खाना खाने से इनकार कर दिया था। माँ मुझे समझा रही थी, "हम लोग पाँच गाँव के पटेल हैं। महार की जातनीच होती है। वे अपने नौकर हैं। महार मरे हुए जानवर खाते हैं। इसलिए हमें उनके हाथ की चीज़ें नहीं खानी चाहिए। तुझे चटनी चाहिए तो मुझे बता। मैं चटनी बना दूँगी। तुझे दौल्या की चटनी नहीं खानी चाहिए।"

फिर दौल्या का स्कूल जाना बन्द हो गया। मैं अकेला ही स्कूल जाने लगा। बापू ने मेरे लिए एक साइकिल भी खरीद दी थी।

साइकिल को देखने के लिए तब समूचा गाँव इकट्ठा हो गया था। मैं साइकिल पर बैठना सीख रहा था। कोंड्या मुझे साइकिल चलाना सिखा रहा था। मैं साइकिल पर बैठा था और कोंड्या साइकिल पकड़े मेरे पीछे-पीछे दौड़ रहा था। मैं साइकिल चलाता और कोंड्या मेरे पीछे-पीछे जानवर की तरह तोड़ता रहता। माँ ने कोंड्या को चेतावनी दी थी कि अगर मैं साइकिल से गिरा तो उसको दादाजी के हाथों जूतों की मार खानी पड़ेगी। इसीलिए कोंड्या को मेरी बड़ी फिक्र रहा करती थी।

कोंड्या के थक जाने पर उसकी जोरू केरा साइकिल के पीछे दौड़ा करती। वह बार-बार चिल्लाती, "साइकिल धीरे चलाइए मालिक, नहीं तो गिर जाएँगे। सामने ढलान है जी।" मैं साइकिल दौड़ाने में मशगूल रहता था। साइकिल ढलान पर से जा रही थी। ब्रेक दबाने का ध्यान नहीं रहा। साइकिल दौड़ने लगी, कोंड्या दौड़ते हुए आ गया। जानवरों को रोकना वह जानता था। 'है-हो-हो' कहता रहा। साइकिल और मैं दोनों गड्ढे में जा रहा। साइकिल जानवर थोड़े ही थी जो रुक जाती। साइकिल और मैं दोनों गड्ढे में जा गिरे। मुझे चोट लगी थी। केरा ने मुझे आहिस्ता से ऊपर उठाया। अपनी धोती से मेरा अंग पोंछ दिया। केरा महारन में मुझ अपनी माँ के दर्शन हो गये।

फसल की धूम थी। ज्वार की फसल तैयार होने को थी। दाने भर चले थे। केरा खेत में पंछियों को भगाने का काम कर रही थी। दौल्या भी अब हमारे खेत में मशक्कत करने लगा था। सभी खेतों में पंछियों के झुण्ड आ रहे थे। ढेलबाँस

से खेतों की रखवाली हो रही थी। फसल झूम रही थी। मैं साइकिल पर सवार होकर खेत की ओर निकल पड़ा। इतवार का दिन था। बापू तहसील के किसी गाँव गये हुए थे। दादाजी ने मुझे इधर भेजा था। खेत में दस मजदूर काम पर थे।

मैं खेत की मेंड़ से होता हुआ जा रहा था। कोने पर मुझे कुछ औरतें छिपती हुई दिखाई दीं। मैंने साइकिल रख दी और उधर दौड़ पड़ा। दो महार औरतें खेत में घुसकर फसल की बालियाँ तोड़ रही थीं। उनके कपड़े में बालियों का ढेर दिखाई दिया। मुझे देखकर वे सहम गयीं। मैंने उनके झोंटे पकड़कर उन्हें पीटना शुरू कर दिया। वे गिड़गिड़ाने लगीं। उनमें से एक तो खासी जवान थी। मैं उन दोनों को घर ले जाकर दादाजी के समाने पेश करने वाला था, लेकिन उन्होंने मेरे पैर छूना शुरू कर दिया। रहम खाकर मैंने उन्हें छोड़ दिया।

आगे फसल काटते वक्त वही औरतें दिखाई पड़ीं। फसल काटने का ठेका उन्होंने ही लिया था। मुझे देखकर वे मुसकराने लग जातीं। मैं भी अपनी हँसी क़ो रोक नहीं पाता। मन में आता कि इनको फिर एक बार पीटना चाहिए।

जानवरों के गोठ के पास कोंड्या महार का कमरा था। वहीं पर वह सो जाता। हमारे घर की रखवाली की जिम्मेदारी उस पर और मोतिया कुत्ते पर थी। दोनों ही ईमानदार थे। जिस घर का अन्न खाया है, उसके प्रति निष्ठावान कोंड्या हमारे घर का नौकर था, फिर भी वह महारों का पंच था। हर साल वह बापू से आम्बेडकर जयन्ती का चन्दा वसूल करता। हमारे गाँव के महार आम्बेडकर जयन्ती भी मनाते थे और मरे हुए जानवरों को भी खींच ले जाते थे। मैंने एक बार कोंड्या से पूछा तो उसने कहा, "हमें बाबासाहब भी चाहिए और गाँव भी चाहिए। घर में बुद्ध आ गया तो क्या परम्परा से चली आ रही सिर पर रखी जाने वाली देवी माता की डाली को नीचे डाल दिया जा सकता है? हम दोनों की भक्ति करेंगे। आखिर डाली और लाठी हो तो महार की जिन्दगी है न?"

इस वर्ष हमारा चुनाव-क्षेत्र आरक्षित घोषित हुआ था। बापू पन्द्रह साल तक विधायक पद का सुख भोग चुके थे। बापू ने तय किया कि इस बार कोंड्या को चुनाव में जिताएँगे। राजनीति में बापू के शब्दों का सम्मान किया जाता था। पाँच गाँवों के लोग तो उनको भगवान की तरह मानते थे। बापू अगर कह देते कि गधे का चुनाव होना चाहिए तो लोग गधे को ही मत दे देते। बापू ने कोंड्या को चुनवाने का निश्चय कर लिया था। कोंड्या हाँ-में-हाँ मिलानेवाला महार था, नौकर था।

कोंड्या बापू के पैर दबा रहा था। बापू उसे चुनाव के बारे में कुछ समझा

रहे थे। उसके लिए वे पैसा खर्च करने वाले थे। कोंड्या महार 'जी अण्णा, जी अण्णा' कहते हुए उनकी बात को दुहरा रहा था। बापू ने कोंड्या का आवेदन-पत्र भर देने की बात निश्चित की और कोंड्या जानवरों का गोबर साफ़ करने के लिए निकल गया।

उस दिन मैं, बापू, कोंड्या और दादाजी सब चुनाव का फॉर्म भरने के लिए तहसील की ओर चल पड़े। बापू ने जीप बाहर निकाल ली। पूरी तहसील में दो ही लोगों के पास जीप थी। एक हमारे पास और दूसरी रियासत के राजा के पास। हम लोग अक्कलकोट पहुँच गये। वहाँ जाकर पहले स्वामी महाराज के दर्शन कर लिए। आशीर्वाद ग्रहण किया और चुनाव का फॉर्म भर दिया। मिठाई बाँटी। अपने घर का महार विधान सभा में जायेगा, इस बात की दादाजी को कितनी खुशी थी।

पता चला कि दौल्या ने भी चुनाव का फॉर्म भर दिया है। शादी के बाद वह अपने ससुर के साथ अक्कलकोट में ही रहने लगा था। उसका ससुर रिपब्लिकन पार्टी का नेता था। उसकी लकड़ी की टाल थी। पिछले दस वर्षों से घरजमाई बनकर दौल्या उसके पास ही रहना लगा था। दौल्या के दो बच्चे भी थे। इस बात का पता चलते ही कि दौल्या ने भी फॉर्म भर दिया है, दादाजी गुस्से से भड़क उठे। उनकी नजरों में दौल्या की मस्ती भर गयी।

दादाजी स्वयं दौल्या के पास चले गये। उन्होंने उसे अपना आवेदन वापस ले लेने के लिए कहा। मैं भी दादाजी के साथ गया हुआ था। हमने उससे कहा कि वह पचास हज़ार ले ले और अपना आवेदन वापस ले ले। समझाने पर भी वह मानने को तैयार नही था। आज तक किसी ने दादाजी की बात नहीं मानी, ऐसा हुआ ही नहीं था। इसलिए उनसे यह बात सहन नहीं हुई। रात में दादाजी ने दौल्या और केरा को हण्टर से मारा। बापू बीच में पड़ गये, इसलिए मामला ठण्डा हो गया।

दादाजी ने अब जिद पकड़ ली। दौल्या का गाँव में प्रवेश बन्द था। फिर भी बीस-पचीस जवानों का झुण्ड लेकर दौल्या हमारे गाँव में आया है, यह ख़बर मिलते ही दादाजी-चीखते-चिल्लाते हवेली से बाहर निकल पड़े। तुरन्त समूचा गाँव इकट्ठा हो गया और हम सब महारबाड़े की तरफ झपट पड़े। दौल्या की सभा तितर-बितर हो गयी थी। दो-चार झोंपड़ियाँ जल रही थीं। क्रन्दन-विलाप आकाश को छू रहा था। हाहाकार मचा हुआ था। मैं भी बेभान हो चला था। जो भी दिखाई देता था उसी की चमड़ी हण्टर से उधेड़ रहा था। बीवी-बच्चों को भी

मैंने नहीं बक्शा। दादाजी चबूतरे पर थे और हमने हुड़दंग मचा रखा था। लेकिन दौल्या सही सलामत छूटकर गाँव के बाहर भाग चला था। किसी ने हमको खबर दी और हमने दौल्या का पीछा शुरू कर दिया। हम सभी अब जिद में पागल हो उठे थे। दौल्या आगे भाग रहा था। हम उसके पीछे। खरगोश और शिकारी कुत्तों की दौड़ चल रही थी।

दौल्या जान बचाता खेतों-जंगलों से भाग रहा था और हम हाथों में लाठियाँ, कुल्हाड़ियाँ लिए उसका पीछा कर रहे थे। सभी लोग जोर-जोर से आवाज़ें लगा रहे थे। दौल्या बदहवास होकर जान बचाने के लिए भागा ही जा रहा था और हम वहशी बन गये थे। अन्दाप्पा के कुएँ के पास दौल्या गिर पड़ा। उसी जगह जहाँ हम दोनों खाना खाया करते थे। मुझे उसकी चटनी अच्छी लगती थी। जब तक मैं दौल्या के पास पहुँचता तब तक उस पर कई घाव पड़ चुके थे। वह खून से सन गया था। उसका बदन तड़प रहा था। हाथ-पाँव काँप रहे थे। लेकिन दौल्या की नजर मेरी ओर नाग की तरह चुभ रही थी। जब भी दौल्या के साथ मेरा झगड़ा हुआ करता था, तब दौल्या मेरी ओर ऐसी ही नजर से देखा करता था।

आज पाँच-छह वर्षों के बाद जब हम कोर्ट से बाहर आ रहे हैं, मेरे मन से ये सारी यादें हटने का नाम ही नहीं ले रही हैं। मन को जकड़कर बैठ गयी हैं। दादाजी कोर्ट के बाहर मिठाई लेकर खड़े हैं। हम बाइज्जत बरी हो गये हैं। दादाजी ने जज साहब को 'बन्दमुट्ठी' दी थी। तब मुझे पैसे को ठुकराने वाला दौल्या याद आ गया था। हम कोर्ट के बाहर चले आये थे। मैं, बापू और विधायक कोंडिबा काम्बले जीप में बैठ गये। दादाजी मिठाई बाँट रहे थे।

कोर्ट से बाहर निकलते वक्त मैंने दौल्या की बीवी की ओर देखा था। उसकी नजर में मुझे दौल्या की नजर दिखाई दी। वह नजर अब भी मेरा पीछा कर रही है। मैं भाग रहा हूँ और हजारों जहरीले काले नाग मुझे दंश चुभाने के लिए मेरा पीछा कर रहे हैं।

इस कोर्ट की दीवारों ने कितने नागों को दन्तहीन कर दिया होगा?

अनुवाद : निशिकान्त ठकार

एम.के. बिनोदिनी

मणिपुरी भाषा की अग्रणी कथाकार एम.के. विनोदिनी का जन्म 6 फरवरी 1922 को इम्फाल में मणिपुर के एक राजघराने में हुआ था। 'नुंगैरक्त चन्द्रमुखी असंगबा नोंगजाबी उनके प्रमुख कहानी संकलन हैं। अमासंग इन्द्रजित, बोरो साहब ओंगबी सनाटोंबी आदि उनके प्रमुख उपन्यास हैं। 1976 को वे पद्मश्री से अलंकृत हुईं।

उन्हें साहित्य अकादमी पुरस्कार मिला है। 17 जनवरी 2011 को उनकी मृत्यु हुई।

कहानी

छोटी माँ

सर्दी की एक शाम। गेट के पास उगे घने पत्तों वाले बकुल के पेड़ पर बहुत सारे चोङा[1] डाल के लिए लड़ रहे हैं। सर्दी की शाम आँखों ही आँखों में ढल गयी और दूर से बच्चों के खेलने-किलकारियाँ भरने की आवाज़ें भी मन्द पड़ गयीं। पड़ोस का कुत्ता लगातार ज़ोर-ज़ोर से भौंकने लगा। जैसे जान देकर ही रहेगा, बीच-बीच में घर वालों के चुप रहने की हिदायत देने की आवाज़ आ रही थी।

घर के भीतर टँगी घड़ी की टिक-टिक ही इस सन्नाटे की साक्षी है। घर में बत्ती नहीं जली थी। थामचा बिस्तर पर मुँह के बल लेटी बेबसी में हिचकी भर-भरकर रो रही थी। तभी किसी के आने की आहट हुई। "इनेमसी[2], मैं आ गया।" कहता हुआ एक जवान लड़का दरवाजा खोलकर भीतर घुसा और "बत्ती नहीं जली!" कहता हुआ अपना बिस्तर और बक्सा अन्दर रखकर चुपचाप बाहर निकल गया। थामचा झट से उठी और आँसू पोंछते हुए बाहर निकली तो उस लड़के को कुछ दोस्तों के साथ गेट से बाहर जाते देखा। थामचा घबरा गयी। उसने सुना था कि इबोचौबा आ रहा है, पर कब पहुँच रहा है यह पारिजात ने नहीं बताया था, इसलिए अनजान थी।

थामचा पारिजात की अठारह साल की दूसरी पत्नी है। तीन-चार साल हुए पारिजात की पहली पत्नी एक लकड़ा और एक लड़की को छोड़कर स्वर्ग सिधार गयी थी। पारिजात बाबू राजस्व विभाग में काम करता है। बाबू है तो बाबू के स्तर का ही कोई पद होगा। मैतै लोगों में धनी होने की पहचान—बड़ा-सा पाँच कमरों वाला घर, घर के आगे ओसारा, धान का कुठला आदि उसके पास हैं। पहली पत्नी के गुज़र जाने के बाद से मायके लौट आयी उसकी छोटी बहन

---

1. मैना की प्रजाति की एक चिड़िया।
2. इने का मूल अर्थ होता है बुआ किन्तु जिस स्त्री का सम्बन्ध राज परिवार से होता है उसे बुआ पुकारते समय वैशिष्ट्य तथा सम्मान प्रदान करने के लिए इनेमसी कहा जाता है।

लैरेनशीज[3] ही घर को सँभाल रही है। आठ वर्ष की अपनी बेटी तोम्बी का ध्यान कर शादी कर रहा हूँ, यही कहकर तखेलई[4] सी कोमल कुँवारी लड़की ले आया था और बच्चों के लिए अपनी बहन को अनुपयुक्त सिद्ध कर दिया था।

पत्नी के बिछोह से टूटे हुए हृदय को सँभालने में थामचा को दो-तीन दिन से ज्यादा नहीं लगे। एक-एक दिन गुज़रने के साथ धीरे-धीरे बिछोह का गम भूल गया। रोज़ छिपते-छिपाते कभी शंख की चूड़ी, कभी सुगन्धित तेल लाकर प्यार की कीमत चुकाता रहा।

इस तरह एक साल गुज़र गया। सारा प्यार रातरानी की सुगन्ध की तरह केवल एक ही रात में अपनी महक से उसको मदहोश कर सूख गया। कौन कह सकता है कि यहाँ सुगन्ध के रस से सराबोर जिन्दगी थी। दिन बीतते-बीतते उसकी कीमत घटती रही—ठीक पानी की तरह जो उपयोगी होते हुए भी सस्ता और सुलभ होता है। पारिजात अकसर घर नहीं लौटता। सुबह होते ही काम पर जाने की तैयारी करने लगता, थका हुआ लौटता और थौरानी हैनवखाइबी के यहाँ ताश खेलने चला जाता। रात देर से लौटता। बिना कुछ बोले सो जाता।

एक दिन थामचा डरते-डरते भी लाड़ दिखाते हुए शिकायत के लहजे में, "ऐसे कैसे चलेगा! बेटी अलग परेशान करती है, आप भी डाँटते ही रहते हो!" कहते हुए रोने लगी। पारिजात नाराज़ होकर बोला, "हुम्म, नहीं होता तुमसे, कुछ तो चली जाओ! मुझे बहकाकर अपने वश में नहीं कर पाओगी। शादी की है पर यह जानता हूँ कि बूढ़ा हो गया हूँ, मेरा बेटा बड़ा हो गया है, यह भी जानता हूँ। औरत की उँगलियों के इशारे पर नाचने की उम्र नहीं रही मेरी।" और मुँह फेरकर सो गया।

भोली थामचा से 'मैं तुमसे प्यार करता हूँ, अब तो सब कुछ तुम्हारा ही है।' कहने वाला क्या यह वही पारिजात है? ग़रीब मौसी को पैसे देकर उसके प्रति प्यार जताने वाला। आज उसे यथार्थ का ज्ञान हो गया—उसे ब्याह कर इसलिए नहीं लाया गया था कि उससे प्यार है। न ही गरीब-लाचार लड़की के प्रति सहानुभूति के कारण उसे आश्रय दिया। शादी नहीं करते तो गृहस्थी के सुख से वंचित रह जाते। शादी इसीलिए की गयी थी। पर उसने अपने पति की उम्र और शक्ल-सूरत देखे बगैर अपनी सम्पत्ति उसे समर्पित कर दी इस गृहस्थी को आगे बढ़ाने के लिए।

---

3. राज परिवार में ब्याही गयी स्त्री।
4. सफ़ेद रंग का अत्यन्त कोमल पंखुड़ियों वाला पुष्प।

नादान थामचा पति का बड़ा घर, ओसारा, बाग-बगीचे और घर में टँगी बड़ी-सी घड़ी देख समझ रही थी यही सुख है। बच्चे की देख-रेख, पति की सेवा, ननद की टोका-टाकी के कारण नौकरानी की तरह रहने पर भी यह सोचकर कि पारिजात बाबू उसे प्यार करते हैं। उसने ख्वाबों का जो महल खड़ा किया था, वह ढह गया था। अपने जीवन में दरारें ही दरारें देख आँसू बहाने के सिवाय कुछ नहीं कर पाती। कभी दीवार पर टँगी घड़ी की टिक-टिक सुनकर आश्चर्य करती सोचती, यह अजूबा हमारा है और अकेले ही हँस पड़ती। कभी सोचती कैसा जीवन है!

आज छह दिन हुए, उसकी ननद शीज को भी उसका पति सनाइबुङो[5] सुलह हो जाने के बाद ले गया। कभी सोचा करती थी कि यह चली जाये तो राहत मिले, पर उसके जाते ही लगा कि घर काटने को दौड़ेगा। पूरा घर खाली-खाली लगने लगा।

इबोचौबा ने जब सुना कि उसके पिता ने दूसरी शादी कर ली है तो पढ़ाई के बाद भी घर नहीं लौटा। थामचा ने सुना था कि वह कहीं काम करने लगा है। वह अपरिचित इबोचौबा से एक अपराधी की तरह डरती थी। आज वही घर आ पहुँचा। अब क्या होगा! डरते-डरते उसने घर में बत्ती जलाई और पिछवाड़े जाकर खड़ी हो गयी। पारिजात द्वार से ही पुकारने लगा, ''बेटा लौट आया है। पानी गर्म किया या नहीं?'' अपने पति की आवाज़ सुन सकपकाई-सी कभी रसोई में जाती कभी इधर-उधर डोलती रही।

''कहाँ हो, ज़रा बाहर आओ, सुन रही हो! चूल्हा भी नहीं जला। क्या कर रही थी अब तक?'' थोड़ी देर बड़बड़ाने के बाद खुद ही चूल्हा फूँकने लगा। असमंजस में थामचा पारिजात के लिए हुक्का भरने लगी। यह देख वह आग बबूला होकर चीख उठा, ''रहने दो हुक्का, नहीं पीना है। जब पता चल गया था कि बेटा लौट आया है तो उसी हिसाब से काम निबटाना था। रास्ते में मुझसे न मिलता तो लौटकर चला ही जाता। ऐसा न हो इसलिए मैंने कितनी बार...।'' बाद के शब्द किसके लिए और किसको कहे गये, पता नहीं चला। थामचा रसोई में चली गयी।

बाप-बेटा अँगीठी के पास बैठ बातों में मशगूल हो गये। ''तुम्हारी बुआ को चार-पाँच दिन पहले ही फूफा आकर ले गये। तोम्बी को वह गोद लेना चाहती है,

---

5. सामान्य सामाजिक चलन में बड़ी उम्र का व्यक्ति अपने से छोटे को इबुङो कहता है किन्तु यदि वह छोटा राज-परिवार का व्यक्ति होता है तो उसके प्रति वैशिष्ट्य दर्शाने के लिए सनाइबुङो कहा जाता है।

इसलिए अपने साथ ले गयी। उसका अपना तो कोई बच्चा है नहीं, कहीं भावुक न हो जाये इसलिए मैंने भी 'हाँ' कह दी। कल लाने को कह दूँगा।''

''मैं ही थोड़ी देर में मिलने चला जाऊँगा, लाने की जरूरत नहीं।''

''हाँ! वहाँ का काम तो छोड़ आये हो न?''

''जी, छोड़ आया।''

''ठीक है, यहीं कोई काम देख लेंगे। तुम्हारी तरह बी.ए. तक पढ़कर कोई खाली नहीं बैठता। तुम्हें सिर की शिकायत थी, क्या अब भी है?''

''कभी-कभार दर्द उठता है।''

''अभी तक ठीक नहीं हुआ। डॉक्टर को दिखाना होगा। परसों तो बड़ी मज़ेदार बात हो गयी। तुम्हारी बुआ सिर दर्द के कारण लेटी हुई थी। तुम तो गर्मियों की छुट्टियों में भी घर नहीं आये। वह बिस्तर पकड़ लेती तो बच्ची को सँभालने वाला कोई नहीं होता। मैं भी दो दिन ऑफ़िस नहीं गया। तोम्बी एक ओढ़नी डाल आयी और सिर झुकाकर कहने लगी, 'सुना है, मौसी जी की तबीयत कुछ नासाज़ है तो पूछने चली आयी।' मैं और लैरेन खूब हँसे। बहुत बातूनी हो गयी है, बड़ी होकर न जाने क्या करेगी।'' कहकर अकेला हँस पड़ा। इबोचौबा यह समझे बैठा था कि पिता और छोटी माँ ने मिलकर उसकी छोटी बहन को घर से निकल दिया है—वह हँसी में साथ न दे सका। वह यह भी देख रहा था कि बाप यह जताने की कोशिश में लगा है कि उसे अपनी दूसरी पत्नी से कोई खास लगाव नहीं है।

इबोचौबा के आ जाने पर भी पारिजात के रवैये में कोई परिवर्तन नहीं आया। आदेश देता ''मेरा तो ठीक है। इबुङो का खयाल रखा करो।'' डरते-डरते थामचा इबोचौबा से धुलने के कपड़े निकालने को कहती। कोई जवाब न देकर वह कपड़े निकालकर दे देता। खाना लगाकर वह उसके कमरे में जा खड़ी होती, इबोचौबा आँख उठाकर देखता तो कहती, ''खाना परोस दिया है।'' वह चुपचाप आकर खा जाता।

देर रात को लौटकर पारिजात पूछता, ''इबोचौबा ने खाना खा लिया? कब लौटा?'' दो-चार बातें पूछता, खाना खाता और सो जाता। कभी बिना खाए ही सो जाता।

इस तरह न कोई दोस्त और न ही कोई संगी-साथी, थामचा अकेली ही दिन बिताने लगी। एक बुढ़िया को रखा था पर वह भी दिन भर बड़बड़ाती रहती और घर जल्द जाने की रट लगाये रहती। उसका अपना काई नहीं था। घर से

निकलते हुए डरती थी। आस पास ब्याह कर आयी हुई स्त्रियों के पास थोड़ा आना जाना था, पर उनसे भी सम्बन्ध न बनाने की हिदायत दी गयी थी, इसलिए उसकी सहेलियाँ कम ही आती थीं।

एक दिन उसकी मौसी का सन्देश आया, ''बीमार हूँ, एक बार आ जाओ।'' उसने सोचा, 'पति का खाने के समय बता दूँगी, हाथ में कुछ रुपये तो हों' पर वह कुछ कह ही नहीं पायी।

इबोचौबा ''जी, ठीक है'' कहकर सिर झुकाए बैठा रहा। कपड़े बदलकर पीछे के कमरे से बाहर आयी। आँगन में पहुँची ही थी कि इबोचौबा बाहर आकर बोला, ''पिताजी को बताकर जाओ तो क्या ठीक नहीं होगा। वह भी घर पर नहीं हैं।'' पहले उसके मन में छोटी माँ के प्रति नाराज़गी थी। सोचता था–'जवान है तभी पिता को अपने काबू में रखती होगी, छोटी बहन को भी षड्यन्त्र रचकर घर से निकाल दिया है।' वह उसे अच्छी नहीं मानता था। पर दिन बीतते-बीतते पिता का व्यवहार–थामचा को बात-बात पर डाँट-फटकार कर इबोचौबा के सामने उसके प्रति अलगाव दिखाना और उसकी चिन्तित रहने की प्रवृत्ति देख उसकी नाराजगी धीरे-धीरे खत्म ही नहीं हुई, बल्कि मन ही मन वह उसका पक्ष लेने लगा। इतना समय गुजर जाने के बाद भी उसने थामचा को एक-दो शब्दों में जवाब देने के अलावा पहल कर कोई बात नहीं की थी। आज मायके जाने की बात सुनकर सोच रहा था कि पिता फिर कहीं उसके साथ बुरा बर्ताव न करें इसलिए वह उसे रोक रहा था। थामचा भी जानती है कि उसे डाँट पड़ेगी, पर मायके की डोर से बँधी आगे बढ़ गयी।

इबोचौबा की आवाज़ थामचा के लिए जैसे मन्त्र साबित हुई। अचानक ही आँखें झर-झर बहने लगीं। कुछ पल शान्त-स्थिर खड़ी रहकर गेट की ओर निकल गयी। इबोचौबा उसे यूँ निकलते एकटक देख निःश्वास छोड़ अन्दर चला गया।

सुबह पारिजात को इसकी जानकारी मिली। उस दिन पारिजात के मायोम[6] पर टँगे कुर्ते से दस रुपये भी गायब थे। रुपये खोने की बात सुन थामचा पसीने से तर-बतर हो गयी–सोचा जाकर बता दूँ पर वह नहीं बता पायी। ऑफ़िस जाने से पहले पारिजात ने घर भर को सुनाते हुए कहा था, ''आज मेरे लौटने पर घर में मिली तो पुलिस को बुलवाकर चोर को पकड़वाऊँगा...।''

---

6. पुराने मणिपुरी घरों में एक ही बड़े कक्ष में कई शैय्याएँ होती थीं। उन्हें परस्पर अलगाने के लिए शैय्या के दो तरफ बाँस की छोटी दीवार खड़ी कर दी जाती थी।

कहाँ जाये थामचा? सोचने लगी कहीं भाग जाऊँ। स्त्री हृदय की विडम्बना। एक आदमी को छोड़ कहीं भी न जा पायी। यह कैसी लाचारी है।

रात आयी जो थामचा के लिए बिल्कुल ही नयी थी। ऐसी भयंकर रात में न पारिजात लौटा न इबोचौबा। उस वृद्धा की खर्राटों और घड़ी की आवाज़ के सिवाय सन्नाटा था। थामचा अपने को अपनी ही बाँहों में समेटे रो रही थी। रात गहराने लगी तब बाहर से आवाज आयी, "इमाहन, इमाहन दरवाज़ा खोलीं।"

बिस्तर से उठकर थामचा ने दरवाज़ा खोला। इबोचौबा पूछ रहा था, "छोटी माँ कब गयी इमाहन?" इमाहन ने कोई जवाब नहीं दिया, आँख उठाई तो मन्द रोशनी में थामचा का निस्तेज चेहरा नज़र आया। वह "ओह" कहकर सीधा बिस्तर पर सोने चला गया। थामचा ने पूछा, "खाना नहीं खाओगे?" मसेरी के अन्दर से ही "खा आया" कहकर चुप हो गया। कठोर युवा हृदय जैसे भूकम्प से डोल गया।

क्रोध शान्त हुआ। होली का त्योहार नज़दीक आया। जवान औरतें तैयारी में लग गयीं--क्या पहनना है, क्या खरीदना है। आज पारिजात कहीं नहीं गया। छुट्टी ली है। सुबह खाना खाकर बिस्तर पर बैठा हुक्का गुड़गुड़ा रहा है। थामचा को बुलाकर बोला, "तुम्हें कौन-से रंग का फनेक[7] चाहिए?"

यही प्रश्न यदि एक महीने पहले पूछा गया होता तो थामचा चाव से बताती 'चटकीले हरे रंग का और किनारी वाली ओढ़नी भी' पर आज नहीं। बोली, "कोई सा भी।" पति ने मुस्कुराते हुए "अब बता भी दो, क्या हुआ? नाराज़ हो? कहकर अपनी ओर खींच बिस्तर पर बिठाया। थामचा झट से उठ गयी और "इबुङो देख लेगा" कहते हुए बिना कारण ही मुँह लाल हो गया उसका।

एक सुबह थामचा चाकू लेकर जमीन के एक टुकड़े को गोद रही थी। पास ही मरोइ[8] के कुछ पौधे भी पड़े थे। आज वह प्रसन्न दिख रही थी--कोई गाना भी गुनगुना रही थी। पड़ोस में ब्याह कर आयी उसकी सहेली उसे देखकर बोली, "ओहो, हमेशा काम में लगी रहती हो! हमें शर्मिन्दा कर रही हो।"

थामचा हँसती हुई बोली, "काम करना पड़ रहा है भई! घर में दो-दो' पुरुष हैं पर दोनों के जैसा आलसी आज तक नहीं देखा।

"तुम्हारे ही नहीं, पुरुष जात ही ऐसी होती है। ये केवल इस्तेमाल करना ही जानते हैं।" इतना कहकर वाचाल युवती भीतर चली गयी। उसी समय इबोचौबा कहीं जाने के लिए तैयार होकर निकला था। शायद उसने बातें भी

---

7. मणिपुर में स्त्रियों द्वारा प्रयोग किया जाने वाला लुंगी नुमा अधोवस्त्र।

8. वनस्पति, जिसकी गन्ध प्याज के पत्तों जैसी होती है।

सुन लीं, तभी तो घर में घुसकर फावड़ा ले आया। थामचा के पीछे खड़ा होकर बोला, "छोटी माँ आप उठ जाइये, मैं करता हूँ।" थामचा घबराई सी "क्या!" कहकर खड़ी रह गयी। यह सोचकर कि उसकी बात सुन ली है, पीली-सी पड़ गयी। इस रूप को देखकर इबोचौबा मुस्कुराकर बोला, "मैं करता हूँ। आलसी नहीं हूँ, बस समय नहीं निकाल पाया।" फिर आस्तीन चढ़ाकर मजबूत हाथों में फावड़ा सँभाल मिट्टी खोदने का दृश्य देखने लायक था। थामचा लज्जा में डूबी अपलक उसे निहारती रही।

एक दोपहर को थामचा पिछवाड़े खड़ी होकर बाल काढ़ रही थी। इबोचौबा ने पास आकर हँसी दबाते हुए कहा, "छोटी माँ, कुछ पैसे दे दो।"

इस आवाज को सुनकर उसे लगा, जैसे किसी ने उसके दिल पर दस्तक दी हो। वह भी हँसकर बोली, "क्यों न दूँगी भला!"

"जितना भी ठीक समझो दे दो, अपने लिए नहीं माँग रहा हूँ।"

थामचा ने रुपये दे दिये। शाम के समय हँसते हुए एक सुगन्धित साबुन थामचा की तरफ फेंक गया। वह भी हँसते हुए, "अरे बर्बाद कर दिया।" कहती तालाब जाकर नहा आयी।

...दो दिन से इबोचौबा बुखार से तप रहा था। उस रात बुखार उतर जाने के बाद तो एकदम पस्त पड़ा हुआ था। उसकी कराहने की धीमी आवाज़ सुन थामचा बिस्तर छोड़कर उठ गयी। एक मोढ़ा खींचकर उसके पास बैठ गयी और पंखा झलने लगी। बादलों के टुकड़ों के बीच चाँदनी झाँक रही थी। ऐसी निर्जन रात में दूर से मुहल्ले के किसी युवा की बाँसुरी से सरल सुर में गाया हुआ गाना हवा के झोंको के साथ पहुँच रहा था–'तुम्हारी अनुगामी, अकिंचन राधा।' इस धुन ने रात को और मनोहारी बना दिया था। ऐसी रात में थामचा इबोचौबा की निर्जीव-सी पड़ी सुन्दर देह को मन्द रोशनी में देख सोचने लगी–परसों बाबूमयुम की कहानी में अभिमन्यु के आहत होकर पड़े होने का जो दृश्य था, वह भी क्या इतना ही सुन्दर दिखता होगा?

अचानक 'उँह' कहता हुआ पलटा तो थामचा को देख थोड़ी देर चुपचाप पड़ा रहा फिर आँख खोलकर उसे गौर से देखते हुए मुस्कुराकर बोला, "मुझे कुछ नहीं हुआ, जाकर सो जाओ।"

थामचा को उठते हुए देख वह भी उठ बैठा और बोला, "रुको।" उसके इस रूप को देख थामचा चिन्तित हो उठी; बोली, "इबुङों, लेट जाओ, मुझसे कहो तुम्हें क्या चाहिए?"

तपते हुए अपने माथे पर थामचा की ठण्डी हथेली रखकर फिर लेट गया। शान्ति और सुख में कुछ पल बिताने के बाद थामचा के मुँह के एकदम निकट आकर बोला, "तुम यहाँ खुश हो थामचा?" थामचा के रोंगटे खड़े हो गये। बोली, "हाँ खुश हूँ।" उसकी आँखों में भर आये आँसुओं को इबोचौबा देख नहीं पाया। कुछ पल बाद थामचा का हाथ झटके से छोड़कर दीवार की ओर मुँह कर लेट गया। थामचा बिस्तर पर बैठकर उसका बदन सहलाती रही।

दूर से बाँसुरी की आवाज़ लगातार आ रही थी–'तुम्हारी अनुगामी...।' इबोचौबा निढाल पड़ा हुआ था। काफी देर के बाद थामचा ने पुकारा, "इबुङो सो गये!" वह सोया नहीं था शायद। अचानक उठ बैठा और थामचा को बाँहों में भरकर बोला, "थामचा मैं भी तुमसे...।"

करीब दस दिन हो गये। इबोचौबा बिल्कुल स्वथ्य हो चुका है। पारिजात दो-तीन दिन से घर पर ही है। सुना है, थौरानी हैनव के साथ अनबन हो गयी है। खाना भी घर पर ही खाता है।

होली का दिन। बच्चे-बूढ़े सब के दिल नये रंग में रंग गये। थामचा भी चहक रही है। पारिजात ने डाँटा, "यादा शोर न करो!" पर कोई सुनने वाला कहाँ? अपनी सहेलियाँ के साथ याओशङ[9] दहन देखने गयी। ना-कथेङ[10] भी गयी।

अगले दिन मणिपुर भर के युवक और युवतियाँ रंगों में डूब गये। मुहल्ले की औरतों ने आकर थामचा को भी रंग दिया। फिर थामचा भला कहाँ पीछे रहती। आज असीम सुख का दिन। सहेलियाँ लौट गयीं तो सोए हुए इबोचौबा को खींच लायी और उस पर अबीर डाल दिया। उसने निष्क्रिय रहने की कोशिश की पर बोल उठा, "छोटी माँ, क्या कर रही हैं? मैं आपका क्या लगता हूँ, जानती है?" पारिजात के लौटने पर बोला, "पिताजी, छोटी माँ को थोड़ा प्यार से रखिए, यह सब आपकी गलती है।" और चला गया। वह लज्जा से गड़ गयी।

होली के चार-पाँच दिन अपनी बुआ के घर रहने की बात कर इबोचौबा चला गया। होली के एक-दो महीने बाद भी वह नहीं लौटा। अब पारिजात घर पर रहने लगा था।

---

9. मणिपुर में होली के अवसर पर एक झोंपड़ी बनाकर जलाई जाती है, जिनका सम्बन्ध चैतन्य महाप्रभु के जन्म की कथा से है। इसी झोंपड़ी को याओशङ कहा जाता है।
10. होली के अवसर पर बच्चे या बड़े घर-घर पैसे माँगने जाते हैं, वे घर के सामने पहुँचते ही जोर से ना-कथेङ कहते हैं।

कुछ दिनों बाद थामचा के पास आकर इबोचौबा ने कहा, ''छोटी माँ, मुझे काम मिल गया है, जाना होगा।'' थामचा सिर झुकाए रही। जी में आया कुछ बोले, उसे देखे, पर हिम्मत न जुटा पायी। जैसे उसके सिर को किसी ने जोर से दबा रखा हो। उस बोझ को सहते हुए सिर उठा पाने का सामर्थ्य उसमें नहीं बचा था। इबोचौबा फिर बोला, ''शिलॉङ में। कभी-कभार छुट्टी में आया करूँगा। चिट्ठी लिखना।''

थामचा सिर झुकाए ही बोली, ''कब जा रहे हो?''

''दिन तो तय नहीं हुआ। दस दिन के अन्दर एक अच्छा दिन देखकर चला जाऊँगा। आज तो जाता हूँ, फिर आऊँगा जाने से पहले।''

थामचा आँसू पीकर बोली, ''इबुङों! मुझसे नाराज नहीं होना।''

''इस्स!'' कहकर इबोचौबा हँसता हुआ निकल गया। उस समय उसकी आँखों में उमड़ आये आँसुओं पर थामचा की दृष्टि नहीं पड़ी। थामचा में यदि ज़रा-सी भी चतुराई होती तो उसके चेहरे को देखकर ही आसानी से भाँप लेती कि वह उससे ज़रा भी नाराज नहीं है।

फिर एक सुबह इबोचौबा आया। पारिजात को प्रणाम किया और थामचा से केवल ''जाता हूँ छोटी माँ।'' कहकर चला गया। वह विदीर्ण हृदय लिए अपना रोना रोकती रही।

रूपान्तर : ई. विजय लक्ष्मी

इन्दिरा गोस्वामी

इन्दिरा गोस्वामी उर्फ मामोनी रायसम गोस्वामी का जन्म वर्ष 1942 में असम के एक प्रतिष्ठित वैष्णव परिवार में हुआ। यह परिवार सत्राधिकारी परिवार था। इन्दिरा गोस्वामी का बचपन ऐसे ही एक सत्र (मोनेस्ट्री) में बीता था। इन्दिरा गोस्वामी ने ऐसे आश्रमों में आने वाली गिरावट को करीब से देखा था। ये सत्र धन, सत्ता और प्रभुसत्ता के केन्द्र बन गये थे और इनके नैतिक और धार्मिक मूल्य प्रश्नों से घिर गये थे। इन्दिरा गोस्वामी ने स्कूल के शिक्षण काल में ही लिखना शुरू कर दिया था। लेकिन गहरायी और लगन से लिखना उन्होंने अपने पति की मृत्यु के बाद वर्ष 1967 के पश्चात् ही शुरू किया। दुख के इस आवरण को भेदने के लिए उन्होंने कलम को ही तलवार बनाया। कश्मीर में हुए जीप एक्सीडेंट में पति की मृत्यु के बाद वे गहरी उदासी और निराशा में डूब गयीं और उन्होंने अपने आपको गोडपाड़ा के एक स्कूल के हॉस्टल के कमरे में समेट लिया था। इन्दिरा गोस्वामी ने पीएच.डी की उपाधि वृन्दावन के इन्स्टीट्यूट ऑफ ओरियंटल फिलॉसफी से प्राप्त की। वृदान्वन में रहकर उन्होंने बंगाली विधावाओं की दुर्दशा और उन पर होने वाले क्रूर अत्याचारों को बहुत करीब से देखा था। 'नीलकण्ठी' बज्र' उपन्यास में इन्हीं लाचार उपेक्षित और सतायी हुई विधवाओं की त्रासदी विद्यमान है।

'चिनाकी मारोम' (1962) 'कैना' (1966) 'हृदय एक्टी', 'नदिर नाम' चेनावेर श्रोत (उपन्यास) उनके प्रमुख कथा-संग्रह हैं। 'आधा लयखा दस्तावेज' उनकी आत्मकथात्मक रचना है, जिसका प्रकाशन धारावाहिक रूप में गुवाहाटी की एक पत्रिका में हुआ था। उनके मुख्य उपन्यासों में नीलकण्ठी बज्र (1976), अहीरो (1978), मोमरे धारा तरवार (1980), तेज अरुधूलि रे धूरुरित पृष्ठ (1994) प्रमुख हैं। वर्ष 1988 में प्रकाशित उनका उपन्यास 'दो ताल हातिर ऊने खौवा हौदा' का अंग्रेजी रूपान्तर 'द सागा ऑफ साऊथ कामरूप' या

'द मॉथ इटन् सैड्ल ऑफ द टस्कर' (1993) हैं। यह उपन्यास कामरूप क्षेत्र में फैले अन्धविश्वास, सत्ता के दुरुपयोग और विधवाओं पर की जाने वाली घातक ज़्यादतियों का लेखा-जोखा है। इस उपन्यास के एक भाग का फिल्मांकन 'दहिय' शीर्षक से किया गया जिसे राष्ट्रीय फिल्म महोत्सव, 1998 में सिल्वर पीकॉक से सम्मानित किया गया। इन्दिरा गोस्वामी को साहित्य अकादमी अवार्ड, असम साहित्य का सभा पुरस्कार, सौहार्द सम्मान, कथा पुरस्कार, कमल कुमारी फाउण्डेशन अवार्ड, भारतीय ज्ञानपीठ पुरस्कार (2000 वर्ष) भी प्राप्त हुए हैं।

इन्दिरा गोस्वामी की सभी रचनाओं के अनुवाद मुख्य भारतीय भाषाओं और अंग्रेजी में हो चुके हैं। कुछ रचनाओं का अंग्रेजी अनुवाद स्वयं उन्होंने भी किया है।

इन्दिरा गोस्वामी की रचनाओं में नारी मन और विशेषकर वृन्दावन की विधवाओं की पीड़ा का वर्णन है। उनके कथा साहित्य का दूसरा मुख्य विषय असम के कामरूप के श्रमिकों की पीड़ा है। कामरूप के भूस्वामी एवं ब्राह्मण वर्ग के गरीब अमीर-सशक्त-दुर्बल आदि के प्रति दोहरे मानदण्ड की विडम्बना वे कह सुनाती हैं। इन्दिरा गोस्वामी ने व्यक्ति वर्ग या समुदाय के द्वारा की जाने वाली संगठित या असंगठित हिंसा के कारण पीड़ित होने वाली मानवता के प्रति सहानुभूति दर्शायी है। इन्दिरा गोस्वामी अपनी लेखनी और रचनाधर्मिता के कारण एक व्यापक समुदाय से जुड़ गयी हैं लेकिन सताए हुए, अपमानित, उपेक्षित और पीड़ित वर्ग के साथ उनका नाता हमेशा बना रहा है ओर ज्ञानपीठ पुरस्कार प्राप्त करने के बाद उन्होंने प्रधानमन्त्री मनमोहन सिंह को असम के उल्फा और सरकार के बीच बातचीत की मध्यस्थता करने का भी सुझाव दिया।

एक अविस्मरणीय यात्रा : लेखिक 'एक अविस्मरणीय यात्रा' में जहाँ कामरूप क्षेत्र की रहस्यमयी प्रकृति के प्रति एक सम्मोहन का भाव जगाती है, वहीं उस क्षेत्र की समस्याओं की ओर संकेत भी करती हैं। कपास, क्षैरा, सीसु, होलुंग पोमा, बोगी पोमा बोकुल और शीशम के पेड़ों के अँधेरे में सरसराती हुई हवा, जंगली जानवरों का भय तो जगाती ही थी लेकिन भ्रमण की मानसिकता वाले यात्रियों के मन में आतंकवादियों की चिन्ता भी जगाती थी। दुर्गम पहाड़ी क्षेत्र में बनी हुई छोटी-सी दुकान क्षेत्र की समस्याओं की कहानी कह सुनाती है। बाढ़ अब भी क्षेत्र के जवान बेटों को बहा ले जाती है और क्षेत्र के कुछ लड़के आतंकवादियों के निशाने बन जाते हैं और लाचार बूढ़े बाढ़ राहत तम्बुओं की मार झेलते हुए गूंगे बन जाते हैं (इसका बस चले तो ये टूरिस्ट लोगों को

काज़ीरंगा की बजाय बाढ़ से बरबाद हुए लोगों को मिलवाने ले जाये जो बिल्कुल पशुओं की तरह रहते हैं) इनकी त्रासदी तब और गहरा जाती है जब इनकी लड़कियों से सैनिक सम्बन्ध बना लेते हैं। कामरूप के निवासी अपनी ही बेटी और बहन को भारतीय सिपाही से प्रेम सम्बन्धों के अपराध में यातना देते हैं। और ज़िन्दगी के इस अँधेरे अंधड में कारबाइन बन्दूक को पाने की आशा मुस्कराहट की बिजली दौड़ा देती है और लेखिका इस अन्तहीन अंधियारी सुरंग में से गुजरते हुए मौन होकर रह जाती है।

एक अविस्मरणीय यात्रा*

प्रोफेसर मीराजकर और मैं काजीरंगा राष्ट्रीय उद्यान से लौट रहे थे। हम वहाँ घूमने गये थे। हम दोनों दिल्ली विश्वविद्यालय के भारतीय भाषा विभाग में काम करते हैं और असम के छात्रों द्वारा आयोजित एक सम्मेलन में शामिल होने के लिए असम गये थे। हमें अँधेरा होने से पहले गुवाहाटी पहुँचने की जल्दी थी। मीराजकर का कहना था कि उन्हें जंगली जानवरों से डर नहीं लगता, लेकिन आतंकवादियों से वे निश्चित रूप से भयभीत रहते हैं। उनके एक बहुत ही प्यारे दोस्त को पंजाब में इन्हीं आतंकवादियों ने खत्म कर दिया था। वे मुझसे बार-बार पूछ रहे थे, ''क्या आप अपने सुन्दर प्रदेश में आतंकवाद पर काबू पाने में सफल रही हैं?'' मैं समझ नहीं पा रहीं थी कि उन्हें क्या जवाब दूँ, क्योंकि रास्ते में हमें कई चैकपोस्टों पर रोका गया था और जाँच करने के लिए हमारे चेहरों पर टार्च की रोशनी भी डाली गयी थी।

मैं कार में बैठी खिड़की से बाहर देख रही थी, लेकिन मेरा मन वापस काजीरंगा के पर्यटक गृह के बरामदे में विचर रहा था। जहाँ मैं बिज़ली बाँस के झुरमुटों में से बहती हवा की सरसराहट सुन रही थी। वह मूंगा रेशम का एहसास दे रही थी। मुझे चाँद की चाँदनी में वह विशालकाय उल्लू भी दिख रहा था जो एक चटयन पेड़ पर बैठा था और जिसका सर उसके सर से बड़ा दिख रहा था, जैसा कि एक नवजात शिशु का होता है। मीराजकर को आतंकवादियों की चिन्ता ही खाये जा रही थी। किसी ने उससे यह कह दिया था कि पंजाब के बब्बर खालसा और जम्मू-कश्मीर के जे.के.एल.एफ से जुड़े आतंकवादी असम के जंगलों में घुस आये हैं और यहाँ के स्थानीय गुटों से मिल गये हैं।

हम राष्ट्रीय मार्ग पर तेज़ी से आगे बढ़ रहे थे। मार्ग के दोनों तरफ, कुछ

---

* 'लाल नदी' नामक संग्रह से उद्धृत। अनुवाद : श्रवण कुमार, भारतीय ज्ञानपीठ, नयी दिल्ली।

फासले पर पहाड़ियाँ थीं। धान के खेत अपने पूरे यौवन में थे। उनका सुनहलापन सोने को मात दे रहा था। कहीं-कहीं वे बड़े विनम्र भी दिखते थे, जैसे कि बौद्धों के गेरुवे चीवट से ढके हों या अँधेरे की बाँहों में सिमटकर छिप जाना चाहते हों। रह रहकर मीराजकर चौंक जाते, गोया कहीं गोली चल रही हो। फिर वह अपने सपनों में खो जाते, हालाँकि उनकी उदास नजरें कार की खिड़की में से बाहर का दृश्य देख रही होतीं, जहाँ खेत या जंगल थे और जंगलों में कपास, खैरा, सिसू, होलोंग पोमा, बोगी पोमा, बोकुल और शीशम के पेड़ थे। सन्ध्या का समय होने के कारण शीशम रेशम की चिन्दियों में लिपटा दिखता और सुबह ऐसा लगता जैसे सूरज उन्हें उघाड़ना चाह रहा हो या एक जादूगर की तरह चिन्दियों को हरिण की खाल में परिवर्तित कर रहा हो।

ड्राइवर ने ही चुप्पी तोड़ी, "पिछले साल यह सड़क खून से सनी रही। हमेशा यहाँ दोनों तरफ से मशीनगनें चलती थीं और हथगोले फेंके जाते थे। अब यहाँ शान्ति है। अब किसी के हाथ में बन्दूक नहीं दिखती। सच कह रहा हूँ।"

जैसे नरम-नरम गलीचे के नीचे सब कुछ दब गया था—खून के धब्बे, शस्त्र-अस्त्रों के ढेर, बारूद की गन्ध।

मीराजकर बोले, "बेशक हमें हथियार नज़र नहीं आ रहे, लेकिन काजीरंगा में वन विभाग के अधिकारी अहमद ने हमें बताया नहीं था कि पशु-चोरों के पास विदेशी हथियार हैं जिनमें 470 अमरीकी करबाइन भी शामिल हैं? उन्होंने यह भी बताया कि कुछ तस्कर मोरी डिफू में पकड़े गये थे और दो पशु-चोरों को गोली मार दी गयी।"

मीराजकर ने शस्त्र-अस्त्रों का गहन अध्ययन किया है, और अब वह प्रथम विश्वयुद्ध से सम्बन्धित किस्से सुना रहे थे। उधर हमारा ड्राइवर रमाकान्त भी सीमान्त क्षेत्रों में पशु-चोरों के किस्से सुनाने लगा। रमाकान्त पकी उम्र का आदमी था और गंजे हो रहे अपने सर को सूरज से बचाने के लिए नेपाली टोपी पहने हुए था। वह छोटे कद का था, पर मजबूत था। उसकी गर्दन उसकी कमीज के कालर में छिपी हुई थी। घाटी के अन्य बोडो लोगों की आँखों की तरह उसकी आँखें छोटी थीं। मूँछ बिल्कुल पतली। बढ़िया ड्राइवर था वह। ब्रेक या क्लच तो कभी-कभी ही इस्तेमाल करता था।

लेकिन मेरा मन कहीं और था। मैंने गोला-बारूद या आतंकवादियों पर बिल्कुल ध्यान नहीं दिया। मैं कार की खिड़की के बाहर सांय-सांय की आवाज़ के साथ पीछे छूटते पेड़ों को देख रही थी। मैं वेलाई के शानदार पेड़ों को देख

रही थी जो काई से एक तरह ढँके हुए थे जैसी लम्बी पूँछ वाले बन्दरों की टाँगे बालों से ढकी रहती है। कई प्रकार के पेड़ थे जिनकी बेलें मूँगा रेशम को अपने में लपेटे थीं। कुछ पेड़ उन आलीशान खँडहरों की तरह दिख रहे थे जहाँ बड़े-बड़े मकड़ी के जाले झिलमिल करते फैले रहते हैं। चारों तरफ हरियाली थी, कहीं खूब घनी, जिससे मुझे नन्हीं पृथी मछली की याद हो आती। कहीं-कहीं पत्ते गोल थे जैसे कभी महारानी विक्टोरिया की छाप वाले चाँदी के सिक्के हुआ करते थे। और बिरिना के पेड़ तो सफेद फूलों से सराबोर हुए दिखते थे, जैसे बादल धरती से अठखेलियाँ कर रहे हों।

मीराजकर अब भी खिड़की से बाहर देख रहे थे। यहाँ बन्दूकों की धांय-धांय, नहीं, असम्भव। दिल्ली के मुकाबले तो यहाँ स्वर्ग है। दिल्ली में अब कौन रह सकता है? अफ़गान और तुर्क शायरों ने जिसे सखी यमुना कहा, वह अब मात्र एक दुर्गन्धयुक्त नाला बनकर रह गयी है। सदर बाज़ार! तौबा, तौबा! इतनी भीड़, जैसे युद्ध का मैदान हो।

आहिस्ता-अहिस्ता हमें पता भी नहीं चला और सूरज की किरणें मन्द पड़ती गयीं, जैसे कोई अजगर अपनी केंचुली उतारकर अँधेरे में खो रहा हो।

हर्र...हर्र...कट...कट...की आवाज़ करती कार वहीं रास्ते में एक झोंपड़ी जैसी दुकान के सामने झटके के साथ रुकी। रमाकान्त लपककर बाहर निकला और बोनट खोल दिया। फिर उसने हमें बताया कि रेडियेटर चू गया है और उसका सारा पानी खत्म हो गया है। अब कोई चारा नहीं था, सिवाय इसके कि गाड़ी को किसी मिस्त्री को दिखाया जाये।

मीराजकर और मैं भी गाड़ी से उतर आये। वहाँ उसी तरह की कुछ और दुकानें भी थीं जिनमें बहुत कम रोशनी थी। वहाँ कच्चा नारियल और चाय बिक रही थी। मीराजकर बोले, "अगर गाड़ी जंगल में खराब हो जाती तो गजब हो जाता। देखो, अभी से कितना अँधेरा हो गया है!"

मैंने सहमति में सिर हिला दिया और रमाकान्त वहीं दुकानों में मिस्त्री के बारे में पूछताछ करने लगा।

एकाएक, थोड़ा परे, एक दुकान में से एक दुबली-पतली काया बाहर आयी। वह एक पुरुष था जिसके हाथ में मिट्टी के तेल की लालटेन थी। ढीला कुर्ता तथा धोती पहने हुए था। धोती मुश्किल से उसके घुटनों तक ही पहुँच पा रही थी। मैं यह नहीं देख पायी कि उसने पाँवों में कुछ पहन रखा है या नहीं। वह कार के निकट आकर रुक गया। उसके बाल लम्बे थे और उन्हें उसने जूड़े की

शक्ल में बाँध रखा था। जूड़ा नीचे की ओर झूल रहा था। वह एक बूढ़ा व्यक्ति था जो काफी कमजोर दिख रहा था।

लालटेन थोड़ी ऊँची करते हुए वह बोला, "गाड़ी खराब हो गयी है? सात मील दूर एक दुकान है। रुकिए मैं आपके लिए किसी कार को रोकता हूँ। ड्राइवर उसमें बैठकर वहाँ से मिस्त्री को ला सकता है। आप मेरी दुकान में बैठिए और गरम-गरम चाय पीजिए। पान भी मिल जायेगा।"

वह सड़क के बीचोंबीच खड़ा था और अपनी लालटेन झुला रहा था। उसके बालों का जूड़ा उसके कन्धों पर सरक आया था। मन्द रोशनी में वह प्रेत-सा दिख रहा था।

मीराजकर और मैं उसकी दुकान में घुस गये। बाँस के एक डण्डे से एक और लालटेन लटक रही थी जिसकी चिमनी टूटी हुई थी और बेहद गन्दी भी हो रही थी। लकड़ी की एक बेंच के नीचे एक पुराना स्टोव पड़ा था और कुछ जंग खाये डिब्बे भी थे। कच्ची दीवार पर एक कैलेण्डर लटक रहा था। जिसमें एक श्वेतागंना का चित्र था। श्वेतांगना सिगरेट पी रही थी।

हम बेंच पर बैठ गये। भीतर की कोठरी से एक महिला आयी। वह बूढ़ी थी और अपने हाथ में एक और लालटेन लिए हुए थी। वह बोली, "सारा दिन ऐसे निकल गया जैसे हम समुद्र से मछलियाँ पकड़ रहे हों। एक भी व्यक्ति देखने नहीं आया।"

"कोई ग्राहक नहीं आया?" मैंने विस्मय से पूछा।

"सड़क के दोनों तरफ़ अब ढेर-सारी दुकानें हैं," वह बोली, "उन्हें ग्राहकों को अपनी ओर खींचना आता है। वहाँ गाना भी बजता है।" फिर वह मेरे और निकट आ गयी और फुसफुसाने लगी, "वे सब कुछ बेचते हैं। हम भगत लोग हैं। उस तस्वीर को लेकर भी मेरा, पति का हमारे बच्चों से काफी झगड़ा हुआ।"

उसने अब केतली उठायी और चाय के लिए पानी लेने बाहर चली गयी। उसकी लालटेन की रोशनी में हम अब उसका फटा ब्लाउज़ देख सकते थे। उसके नीचे के परिधान सूती थे और पुरानी कढ़ी चद्दर पर पान की पीक के निशान थे। केतली में पानी लेकर लौटकर उसने स्टोव जलाने की कोशिश की। स्टोव में तेल शायद रुक रहा था। इसलिए कोठरी एक तीखी गन्ध से भर गयी।

बुढ़िया अपने काँपते हाथों से चाय के गिलासों को ठीक से जमा रही थी। मुझे अच्छा नहीं लगा। "अम्मा" मेरे मुँह से निकला, "और कोई नहीं है तुम्हारा हाथ बँटाने को?"

"मेरी बहू, बड़े बेटे की बीबी, मेरा हाथ बँटाती थी। पिछले साल बाढ़ आयी तो बेटा किसी बीमारी से चल बसा। हम उसकी दवा-दारू भी न कर सके। डाक्टर तो अब डाकू बन गये हैं। जब उसकी मौत हुई तो उसकी बीबी पेट से थी। अब उसके बेटा हुआ है। वह बहुत कमजोर है...अपने पाँवों पर खड़ी भी नहीं हो सकती।"

"और कोई नहीं?"

"मेरे दो बेटे और एक बेटी हैं। वे स्कूल में पढ़ने जाया करते थे किसी वक़्त। अब तो सब कुछ बदल गया है। बेटी एक फौजी के चक्कर में पड़ गयी। वे लोग यहाँ आतंकवादियों को खत्म करने आये थे। यहाँ के लड़कों ने उसकी पिटाई कर दी। अब धीरे-धीरे वह ठीक हो रही है...क्या बताऊँ, बेटी, पिछले सात सालों से यही सब चलता आ रहा है। नरक बन गयी है यह ज़िन्दगी। नदी का कोई भरोसा नहीं। वह हमारी सारी ज़मीन चट कर गयी है। अब तो इतना भी चावल नहीं कि..."

वह बूढ़ा अब तक लौट आया था। वह अपने हाथ में उसी तरह लालटेन लिए हुए था। शायद वह मिस्त्री लिवा लाने के लिए ड्राइवर को भेजने में सफल रहा था। वह जहाँ खड़ा था, वहीं से उसने अपनी पत्नी को पुकारा, "ओ निर्मली की माँ, ग्राहकों को अपनी दुखभरी कहानियाँ सुना-सुनाकर परेशान न कर। वे थके हुए हैं। उन्हें चाय दे।"

बुढ़िया अपने आदमी को देखकर झट से खड़ी हुई और फिर उसके निकट जाकर फुसफुसायी, "मनोहर और कुछ और लोगों ने आज उसे रेलवे लाइन के पास देखा था।"

एक क्षण के लिए तो वह बूढ़ा जैसे बुत बन गया हो। फिर बोला, "उनकी बातों में मत आओ। पिछली बार भी तो यही कहा था कि उसे रेलवे लाइन के पास देखा है।...इन्हें चाय दो। ये काजीरंगा से लौट रहे हैं। काफ़ी थके होंगे। बिस्कुट भी दो चाय के साथ।"

"बिस्कुट? वो कहाँ से दूँ। सारा पैसा तो पिछले हफ़्ते चीनी और चाय की पत्ती लाने में लग गया।"

मीराजकर और मैं एक साथ ही बोल उठे, "नहीं, नहीं, कोई जरुरत नहीं बिस्कुटों की। दूध के बिना भी चाय चलेगी।"

बुढ़िया चाय तो तैयार कर रही थी, पर उसके मुँह से कुछ अस्फुट भी निकल रहा था, "भगवान ही जानता है, मैं यह दुकान कैसे चलाती हूँ। पिछले

सात सालों में नदी हमारी सारी जमीन हड़प गयी। वहाँ सड़क के किनारे बाढ़-राहत वालों ने अपने तम्बू लगाये थे... बस, एक सौ रुपया देकर हम लोगों का मुँह बन्द कर दिया।"

बूढ़ा चिल्लाया, "बुढ़िया, जबान को लगाम देगी कि नहीं?" लेकिन बुढ़िया का बुदबुदाना बन्द नहीं हुआ। वह कहती गयी, "इस बुढ़ऊ को उनके पाँव छूते शर्म आती है। सरकार ने राहत के लिए जो पैसा दिया था, उसे वे खुद ही खा गये। हाय, पिछले सात सालों में क्या कुछ नहीं हुआ हमारे साथ, और यह आदमी अपने दिमाग में पुराने फितूर पाले इधर-उधर फुदकता फिरता है। अगर परिवार में कोई बड़बरुआ (अहोम राज्य का मन्त्री) हुआ भी, जिसकी छड़ी का सिरा सोने से मढ़ा रहता था और छाते का हैण्डल चाँदी का होता था या जो एक शानदार दीवान पर बैठता था, तो इससे क्या हुआ?...मैं बार-बार इसे कहती रहती हूँ, लेकिन यह है कि किसी कर्मचारी से मिलता ही नहीं...और इसी वजह से हम पिछले सात सालों से यातना भुगत रहे हैं...कृपा करके सरकार को बताइये कि हमारी क्या हालत हो रही है...जब भी कभी..."

बुड्ढे ने गुस्से से उसकी तरफ देखा। फिर हमें सम्बोधित करते हुए बोला, "आप इसका खयाल न करें। जब भी यहाँ ग्राहक आते हैं, यह इसी तरह बड़बड़ाने लगती है। इसका बस चले तो यह टूरिस्ट लोगों को काजीरंगा के बजाय बाढ़ से बरबाद हुए लोगों से मिलवाने ले जाये। वे बिल्कुल पशुओं की तरह रहते हैं।"

अब उसने उसकी ओर घूरकर देखा और आदेश देता हुआ बोला, "उठो, पहले इन्हें चाय दो। जल्दी। चाय में अदरक डालना न भूलना। अगर अदरक नहीं है तो तेजपात की एक-एक पत्ती डाल दो।"

ठीक उसी समय मेरी निगाह दीवार से लटकते दोतारा पर पड़ी। मैं तब तक उसे नहीं देख पायी थी, क्योंकि वह उस बेंच के पीछे था जिस पर हम बैठे थे। वहाँ, दीवार से सटी, और भी बहुत-सी चीजें थीं—बोरियाँ, कनस्तर और नारियल के खोल। उन्हें देखकर मुझे हैरानी हुई। दोतारे पर काफी नक्काशी की हुई थी। लगा, उसकी देखभाल ठीक से होती है।

"इस दोतारे को कौन बजाता है, दादा?"

बूढ़े व्यक्ति के चेहरे पर, यह प्रश्न सुनते ही रौनक आ गयी। इससे पहले मैं यह कल्पना भी नहीं कर सकती थी कि वह इस तरह मुस्करा सकता है। कहने लगा, "डिफलू नदी के तट पर जो लोग नामघर देखने आते थे, वे मेरे इस

यन्त्र से परिचित थे। लेकिन अफ़सोस कि नदी अपने तट पर बने कई नामघरों को निगल गयी है। अरीमराह, होलापर, कोहरा, मिहिमुख...इन तमाम जगहों पर रहनेवाले लोग मेरे दोतारा को जानते थे। और तो और, ब्रह्मपुत्र के पार बेहाली के लोग भी मेरे गीतों के प्रशंसक थे।"

बुढ़िया ने अब तक अदरक कूट लिया था। कुछ झुंझलाकर बोली, "यह बूढ़ा अब नक्काशीदार शीशों जड़ी पालकी की डींग मारेगा। बेटे को गये दो महीने हो रहे हैं। वह भूखा, बेहाल रेल की पटरी के पास कहीं हमारा इन्तज़ार करता होगा। पर यह बुढ़ऊ तो उसके बारे में सुनना ही नहीं चाहता।"

बूढ़े व्यक्ति ने इस पर घुड़की भरी, "बकवास बन्द कर, बुढ़िया! दो कप चाय बनाने में तुम्हें सालों लग गये।"

प्रो. मीराजकर एकाएक बोल पड़े, "मैं तुम्हारा दोतारा सुनूँगा।"

"क्यों नहीं?" बूढ़ा तो जैसे पहले से ही तैयार था।" आपके मिस्त्री को आने में कुछ वक्त तो लगेगा ही। जो लोग यहाँ चाय पीने आते हैं, मेरे गीत जरूर सुनते हैं।"

"ग्राहकों की बात कर रहे हो? पिछले कई दिनों से यहाँ क्या कोई ग्राहक आया है? कारें भले ही ढेरों गुजरीं।" बुढ़िया का बड़बड़ाना जारी था। "मैं ग्राहकों को चाय बना देती हूँ। तुम रेल की पटरी पर जाओ और उसे देखो। लालटेन साथ लेते जाओ। तुम्हारा क्या है, तुम तो एक बार गप्पें हाँकने और गीत सुनाने बैठ गये तो बैठे ही रहोगे।"

"मैं यह कहानी पहले भी सुन चुका हूँ। कुछ महीने पहले क्या इसी तरह की अफ़वाह नहीं उड़ी थी।" बूढ़े ने उसके हाथों से चाय के गिलास लेते और उन्हें आदरपूर्वक हमें सौंपते हुए प्रतिकार किया। फिर बड़ी तसल्ली से बोला, "अपनी चाय लीजिए। मैं अभी शुरू करता हूँ।"

एकाएक एक युवती, लंगड़ाती हुई-सी, वहाँ आ पहुँची। वह बड़ी मुश्किल से, छड़ी के सहारे, चल पा रही थी। उसके बाल लम्बे, रेशमी थे। उसे देखते ही बूढ़ा और बुढ़िया उस पर चिल्लाये, "क्यों आयी है अब यहाँ, कुतिया?"

हम फौरन ताड़ गये कि यह वही लड़की है जिसका भारतीय सेना के एक सैनिक के साथ चक्कर चला था। ये सैनिक इस इलाके में आतंकवादियों का सफाया करने आये थे।

चाय वाकई बढ़िया थी। बूढ़े व्यक्ति ने अपना दोतारा उतारा और उसकी तान साधते हुए बोला, "काजीरंगा में आपको शेर देखने को मिले? लोगों का

कहना है कि सन् 1966 में केवल दो ही शेर थे। अब साठ के करीब हैं। गैंडे पहले सिर्फ तीन-सौ थे। अब एक हजार-सौ हो गये हैं। पाँच-सौ के करीब हाथी भी हैं।"

"हमें कुछ हाथी देखने को मिल गये थे," मैंने कहा, "क्या वे कभी कभार यहाँ भी आ जाते है?"

"अब नहीं आते, क्योंकि गाड़ियाँ काफी आती-जाती रहती हैं। बाढ़ आने से पहले तो वे हमारे धान के खेतों में भी चले आते थे और हम सब किसान मिलकर उन्हें भगाने में जुट जाते थे। शेर अब भी आ जाते हैं। आपको पता है, कुछ ही रोज पहले क्या हुआ? दिमुईगुड़िया महन्त का हाथी सड़क किनारे के एक ताल के निकट एक पेड़ से बंधा हुआ था। वह बहुत ही शरीफ था। जब कभी उसे डिफलू में नहलाने के लिए ले जाया जाता, वह वहाँ लड़के-लड़कियों से खेलता रहता। वह उस दिन ताल के पास लेटा हुआ था कि शेर ने उस पर हमला बोल दिया और उसके पिछले हिस्से से गोश्त का बहुत बड़ा टुकड़ा खींच ले गया।"

"हे भगवान!" हम मारे भय के चिल्ला उठे, "फिर क्या हुआ?"

"हाथी तो सर्वज्ञ प्राणी है न। आपको हमारे यहाँ की मोअमारिया क्रान्ति के बारे में पता ही होगा जब वैष्णवों ने अहोम राजाओं के खिलाफ युद्ध किया था! वह एक हाथी के कारण ही हुआ था।"

"हाथी?"

"हाँ, एक दुबला-पतला, डगमगाता-सा हाथी। यह राजा लक्ष्मणसिंह के जमाने की बात है। राजा बूढ़ा था, लेकिन तभी सिंहासन पर बैठा था। अपने मन्त्री कीर्तिनाथ बड़बरुआ से उसकी काफी पटती थी। इत्तफाक से अहोम राजाओं में लक्ष्मीनाथ और गौरीनाथ बहुत ही बदसूरत थे। पूरे अफीमची भी थे। इसलिए अपनी आँखें मुश्किल से ही खुली रख पाते थे। गौरीनाथ की आँख एक मछुआरिन पर थी। मछुआरिन डिफलू के किनारे ही रहती थी। वह अपनी पालकी में वहाँ जाता और घण्टों वहाँ उसके घर के बाहर इन्तजार करता रहता, जबकि वह...।"

"वह हाथी वाली बात का क्या हुआ?" मैंने पूछा।

"कीर्तिनाथ बड़बरुआ की मोआमारिया के महन्त से लगती थी। कानून यह कहता था कि महन्तों को हर साल राज दरबार में हाथी भेंट करने चाहिए। एक बार इन महन्तों ने बड़बरुआ को एक बीमार हाथी भेंट में दे दिया। हाथी

लड़खड़ा रहा था। मन्त्री की जैसे ही उस छीजे हुए बीमार पशु पर नज़र पड़ी, वह बौखला उठा। उसने हाथी के साथ आये महन्त के कान काट लिए...।''

बुढ़िया से यह सहन नहीं हुआ। वह बीच में ही बोल पड़ी, ''कान काट लिए? अरे बुड्ढे, भगवान के लिए अपनी लालटेन उठाओ और जाओ उसे देखो... कहीं वह बेचारा मिलिट्री की गोलियों से घायल न पड़ा हो!''

बूढ़े व्यक्ति ने अपनी बात जारी रखी, जैसे कि उसने बुढ़िया को सुना ही न हो, ''अगहन के इस महीने में नौ हजार मोआमारिया सैनिकों ने कीर्तिनाथ को बन्दी बना लिया। वह तब रंगपुर जा रहा था। यह सब उस हाथी के कारण ही तो हुआ, उस बीमार हाथी के कारण।''

हम वहाँ बैठे चाय सुड़कते रहे और बूढ़े व्यक्ति की बातें सुनते रहे। रमाकान्त थोड़ी देर के लिए आया। वह अपनी चाय पीकर चला गया। जाते-जाते कहता गया, ''काम लम्बा है। डेढ़ घण्टा तो लगेगा ही। मिस्त्री रेडियेटर को अपने वर्कशाप पर ले गया है।''

बुढ़िया अब मेरे निकट आ गयी थी। बोली, ''आज बहुत कम ग्राहक आये हैं। बेटी, एक-एक कप चाय और ले लो। अभी मेरे पास चीनी और पत्ती है।''

हमने चाय के दो और प्यालों के लिए कह दिया। इस बीच वह बूढ़ा अपने दोतारे के तार कसता रहा। फिर बोला, ''मैं मुश्किल से ही दोतारे को बाढ़ से बचा पाया। अब इस इलाके में कोई ऐसा व्यक्ति नहीं है जो इस तरह का दोतारा बना सके।''

बुढ़िया ने फिर कहा, ''मैं ग्राहकों को ख़याल रखूँगी। तुम लालटेन लो और रेलवे की पटरी पर उसे देखो। क्या पता...!''

बूढ़े व्यक्ति को अब उत्तर देना ही पड़ा, ''मेरी आँखें अब काम नहीं करतीं और यह औरत चाहती है कि मैं उसे अँधेरे में ढूँढूँ। पिछले दिन की बात है। मैं उसे देखने गया था और गिर पड़ा था। मेरे घुटनों पर अब भी चोट है और वहाँ दर्द होता है। मुझे दिल की भी तकलीफ़ है...सुनो बेटी, हमारी हालत सदा तो ऐसी न थी। बाढ़ के कारण ही सब कुछ हुआ...हमारी मजबूरी थी कि हमें सड़क के किनारे शरण लेनी पड़ी और अब हम दिन-रात ग्राहकों का इन्तजार करते हैं। हम भी कभी इज्जतदार लोग थे। हमारे दो खलिहान थे जो धान से भरे रहते थे। कोई भी मेहमान आता था तो उसकी सुगन्धि वाले चावल और काओई मछली से मेहमान नवाज़ी होती थी। हम बड़बरुआ परिवार से हैं। इस परिवार को यह अधिकार था कि दण्डस्वरूप अपराधियों के घुटने तोड़ दे। लेकिन

मेरे पिता दयालु व्यक्ति थे। अगर दिन का समय होता तो मैं आपको अपने घर ले चलता और आपको वह सब चीज़ें दिखाता जिनसे हमारी प्रतिष्ठा झलकती थी। एक खास तरह की टोपी है जो किसी तरह बची रही। छाता है, चाँदी का एक बर्तन है। सज-धज वाला पलँग है और चाँदी का सरौता है। लेकिन हमारे धान के खेत, जो मुझे जान से ज्यादा प्यारे थे और जो सोना और मोती उगलते थे, अब नहीं रहे।''

बुढ़िया गुस्से से तमतमा उठी, ''पुरानी कब्रें क्यों खोद रहे हो? मैं स्वयं वहाँ जाती हूँ और उसे ढूँढ़ती हूँ।''

''चुप रह, बेवकूफ! कितनी बार हम सुन चुके हैं वह लौट आया है। पर हुआ क्या? वह कहाँ लौटा? हम तो उसका चेहरा देखने को तरस गये हैं। अब ये दो भले लोग आये हैं। मुझे इनकी सेवा करने दो। इन्हें थोड़ा आराम भी मिलना चाहिए।''

बूढ़े व्यक्ति ने अब एक गीत गाना शुरू कर दिया था। वह पद्मप्रिया वैष्णवी द्वारा रचित था :

''यह संसार किसी का नहीं
पानी के बुलबुलों की तरह है
जो कमल के पत्तों पर गिरते हैं
प्रारब्ध किसी का पीछा नहीं छोड़ता
वह सबको राख का ढेर बना देता है...
यह जीवन, यह जवानी,
सब सपने के समान हैं जो बीत जाएँगे।''

मुझे उसकी आँखों के नीचे आड़ी-तिरछी रेखाएँ साफ़ दिख रही थीं। उसके कुछ दाँत गायब थे। गाल उसके धँसे हुए थे जिससे उसकी नाक और लम्बी दिख रही थी। वह अनवरत रूप से गाये जा रहा था। गीतों का कहीं अन्त ही न था। पद्मप्रिया की रचनाओं के बाद उसने कुछ दूसरे वैष्णव सन्तों के गीत गाये। मुझे लगा जैसे कि मैं डिफलू के किनारे बैठी हूँ और पानी से अठखेलियाँ करते चाँद को देख रही हूँ।

लगभग एक घण्टे तक गाने का यह कार्यक्रम चलता रहा। बीच-बीच में उसकी पत्नी बड़बड़ा उठती। उसकी एक ही रट थी, ''लोग खासकर यहाँ बताने आये कि वह रेल की पटरी के पास है...उसे चाहे सेना के लोग गोलियों से छलनी कर दें, इस पर कोई असर नहीं होगा...'

एकाएक बूढ़े व्यक्ति ने गाना बन्द कर दिया। मीराजकर ने जल्दी से अपने कोट की जेब से कुछ पैसे निकाले और उन्हें उसके सामने पड़ी सुपारी वाली थाली में रख दिया।

"अरे निर्मली की माँ!" बूढ़े व्यक्ति ने थोड़े जोर से कहा, "इसमें से चाय के पैसे काट लो और बाकी इन्हें वापस कर दो।" फिर मीराजकर की तरफ मुडकर बोला, "आपने इतने पैसे क्यों रखे, हुजूर? मेरे गीत तो सन्तों के गीतों की गूँज भर हैं। अगर उनके कोई दाम चुकाये तो मुझे तकलीफ होती है। कोई मेरी भावना नहीं समझता, कोई नहीं।"

बुढ़िया पैसों को घूरे जा रही थी। उसने उन्हें छुआ तक नहीं, न ही वह मुँह से कुछ बोली।

इतनी देर में हमें बाहर एक जबरदस्त धमाका सुनाई पड़ा। जैसे कि बम फटा हो। हमें लगा कि हम उठाकर जमीन पर पटक दिये गये हों। पास ही के एक पेड़ की आड़ में से कोई व्यक्ति प्रकट हुआ और फिर उस दुकान में हमारे सामने आ खड़ा हुआ। सब कुछ क्षणांश में हुआ था। उससे मेरा गला सूख गया।

वह एक जवान लड़का था। उसके गाल पर एक गहरा घाव था–आँख से लेकर होंठ तक। वहाँ शायद गोली लगी थी, या तेज चाकू ने अपना काम किया था। घाव से खून रिस रहा था। उसके होंठों के नीचे का मांस अलग हुआ दिखता था, जिससे लालटेन की कँपकँपाती रोशनी में उसके दाँत साफ़ झलक रहे थे।

मैं उस बुढ़िया के निकट हो गयी। उसका हाथ मैंने अपने हाथ में ले लिया और उसे कसकर थाम लिया। हम दोनों काँप रही थीं? लड़का काली जीन्स और खाकी जैकेट पहने था। पर उसके हाथ में कुछ था। रिवाल्वर? वहाँ रोशनी खास तो नहीं थी, फिर भी रिवाल्वर का मुँह दिख रहा था। बुढ़िया पागलों की तरह चिल्लाने लगी, "ओ मेरे बेटे! मैंने तो तुम्हारे बाप को सौ बार कहा कि जाओ उसे देखो, वह रेल की पटरी के पास होगा। आ बेटे, आ! क्या हुआ तुझे? इस तरह खून क्यों बह रहा है?" उसका शरीर अब बुरी तरह काँप रहा था और वह सिसक रही थी।

एकाएक लड़के की नजर उस लड़की पर पड़ी जो कोने में बैठी भय के मारे काँप रही थी। वह गोली की तरह उस पर टूटा। उसने उसे बालों से पकड़ लिया और उसके पेट पर मुक्के बरसाने लगा, "मैं तेरे इस पेट का मलीदा बना दूँगा। इस पेट में उसे फौजी के जिस हमारी पिल्ले को पाल रही हो, उसे भी खत्म कर

दूँगा। ...अरे गन्दी कुतिया, एक भारतीय सिपाही से प्रेम रचाती हो! थू...थू...!" और वह उसके पेट पर अब लातें बरसा रहा था।

परिणाम। उसका रक्त मिश्रिण भ्रूण तक पेट से बाहर निकल पड़ा था।

"अरे बाप रे! यह तो उसे मार ही डालेगा।" बूढ़े दम्पती ने गुस्से से अन्धे हुए युवक को परे ठेलने की कोशिश की।

युवक ने अपने माँ-बाप की तरह देखा तक नहीं। फिर उसकी नजर अपने बाप के सामने पड़े पैसों की ओर गयी और वह उन पर एकाएक लपका।

बूढ़ा चिल्लाया, "ये मेरे पैसे नहीं हैं, बेटे! ये इन ग्राहकों के हैं। इन्हें लौटा दो।"

युवक ने बाप की बात पर कोई ध्यान नहीं दिया। वह जैसे अपने से कह रहा था, "पोचर लोग एक अमरीकी कारबाइन बेच रहे हैं। पुरानी तो वह जरूर है, पर है मजबूत इस पैसे से मैं..."

फिर हमें सम्बोधित करते हुए बोला, "आप आसानी से कुछ और रकम दे सकते हैं तो लाइये, निकालिये। मेरे पास समय नहीं है।"

हम विमूढ़-से एक दूसरे की ओर देखने लगे।

वह अन्धड़ की तरह आया और अन्धड़ की तरह ही जाने को हुआ। जैसे काली, अँधियारी रात में बिजली चमकी हो।

बूढ़े के होंठों पर अब एक प्रकार की मुस्कराहट-सी दौड़ गयी थी। अपने जीवन में मैंने पहले कभी ऐसी मुस्कुराहट नहीं देखी थी।

मीराजकर और मैं अब गुवाहाटी की ओर बढ़ रहे थे। हममें से कोई कुछ न बोला। जैसे कि हम एक अन्तहीन, अँधियारी सुरंग में से गुजर रहे हों।

खण्ड-तीन

हिन्दी और कुछ हिन्दीतर साहित्य : तुलनात्मक अध्ययन

हिन्दी और उड़िया की आधुनिक कविता

राष्ट्रीय कविता : आधुनिक भारतीय राष्ट्रीय कविता का आविर्भाव ब्रिटिश साम्राज्यवाद के विरुद्ध किये गये संघर्ष की स्थिति में होता है। राष्ट्र का उद्‌दीप्त स्वाभिमान ही मानो इस कविता में उमड़कर प्रवाहित हो उठता है। 1857 ई. के प्रथम स्वाधीनता संग्राम से देश में नवजागरण की शुरुआत होती है। नवजागरण ने देश की राष्ट्रीय कविता को भीतर से आन्दोलित एवं उन्मथित किया है। इसी नवीन चेतना ने राजनीतिकों, समाज-सुधारकों का ध्यान गौरवमय अतीत की ओर आकृष्ट किया। इसी के फलस्वरूप आर्य समाज, ब्रह्मसमाज, प्रार्थना समाज आदि संस्थाओं के नेता दयानन्द सरस्वती, राजाराम मोहनराय, केशवचन्द्र सेन, स्वामी विवेकानन्द आदि के राष्ट्रीय सांस्कृतिक विचार प्रवाह उमड़े और फैले और इसी के भीतर से आधुनिक कविता ने नयी शक्ति प्राप्त की। हिन्दी और उड़िया साहित्य की सभी विधाओं में राष्ट्रीय भावना का स्वर मुखरित हुआ।

भारतेन्दु युगीन कवियों ने भारतीय इतिहास के गौरवशाली पृष्ठों की स्मृति तो अनेक बार दिलायी, पर उनकी राष्ट्रीय भावना केवल यहीं तक सीमित नहीं रही। अंग्रेजों की विचारधारा और उनकी देशभक्तिपूर्ण कविताओं से भी उन्होंने प्रेरणा ली। देश के उत्कर्ष अपकर्ष के लिए उत्तरदायी परिस्थितियों पर प्रकाश डालकर इस युग के कवियों ने जनमानस में देशभक्ति की भावना के बीज-वपन का महत्त्वपूर्ण कार्य किया। भारतेन्दु की "विजयिनी विजय वैजयन्ती", प्रेमधन का "आनन्द अरुणोदय", प्रताप नारायण मिश्र की "महार्व" तथा राधाकृष्णदास की "भारत बारहमासा" और 'विनय' शीर्षक कविताएँ देशभक्ति की प्रेरणा से युक्त हैं। भारतेन्दुयुग की भाँति द्विवेदीयुग में भी देशभक्ति की अजस्र धारा प्रवाहित हुई। किन्तु द्विवेदीयुग की देशभक्ति साम्प्रदायिक सामंजस्य की ओर अधिक उन्मुख है। राष्ट्रीय एकता के प्रति इन कवियों का विशेष झुकाव था। देशभक्ति से सम्बन्धित श्रीधर पाठक की रचनाएँ 'भारतगीत' में संकलित है। देशानुराग को पाठक जो

व्यक्ति का सबसे उज्ज्वल गुण मानते हैं और परतन्त्रता को उसका सबसे बड़ा दुर्भाग्य। मैथिलीशरण गुप्त, सुभद्रा कुमारी चौहान आदि कवियों की एक पूरी पीढ़ी राष्ट्रीय कविता में देशप्रेम, बलिदान, करुणा और आस्था के गीत गाती रही है। इन कवियों की राष्ट्रीय भावनाएँ अहिंसावाद से सम्पृक्त हैं। इनकी अधिकांश कविताएँ राष्ट्र प्रेम की मस्ती से प्रतिध्वनित हैं। राष्ट्र प्रेम की मस्ती से झूमते हुए बालकृष्ण शर्मा नवीन ने लिखा—

कवि कुछ ऐसी तान सुनाओ, जिससे उथल-पुथल मच जाये।
एक हिलोर इधर से आये, एक हिलोर उधर से आये।
प्राणों के लाले पड़ जायें, त्राहि त्राहि ख नभ में छा छाये।
नाश और सत्यानाशों का धुआंधार जग में छा जाये।

अंग्रेजी शासनकाल में उड़ीसा की परिस्थितियाँ अनुकूल नहीं थी। दुखद ऐतिहासिक परिस्थितियों के कारण पश्चिम से उनका सम्पर्क बहुत देर बाद हुआ। पड़ोसी भाषा भगिनि बंगला की तुलना में उड़िया अपेक्षाकृत ज्यादा पिछड़ी हुई है। उसका यह कारण नहीं है कि यह भाषा और भाषा भाषी जनता कुछ मूलतः हीनतर हैं। परन्तु वे अवसर, जो कि बंगाल को मिले और जिनके कारण बंगाल अंग्रेजी राज्य में कई दिशाओं में समृद्ध बना, उड़ीसा भाषा-भाषियों को कम-से-कम एक शताब्दी के लिए प्राप्त नहीं हो सके। अंग्रेजों के भारत छोड़ने के दस वर्ष पहले तक उड़ीसा और उड़िया भाषी चार अलग-अलग प्रदेशों में बँटे हुए दलितों और निर्दभता से शोषित अल्पसंख्यकों के रूप में मिलते हैं। उड़ीसा स्वायत्त खण्डराज्य के रूप में अभी-अभी आगे बढ़ा है। यही कारण है कि जहाँ अन्य भाषाओं में नया साहित्य स्वस्थ हरे पौधे की भाँति सभी आवश्यक खाद्य सामग्री लेता हुआ पल्लवित हुआ है वहाँ जीवन को झकझोर देने वाली आपत्तियों के कारण आधुनिक साहित्य उड़ीसा के साहित्यिक और बौद्धिक अग्रदूतों के उन संघर्षों की कारुणिक गाथा है जो उन्होंने तीखी उपेक्षा, घृणा, अत्याचार और विफलताओं के विरुद्ध किये हैं। उड़िया के आधुनिक साहित्य का दिग्दर्शन इसके तीन महान साहित्यकारों—फकीर मोहन, राधानाथ और मधुसूदन के साहित्य द्वारा भली प्रकार प्रस्तुत किया जा सकता है।

1857 के स्वाधीनता संग्राम का असर उड़ीसा पर भी पड़ा। यह बात अलग है कि अन्य प्रदेशों की तुलना में उड़ीसा में नवचेतना का प्रादुर्भाव कुछ बाद में हुआ। हिन्दी के भारतेन्दु युगीन कवियों के समान ही उड़िया के फकीर मोहन, राधानाथ राय, मधुसूदन राव, गंगाधर मैहर, चिन्तामणि महति, नवल

किशोर बल आदि राष्ट्रीय कविता के रचनाकारों ने अपने सृजन कर्म को नवीन चेतना के आलोक से आलोकित किया है। फकीर मोहन सेनापति (1843-1918) अपने गोत्र नाम जैसे ही सचमुच में आधुनिक उड़िया साहित्य और राष्ट्रीयता के सेनापति बने। उन्होंने जनसाधारण की घरेलू सशक्त भाषा में शहरों और गाँवों की दशा और शान्त, सामाजिक जीवन के नीचे जो मानवीय वासनाओं का अशंकित नाटक चल रहा है उसे भी फकीर मोहन ने देश के सामने रख दिया। हिन्दी के कवि मैथिलीशरण गुप्त, रामधारी सिंह दिनकर के समान ही उड़िया के कवि गंगाधर मेहेर ओर चिन्तामणि महांति ने राष्ट्रीय सांस्कृतिक अस्मिता के प्रति एक नया दृष्टिकोण प्रस्तुत किया। इन कवियों ने अपनी रचनाओं में भारत के प्राचीन गौरव का गान किया है। दार्शनिक चिन्ता-धाराओं को आत्मसात करते हुए आगे बढ़ने की भावना आदि को कई भाव-मुद्राओं में अभिव्यक्ति दी है। अपने अतीत से वर्तमान की प्रेरणा देने की शक्ति इन सभी की रचनाओं में उदात्त काव्यात्मकता के साथ विद्यमान हैं। हिन्द के कवि सियारामशरण गुप्त, रामनरेश त्रिपाठी, गयाप्रसाद शुक्ल सनेही और रामधारी सिंह दिनकर की भाँति उड़िया के गोपबन्धुदास, नन्दकिशोर बल, लक्ष्मीकान्त महापात्र, नीलकण्ठदास आदि के काव्य में शत्रु का संहार करने का भाव नहीं है। इनकी कविताओं में आक्रमण का स्थान आत्म बलिदान ने ले लिया है। उड़ीसा का प्राकृतिक सौन्दर्य इनकी कविताओं में पोर-पोर में रचा बसा है। इनकी स्वच्छन्द भावधारा क्रान्ति की आग नहीं उगलती, अपितु गाँधी विचार के प्रेमप्रवाह में निमग्न रही है। निराशा और विचार को ठेलकर गाँधी जी ने मुक्ति संग्राम में जो आस्था का जीवन-दीप प्रज्वलित किया था उसी के प्रकाश से इन कवियों की कविताएँ दीपित हैं। नवजागरण कालीन मधुसूदन राव की एक कविता उदाहरणार्थ देना पर्याप्त होगी—

सुनो नयी सूचना, मानवता
दैवी परिवर्तन क्रम में आता नवयुग
धरती की आवाजें सुनो हर्षित हो—
स्रष्टा महान है उसका परिवार
यूरोप, अफ्रीका एशिया और अमेरिका
एक हो रहे
ईश्वर के स्नेह नियम मानवता का सृजन कर रहे
अमिय बरस रहा
प्रेम और मैत्री

मधुसूदन के ये शब्द आधी से अधिक शताब्दी बीत जाने पर भी आज के संसार की परिस्थिति में भी कितने उपयुक्त हैं।

स्वच्छन्दतावाद : भारतीय और पाश्चात्य सभी समीक्षक यह मानते हैं कि स्वछन्दतावाद, जिसे हिन्दी में छायावाद कहा गया है, का जन्म विद्रोह की बेदी पर हुआ है। कुछ लोग इसमें स्थूलता के प्रति विद्रोह की भावना पाते हैं जबकि कुछ पौराणिक धार्मिक चेतना के प्रति विद्रोह की भावना मानते हैं। इसमें कोई सन्देह नहीं कि स्वच्छन्दतावाद में प्राचीन जीवन मूल्यों, रूढ़ियों एवं पुराने विचारों के प्रति विद्रोह का स्वर प्रखर है। यह भी सर्वमान्य है कि यह काव्य सौन्दर्य भावना से मण्डित है। इसका एक आध्यात्मिक पक्ष भी है, जिसकी मुख्य प्रेरणा सामजिक एवं मानवीय है। हिन्दी में 'छायावाद' के प्रवर्तक जयशंकर प्रसाद हैं किन्तु छायावाद की सच्ची अभिव्यक्ति द्विवेदी युगीन कवि श्रीधर पाठक की रचनाओं में मिनती है। पाठक जी की इस स्वच्छन्द भावधारा को पं. रामनरेश त्रिपाठी ने आगे बढ़ाया है। छायावाद हिन्दी काव्य में युगान्तर कर चुका है। इसने एक ओर जीवन के सूक्ष्मतम, मानवीय एवं उदात्त मूल्यों की प्रतिष्ठा की तो दूसरी ओर एक अभिनव सौन्दर्य जगाकर समाज की अभिरुचि का परिष्करण भी किया है। डॉ. जगदीश गुप्त के अनुसार हिन्दी कविता को वृन्दावनी गलियों से निकालकर विश्व साहित्य के सम्पर्क में लाने का श्रेय छायावाद को ही है। छायावाद के कवि जयशंकर प्रसाद (कामायनी, आँसू, झरना, लहर आदि), सुमित्रानन्दन पन्त (वीणा, ग्रन्थि, पल्लव, गुंजन, युगवाणी आदि), सूर्यकान्त त्रिपाठी निराला (अनामिका, अप्सरा, गीतिका, तुलसीदास आदि) महादेवी वर्मा (नीहार, रश्मि, नीरजा आदि), माखनलाल चतुर्वेदी का सृजन देशी मौलिकता की नयी भावभूमि के साथ हिन्दी में आया। बच्चन, नरेन्द्र शर्मा, और अंचल भी इस धारा में गोते लगाते रहे हैं।

उड़िया में स्वच्छन्दतावादी काव्यधारा बंगला साहित्य के विशेष प्रभाव से प्रवाहित रही है। फकीर मोहन स्वच्छन्दतावाद के महत्त्वपूर्ण कवि हैं। इन्होंने 'पुष्पमाला' उपहार जैसी काव्यकृतियों से इस साहित्य को नयी रंगत दी है। यही रंगत राधानाथ की रचनाओं में भी है। उन्होंने सबसे पहली बार उड़ीसा की असंख्य नीले, भूरे और सुआपंखी द्वीपों से भरी पूरी चिलिका झील, पानी की चिड़ियों से गुंजित पहाड़ी नावों की शोभा आदि सजीव प्रकृति को अपनी कल्पना में अनुप्राणित किया है। उनकी आकर्षक कविता 'चन्द्रभागा' है। चन्द्रभागा नदी कोणार्क के सूर्यमन्दिर के निकट ही समुद्र में गिरती है। इस रचना से राधानाथ की उस कल्पना के दर्शन होते हैं जिसके द्वारा उन्होंने उड़ीसा की प्रकृति और

उसके इतिहास की पौराणिक कथाओं को मानवीय रूप दिया है। 'चिलिका' काव्य संग्रह में राधानाथ का सर्वोत्कृष्ट प्रकृति प्रेम का निखरा हुआ रूप मिलता है। यह समस्त भारतीय साहित्य में एक अनूठी रचना है। उनकी श्रेष्ठतम रचना 'महायात्रा' और "यात्रा की इति" है। यह मुक्त छन्द या 'मिल्टन छन्द' में लिखा गया है। इसमें हिमालय की ऊँची श्रेणियों पर पाण्डवों की अन्तिम यात्रा का वर्णन है। 'दरबार' काव्य संग्रह व्यंग्य-गीत है। अपूर्ण काव्य 'पार्वती' दुःखान्तकाव्य है। उनका 'चिलका सरोवर' एक खण्डकाव्य है जो सौन्दर्यकला का अनुपम नमूना है—

पंकज बसनी उत्काल भारती
सरले कीकाले, काहा, कुरकुरामिनी। पर
इन्हें बड़ा गर्व है।

उड़िया के कवि मधुसूदन राव ने उड़ीसा की पर्वत सौन्दर्य छटा तथा सरिताओं के गीत गाये हैं। उड़ीसा आदि नदी, वन पर्वत इनमें सौन्दर्य राशि बनकर आते हैं। उनकी प्रमुख काव्यकृतियाँ हैं—'निशीथचिन्ता', निर्वासित विलास, 'उत्कलपिण्ड'। उनकी रचनाओं का संग्रह 'प्रबन्धमाला' उत्कृष्ट काव्य का नमूना है जिसमें खण्डकाव्य, सॉनेट, भावगीत, ऐतिहासिक काव्य आदि सभी एकत्र मिलते हैं। रहस्यवाद और राष्ट्रप्रेम इनकी भावधारा में साथ-साथ प्रवाहित हैं। इनकी संगीतमाला में अनेक राग-रागनियों से युक्त गीत हैं। उनकी निम्न काव्य पंक्तियाँ पाठकों को भाव विभोर कर देती हैं—

उषा हुई चिड़ियों ने मनहर गाना गया
लगी नाचने उसी ताल में यह हृदयों की माला
आओ बच्चों इनमें मिल हम भी गायें गाना
उस ईश्वर का जिसने हमको जन्म दिया
यह संसार बनाया।

उड़िया के अन्य स्वच्छन्दतावादी कवियों में गंगाधर मेहेर, चिन्तामणि महंति, नन्दकिशोर बल, गोपबन्धुदास, गोदावरी मिश्र, कुंतला कुमारी, लक्ष्मीकान्त महापात्र, नीलकण्ठदास, नीलद्रिदास, कृपासिन्धु मित्र, चन्द्रमणिदास आदि के नाम उल्लेखनीय हैं।

प्रगतिवाद : हिन्दी में प्रगतिवादी चेतना का उदय सन् 1936 ई. में लखनऊ में 'प्रगतिशील लेखक संघ' के जन्म के साथ माना जा सकता है। इसके उपरान्त

हिन्दी साहित्य में युगान्तर सा हो जाता है। हिन्दी साहित्य की रोमानी भावुकता, कठोर यथार्थवाद में निखरा हुआ शिल्प, अनगढ़ प्रस्तुतीकरण में परिवर्तित होने लगता है। आदर्शवाद मार्क्स के द्वन्द्वात्मक भौतिकवाद के सम्मुख नत हो जाता है। डार्विन और फ्रायड भी प्रगतिवादी साहित्यकार की पंक्तियों में साकार होने लगते हैं।

हिन्दी में प्रगतिवाद का प्रारम्भ कब से माना जाये? इस प्रश्न पर कुछ मतभेद है। प्रगतिवाद के बीज छायावाद कवियों की रचनाओं में ही सर्वप्रथम प्राप्त होते हैं। निराला को सबसे पहला प्रगतिवादी कवि मानने में संकोच नहीं होना चाहिए? निराला के बादलराग, भिक्षुक और तोड़ती पत्थर, में दलितों, पीड़ितों और वंचितों के प्रति सहानुभूति व्यक्त की गयी है। निराला की परम्परा को सुमित्रानन्दन पन्त एवं नरेन्द्र शर्मा द्वारा सम्पादित 'रूपाभ' के प्रकाशन ने आगे बढ़ाया। हिन्दी साहित्य में प्रगतिवाद की व्यवस्थित रूप में चर्चा शिवदानसिंह चौहान के 'हंस' का सम्पादक हो जाने से होने लगी।

हिन्दी की प्रगतिशील चेतना के कवियों में केदारनाथ अग्रवाल, डॉ. रामविलास शर्मा, नागार्जुन, रांगेय राघव, शिवमंगलसिंह सुमन, त्रिलोचन आदि हैं। केदारनाथ अग्रवाल की कविताओं में प्रगतिवादी दृष्टि से प्रकृति और मनुष्य के सौन्दर्य की सहज और प्राणवान अभिव्यक्ति हुई है। रामविलास शर्मा की कविता में सादगी, वेग और सहजता है, इनमें व्यंग्यात्मकता भी देखी जा सकती है। नागार्जुन की कविता में सामाजिक विषमता, राजनीतिक दुराचार और धार्मिक अन्धविश्वास पर खुली चोट की गयी है। रांगेय राघव की कविताओं में समाजवादी चिन्तन से अनुप्राणित संवेदना है। सुमन की कविताओं में ध्वन्यात्मकता और वाक्स्फीति है। त्रिलोचन की कविता में सादगी और धरती की गन्ध है। प्रयोगधर्मी कवियों में केदारनाथ, अग्रवाल, मुक्तिबोध, भारतभूषण अग्रवाल, वेणुगोपाल धूमिल आदि स्मरणीय हैं।

उड़िया में 'सबुजदल' के कवियों की एक धारा रवीन्द्रनाथ टैगार के प्रभाव से उभरती है और उसका विकास 'युगवीणा' पत्रिका की कविताओं से होता है। इस धारा से आनन्दशंकर राय तथा बैकुण्ठनाथ पटनायक जैसे कवियों ने उभार पाया है और उड़िया काव्य को प्रेम सौन्दर्य की उजली कविता दी है। उड़िया में सबुजदल के बाद प्रभातवादी काव्यधारा के उमड़ते ही स्वच्छन्दतावादी धारा का प्रवाह क्रान्ति गीतों में बदल जाता है।

हिन्दी के छायावादी कवि निराला, पन्त आदि के समान ही उड़िया में भी प्रगतिशील चेतना स्वच्छन्दतावादी कवि मधुसूदन राव के "भारत भावना" से ही प्रारम्भ हो चुकी थी—

सुनो मानवता
नवयुग का नव सन्देश आ रहा है।
धरती की आवाज सुनो।

राधानाथ के खण्डकाव्य 'चिलिका सरोवर' में धरती और उड़िया की प्रकृति को स्वर मिला है। नन्दकिशोर बल (1875-1928) के काव्य में गाँव और धरती का यथार्थ चित्र प्रस्तुत किया गया है। किसान कटी फसलों को चिन्तातुर देखता है जिसमें महाजनों और सरकार की हिस्सेदारी छिपी है। गंगाधर मेहेर ने लोकजीवन को आलोकित करने वाली कविताएँ लिखीं है। उनके काव्य 'कृषक संगीत' में किसानों की समस्याओं को काव्यात्मक अभिव्यक्ति मिली है। कुंतलाकुमारी की 'आवाहन' कविता में क्रान्ति की चिनगारियों की झलक दिखायी देती है। गोपबन्धु दास की 'बाँदी' आत्मकथा में भी पीड़ियों के यथार्थ जीवन के अनेक संवर्ग आये हैं। अतः उड़िया काव्य की प्रगतिशील चेतना की स्वच्छन्दतावादी प्रवृत्ति का ही प्रकारान्तर से विकास कहा जा सकता है।

1931 ई. में "सबुज कविता" के नाम से एक संकलन प्रकाशित हुआ, जिसमें कालिन्दी चरण पाणिग्रही ओर वैकुण्ठनाथ पटनायक अपने काव्यों में किसानों और दलितों की ओर आकर्षित दिखायी पड़ते हैं। 'सबुज' के बाद 1936 के लगभग ही उड़िया में प्रगतिवादी चेतना उद्‍बुद्ध होने लगी। सबुज के दोनों कवि कालिन्दीचरण पाणिग्रही और वैकुण्ठनाथ पटनायक अब कल्पनालोक से निकलकर क्रान्ति और संघर्ष का स्वर मुखर करने लगे। 1936 से 1947 तक, यह प्रगतिशील धारा अपने भौतिक स्वरूप में गतिशील रही। अनन्त पटनायक भी स्वच्छन्दतावाद के स्वप्नसंसार से मुक्त होकर समाजवादी चेतना की ओर उन्मुख हुए। उनके 'रक्तशिखा' और 'किंचित्‌ में क्रान्तिकारी स्वर मुखरित हुआ है। उनके "स्वप्न दे खुच" और "झर रे रुधिर" में क्रान्ति का आह्वान है—सच्चिदानन्द राउतराय (जन्म 1916) के काव्य में भी वामपन्थी विचार की प्रबल अभिव्यक्ति हुई है / इनके "अभियान" काव्य में विद्रोही चेतना की सशक्त अभिव्यक्ति हुई है। 'बाजी राउत' नामक काव्य में पूँजीपतियों के विरुद्ध शोषितों का विद्रोह-स्वर मुखर हुआ है। गोकुलानन्द राय, चूड़ामणि, नवकृष्ण चौधुरी, मनमोहन मिश्र इस धारा के अन्य कवि हैं। परवर्ती कवियों में रवीन्द्रनाथ सिंह ने शोषण के विरुद्ध जीवन्त स्वर दिये हैं। नित्यानन्द महापात्र और गोदावरीश महापात्र ने गीध, चील, दाढ़ी जैसे उपेक्षित प्रतीकों का प्रयोग कर जन जागृति के अनेक स्वर उद्‍घाटित किये।

प्रवृत्तियाँ

पुरातन परिवर्तन : पुरातन में ही नूतन का विरोधी तत्व भी छिपा रहता है। सर्प का केंचुली परिवर्तन और पीले पत्तों के स्थान पर कोंपलों के आगमन का सन्देश भी इसी प्रकार का है। कवि की दृष्टि में यह एक शिशु के जन्म की प्रक्रिया है। सुमित्रानन्दन पन्त की 'पतझर' रचना इसी प्रकार की है। इसमें वे मानव जीवन में पतक्षर आने तथा इस पतझर में पुराने पत्रों (रूढ़ि, रीति, मान्यताओं) के झड़ने और जनजीवन में वसन्त के आने की कल्पना करते हैं। यह है उनकी पुरातन के स्थान में नवीनता के निर्माण की आकांक्षा। वे कहते हैं–

पतझर, यह मानव जीवन में आया पतझर,
आज युगों के बाद हो रहा नया युगान्तर।

सदियों में आया मानव-जग में यह पतझर
सदियों तक भोगोगे नव मधु का वैभक्वर।

—युगवाणी, पतझर, पृ. 12

उन्होंने श्रमिकों को जागृति का सन्देश देते हुए संसार पर शासन करने वर विश्वास व्यक्त किया है–

भू का भव्य करेंगे शासन
चित्र लावण्यपूर्ण श्रम के कण।

—युगवाणी, धननाद, पृ. 35

उड़िया के कालिन्दीचरण पाणिग्रही के अनुसार अतीत का अवशेष ही नवीनता का आधार है। पुरातन ही भविष्य का स्रष्टा है–

नवीनेर मेरुदण्ड अतीतर क्षीण अवशेष
भविष्यर शासक हे पुरातन है पलिकेश।

वे आगे लिखते हैं कि परिवर्तित परिवेश में धर्म के रूढ़िगत अवशेष सूखे पत्तों के समान झर जाते हैं–

रोपिथिल ये पादव धरमर अक्षर महत
कालर प्रभावे येबे हेला तार जीर्णता आगत।
आचार विधान तारपडे झड़ि शुष्क पत्र-सम।

—कालिन्दीचरण

वर्तमान समाज व्यवस्था के प्रति आक्रोश : वर्तमान समाज व्यवस्था पूँजीवाद पर

आधारित है। कार्लमार्क्स जनजीवन का मूलाधार अर्थ को ही मानते हैं। उनकी इस मान्यता के अनुसार पूँजीवादी वर्ग (शोषक वर्ग) मध्यम और निम्नवर्गीय मानवों का शोषण कर विशाल सम्पत्ति के स्वामी हुए हैं। पाण्डे, पुरोहित, मौलवी, पादरी, कथित धर्माचार्य और वे राजनीतिक नेता भी पूँजीवाद के ही अंग हैं जिन्होंने अपने स्वार्थ के कारण मध्यम एवं निम्न वर्ग को ऊपर उठने नहीं दिया। अतः प्रगतिवादी कवियों ने अपने काव्य में असन्तोष व्यक्त करते हुए इन सभी के प्रति विरोध व्यक्त किया है। हिन्दी के कवि रांगेय राघव ने वर्तमान समाज व्यवस्था पर असन्तोष व्यक्त करते हुए अपनी "प्रतिशोध" कविता में कहा है—

दे रहा जो अन्न
भूख खेतिहर वह आज,
जो बदलता विश्व
भूखा है वही मजदूर।

अज्ञेयजी ने साँप के माध्यम से पूँजीवादी सभ्यता पर इस प्रकार व्यंग्य किया है—

साँप।
तुम सभ्य तो हुए नहीं,
नगर में बसना
भी तुम्हें नहीं आया
एक बात पूछूँ—(उत्तर दोगे?)
तब कैसे सीखा डसना?
विष कहाँ पाया?

—इन्द्रधनु रौंदे हुए, पृ. 29

उड़िया के प्रगतिशील कुंजबिहारी दास "बाग्रा" काव्य में वर्षा से स्वाधीन झंझा के भैरव शंख का उद्घोष करने का आग्रह करते हुए अपनी लेखनी में वज्र का बल और प्रपात का प्रवाह भरना चाहते हैं जिससे वह अत्याचार से मणिमण्डित मनोहर अट्टालिका को ध्वस्त कर दें—

ध्वंसर डाक झासि आसे दश दिशुं
रणभेरी तोर से भीम शब्दे मिशुं
मरण तोहार मुकुति रे वीर शिशु।

मुक्ति का अरुणोदय : प्रगतिवादी को विश्वास है कि जब दमन या शोषण चरमसीमा पर पहुँच जाता है, तब दमितों और शोषितों के हृदय में क्रान्ति की

आग धधक उठती है। उस ज्वाला में सम्पूर्ण पुरातन जलकर नष्ट हो जाता और एक ऐसी पृष्ठभूमि निर्मित हो जाती है, जिस पर मानवशक्ति भव्य नूतन का निर्माण करती है। हिन्दी के कवि गिरिजाकुमार माथुर 'एक लेण्डस्केप' में जीवन के नये जागरण का एक ऐसा नया प्रकाश देखते हैं, जो युग की अन्धकार से पूर्ण रात्रि को मिटाकर सुप्त मानवता को जागृत कर देगा–

यह प्रथम प्रदोष निमिष है नये उजेलेका
जीवन के नये जागरण का।
अब युग की अँधियारी रजनी मिटन को हैं,
जन-रीव का अग्र प्रकाश-चरण
अंकित हो रहा धारा के मैले अंचल पर
जिसमें मानवता छिपी धूप बन सोती है।

—धूप की खोज, एक लेण्डस्केप, पृ. 3

तो उड़िया के मायाधर मानसिंह भी गणतन्त्र के उदय के साथ ही भयहीन गुण के साम्यवाद के पुनरुत्थान के प्रति आश्वस्त हैं–

श्रेणीहीन प्राचीन नरपतिहीन
जीवन सम्भोगकारी
साम्य तन्त्र राज्य गाढ़ि उठिथिला।

नयी कविता : प्रगतिवादी कविता हिन्दी एवं उड़िया के कवियों को दीर्घकाल तक सन्तुष्ट रखने में असफल रही। उसकी एकांगिता असहनीय हो उठी। फलतः कवि प्रयोगों की ओर झुका। इस काव्यधारा को प्रयोगवाद की संज्ञा दी गयी। प्रगतिवाद की भाँति इस काव्यधारा को किसी सुनियोजित जीवनदर्शन का आधार प्राप्त नहीं था। इसमें एक ओर जो प्रगतिवाद का निषेध था और दूसरी ओर शैली शिल्प की दृष्टि से छायावाद की अवहेलना थी। किन्तु यह प्रयोगवाद शब्द प्रयोगशील काव्य समस्त प्रवृत्तियों को आत्मसात नहीं कर पाता और अपूर्ण है। अतः इसके लिए एक अन्य की खोज होने लगी। इसी खोज का परिणाम था 'नयी कविता' नामकरण। डॉ. रमाशंकर तिवारी के शब्दों में कहा जा सकता है कि "'नयी कविता' को प्रयोगवाद कहने में कोई असंगति अथवा अनौचित्य नहीं दिखायी पड़ता या नयी कविता और प्रयोगवाद में कहीं सर्वमान्य विभाजक रेखा खींचना सम्भव नहीं है।" (प्रयोगवादी काव्यधारा, प्राक्कथन) अतः नयी कविता और प्रयोगवाद एक ही आन्दोलन की विविध संज्ञाएँ हैं।

हिन्दी में प्रयोगवाद का प्रारम्भ तो निराला के 'तोड़ती पत्थर', 'कुकुरमुत्ता' आदि रचनाओं से हो जाता है किन्तु उसका वास्तविक स्वरूप सन् 1943 में प्रकाशित 'तारसप्तक' से स्पष्ट होता है। प्रयोगवाद या नयी कविता के प्रमुख कवियों में गजानन माधव, मुक्तिबोध, नेमिचन्द्र, अज्ञेय, भारतभूषण अग्रवाल, प्रभाकर माचवे, गिरिजाकुमार माथुर, राम विलास शर्मा, शमशेर बहादुर सिंह, हरिनारायण व्यास, नरेश मेहता, धर्मवीर भारती, रघुवीर सहाय, भवानीप्रसाद मिश्र, प्रयागनारायण त्रिपाठी, सर्वेश्वर दयाल सक्सेना आदि उल्लेखनीय हैं। इन सभी कवियों का ध्यान बदलते हुए जीवन सम्बन्धों पर गया। अज्ञेय जी ने 'बावरा अहेरी', 'इन्द्रधनु रौंदे हुए', अरी ओ करुणा प्रभामय' जैसी रचनाओं से कविता की नयी और परती जमीन तोड़ी है। प्रयोगशीलता के प्रति पूरी तरह समर्पित होकर अज्ञेय जी ने लिखा—

मैं वह धनु हूँ जिसे साधने में प्रत्यंचा टूट गयी है
स्खलित हुआ है बाण यदपि ध्वनि दिग्दिगंत में फूट गयी है।

—इत्यलम

1960 के बाद 'अकविता' आन्दोलन के कवियों में श्याम परमार, सौमित्र मोहन राजकमल चौधरी आदि स्मरणीय हैं।

उड़िया में सबुज वर्ग के कवियों के पश्चात् प्रभाववादी कवियों का प्रभाव बढ़ा। कविगण फ्रायड कार्लमार्क्स और विटमेन की विचारधाराओं को रिला-मिलाकर नया काव्य सृजित करने लगे। इन कवियों में शचिराउत राय, अनन्त पटनायक और मोहन मित्र आदि के नाम उल्लेखनीय हैं। राधामोहन गड़नायक और श्रीमती विद्युत प्रभादेवी ने नये युगबोध को वाणी दी है। उड़िया की नयी काव्यधारा में आस्था-अनास्था की टकराहट लिए बहुत से कवि एक साथ उभरकर सामने आये हैं। इन कवियों में उमाशंकर पंडा, कालिंदीचरण, गोदावरीश महापात्र, गोपालचन्द मिश्र, नित्यानन्द महापात्र, विनोद राउतराय, बैकुण्ठनाथ पटनायक, मनमोहन मिश्र, मनोजदाम, रमाकान्त रथ, राधामोहन गड़नायक, सच्चिदानन्द राउतराय, कुमारी तुलसी, जानकी वल्लभ महांति, कुंजबिहारी दास, चिन्तामणि बेहेरा, यमुनादास महापात्र आदि बहुत से कवि हैं। इन कवियों ने लोकभाषा की लय तथा नये उपमानों में जीवन का दर्द लिखा है। मनमोहन मिश्र ने 'मोर परिचय' में लिखा हैं—

मेरी जन्मभूमि के वक्ष को छूकर
जितने अभाव जलते हैं
ज्यादा दुख होते हैं
मैं उनका काल हूँ।

मनोजदास की कविता 'बूढ़ा' में एकान्त राह पर चलता चाँद क्लान्त है और उसकी छाती में हूँ-हूँ हो रही है। वत्सनायक 'अलकार हस' कविता में अलका की हँसी को आज विषादों की छाती पर तैरते पाते हैं। यहाँ वेदना की उदात्त लहरें उठ रही हैं। सच्चिदानन्द राउतराय की कविता 'रंगम' में एक पंछी फड़फड़ाकर परेशान है। इन कवियों में मोहभंग का दर्द अधिक है।

1955 में उड़िया में 'नूतन कविता' का आविर्भाव हुआ जिसका नेतृत्व रमाकान्त रथ ने किया है। अपने कनिष्ठ कवियों का इन्हें समर्थन भी प्राप्त है। ये कवि हैं—सौभाग्य मिश्र, दीपक मिश्रा, विवेक जेना, राजेन्द्र किशोर पण्डा, नृसिंह रथ, प्रफुल्ल त्रिपाठी, हरिहर मिश्र, कैलाश लेंका, सरोज रंजन, रोहन राय, आदि-आदि। इन कवियों की रचनाएँ पत्र-पत्रिकाओं में प्रकाशित होती रहती है।

हिन्दी के समान उड़िया में भी 'अकविता' नाम से एक नवीन विधा विकसित हुई है जिसके प्रवर्तक रविसिंह हैं। अकविता की कविताओं में वर्तमान व्यवस्था के प्रति आक्रोश व्यक्त किया गया है। भारतीय प्रशासनिक सेवा से सम्बद्ध सीताकान्त महापात्र ने सबसे ज्यादा लिखा है। उनके 'शब्दर आकाश' पर साहित्य अकादमी का पुरस्कार मिला है। उन्होंने भारतीय मिथकों एवं प्रतीकों के सर्जनात्मक प्रयोग में विशेष कौशल का परिचय दिया है। गम्भीर बात को हल्के ढंग से कहना उनकी खास विशेषता है। उड़िया से हिन्दी में आयी ''वर्षा की सुबह'' (वर्षा सकाल) सीताकान्त महापात्र का एक, महत्त्वपूर्ण काव्य संग्रह है जिसमें मानवीय सम्बन्धों का एक विशिष्ट आंकलन है। इस संग्रह की कविताओं में ''मृत्यु मानो लम्बी छुट्टी पर'' है। वे लिखते हैं—

आना हो तो आओ
क्या मालूम नहीं तुम्हें
तुम्हारे उस आकाश की ओर
उन्मुख हूँ मैं हमेशा से
आओ, आकर बैठो मेरे पास।

—वर्षा की सुबह 'मृत्य'

हिन्दी और उड़िया की अकविता के कवियों ने अपने युग की कुण्ठा को अभिव्यक्ति प्रदान करने करने के लिए ही मानो 'अकविता' को जन्म दिया है। अकविता वस्तुतः कविता से उबे हुए लोगों की अभिवृत्ति है। नैराश्य ही इनका स्वभाव बन गया है। यह कविता लय, गीत आदि की चिन्ता नहीं करती। इस कविता में मर्यादा के बन्धन टूट चुके हैं। यह घोर व्यक्तिवादी कविता हो गयी है। इसमें केवल 'स्व' और 'अहं' की अभिव्यक्ति है। दोनों भाषाओं के अकविता के कवियों ने यौन, स्वप्नदृष्टि, असन्तोष, दुःस्वप्न, त्रास, आत्मक्षोभ, आक्रोश, फ्रस्ट्रेशन, उब, विक्षोभ, विघटन, बेईमानी अर्थहीन सम्बन्ध, अनास्था, निराशा, दिवास्वप्न आदि से व्यथित आज के मानव को अपना लक्ष्य बनाया है। इस कविता पर कीर्केगार्ड, कामू, सार्त्र, बीट पीढ़ी आदि का प्रभाव माना जाता है। यह कविता पाठकों को सन्तोष नहीं देती, वरन् उसमें उन्हीं के अपने अनुभवों को अधूरा और बार-बार अर्थहीन करती रहती है। आज के युग में सेक्स के मानदण्ड बड़ी तेजी से बदल रहे हैं, कामुकता अपने नग्नरूप में आ रही है। अर्धनग्न स्त्रियों और अश्लीलता की प्रवृत्ति बढ़ रही है। यही स्थिति अकविता की है, जहाँ माँस का दरिया बहता है और उघरी जाँघें और मटकते कुल्हे हैं। इस कविता में अब तक की मूल्य मर्यादा की अस्वीकृति है। हिन्दी की कवयित्री शकुन्तला माथुर की 'सुहागबेला' कविता में आज के कवियों की दमित वासनाओं का प्रकाशन हो जाता है—

चली आयी वेला सुहागिन पायल पहने
वाणविद्ध हरिणी सी
बाँहों में लिपट जाने की
उलझने की, लिपट जाने की
मोती की लड़ी समान।

यहाँ कवयित्री ने सुहागिन की तुलना ''वाणविद्ध हरिणी'' से की है जो पाठक के मन में करुणा ही उत्पन्न कर करती है। पुरुषेन्द्रिय को 'बाण' की उपमा देकर कवयित्री ने अपनी अश्लीलता का परिचय अवश्य दिया है, किन्तु जितनी अश्लीलता हिन्दी की नयी कविता में है उतनी उड़िया की 'अकविता' 'न-य-लु', 'अनाम', 'अवधूत' आदि की कविताओं में नहीं है।

वास्तव में हिन्दी की अकविता और उड़िया की अकविता ने जोर देकर स्थापित किया है कि यौन भावना के प्रति पवित्रता का दृष्टिकोण न होकर भोगने जीने का होना चाहिए। हिन्दी के शकुन्तला माथुर, गिरिजाकुमार माथुर और

उड़िया के सरोज रंजन और रविसिंह आदि ने प्रेम में मानव तत्त्व की प्रतिष्ठा की है और कविता में प्रकृति का प्रवेश लगातार कम होता गया है।

दोनों भाषाओं के कवियों ने आदर्शवाद की भूमि से उतरकर यथार्थवाद का पल्ला पकड़ा है अतः इसे सामाजिक चेतना को बिम्बित करने वाली कही जा सकती है। हिन्दी में केदारनाथ सिंह, रघुवीर सहाय, धूमिल, मुक्तिबोध और उड़िया में विद्युत प्रभादेवी, नित्यानन्द महापात्र, उमाशंकर पण्डा आदि कवियों ने जीवन के समग्र यथार्थ को प्रस्तुत किया है। यथार्थ की अभिव्यक्ति प्रायः व्यंग्य के माध्यम से हुई है—

गीत बेचता हूँ
जी हाँ हुजुर मैं गीत बेचता हूँ,

—भवानीप्रसाद मिश्र

दोनों भाषाओं के कवियों ने इतिहास, पुराण की भारतीय कथाओं को नया सन्दर्भ दिया है। इस दृष्टि से महाभारत की द्रौपदी, दमयन्ती, रमा आदि की भरमार है। हिन्दी के कवि धर्मवीर भारती का 'अन्धायुग' 'कनुप्रिया' और उड़िया के सीताकान्त महापात्र की कविता 'वस्त्रहरण' आदि युग सन्दर्भ की गाथा हैं 'वस्त्रहरण' में सीताकान्त महापात्र लिखते हैं—

सत्यनिष्ठ युधिष्ठिर, अपराजेय अर्जुन
महाक्रोधी भीम, भविष्यद्रष्टा स्नेही
नकुल और सहदेव
उनके मुँह से उनके अनजाने
चुरा लिए हैं किसी ने शब्द सारे।

दोनों भाषाओं के कवियों ने परम्परागत घिसी-पिटी काव्यभाषा का त्याग कर एक नयी सृजनात्मक भाषा को विकसित किया है जिसमें बोलचाल की भाषा के शब्द नये अर्थों के साथ स्थान पाते हैं। ये कवि प्रचलित शब्दों में भी नया अर्थ चमत्कार उत्पन्न कर देते हैं। देशज, तद्भव शब्दों के साथ प्रचलित विदेशी शब्द मजे से खप गये हैं। हिन्दी के अज्ञेय की "असाध्य वीणा" और उड़िया के मनोजदास की 'बूढ़ा' कविताएँ इस दृष्टि से उल्लेखनीय हैं। इनकी भीतरी यात्रा करने पर स्पष्ट हो जाता है कि कैसे-कैसे परिवेश की रगड़ खाकर हिन्दी और उड़िया की भाषाओं ने नयी अर्थोत्पत्ति की हैं। दोनों भाषाओं के कवियों ने इस बात को सिद्धान्त के रूप में स्वीकार किया है कि परम्परागत उपमान मैले हो गये हैं, वे अपना अर्थ चमत्कार खो बैठे हैं और बिम्बशक्ति प्राणहीन हो गयी है। प्रयोगवाद के प्रवर्तक हिन्दी के कवि ने स्पष्ट कहा है—

ये उपमान मैले हो गये हैं

देवता इन प्रतीकों के कर गये हैं कूच–

किन्तु पुराने प्रतीकों और बिम्बों को लेकर जितना तीव्र विरोध हिन्दी में दृष्टिगत होता है उतना उड़िया की नयी कविता में नहीं है। हालाँकि उड़िया के नये प्रयोगों में नवीनता है। ज्यादातर उनके बिम्बों में रोजमर्रा के जीवन का कोलाहल भरा हुआ है। हिन्दी के नये कवियों के बिम्ब विधान भी अनूठे हैं। खुरदुरी भाषा में आतंक और भय का बिम्ब देखिए–

पीपल के खाली पड़े घोंसलों में पन्थियों के

पैठे हैं खाली हुए कारतूस।

—मुक्तिबोध, चाँद का मुँह टेढ़ा है

हिन्दी और पंजाबी की आधुनिक कविता

साहित्यिक पुनर्जागरण : आधुनिक भारतीय नवजागरण 1857 ई. के स्वाधीनता संग्राम से प्रारम्भ होता है। यह स्वाधीनता संग्राम पूरे देश में एक साथ लड़ा गया था। देशभर में नवजागरणकालीन रचित साहित्य का यही सार निकलता है कि यह प्रथम मुक्ति संग्राम ब्रिटिश साम्राज्यवाद द्वारा प्रेरित सम्प्रदायवाद, धर्मवाद तथा जातिवाद की करारी हार थी। इसी दौरान देश में सुधारवादी आन्दोलन शुरू हो गये। राजाराम मोहनराय ने ब्रह्मसमाज की स्थापना की। उधर एक नया समाज प्रार्थना समाज भी चल पड़ा। दयानन्द सरस्वती के 'आर्य समाज' ने तहलका मचा दिया। इस तरह से अनेक समाज सुधार आन्दोलन देश में उठ खड़े हुए। ये असाधारण प्रतिभा के व्यक्ति थे जिन्होंने भारत की जड़ता, रूढ़िवादिता, अन्धविश्वास, अन्ध धर्मवाद, जातिवाद और अनेक सामाजिक बुराईयों के विरुद्ध संघर्ष करते हुए, भारत में नये भारत के अभ्युत्थान का सफल प्रयत्न किया और साम्राज्यवादी साधनों को साम्राज्यवाद से मुक्ति और अपने विकास के लिए इस्तेमाल किया। इन आन्दोलनों ने नवयुवकों के चिन्तन की दिशा बदल डाली। पूरे देश में नवजागरण के आन्दोलन उठ खड़े हुए। इसी समय पश्चिम ने मार्क्स, रूसो, डार्विन, फ्रायड, तोल्सतोय जैसे प्रबुद्ध चिन्तकों को जन्म दिया जिन्होंने मानव इतिहास और मानव चेतना को नवीन दिशा और दृष्टि दी। नये बुद्धिवाद ने मध्ययुगीन बोध को पछाड़ते हुए अपना रास्ता बनाया।

निश्चय ही इस बहुमुखी सुधारवाद और पुनर्जागरण के प्रयासों से साहित्य ने भी अपनी महत्त्वपूर्ण भूमिका निभायी। भारतीय साहित्यकारों ने उक्त सुधारवाद के समानान्तर साहित्य में भी नये युग की स्थापना की। रवीन्द्रनाथ ने तो सभी भारतीय भाषाओं के साहित्य पर प्रभाव डाला और भारतीय साहित्यकारों को साहित्य-चिन्तन और सृजन की नवीन दिशा-दृष्टि दी।

नवजागरण काल के कवि जन सामान्य तक अपनी बात पहुँचाने और

साहित्य को केवल धनवाद एवं सुविधा प्राप्त उच्च वर्ग के एकाधिकार से मुक्त कर सामान्य जनता तक पहुँचाने के लिए कृत संकल्प थे और दूसरी ओर ब्रिटिश शासकों के कोपभाजन भी नहीं बनना चाहते थे। इन दोनों उद्‌देश्यों की पूर्ति का एक ही मार्ग था–हास्य व्यंग्य की रचनाएँ लिखना। ऐसी रचनाओं की भाषा सरल और सहज, विषय जनजीवन से सम्पृक्त और विरोधी पर प्रहार सीधा न होकर अप्रत्यक्ष तिरछा, अतः अधिक प्रभावी होता है। अतः हिन्दी और पंजाबी भाषाओं के इस काल के काव्य में हास्य-व्यंग्य का पुट मिलता है। भारतेन्दु युग में हास्य व्यंग्यात्मक कविताओं की प्रचुर परिमाण में रचना हुई। पश्चिमी सभ्यता, विदेशी शासन, सामाजिक अन्धविश्वासों, रूढ़ियों आदि पर व्यंग्य करने के लिए इन कवियों ने विषय और शैली की दृष्टि से अनेक नये प्रयोग किये। इस दिशा में भारतेन्दु का योगदान सर्वाधिक है। अपने नाटकों के प्रगीतों में कहीं कहीं शिष्ट हास्य को स्थान देने के अतिरिक्त उन्होंने व्यंग्य, गीतियों और मुकरियों की भी रचना की है। "नये जमाने की मुकरी" शीर्षक से उन्होंने समकालीन सामाजिक विसंगतियों को लेकर कुछ मनोहारिणी मुकरियों की रचना की है, जिन पर अमीर खुसरो की शैली की स्पष्ट छाप है। मद्यपान के विषय में भारतेन्दु की व्यंग्योक्ति देखिए–

मुँह जब लागै तब नहिं छूटे, जाति मान धन सब कुछ लूटे
पागल करि मोहिं करे खराब, क्यों सखि सज्जन नहीं शराब।

इस काल के अन्य हास्य व्यंग्यकारों में प्रेमघन और प्रताप नारायण मिश्र प्रमुख हैं। 'प्रेमघन सर्वस्व' का 'हास्य-बिन्दु' शीर्षक प्रकरण समसामयिक स्थितयों के विनोदपूर्ण वर्णन और तज्जनित उद्‌बोधन की दृष्टि से ध्यान आकृष्ट करता है। प्रतापनारायण मिश्र की 'तृप्यन्ताम्',-हरगंगा, बुढ़ापा और 'ककराष्टक' शीर्षक कविताएँ भी अपनी नयी तर्ज के लिए प्रसिद्ध हैं।

अंग्रेजी शिक्षा प्राप्त नवयुवकों द्वारा भारतीय रीति-नीति को त्यागकर विदेशी वेश भूषा और भाषा की नकल करने वालों पर उन्होंने अत्यन्त मार्मिक व्यंग्य किया है–

जग जानै इंगलिश हमें वाणी वस्त्रहि जोय।
मिटै बदन कर श्याम रंग जन्म सुफल तब होय॥

इसी प्रकार का व्यंग्ग भारतेन्दु हरिश्चन्द्र ने भी लिखा है–

घड़ी अंगरखन माँ कोउ खोंसे टिहुना छड़ी घरे कोई ज्वान।
मरि-मरि चुटकी सुघनी सूंघै कोउ-कोउ चर-चर चावै पान॥

पंजाबी की नवजागरणकालीन कविताओं में व्यंग्य का स्वर हिन्दी के समान इतना मुखर और तीखा नहीं है तथापि वह वहाँ भी मिलता है। पंजाबी के कवि दीवानसिंह कालेपानी ने समाज की रूढ़ियों, धार्मिक अन्धविश्वासों तथा परम्परागत मूल्यों पर व्यंग्य के माध्यम से प्रहार किया है उनकी कविताएँ "बगदे पानी" तथा 'अन्तिम लहरें' बड़ी लोकप्रिय सिद्ध हुईं।

1857 ई. के स्वाधीनता संग्राम के बाद भारतीय भाषाओं की सभी विधाओं में ब्रिटिश साम्राज्यवाद के विरुद्ध भारत की संगठित राष्ट्र भावना का स्वर मुखर हुआ। देश के उत्कर्ष-अपकर्ष के लिए उत्तरदायी परिस्थितियों पर प्रकाश डालकर इस युग के कवियों ने जनमानस में राष्ट्रीय भावना के बीज-वपन का महत्त्वपूर्ण कार्य किया। नवजागरण काल में हिन्दी में भारतेन्दु, प्रेमधन, प्रतापनारायण मिश्र, राधाकृष्णदास आदि ने धर्म, जाति, प्रदेश की संकुचित परिधि से निकलकर इन कवियों ने पश्चिम की नस्ल परक राष्ट्रीयता का खण्डन किया और राष्ट्र भक्ति के गानों से जनता में नया उत्साह पैदा किया। अंग्रेजों की शोषण-नीति का भारतेन्दु द्वारा प्रत्यक्ष उल्लेख इस भावना की चरम परिणति है—

भीतर-भीतर सब रस चूसै, हँसि हंसि के तन मन धन मूसै।
जाहिर बातन में अति तेज, क्यों सखि सज्जन। नहिं अंगरेज॥

पंजाबी में इस दौर के कवियों में भाई वीरसिंह काहनसिंह, धनीराम चाण्टक, फीरोज दीन शरफ़ विधानसिंह, ज्ञानी गुरुमुखसिंह, मुसाफिर लाला, किरपा सागर, प्रीतमसिंह आदि पंजाबी कवियों ने भारतीय इतिहास के गौरवशाली पृष्ठों की स्मृति तो अनेक बार दिलायी, पर उनकी राष्ट्रीय भावना केवल यहीं तक सीमित नहीं रही। अंग्रेजों की विचारधारा और उनकी देशभक्तिपूर्ण कविताओं से भी उन्होंने यथेष्ट प्रेरणा ली, जिसका फल यह हुआ कि क्षेत्रीयता से ऊपर वे सम्पूर्ण राष्ट्र की नब्ज को टटोलने लगे। इन कवियों की कविताओं की मूलभावना देशभक्ति है। देशभक्ति के मूलार्थ में देश के प्रति भक्त की भाँति निष्ठा, तप, साधना, त्याग करूणा और एकान्तभाव से समर्पित होने की उदात्तभावना भी निहित है।

उन्नीसवी-बीसवीं शताब्दी के प्रथम दो दशकों में स्वाधीनता आन्दोलन ने हिन्दी और पंजाबी के साहित्य और कलाओं की अन्तर्वस्तु रूपगठन योजना आदि पर निर्णायक प्रभाव डाला। साहित्य में साम्राज्यवादी शक्तियों के खिलाफ तेजी का स्वर गूँजने लगा और हिन्दी तथा पंजाबी साहित्य देशभक्ति या राष्ट्रीय सांस्कृतिक भावधारा से उमड़ पड़ा। परम्परागत सभी विधाओं में नव जागरण

की चेतना का प्रकाश झिलमिलाने लगा। साथ ही अब भारत का चिन्तन ईश्वर या देवता से हटकर 'मानव-केन्द्रित' हो गया और चिन्तन के केन्द्र में मानव के आ जाने से प्राचीन धार्मिक नैतिकता के मूल्य गड़बड़ाने लगे। सारे प्रतिमान मानव की भक्तिभावना और उसकी अनन्त सम्भावनाओं को परिभाषित कर उठे। लौकिकता के उदय ने समाज में जो नया मन्थन पैदा किया था उसकी अभिव्यक्ति हिन्दी में मैथिलीशरण गुप्त, गयाप्रसाद शुक्ल सनेही, सियारामशरण गुप्त, रामनरेश त्रिपाठी, माखनलाल चतुर्वेदी, बालकृष्ण शर्मा नवीन, सुभद्राकुमारी चौहान, रामधारीसिंह दिनकर आदि कवियों की रचनाओं में हुई है। माखनलाल चतुर्वेदी के देशप्रेम का आदर्श निम्नस्थ पंक्तियों में प्रतिच्छायित है–

मुझे तोड़ लेना वनमाली, उस पथ में देना तुम फेंक।
मातृभूमि पर शीश चढ़ाने जिस पथ जावें वीर अनेक॥

हिन्दी कविता की भाँति क्रान्ति की हुंकार और पुकार पंजाबी की आधुनिक राष्ट्रीय सांस्कृतिक कविता में उठी है। इस दौर में पंजाबी कविता सूफीवाद से निकलकर नया रूप धारण करती है। पंजाबी के गुरुमुखसिंह 'मुसाफिर' की कविताओं में माखनलाल चतुर्वेदी की राष्ट्रीय कविता का भावसाम्य देखते ही बनता है। दोनों ही ब्रिटिश शासन की कड़ी आलोचना करते हुए जन सामान्य में प्रबल देशभक्ति की धारा प्रवाहित करते हैं। पंजाबी में मोहनसिंह और अमृता प्रीतम ने भी उसी राष्ट्रीय भावधारा का काव्य सृजन किया है जो सम्पूर्ण देश की मिट्टी के माथे पर तिलक लगाता है, जिसमें साम्प्रदायिक गन्ध एकदम नहीं है। इन कवियों ने कई प्रतीकों के माध्यम से राष्ट्रीय भावनाओं को उद्‌बुध किया है। हिन्दी के मैथिलीशरण गुप्त और पंजाबी के मोहनसिंह 'मुसाफिर' ने राष्ट्रीय सांस्कृतिक अस्मिता के प्रति नया दृष्टिकोण व्यक्त किया है। दार्शनिक चिन्ता-धाराओं को भी आत्मसात करते हुए आगे बढ़ने की भावना आदि को अनेक भावमुद्राओं में अभिव्यक्ति दी है। अपने अतीत से वर्तमान को प्रेरणा देने की शक्ति इन कवियों की रचनाओं में उदात्त काव्यात्मकता के साथ विद्यमान है। माखनलाल चतुर्वेदी और पंजाबी की अमृता प्रीतम की वाणी में बलिदान और वीरता की उमंग का स्वर जोर पकड़ता गया है।

हिन्दी में मैथिलीशरण गुप्त, सियाराम शरण गुप्त, रामनरेश त्रिपाठी, गयाप्रसाद शुक्ल सनेही, दिनकर और पंजाबी में अमृता प्रीतम, लाला किरपासागर ('लक्ष्मीदेवी' काव्यकृति), प्रीतमसिंह (कत्तकपूजा) की कविताओं में गाँधी विचार दर्शन का प्रभाव परिलक्षित होता है। इनकी कविताओं में शत्रु का संहार करने

का भाव नहीं है। आक्रमण का स्थान यहाँ बलिदान ने ले लिया है। माखनलाल चतुर्वेदी गाँधी विचार दर्शन से ही प्रभावित होकर लिखते हैं—

रक्त है? या है नसों में क्षुद्र पानी?
जाँच कर, तू सीस दे-देकर जवानी

इन कवियों की राष्ट्रीय कविताएँ वीरता की आग नहीं उगलतीं बल्कि गाँधी विचार दर्शन की धारा में निमग्न हैं। महात्मा गाँधी के चिन्तन का भाव रौद्र नहीं करुण रहा है। निराशा और विचार को ठेलकर गाँधी जी ने मुक्ति संग्राम में आस्था का जीवनदीप प्रज्वलित किया था।

स्वच्छन्दतावादी काव्य : हिन्दी काव्य में स्वच्छन्दतावाद ने एक नया नाम पाया है—छायावाद। द्विवेदी युग के परवर्ती कोई बीस—एक वर्षों को छायावादयुग (1918-1936) की संज्ञा प्रदान की गयी है। बीसवीं शताब्दी के प्रारम्भिक पन्द्रह-बीस वर्षों में नवजागरण की एक लहर भारतीय मनीषा को पूरे वेग के साथ आन्दोलित कर चुकी थी। सामाजिक राजनीतिक परिस्थितियाँ तेजी से करवट बदल रही थीं। राष्ट्रीय स्वाधीनता की संघर्ष साधना उद्दीप्त थी। प्राचीन सामान्ती मूल्यों के शिथिल होने, पूँजीवादी व्यवस्था के सुदृढ़ हो जाने तथा पाश्चात्य शिक्षा दीक्षा के परिणामस्वरूप देश में व्यक्तिवाद का अभ्युदय हो रहा था और व्यक्ति-स्वातन्त्र्य की प्रवृत्ति फैल रही थी। सारांश यह कि देश की स्वतन्त्रता के साथ-साथ व्यक्ति की स्वतन्त्रता और मनुष्य की समानता के साथ-साथ मानव प्रेम का एक नवीन सामाजिक वातावरण निर्मित हो चला था। हिन्दी कविता में छायावाद उसे नीवन एतद्देशीय वातावरण की प्रतिक्रिया या उसका प्रतिफलन है। इस छायावाद में स्वच्छन्दतावाद या रोमाण्टिक प्रवृत्तियों की प्रधानता भी है। लेकिन उस योरुप की रोमाण्टिक काव्यधारा की नकल मानना न्यायसंगत नहीं है। उसका उद्भव और विकास इस देश की मिट्टी में यहाँ के वातावरण के अनुरूप हुआ है। आधुनिक काव्य के आलोचकों में आचार्य नन्ददुलारे वाजपेयी ने छायावाद को तत्कालीन जीवन परिस्थितियों से उद्भुत मानव अनुभूतियों की अभिव्यक्ति का उपक्रम कहा है। उन्होंने लिखा है—छायावादी काव्य प्राकृतिक सौन्दर्य और सामयिक जीवन परिस्थितियों से ही मुख्यतः अनुप्राणित है।" (आधुनिक साहित्य, प्रथम संस्करण, पृ. 319-201)

आधुनिक हिन्दी के युग निर्माता कवियों में जयशंकर प्रसाद का नाम सम्मानपूर्वक लिया जाता है। ये छायावाद के प्रवर्तक कहे जाते हैं। 'कामायनी'

नामक उनकी अनुपम कृति है। इनकी अन्य काव्य कृतियाँ हैं–'चित्रधार', 'करुणालय', 'प्रेमपथिक', 'महाराणा का महत्त्व', 'कानन कुसुम', 'आँसू', 'झरना', 'लहर'। इन कविताओं के आधार पर प्रसाद आधुनिक हिन्दी कविता के सुमेरु पुरुष सिद्ध होते हैं। मुकुटधर पाण्डेय की गणना छायावादी काल की पृष्ठभूमि निर्मित करने वाले कवियों में की जाती है। उनके काव्य संकलन हैं–'नक्षत्र', 'काननकुसुम', 'पूजा फूल' आदि। सूर्यकान्त त्रिपाठी निराला आधुनिक हिन्दी कविता के तेजस्वी पुरुष के रूप में चिरस्मरणीय हैं। उनके काव्य संकलन हैं–'अनामिका', 'परिमल', 'गीतिका' तुलसीदास, कुकुरमुत्ता, नये पत्ते, बेला आदि। निराला छायावाद से प्रगतिवाद की ओर और प्रगतिवाद से प्रयोगवाद की ओर भी उन्मुख हुए थे। निराला जी के कृतित्व का कलात्मक वैभव एक स्वतन्त्र अध्ययन का विषय बन सकता है। सुमित्रानन्दन पन्त आधुनिक हिन्दी काव्य के एक समर्थ शिल्पी के रूप में विख्यात हैं। ये प्रणय और प्रकृति के कवि हैं किन्तु इनके कृतित्त्व में जीवन और जगत के प्रायः सभी तत्व अन्तर्भुक्त हैं। उनके काव्य संग्रह हैं–पल्लव, वीणा, गुंजन, युगवाणी आदि। महादेवी वर्मा की कृतियाँ–'नीहार', 'रश्मि', नीरजा, यामा, दीपशिखा आदि हिन्दी प्रगीत कला के वरदान रूप हैं। बच्चन, नरेन्द्र और अंचल के काव्य में भी स्वच्छन्दतावाद के तत्त्व मिलते हैं।

पंजाबी में भाई वीरसिंह स्वच्छन्दतावाद के एक समर्थ प्रतिभावान कवि हैं। भाई वीरसिंह ने 'राणासूरत सिंह' नामक काव्य संग्रह, मुक्तिभावना की आवाज़ से प्रस्तुत किया। इनके अन्य काव्य संग्रहों–'बिजलियाँ दे हार', 'मटक हुलारे' तथा 'लहरा दे हार' में भी इसी मुक्तिकामी आकांक्षा का खुलकर विकास हुआ है। उन्होंने ब्रजभाषा से पंजाबी को मुक्त करने के साथ-साथ नये-नये काव्यविषयों पर लेखनी चलायी। इन पर अंग्रेजी के स्वच्छन्दतावादी कवि वर्डस्वर्थ का व्यापक प्रभाव देखा जा सकता है। भाई वीरसिंह की रूबाइयों में ईश्वर और मनुष्य जाति का प्रेम, आध्यात्मिक और ऐंद्रिक, नैतिक तथा दैवी धाराओं का रंगीय मिश्रण मिलता है। इन सबमें विनम्रता का और कभी-कभी आत्मपीड़न का अन्तःस्वर भी दिखायी देता है–

तुमने मुझे शाख से तोड़कर अलग किया,
मुझे हाथ में लेकर सुगन्ध सूंघी,
और मुझे फेंक दिया।
इस तरह फेंका हुआ, उपेक्षित, पददलित, धूलि-धूसरित मैं हूँ।

मुझे केवल इतनी ही याद है और मैं इसके लिए कृतज्ञ हूँ।
तुम्हारे स्पर्श की स्मृति का।

और उनकी यह कविता बहुत अधिक उद्धृत हुई है—

सपने में तुम मेरे पास आये,
मैंने उछालकर अपनी बाँहों में भर लेना चाहा
पर केवल आभास था, जिसे कि मैं पकड़ न सका।
मेरी बाँहें साध से दुखती रहीं।
फिर मैंने लपककर तुम्हारे पैर पकड़ने चाहे
कि मैं उन पर अपना सिर टेक दूँ
वहाँ तक भी मैं न पहुँच सका
क्योंकि तुम बहुत ऊँचे थे और मैं नीचा था।

भाई वीर सिंह के समकालीन कवियों में चरण सिंह, काहनसिंह, पूरणसिंह और धनीराम पर भी पश्चिम के रोमानी कवियों का जादू बोलता है। इन सभी कवियों ने गीतकाव्य शैली में स्वच्छन्द प्रवृत्ति का परिचय दिया है। धनीराम की गीतशैली लोकगीतों की धुनों में थिरकती हुई गायकों के गले का हार रही है। 'चानडावारी', 'केसरक्यारी', 'सूफीखाता' आदि इनके प्रमुख काव्य संग्रह हैं। इनकी रचनाओं पर सूफी प्रेम और सन्तधारा का प्रभाव परिलक्षित होता है। इसी परम्परा को आगे बढ़ाया है—गुरुमुखसिंह मुसाफिर, फिरोजदीन शरफ, लाला किरपासागर, प्रीतमसिंह आदि ने। मोहनसिंह और अमृता प्रीतम में आकर स्वच्छन्दतावाद कापी समृद्धि पा लेता है। इन कवियों के साथ बाबा बलवन्त सिंह, हरिन्दर सिंह रूप, हरभजन सिंह, देवेन्द्र सत्यार्थी, करतार सिंह दुग्गल आदि ने भी स्वच्छन्दतावाद को ही अभिव्यक्ति दी है।

प्रगतिवाद : हिन्दी में छायावादी काव्य का नेतृत्व करने वाले दो कवि निराला और पन्त छायावादी काव्य को युगीन परिस्थितियों की अभिव्यक्ति में असमर्थ पाकर प्रगतिवाद की ओर उन्मुख हुए हैं। 'युगवाणी' और 'ग्राम्या' पन्त की प्रगतिवादी काव्य कृतियाँ कही जाती हैं। प्रथम बार हिन्दी जगत ने उनकी कृति 'ग्राम्या' में शोषित और अभावग्रस्त ग्रामीण जीवन की संवेदनाओं, अनुभूतियों और आकांक्षाओं के स्पष्ट दर्शन किये। 'बादलराग', 'भिक्षुक', 'विधवा', 'तोड़ती पत्थर' आदि कृतियों में निराला जी की प्रगतिवादी वाणी सुनायी पड़ती है। 'कुकुरमत्ता', 'अणिमा', 'बेला', 'नये पत्ते' ये सभी निराला की प्रगतिवादी काव्य

कृतियों है। डॉ. शिवकुमार मिश्र के अनुसार—"निराला और पन्त का उक्त काव्य प्रगतिवादी कविता की उस सुदृढ़ आधार भूमि का निर्माण करता है, जिस पर नयी पीढ़ी प्रगति की अपनी पताका फहराती है।" (प्रगतिवाद पृ. 29)

पन्त और निराला के अतिरिक्त केदारनाथ अग्रवाल, नरेन्द्र शर्मा, शिवमंगलसिंह सुमन, नागार्जुन, डॉ. राम विलास शर्मा, त्रिलोचन शास्त्री, रांगेय राघव, शील, शंकर, शैलेन्द्र तथा महेन्द्र भटनागर आदि प्रमुख प्रगातिवादी कवि हैं।

पंजाबी काव्य में प्रगतिशील मानववाद एवं यथार्थ की प्रामाणिक अनुभूति का आधुनिक स्वर मोहनसिंह के काव्य में सुनायी पड़ता है। मोहनसिंह साहित्यिक पत्रिका, 'पंज दरिया' के सम्पादक हैं। 'पंजदरिया' में उनकी प्रगतिशील कविताएँ प्रकाशित हुई हैं। उन्होंने 'साधे पत्तर', कुसुम्बा और 'अधवाटे' नामक तीन पुस्तकों से बड़ा ही उत्तम आरम्भ किया है। उनकी बाद की रचनाएँ विशेषतया 'कुछ सच' जो कि देश विभाजन के बाद प्रकाशित हुई, उसमें साम्यवाद की ओर झुकाव है। एक गजल में उन्होंने अपनी क्रान्तिकारी भावना इस प्रकार से व्यक्त की है—

मैं मानता हूँ कि शिशिर के स्पर्श से
कुछ पत्ते पीले पड़ते जा रहे हैं।

चलो इस धरती के बालों को चूमें,
चलो कुछ नजदीकी चीजों के बारे में बात करें।

बाद में चौथे दशक में ही सन्त सिंह शेखों ने मूल्यांकन के लिए रिचर्ड्स के साथ मार्क्सवादी विचार पद्धति को भी मूल्याकंन का आदर्श बनाया। पूरणसिंह के काव्य में पंजाब की धरती की सौंधी गमक फसल के गीत ओर लोक जीवन के उल्लास एवं विषाद जनमानस की आकांक्षाओं में डूब-डूब कर उतरे हैं। प्रगतिशील चेतना इन्हीं के पास से गुजरती है। इन पर वाल्ट हिटमैन का प्रभाव पड़ा है। वैसे पंजाबी प्रगतिशील काव्य का कोई व्यवस्थित आन्दोलन नहीं चला। भाई वीरसिंह की राष्ट्रीय कविताओं में भी प्रगतिवादी स्वर मुखरित हुआ है—

बेसक साड़ी चोग खिलाड़ी हफ-हफ दिन पेट भरे
पेट भरे चहे ऊणा रह जाये खुलना साड़ी कदे भरे।

पंजाबी के कवि प्रीतमसिंह सफीर में निराशा एवं अनास्था अधिक प्रखर है। अमृता प्रीतम भी प्रतीकों में ही मानव वेदना को सँवारती हैं। नारी के अस्तित्व

की खोई हुई गरिमा की पुनः प्रतिष्ठा उनके काव्य में हुई है। आर्थिक विवशता और रूढ़ियों की शृंखला के विरुद्ध नारी के विद्रोह का तरल स्वर उन्होंने प्रायः उठाया है। उनकी एक प्रिय कविता में प्रेमी अपनी प्रेमिका से कहता है–

जागो प्रिय!
तुम्हारी पलकें स्वप्नों से भारी हैं,
बीते हुए दिनों के स्वप्नों से,
जब हवाएँ सुगन्धि से गुँथी हुई थीं
(क्या उस कारण से तुम आह भर रही हो?)
अमावस्या की अँधेरी रात में
अनगिनत तारे तुम्हारे बालों को चमका दें।

देश विभाजन के बाद पंजाबी साहित्य में प्रगतिशील आन्दोलन अधिक बल पकड़ गया। विघटन की मानसिकता, असुरक्षा तथा सामाजिक आर्थिक उथल-पुथल से इस प्रवृत्ति को बल मिला है। प्रगतिशील आन्दोलन को क्रान्तिकारी नेतृत्व दिया बाबा बलवन्त सिंह ने। उनकी रचनाओं में बौद्धिकता, सामाजिकता एवं क्रान्तिकारी चेतना की अधिक सुस्पष्ट अभिव्यक्ति है। परवर्ती कवियों में ईश्वरसिंह, और सन्तोखसिंह धीर की प्रगतिशील काव्य चेतना की मूल प्रेरणा भी रोमानी भावबोध ही है। अजायब चित्रकार, गुरुचरण रामपुरी, सुरजीत रामपुरी और डॉ. हरभजनसिंह की दृष्टि भी रोमानी सौन्दर्य बोध से ही सामाजिक प्रगतिशीलता के आयाम अर्जित करती है।

प्रवृत्तियाँ

1. पुरातन परिवर्तन और नये युग के निर्माण की प्रबल आकांक्षा : समाज के स्वरूप का निर्माण युग के प्रकाश में होता है। युग शाश्वत नहीं होता, वह परिवर्तनशील होता है, इसलिए उसके परिवर्तन के साथ समाज के स्वरूप में भी परिवर्तन आवश्यक हो जाता है। यदि यह परिवर्तन न हो सका, तो समाज पंगु हो जाता है और उसकी प्रगति अवरुद्ध हो जाती है। अतः प्रगतिवादी काव्यधारा के आरम्भकाल से ही हिन्दी और पंजाबी के कवियों ने अपनी कृतियों में पुरातन परिवर्तन और नवीन युग के निर्माण की प्रबल आकांक्षा व्यक्त की है। हिन्दी के सुमित्रानन्दन पन्त अपनी "रूप पूजन" रचना में विश्व में युगान्तर देख रहे हैं–

आज युगान्तर होने को है
जगतीतल में निश्चित
नव मानवता की किरणों से
विश्व क्षितिज है ज्योतित।

(रूप पूजन, पृ. 40)

इसी प्रकार आस्था और विश्वासमयी केदारनाथ अग्रवाल की ये पंक्तियों भी देखिए—

पर निश्चय है, दृढ़ निश्चय है इतना
दिनकर आयेगा लपटों से लिपटा
भस्मीभूत करेगा कोहरा क्षण में
प्यारी धरती को स्वाधीन करेगा।

(युग की गंगा, पृ. 31)

युग परिवर्तन का यह सन्दर्भ पंजाबी में भी जनवादी प्रतीकों के द्वारा अभिव्यक्त किया गया है। इन प्रतीकों के मूल में कहीं आक्रोश का स्वर है तो कहीं श्रम और धरती के संस्पर्श से उभरती नयी सौन्दर्य-दृष्टि भी है। आक्रोश का स्वर प्रायः वहाँ है जहाँ नारी जैसा सौन्दर्य प्रतीक अब शोषण और विलास का साधन बन सूर्ख चादर में लिपटा हुआ पीले सोने से आवृत्त माँस का टुकड़ा भर रह गया है—

रत्ती मेहँदी नाल लबेडी
सूहे सालू विच्च लपेटी
पीले सोने नाल बलेटी मांस दी बोटी।

(अमृता प्रीतम)

2. धरती का यथार्थ स्तवन : हिन्दी और पंजाबी की प्रगतिशील कविताओं में धरती के यथार्थ का स्तवन किया गया है। धरती के आत्मीय स्पर्श की व्यंजना के लिए कवियों ने फसलों के कटाई-बुवाई के दृश्य, लोकधुन, लोकनृत्य, बसन्ती हवा की अठखेलियों, आम्रबौर, टेसू, सरसों आदि के चित्र अंकित किये हैं। प्रयोगवादी कवि विजय देव नारायण साही ने कृषकों के शोषित जीवन की ओर संकेत हुए धरती का यथार्थ प्रस्तुत किया है—

ये हरे मटर के खेत, प्रवंचक जब की हरियाली
यह मरी सुधा से ईख, झूमती सरसों मतवाली,
यह बहुत शक्तिमय, बहुत सुधर मेरे श्रम का सपना
पर इन पर मिथ्या अधिकारों की रेखाएँ काली।

हिन्दी के नागार्जुन ने भी अपना प्रकृति प्रेम इस प्रकार व्यंजित किया है–

अलसी को फूले कई दिन हो गये
बौरों को महके कई दिन हो गये
टेसू को सुलगे कई दिन हो गये
झपटी पछिया दरक गये केले के पात।

पंजाब की धरती इस चेतना के विशेष अनुकूल है। चात्रिक लिखते हैं–जाट फसल बेचकर बाँसुरी लिए मेले में आ रहा है। पहलवान लोग लंगड़ लंगोट कसे अखाड़े में कूद रहे हैं। पूर्णसिंह कहते हैं–पोठोहार सुरों को बजा रहे हैं। मित्रों को लस्सी का कटोरा और बाजरे की रोटी खिलाते हैं। कवि मोहनसिंह अपनी एक कविता में लिखते हैं–पोठोहारी बाला के सर पर घास की गठरी है। हरे-हरे घास के गट्ठों में कहीं-कहीं नीले रंग की घास भी दिखायी देती है। उसमें पीले-पीले पटाकी और सरसों के फूल हैं। हरी-हरी लम्बी घास उसके मुँह पर झूल रही है।" इस प्रकार पूर्णसिंह से लेकर पंजाबी के प्रत्येक प्रगतिशील कवि में धरती और जनजीवन के अकृत्रिम सौन्दर्य और उल्लास के प्रति एक रोमानी आकर्षण है क्योंकि इस सौन्दर्य की उपेक्षा वह नहीं कर सकता। प्रत्येक क्रान्ति सदा तेरे लिए आती है।" (ईश्वरसिंह) अमृताप्रीतम लिखती हैं कि धरती के प्रति यह आकर्षण रोमान को क्रान्ति चेतना में बदलता है। एक हीर की कब्र बोल रही थी कि हमने जी भरकर विषपान किया है। चिनाव की रानी कहने लगी, मुझ पर जो बीती है वह मैं ही जानती हूँ।" अन्यत्र अमृता प्रीतम 'गिद्धा' में कहती हैं कि शीतकाल की ठिठुरन और लू के बीच उगाई सोने की फसल का निवाला भी मुँह में न गया था कि महलों वालों ने झपट्टा मारा–

हड़ मेरे पाले विच्च नीले, लूआँ दे विच्च काले
इल्ला वाँग झपटा मारन उच्चयाँ महिलां वाले।

3. शोषितों के प्रति सहानुभूति : हिन्दी और पंजाबी के कवियों ने शोषकों के प्रति आक्रोश और अभावग्रस्त निर्धनों के प्रति सहानुभूति व्यक्त की है। हिन्दी के कवि प्रभाकर माचवे ने एक दीन भिखारी का रेखाचित्र इस प्रकार अंकित किया है–

कोई दरद न सुन सका, ठिठका नहीं छिनेक,
और उस अन्ध दीन की, रुकी न इकसाँ टेक–
सांई के परिचै बिना अन्तर रहिगौ रेख।

(तारसप्तक, पृ. 200)

दूसरे तारसप्तक की कवयित्री शकुन्तला माथुर ने ग्रामीण निर्धन जीवन का चित्र इस प्रकार अंकित किया है—

कभी एक ग्रामीण धरे कन्धे पर लाठी,
सुख-दुख की मोटी-सी गठरी
लिए पीठ पर
भारी, जूते फटे हुए,
जिन्दा रहने के कठिन जतन में
पाँव बढ़ाते आगे जाता।

(तारसप्तक (दूसरा) दोपहरी, पृ. 37)

पंजाबी के प्रगतिशील कवि हजारा सिंह गुरुदास-पुरी की एक कविता में एक निर्धन व्यक्ति भूख के विप्लव से आक्रान्त है—

भूख का लावा उबला पेट में आग लग गयी
तख्त हजारा हिल उठा बाग में चील उठी।

एक दूसरी कविता में वे कहते हैं कि भूख सौन्दर्य को खा गयी, न यौवन रहा न शान (पंजाबी कवितावली 246)

पंजाबी के कवि मोहनसिंह एक कविता में लिखते हैं कि यह भूख अकालग्रस्तों की नहीं, अभावग्रस्तों और भिक्षुकों की भी सम्पत्ति है किन्तु भविष्य की आस्था और जिजीविषा का उनका स्वर कभी म्लान नहीं पड़ता—

की होया जे झक्कड़ भुख दा झुल्या
की होया जेबुत मेरा अजरुल्या
एवें मेरे दुखते हारे न चुखवे
अजें वी इतनी जिंद मेरी कुखवे
अमरत विच पलटा सकदी जो विक्खवे।

(मंगती, मोहन सिंह)

4. आक्रोश और विप्लव : शोषण और दमन जब पराकाष्ठा को पहुँच जाता है, तब विद्रोह हो जाता है। शोषित और दमित अपनी सम्पूर्ण शक्ति के साथ 'करो या मरो' का संकल्प लेकर शोषकों और अत्याचारियों के विरुद्ध क्रान्ति का शंखनाद करने लगते हैं। हिन्दी के प्रगतिवादी कवि त्रिलोचन ने ऐसी ही एक क्रान्ति का संकेत इन पंक्तियों में दिया है—

तू नियति बदलने वाला,
तू स्वभाव का गढ़ने वाला,

तूने जिन नयनों से देखा
उन मजदूर किसानों का दल,
शक्ति दिखाने आज चला है।
X X X
आज तोड़ने को उनका गढ़
उठकर दलित समाज चला है।

(धरती, पृ. 19)

पंजाबी कवि बलवन्त सिंह की क्रान्तिकारी चेतना भी शोषण पर आधारित आर्थिक सामाजिक मूल्यों पर बराबर प्रहार करती है। समाजवाद पर उनकी आस्था है। उसका विरोध करने वाले शोषक और आक्रमणकारी हैं। उनका विनाश होकर रहेगा–

मिट गया आखिर नूँ उस दा नां निशान।

यही आक्रोश हिन्दी के कवि अंचल की एक कविता में विप्लवी स्वर ग्रहण करता है–

हो यह समाज चिथड़े शोषण पर जिसका नींव पड़ी।

5. नवनिर्माण की आकांक्षा : हिन्दी और पंजाबी के प्रगतिवादी कवि सामाजिक विषमता का अन्त कर एक ऐसे समाज के स्वप्नद्रष्टा हैं, जिसमें सुख दुख का समान वितरण हो। सभी समान रूप से सुखी और सम्पन्न हों और सबको जीवन की सुविधाएँ समान रूप से प्राप्त हों। हिन्दी के विप्लव के कवि बालकृष्ण शर्मा नवीन ने नव जगती के सृजन का सन्देश देते हुए कहा–

करो सृजन अभिनव जगती का,
नव-नव सामाजिक संहति का
मानव हो–ऐसा हो
शुद्ध प्रयोग तुम्हारी मति का।

(हम विषपायी जनम के, पृ. 470)

कवि सोहनलाल द्विवेदी नूतन सर्जन की कामना करते हुए कहते हैं–

स्वर-स्वर में ही सागर गर्जन,
कर-कर में हो नूतन सर्जन,
उर-उर में अमृत अक्षय,
हर-हर महादेव जय जय (चेतना, पृ. 59)

तो पंजाबी के क्रान्तिकारी कवि बाबा बलवन्त सिंह 'समाजवाद' में कहते हैं—मेरा युग आना था आया है, संसार की कोई शक्ति मेरी प्रगति नहीं रोक सकती। जीवन पराधीन नहीं करेगा, मैं जीवन के मधुर स्वप्नों का चित्र हूँ—

मेरा युग आया है जो बिन आये जा सकता नहीं
कोई महारानी दी हस्ती नूँ बचा सकता नहीं
रह नहीं सकदा कोई सनमुख मेरे पिछला निजाम
जिन्दगी दे सुपानियाँ दी मैं हा इक तसबीर ही
दब गये उट्ठे सी जो मेरे दबाहन दे लेई।

और प्यारासिंह 'सहराई' भी समय का संकेत सुनते हैं कि हर स्थान पर अब सच्चा सबेरा महकेगा। जिन खेतों में भूख उगती थी वहाँ लोगों की उमंगे पल रही हैं। जिन अँधेरों में दुख जन्मते थे वहाँ जिन्दगी गा रही है (पंजाबी कविता)।

यह युग-परिवर्तन कहीं सिद्ध स्थिति में है तो कहीं साध्य की भूमिका पर, पंजाबी के प्रीतम सिंह कहते हैं—

आशा भरा युग परिवर्तन हो ऐसी हवा चले
श्रम की गरमी साझी हो, सुख का साया साझा हो।

तो हिन्दी के कवि दिनकर लिखते हैं—

भारत धूलों से भरा आँसुओं से गीला
भारत अब भी व्याकुल विपत्ति के घेरे में
मिट्टी फिर कोई आग उगलने वाली है।

6. रूस और उसकी साम्यवादी शासन व्यवस्था की प्रशंसा : प्रगतिवादी आन्दोलन के प्रारम्भिक दौर में कुछ कवियों के हृदय में रूस भक्ति का ज्वार उमड़ आया। यहाँ तक कि वे अपने देश को भी भूल गये, उनकी समस्त भावनाएँ रूस और उसके साम्यवादी शासन व्यवस्था की परिस्थिति में ही सीमित हो गयीं। उनकी दृष्टि में रूस ही संसार का महानतम देश और समस्त सर्वहारा वर्ग का एकमात्र, रक्षक था। किन्तु सुमित्रानन्दन पन्त कार्लमार्क्स के अन्धभक्त नहीं थे। उन्होंने प्रगतिवादी मान्यताओं और भावनाओं को भी भारतीय दृष्टि से ही देखा, मार्क्सीय दृष्टिमात्र से नहीं। उन्होंने मार्क्सवाद और गाँधीवाद दोनों की प्रशंसा की है—

साम्यवाद ने दिया जगत को, सामूहिक जनतन्त्र महान
भव-जीवन के दैन्य-दुख से किया मनुजता का परित्राण

और—

गाँधीवाद जगत में आया, ले मानवता का नव मान
सत्य अहिंसा से मनुजोचित नव संस्कृति करने निर्माण।

रूस की प्रशंसा में हिन्दी के प्रगतिवादी कवि नरेन्द्र शर्मा की ये पंक्तियाँ भी द्रष्टव्य हैं, जिसमें उन्होंने रूस को मानवता का त्राता और शोषितों का सहारा निरूपित किया है–

चौथा खण्ड सोवियत, जिसका झलमल लाल सितारा
जहाँ डूबती मानवता को मिलने लगा किनारा।

पंजाबी के प्रगतिशील कवियों ने भी साम्यवादी क्रान्ति का समर्थन किया है। पंजाबी के कवि सन्तोषसिंह ''धीर'' 'मई दिन' कविता में सन् 1884 की क्रान्ति एवं श्रमिक विद्रोह का उल्लेख करते हुए लिखते हैं–''एक कमीज जो खून से रंगी जा चुकी थी, लाठी के ऊपर लगा दी गयी। उसे गौरव पताका घोषित करके लहराया गया।'' (पंजाबी कवितावली)। उसे शहीदों के पवित्र खून से रंगा गया था। उन्होंने एशिया की जागृति का निनाद करते हुए गाँधी की सत्यता से पहले ''मेरे माओ की दृढ़ता मेरे स्टालिन की नीति'' का उल्लेख किया है। पंजाबी की कवयित्री 'लेनिन दे नां' कविता में लेनिन के उस युगान्तरकारी व्यक्तित्व के प्रति श्रद्धानत हैं जो हर नयी तारीख बदलता है और नयी चिन्ता, नयी मुक्ति हाथ में लेकर एक नये दिन की तरह मिलता है–

ते नवीं चिन्ता, नवीं मुक्ति हाथ विच्च लै के
तू मैंनू इक नवें दिना बांग मिलदा।

प्रयोगवाद और नयी कविता

आधुनिक भारतीय भाषाओं में स्वाधीनता प्राप्ति के आसपास की नयी काव्य चेतना को व्यापक अर्थों। और सन्दर्भों में 'नयी कविता' नाम से सम्बोधित किया गया है। इसके पूर्व स्वच्छन्दतावादी और प्रगतिवादी काव्यप्रवृत्तियों की सृजनात्मक चेतना पनपती और विकसित होती रही। भारतीय कविता का यह नया सृजन कविता की परम्परागत सभी धारणाओं को कथ्य और रूप के स्तर पर तोड़ता हुआ सामने आता है। प्रयोगवाद और नयी कविता पुराने आदर्शवाद, व्यक्तिवाद, स्वच्छन्दतावाद, सौन्दर्यवाद और गाँधीवाद के विरुद्ध बगावत करने वाली विद्रोही कविता है। विद्रोह का यह प्रबल स्वर हिन्दी और पंजाबी की नयी कविता में भी उभरता है।

हिन्दी में सूर्यकान्त त्रिपाठी निराला के 'कुकुरमुत्ता' और सुमित्रानन्दन पन्त के "रूपाम" (1938) तथा नरोत्तम नागर की "उच्छृंखल" (1939) पत्रिका के साथ ही जिन नयी काव्य प्रवृत्तियों का उदय हुआ था, उसकी सम्पूर्ण अभिव्यक्ति प्रथम तारसप्तक (1943 ई., सं. अज्ञेय) में हुई। इस सप्तक में अज्ञेय के अतिरिक्त गजानन माधव मुक्तिबोध, नेमिचन्द्र जैन, भारत भूषण अग्रवाल, प्रभाकर माचवे, गिरिजाकुमार माथुर तथा रामविलास शर्मा हैं। इस सप्तक की भूमिका में अज्ञेय ने लिखा है कि 'सप्तक के कवि काव्य सर्जना के क्षेत्र में मौलिकता तथा नवीनता की भावना से दीप्त अन्वेषण का संकल्प लेकर आये।" अज्ञेय ने प्रयोग की मूल प्रेरणा के सम्बन्ध में भी अपने विचार व्यक्त किये थे–"जो व्यक्ति का अनुभूत है उसे समष्टि तक कैसे उसकी सम्पूर्णता में पहुँचाया जाये यही समस्या है जो प्रयोगशीलता को ललकारती हैं।" प्रयोग शब्द पर अत्यधिक बल देने के कारण ही प्रयोगवाद की संज्ञा प्रचलित हुई। प्रयोगवाद के दूसरे सप्तक में भवानीप्रसाद मिश्र, शकुन्तला माथुर, हरिनारायण व्यास, शमशेर बहादुरसिंह, नरेशकुमार मेहता, रघुवीर सहाय तथा धर्मवीर भारती की रचनाओं का चयन है। तीसरे सप्तक में प्रयाग नारायण त्रिपाठी, कीर्ति चौधरी, केदारनाथ सिंह, कुँवर नारायण, विजय देव नारायण साही तथा सर्वेश्वरदयाल सक्सेना की रचनाओं का संकलन हुआ है।

नयी कविता की स्थापना के सन्दर्भ में जो भी तर्क दिये गये हैं उनसे यह साफ़ पता चलता है कि प्रयोगवाद की भाँति यह काव्यधारा भी व्यक्तिवादी है। नये शिल्प और नयी भाषा के प्रति इसका भी उतना ही आग्रह है और कुल मिलाकर यह प्रयोगवाद का ही एक विकसित रूप है। 1960 के बाद 'अकविता' आन्दोलन चला जिसके प्रवर्तक जगदीश चतुर्वेदी हैं। अकविता के कवियों में श्याम परमार, राजकमल चौधरी आदि उल्लेखनीय हैं। नयी कविता में डॉ. जगदीश गुप्ता 'अर्थ की लय' की स्थापना का प्रयत्न किया है। प्रयोगशील कवियों का विश्वास है कि तुकताल समन्वित लयात्मक छन्दविधान कविता के लिए अनिवार्य वस्तु नहीं है। अनिवार्य वस्तु है कविता अर्थात् काव्यात्मक अनुभूति। अपने इस तर्क की पुष्टि के लिए इस धारा के कवि प्रायः पन्त की निम्नांकित पंक्तियाँ उद्धृत करते हैं–

> छन्द बन्ध खुल गये
> गद्य क्या बनीं स्वरों क पाँते।
> सोना पिघल कभी गया
> पानी बनता? कैसी बातें।

(अतिमा, पृ. 94)

प्रयोगवादी कविता के रचना विधान के सम्बन्ध में अज्ञेय की यह कृति बहुत लोकप्रिय हुई है—

अगर मैं तुमको
ललाती सांझ के नभी की अकेली तारिका
अब नहीं कहता,
X X X
देवता इन प्रतीकों के कर गये हैं कूच।

हिन्दी के 'नवगीत' के रचनाकारों में गोपीकृष्ण, श्रीपालसिंह, रूपनारायण त्रिपाठी, रमानाथ अवस्थी, वीरेन्द्र मिश्र, सोमठाकुर, श्रीकान्त जोशी, उमाकान्त मालवीय, चन्द्रमौलि उपाध्याय, नरेश सक्सेना आदि उल्लेखनीय हैं।

पंजाबी कविता की नयी धारा का तेज लगातार चमकता रहा है। इस धारा के प्रतिनिधि कवि हैं—भाई वीरसिंह जी। वीरसिंह जी ने न केवल पंजाबी को अपनाया बल्कि अन्य कवियों को भी पंजाबी में लिखने की काव्य प्रेरणा दी। पूर्णसिंह करतारसिंह बलगन, तेजासिंह साबर, नन्दलाल नूरपूरी हजारासिंह, गुरुदास पुरी, विशनसिंह उपासक आदि पंजाबी के कवियों ने लोकजीवन को काव्यविषय बनाया। धनीराम चरित्रिक ने खेतों, बागों, पशुओं, नदियों, ऋतुओं-पर्वों, त्योहारों आदि का नये ढंग से चित्रण किया है। फलतः पंजाबी की नयी काव्य सम्पदा में लोकजीवन को चित्रित करने की एक काव्य परिपाटी ही विकसित होती गयी है। मोहनसिंह ने नयी भाषा और नये प्रतीकों के द्वारा पददलित जनता के दर्द को रचनाओं में व्यक्त किया है। बाबा बलवन्त सिंह भी इसी दौर के क्रान्तिकारी कवि हैं। उन्होंने सामाजिक, राजनीतिक, गुमराही पर कविता में खेद व्यक्त किया। सन्तोख सिंह ने सहज सरल भाषा में अपनी सम्वेदनाओं को वाणी दी है। इनकी रचनाओं में बुद्ध, नानक, गाँधी, माओ, मार्क्स, स्टालिन आदि बार-बार झाँक जाते हैं। अमृता प्रीतम, प्यारासिंह सहराई, हरनामसिंह नाज, गुरुचरण रामपुरी, अजायब चित्रकार, सुरजीत रामपुरी, तेजासिंह चन्न, हरभजनसिंह, तख्तसिंह, तारासिंह प्रभुजीत कौर आदि कवियों ने नये बिम्बों, प्रतीकों, मिथकों के द्वारा लोक वेदना और लोक चेतना को अभिव्यक्त किया है।

पंजाब के खेतों में काम करने वाली बालिकाएँ खेतों के साथ गीहरे, थाल और किकली गाती हैं। युवतियाँ और प्रौढ़ाएँ ढप्पे, सिद्धा और बोलियाँ गाकर झूमती हैं। विवाह के समय घोड़ियाँ, सुहाग तथा ढोलकी की तान पर गाये जाने वाले गीत, ढोला, दोहड़े, बेत, कवित्त, मन्दा, सिहरफियाँ, कव्वालियाँ, काफिआ, बारामासा, बारा, बाघी, लुड़ी, जली, पेमाल और झगड़े की बोलियाँ एक रस होकर

पंजाबी की नयी कविता में आती रही हैं। पंजाबी जनता का पंजाब धरती से जुड़ा हृदय इन कविताओं में धड़कता है। अमृता प्रीतम के काव्य संग्रह 'काग़ज़ ते कैनवस' (काग़ज़ और कैनवस) में सम्पूर्ण पंजाबी कविता का काव्योत्कर्ष छलकता–चमकता पाया जा सकता है। अमृता प्रीतम ने पंजाबी की नयी कविता को अभिव्यक्ति तथा विचार चेतना की कितनी ताजगी दी है इसका अनुमान इस नयी कविता से लगाया जा सकता है–

एक दर्द सी–
जो सिगरेट की तरहाँ मैं चुपचाप पीता हूँ
सिर्फ कुछ नजमाँ इन–
जो सिगरेट दे नालों में राख बाँगण झाड़ीआँ–

"नज़्में सिगरेट से राख की तरह झड़ी हैं", यह अकेला बिम्ब हमारी चेतना को नये भाव-बोध से झकझोर देता है। "चुप की साजिश" कविता में आधुनिक बोध कौंध-कौंध जाता है–

रात उँधलाँदी गयी
किसी ने इनसान की छाती नू सह्मट लायी है
हर चोरी तों भिआनक इह सुपनियांदी चोरी है
चोराँ दे खुरे–
हर देस हर शहर की हर सड़क ते बैठे
पर कोई अख तकदी नहीं, ना चौंक दी।
सिर्फ इक कुले दी तराँ इक संगली देनाल बज्झी।
किसे वेले किसे दी कोई नजम झौंक दी।

कुत्ते की तरह जंजीर से बँधी नज्म, इनसान की छाती में लगती हुई सेंध, सपनों की चोरी आधुनिक जीवन के संत्रास, पीड़ा, घुटन और मोहभंग को उजागर करते हैं। 'धुप्प दा टोटा' कविता में नये प्रयोग देखिए–

न्हेरा किते मुकदा नहीं
मेले दे रौले विच्च ती है इक आलम चुप्पदा
ते याद तेरी इस तरहाँ जिव्यो इक टोटा धुप्पदा

सारांश यह है कि पंजाबी और हिन्दी के कवियों का प्रधान स्वर आक्रोश, विरोध अस्वीकृति विसंगति, विद्रूपता, विडम्बना आदि है। दोनों की कविता का केन्द्रीय स्वर और केन्द्रीय काव्य सम्वेदना, काव्य प्रक्रिया लगभग एक सी है। दोनों में अनुभूति की विविधता और विस्तार है।

हिन्दी और तेलुगु की समकालीन कविता

पुनर्जागरण : आधुनिक भारत के नवीन सांस्कृतिक एवं राजनीतिक आन्दोलनों ने भारतीय जनमानस को भीतर से झकझोर डाला था। संयोगवश इसी दौर में पूर्व और पश्चिम की विचार परम्पराओं, जीवन जीने का मूल्य और चिन्ताओं की दृष्टियों को लेकर, जो संघर्ष हुआ और जिसने एक नवीन चेतना की आग पैदा की–उसने भारतीयों को भी संस्कृति, साहित्य, कला, धर्मदर्शन आदि के क्षेत्रों में पुनर्मूल्यांकन का अवसर दिया और आधुनिक भारत प्राचीन भारतीय नवजागरण की चिन्तन परम्परा से शक्ति पाकर आगे बढ़ता रहा। इस नवजागरण के कारण जीवन के सभी क्षेत्रों में परिवर्तन की ललक, नयी चेतना का स्पन्दन दिखायी देता है। सभी में नयी उमंग थी, नया उत्साह था। ऊँच-नीच, छुआछुत वाली पुरानी व्यवस्था को बदलने का स्वर धीमे-धीमे उठ रहा था। काव्य को राजदरबारों और सामन्तों की चहारदीवारी से निकालकर जनता तक लाया जा रहा था। हिन्दी और तेलुगु भाषाओं के साहित्य भी इस नवजागरण से अछूते नहीं रहे। इन भाषाओं के साहित्य और कलाओं में साम्राज्यवादी शक्तियों के खिलाफ तेजी का स्वर गूँजने लगा। हिन्दी में भारतेन्दु और उनके सहयोगियों प्रतापनारायण मिश्र, बालकृष्ण भट्ट आदि ने यह कार्य किया तो तेलुगु में "अवधानों" द्वारा यह कार्य सम्पन्न हुआ। एक ओर जनता में नयी चेतना जाग रही थी, तो दूसरी ओर हिन्दी और तेलुगु के साहित्यकार जो जनता के हृदय की धड़कन सुन और नब्ज पहचान रहे थे–उसकी वेदना को, उसकी तड़प को और उससे मुक्त होने की छटपटाहट को रचनाओं में वाणी दे रहे थे। इस कार्य को आगे बढ़ाने और पुष्ट करने का दायित्व तेलुगु में कुंदुकूरी वीरेशलिंगम पन्तुलु ने सम्भाला जिन्हें भारतीय नवजागरण का सशक्त स्वर कहा जाता है। वह काव्य को सौन्दर्यानुभूति एवं आनन्द की वस्तु न मानकर उसे सामाजिक राजनीतिक बुराईयों के उन्मुलन का साधन मानते थे। दूसरा तेलुगु कवि जिसने परम्परा का विरोध कर नये विषय

और नया शिल्प काव्य अपनाया, वह था जी.वी अप्पाराव (1861-1915)। लोक साहित्य की परम्परा को पुनर्जीवित करने का श्रेय हिन्दी में भारतेन्दु और तेलुगु में जी.वी अप्पाराव को ही है।

उन्नीसवीं शताब्दी के उत्तरार्ध में राजाराममोहन राय, ईश्वरचन्द्र विद्यासागर, भारतेन्दु हरिश्चन्द्र आदि ने अपने उदार विचारों तथा त्याग और तपस्या के जीवन से तथा दूसरी ओर अनेक संस्थाओं प्रार्थना समाज, आर्य समाज आदि ने अपने सुधार आन्दोलनों तथा प्रचार कार्य में समाज में फैली कुरीतियों का उन्मूलन कर देश को प्रगति का मार्ग अपनाने की प्रेरणा दी। उनकी दृष्टि समाज सुधार से लेकर स्वदेशी आन्दोलन तक गयी। उन्होंने हर क्षेत्र में नयी चेतना जगायी। बाल विवाह, दहेज, वेश्यावृत्ति, बहु विवाह आदि के विरुद्ध आवाज उठायी। हिन्दी में भारतेन्दु ने मुकरियाँ लिखकर प्रताप नारायण मिश्र ने बाबू कल्चर आदि को लेकर व्यंग्य पूर्ण काव्य लिखकर, सामाजिक कुरीतियों आदि की भर्त्सना की। पन्त ने "नष्ट भ्रष्ट हो जीर्ण पुरातन" लिखकर परिवर्तन पर बल दिया। तेलुगु में यह कार्य वीरेशलिंगम पन्तुलु (1848-1919) ने किया। उन्होंने अपनी रचनाओं द्वारा सामाजिक कुरीतियों के उन्मूलन की दिशा में सराहनीय कार्य किया। उनके लिए साहित्य का मुख्य लक्ष्य सौन्दर्यानुभूति नहीं, समाज सुधार था। एक अन्य तेलुगु कवि वेंकट अप्पाराव (1861-1915) ने जात-पाँत का विरोध किया, पुराने नैतिक मूल्यों को चुनौती दी और देशभक्ति की कविताएँ लिखीं। कुल मिलाकर सभी ने समाज सुधार पर जोर दिया और आर्थिक शोषण का विरोध किया।

नवजागरण काल में काव्य की विषय वस्तु में ही परिवर्तन नहीं आया, वे साहित्य रूप भी अपनाए गये, जो साधारण जनता में लोकप्रिय थे और ग्राम संस्कृति के आधार पर रचे गये थे। भारतेन्दु ने जनता को उद्‌बोधन प्रदान करने के लिए लोकगीत की शैली पर सामाजिक रचनाओं पर बल दिया—ऐसे गीत छोटे-छोटे छन्दों में और साधारण भाषा में बने। कजली, ठुमरी, कहरवा, होली, लावनी आदि ग्रामगीतों में उनके गीतों का खूब प्रचार प्रसार भी हुआ। तेलुगु में गुरुजाड़ वेंकट अप्पारावु ने परम्परागत छन्दों को त्याग देशी छन्दों को अपनाया। आधुनिक तेलुगु काव्य में गीतों और लोक साहित्य की विशेषताओं को पुनर्जीवित किया।

महात्मा गाँधी के असहयोग आन्दोलन और 'वन्देमातरम' से भी प्रेरणा पाकर हिन्दी और तेलुगु में राष्ट्रभक्ति और देशभक्ति की हजारों कविताएँ लिखी गयीं। हिन्दी में भारतेन्दु युग और द्विवेदी युग के कवि, तेलुगु के विश्वनाथ

सत्यनारायण एवं अडिविवापुराज, वुन्नव लक्ष्मीनारायण, ज.व. कृष्णराव आदि कवि गाँधी विचारदर्शन से अत्यधिक प्रभावित रहे हैं। इन कवियों ने राष्ट्रीय सांस्कृतिक चेतना के गीत और महाकाव्य गाँधी को आधार बनाकर सृजित किये। दोनों भाषाओं के स्वच्छन्दतावादी काव्य पर गाँधीजी की अमिट छाप है। मैथिलीशरण गुप्त, माखनलाल चतुर्वेदी, नवीन, पन्त और भवानीप्रसाद मिश्र ने भी गाँधीवाद से प्रभावित होकर साहित्य सृष्टि की है।

सन् 1857 ई. के स्वाधीनता संग्राम के बाद भारत के प्रायः सभी भाषा साहित्यों में ब्रिटिश साम्राज्यवाद के विरुद्ध भारत की संगठित राष्ट्र भावना का स्वर मुखर हो गया। राजभक्ति के स्थान पर देशभक्ति का भाव जागृत हुआ। हिन्दी में भारतेन्दु हरिश्चन्द्र और उनके सहयोगियों तथा तेलुगु में वीरेशलिंगम, बडडादि सुब्बाराव, जयन्ती रामय्या सुब्बाराय, वासुदेव शास्त्री, श्रीपाद कृष्णमूर्ति, वेलुरी शिवराम शास्त्री, विश्वसत्य नारायण पहली बार धर्म, जाति, प्रदेश की संकुचित सीमाओं से निकलकर अपनी साहित्य सृष्टि को नवजागरण के आलोक से आलोकित किया। हिन्दी में गयाप्रयाद शुक्ल सनेही, बालकृष्ण शर्मा नवीन, रामधारी सिंह दिनकर आदि ने देशभक्ति के हजारों गीत लिख डाले हैं। तेलुगु में सुब्बाराम, सीताराम चौधरी, श्री गुरुजाड़ आदि की कविताएँ भी राष्ट्रीय भावनाओं से ओतप्रोत हैं।

स्वच्छन्दतावाद : आधुनिक भारतीय साहित्य में स्वच्छन्दतावाद अत्यन्त व्यापक एवं समृद्ध काव्य प्रवृत्ति है। यह काव्य स्वाधीनता आन्दोलन की आकांक्षा और व्यक्ति स्वातन्त्र्य की भावना से प्रेरित होकर लिखा गया है। भारतीय स्वच्छन्दतावादी या छायावादी कविता पश्चिमी 'रोमैटिंसिज्म' से प्रभावित होने पर भी अपनी परम्पराओं और परिवेश से जुड़ी हुई है। इस स्वच्छन्दतावादी धारा ने नानारूपों में अपनी व्याकुलता को हिन्दी और तेलुगु काव्य में व्यक्त किया है। इस काल के सभी भाषाओं के कवि प्रायः रवीन्द्रनाथ टैगोर के आसपास ही मँडराते हुए दिखायी पड़ते हैं। इनकी स्वच्छन्दतावादी भावधारा ने पूरे भारतीय काव्य को प्रभावित किया है। हिन्दी में स्वच्छन्दावाद की प्रथम सच्ची अभिव्यक्ति श्रीधर पाठक के काव्य में ही दृष्टिगत हुई। देवीप्रसाद पूर्ण और पं. रामनरेश त्रिपाठी ने इसे आगे बढ़ाया। छायावाद के प्रवर्तक जयशंकर प्रसाद, सुमित्रानन्दन पन्त, सूर्यकान्त त्रिपाठी निराला, महादेवी वर्मा, माखनलाल चतुर्वेदी का काव्य स्वच्छन्दतावादी भावभूमि के साथ आया। इसमें सूक्ष्म के प्रति आग्रह, शृंगार का अलौकिक चित्रण कल्पनातिरेक तथा शिल्प के सर्वथा नये प्रयोग हैं।

पश्चिम तथा बंगला साहित्य के प्रभाव से तेलुगु में छायावाद का युग आया। सर्वप्रथम वीरेशलिंगम ने समस्त पुरातन रूढ़ियों के विरोध में आवाज उठायी। उसके बाद सुब्बाराव--जो कवि शेखर के नाम से प्रसिद्ध हैं ने भक्ति प्रेम प्रवाह का काव्य में पोषण किया। बेलुरी शिवराम शास्त्री ने तेलुगु काव्य को चौड़ा राजपथ दिया। इस कवि सम्राट ने 'शृंगार वीथि', तेलुगु ऋतुकुल, शशिइतम् जैसे श्रेष्ठ काव्य संग्रह दिये। रायप्रोलु सुब्बाराव जैसे समर्थ स्वच्छन्दतावादी कवि का उदय हुआ। उनकी 'ललिता' और 'नरकंकण' जैसी काव्यकृतियों में नव-नव भावों का संचार हुआ। इन्होंने उमर खैय्याम की रूबाइयों का अनुवाद भी किया। इस स्वच्छन्दभावधारा को पिंगल लक्ष्मीकान्तम् तथा वेंकटेश्वर ने आगे बढ़ाया। रामारेड्डि, सत्यनारायण शास्त्री, सीतारामूर्ति चौधरी जैसे कवियों ने तेलुगु काव्य को नये भाव और विचारों से समृद्ध किया है।

प्रगतिवाद : चौथे दशक के प्रारम्भ से ही छायावाद की काल्पनिक, वायवीय और रूमानी प्रवृत्तियाँ अपनी अन्तिम परिणति में ह्रासोन्मुख होने लगीं थीं, प्रेम और प्रेमरोदन की बाढ़ आ गयी थी। लगभग एक जैसे शब्दों, बिम्बों और अनुभूतियों की आवृत्ति होने लगी थी। उसकी सांस्कृतिक ऊर्जा और युगबोध की अन्तश्चेतना लुप्त हो चुकी थी। पन्त के शब्दों में छायावाद अब "अलंकृत संगीत" भर रह गया था। इसी उत्तर छायावादी ह्रासोन्मुख दौर में नये गीतकारों का एक ऐसा वर्ग जन्मा जिनकी भावोद्रेकपूर्ण और मांसल अभिव्यक्तियाँ युगबोध के प्रतिकूल थीं। उधर भारतीय साहित्यकारों पर मार्क्सवाद और रूप की सफल साम्यवादी क्रान्ति का प्रभाव भी बढ़ रहा था। इन तमाम कारणों ने भारतीय भाषाओं के रचनाकारों को सामाजिक चेतना की ओर उन्मुख किया। स्वच्छन्दतावाद काल में ही तेलुगु के वीरेशलिंगम (मृ. 1915) और गुरुजाड अप्पाराव ने समाजवादी भावबोध जागृत किया—मानव के पसीने से ही धनरूपी फसल पैदा होती है—

नस्ल केमटनु तडसि मूलम्
धनम् पटलु पंडवलेनोय

कलुष चित्तवालों को उच्च तथा मैले शरीर वालों को अस्पृश्य कहने वाला धर्म अधर्म है—

मलिन देहल माल लनचुन मलिन-1

देश का अर्थ मिट्टी नहीं मनुष्य हैं—

देशमेटे मेट्टिकादोय
देशमंटे मनुष्य लोय

उक्त परिप्रेक्ष्य में यदि 19 वीं शताब्दी के अन्त और 20वीं शताब्दी के प्रारम्भ से ही भारतीय काव्य में प्रगतिशील चेतना के उदय का आंकलन करें तो हिन्दी के भारतेन्दु और तेलुगु के वीरेशलिंगम जैसे कवियों में इसका उन्मेष राष्ट्रीय चेतना के उत्कर्ष के साथ ही दिखायी देता है। दोनों भाषाओं के साहित्य में सामाजिक, राजनीतिक एवं सांस्कृतिक क्रान्ति के साथ जनक्रान्ति की भावना भी उभर रही थी।

हिन्दी के पन्त, निराला, नवीन और भगवतीचरण वर्मा आदि छायावाद के सुप्रसिद्ध कवि भी प्रगतिवादी की ओर उन्मुख हुए। निरालाजी सन् 1930 से पहले ही 'बादल राग', 'भिक्षुक' तथा 'तोड़ती पत्थर' लिख चुके थे। बालकृष्ण शर्मा नवीन की अराजकतावादी विध्वंसमूलक कविता 'विप्लव' गायन की रचना भी हो चुकी थी, जिसमें उन्होंने लिखा है–

कवि कुछ ऐसी तान सुनाओ जिससे उथल पुथल मच जाये

X X X

नाश, नाश हो! महानाश की प्रलयंकारी आँख खुल

सन् 1934 में रामेश्वरकरुण ने "करुण सतसई" में स्पष्टतः साम्यवाद का आह्वान किया–

जब लौ श्रम औ उपज को होत न साम्य विभाग
बुझे-बुझाये किमि कहो यह अशान्ति की आग।

इसी समय पन्त की दृष्टि श्रमजीवियों पर पड़ी–

ये नाप रहे निज घर का पग
कुछ श्रमजीवा घर डगमग।

निराला ने 'कुकुरमुत्ता' में गुलाब के माध्यम से वर्ग वैषम्य पर तीखा व्यंग्य किया है–

डाल पर इठला रहा है कैपिटलिस्ट

उनके 'वेला' और 'नये पत्ते' में प्रगतिवादी जनवादी आग्रह तीव्र होता गया है। वेला की प्रसिद्ध पंक्ति हैं–

आज अमीरों की हवेली
होगी किसानों की पाठशाला

दिनकर की "सामधेनी" और उनकी परवर्ती कविताओं में भी समाजवादी दृष्टिकोण है। शिवमंगलसिंह सुमन 'जीवनगान' में सामाजिक विषमता के प्रति संवेदनशील हैं। नरेन्द्र शर्मा के 'लाल रूस' में साम्यवादी भावना है। प्रगतिवादी कवियों में नागार्जुन, केदारनाथ अग्रवाल और त्रिलोचन अधिक प्रसिद्ध हुए हैं।

रांगेय राघव, रामविलास शर्मा आदि प्रगतिशील चेतना के ही प्रतिबद्ध कवि हैं। कवि शील ने लिखा है—

अब न धरा पर शेष रहेगा लोहूँ का व्यापार
नया आदमी माँग रहा है जीने का अधिकार।

तेलुगु में प्रगतिशील काव्य-आन्दोलन की संज्ञा अभ्युदय कविता है जिसके प्रवर्तक श्रीश्री हैं। हिन्दी के प्रगतिवादी काव्य की भाँति तेलुगु में भी व्यक्तिप्रधान आत्मपरक कविताओं की प्रतिक्रिया में अभ्युदय कविता का उदय हुआ है। वैसे पुरातन रूढ़ियों के विरुद्ध वीरेशलिंगम और गुरुजाड अप्पाराव ने ही प्रथम आवाज उठायी है। इन कवियों ने राष्ट्रीय भक्ति और मानव प्रेम को ही अपने काव्य का विषय बनाया है। रायप्रोलु सुब्बाराय, विश्वनाथ सत्यनारायण, दब्बूरी रामारेड्डि, और गुरुजाड ने समाज सुधार और देशभक्ति सम्बन्धी कविताएँ लिखकर प्रगतिवादी दृष्टिकोण को समाज सुधार और देशभक्ति सम्बन्धी कविताएँ लिखकर प्रगतिवादी दृष्टिकोण को आगे बढ़ाया है। गुरुजाड ने 'मृत्यालुसरम' नामक नये छन्द का सृजन कर प्राची में अरुणोदय की सूचना दी और तरु के पीछे से कलकण्ठी कोकिल बोल उठी—

एक्कडनो ओर चेट्टुमाटुन
नोक्कु कोकुल पलुक साजेतु।

यही बात सुमित्रानन्दन पन्त भी कह रहे हैं—

गा कोकिल बरसा पावक कण।

तेलुगु के कवि श्रीश्री के काव्य 'प्रस्थानम्' के प्रकाशन से प्रगतिशील काव्यान्दोलन का प्रारम्भ माना जाता है। एक प्रकार से यह काव्य समाजवादी दिशा में समाज की संवेदना के अन्तः प्रयाण की गाथा है। इस काव्य में रामधारी सिंह दिनकर के "सामधेनी" की भाँति ही समाज की वर्तमान दशा और मानव शोषण के प्रति उसमें आक्रोश है। दर्शन में क्रान्ति है, श्वासों में विप्लव है, समग्र अतीत रक्त और अश्रुओं से लथपथ है। महाकवि श्रीश्री की क्रान्ति और विप्लव की अनुगूँज गोपाल चक्रवर्ती तथा भीमन्ना में सुनायी देती है। श्री रंगमनारायण बाबू, दाशरथि, नारायण रेड्डि ने भी दलितों और शोषितों के प्रति सहानुभूति व्यक्त की है। इन कवियों ने हिन्दी के प्रगतिवादी कवियों के समान ही एक आदर्श वर्गहीन समाज की परिकल्पना को प्रस्तुत किया है। प्रगतिशील चेतना के अन्य कवियों में अनिशेट्टि सुब्बार (अग्निवीणा), श्री नारायण बाबू (रुधिर ज्योति), पट्टाभिरामा रेड्डि (अग्निधारा), आजनेयुल (नयीवयन) नये-नये काव्यान्दोलन

और प्रयोगवाद से गठबन्धन कर प्रगति चेतना को व्यक्त किया है। परवर्ती 30 प्रगतिशील कवियों में प्रमुख श्री शेषेन्द्र शर्मा की रचना "मडसूर्यडू" में विप्लव की विश्वदृष्टि अभिव्यक्त हुई है।

तुलनात्मक रूप से देखा जाय तो हिन्दी के सुमित्रानन्दन पन्त और तेलुगु के श्रीश्री का प्रगतिवादी दृष्टिकोण बहुत कुछ एक जैसा है। दोनों की सौन्दर्य के प्रति सौन्दर्यधर्मी दिशा एक जैसी है। श्रीश्री के अनुसार मानवत्व की चरमसीमा में सभी कुछ सार्थक, सुन्दर प्रतीत होता है–

सौन्दर्य के आराधक। कविता में शिल्प में,
कीड़े में, पुष्प में, बिजली में, बादल में,
सौन्दर्य की आराधना करने वाले
मानव मानव अविभक्त कुटुम्बी।

(अनु. श्री बालशौरिरेड्डी)

और पन्त की काव्यसृष्टि में भी मानवपन धरती के समग्र सौन्दर्य को आयत्त करता है–

इस धरती के रोम-रोम में भरी सहज सुन्दरता
इसकी रज को छू प्रकाश वन मधुर विनम्र
पीले पत्ती टूटी टहनी, छिलके कंकर पत्थर
कूड़ा करकट सब कुछ भू पर लगता सार्थक सुन्दर

(युगवाणी, पृ. 35)

इस प्रकार सौन्दर्यगगन की वायवी कल्पना अब धरती एवं जीवन के यथार्थ का प्रतीक बनी। कवि पन्त मृत्यु नीलिमा गगन को ताकना बन्द करके अब मानवपुण्यप्रसू स्वर्गिक भू की ओर देखने लगे। तेलुगु के श्री श्री भी आकाश के पथ पर गतिशील जगन्नाथ के रथचक्रों को धरती की ओर मोड़ने लगे–

आकाशपुंदारुं लट अडा बुडिगि बेल्लि पोये
जगन्नाथुनि रथचक्रान्त भूमार्ग पुट्टिस्तान।

हिन्दी और तेलुगु के कवियों ने समान रूप से धर्म और ईश्वर के प्रति अनास्था व्यक्त की है। तेलुगु के अप्पाराव ने 'मानव' नामक कविता में कहा था कि लोग अपने हाथ की बनायी मूर्तियों में भगवान को ढूँढ़ते हैं और उस पत्थर से भी तुच्छ मनुष्य को मानते हैं। आँख खोलकर देखेंगे। मानव भगवान की प्रतिकृति है। (आन्ध्रभारती)

अंचल जी सीधे-सीधे आक्रोश के स्वर में कहते हैं–

आज भी जन जन जिसे करबद्ध होकर याद करते
नाम ले जिसका गुनाहों के लिए फरियाद करते
किन्तु मैं उसका घृणा की धूलि से सत्कार करता।

हिन्दी और तेलुगु के कवियों ने एक मत से यह माना है कि प्रगतिशीलता शब्दों के बाह्य सौन्दर्य में नहीं उलझती, वह अर्थ के भीतरी संस्कार तक पहुँचती है। भाषा का दायित्व जन मन में विचारों का सम्प्रेषण है। तेलुगु के श्री नारायण छन्दों के बन्धन तोड़कर नवीन कविता का आह्वान करते हैं–

छन्दों के बन्धनों से विहीन मेरी बातों को
अमधुर कहकर परिहास करोगे।
व्याकरण युक्त भाषा में गालियाँ दूँ
तो पूँछ हिलाकर प्रसन्न हो जावोगे।

(अनु. बालशौरिरेड्डी)

तो कवि पन्त कहते हैं–

खुल गये छन्द के बन्ध प्रास के रजतपाश
अब गीत मुक्त औ युगवाणी बहती अयास।

वर्ग संघर्ष, शोषकों के प्रति आक्रोश एवं शोषित वर्ग के प्रति सहानुभूति प्रगतिशील कविता का आधारभूत विचार है। कवि दिनकर भूखे बालकों को माँ की हड्डी से चिपक ठिठुरकर जाड़ों की रात बिताते देखकर आक्रोश से भर उठते हैं–

श्वानों को मिलता दूध दही बच्चे भूखे अकुलाते हैं
माँ की हड्डी से ठिठुर चिपक, जाड़ों की रात बिताते हैं

तेलुगु के प्रगतिवादी कवि श्री श्री भी कहते हैं–

अनजानी के अन्धकार में। भूख प्यास के बराबर
किसी शक्ति के संकेतों से, बढ़े चढ़े हैवानों
स्थापित थे जो राज्य बड़े–
नयी शक्तियों के उठने से। हो गये सकल हवा के महल
धनवानों का काल फंदा। अब क्या आगे भी न फलेंगे।

(अनु. भानु)

दक्षिण के साहित्य में विप्लव और आक्रोश के स्वर संयत है। श्री श्री का कहना है कि क्षुधा और आवेग के स्वर से जन्मा इतिहास बलवानों के अत्याचारों का कुतन्त्र है। शोषण करने का सामाजिक धर्म आगे नहीं चल सकेगा–

पाडिंचे सांधिक धर्म।

हिन्दी और तेलुगु के कवि मुक्ति के अरुणोदय का स्वप्न साकार करना चाहते हैं। तेलुगु के कवि श्री श्री के आह्वान में नवयुग का शंखनाद है–

नवयुग का वह बड़ा नगाड़ा
विराम तजकर बजता है।
नाग सर्प से, क्षुधित व्याघ्र से,
अग्नि होत्र से बढ़े चलो

(अनु. वेभूरि)

इस अरुणोदय की परिकल्पना में क्रान्ति और गणतन्त्र की सीमा रेखा विलीन हो गयी है। बिम्ब केवल श्रमिकों एवं जन चेतना की मुक्ति का उभरता है। अतः यदि तेलुगु के श्रीश्री नाजीदमन के विरोध में सोवियत सेना का स्वागत करते हुए उत्कण्ठित होते हैं–"सुप्त कंकाल जाग उठे हैं, जग फन फैलाकर उठ खड़ा हुआ है, तथा श्रमिक कृषक, पीड़ित हिल्लोलित से क्रान्ति पथ पर अग्रसर हैं–

सुप्त कंकालालु मेलु कोटुन्नायि।

तो हिन्दी के रामविलास शर्मा इसी स्वर में तैलंगाना के जनविद्रोह का स्तवन करते हैं–"आज नयी आशा से आन्ध्र जागा है, युगों-युगों से पीड़ित जन उठ खड़े हुए हैं, नयी चेतना से आन्दोलित प्राणों के स्वर फूट पड़े हैं।"

तेलुगु के कवि देवपुल्लु कृष्णशास्त्री लिखते हैं–

ई नाडि भुवि वानि सीडु मरिलेन लेडु।

"अब कौन किसी का दास मुक्त मानव समाज के सब जन तथा श्रमसाध्य स्वेद की दिव्य धार बनकर गंगा बहती है।" (अनु.सु.न. पन्त)

इसी बात को और अधिक स्पष्ट करते हैं दिनकर जी

भारत धूलों से भरा, आँसूओं से गीला
भारत अब भी व्याकुल विपत्ति के घेरे में
मिट्टी फिर कोई आग उगलने वाली है।

रूस और रूसी क्रान्ति ने भी हिन्दी और तेलुगु के कवियों को प्रभावित किया है। लाल पताका का स्वागत करते हुए तेलुगु के कवि श्रीश्री लिखते हैं–

उत्तोलित लाल पताका
रुद्राली की नयन ज्वाला।
नव कविता को सभी चाहिए (अनु. वेभूरि)

तो हिन्दी के कवि शिवमंगलसिंह सुमन की दृष्टि में फासिस्टों की नियति यह है–

फासिस्टों की कालरात्रि में घोर घटा घिर आयी
चली लाल सेना ज्यों चलती सावन में पुखाई

तेलुगु के प्रगतिशील कवि श्रीश्री जब नये युग की पुकार पर पददलित जनता को "हरोम हरोम" कहकर निकल पड़ने का आह्वान करते हैं तो लाल ध्वजा में वे होमज्वाल की प्रदीप्ति देखते हैं–

नजर न आयी नव जग के उस अग्नि मुकुट की तड़क भड़क
लाल ध्वजा की चमक दमक होम ज्वाल की धधक भभक
(अनु. वेभूरि)

हिन्दी के सुमित्रानन्दन पन्त भी मार्क्स का स्तवन करते हैं–

धन्य मार्क्स चिरतमच्छन्न पृथ्वी के उदय शिखर पर
तुम त्रिनेत्र के ज्ञानचक्षु से प्रकट हुए प्रलयंकर। (युगवाणी)

दक्षिण भारतीय साहित्यों में भी हिन्दी के समान प्रगतिशील चेतना पर गाँधीवाद का कम प्रभाव नहीं है। एक आलोचक का कहना है कि "साम्यवादी विचार तो उधर भी है, पर उसका ठेठ अपरिष्कृत रूप दक्षिण साहित्य में ग्राह्य नहीं है। अतः वहाँ के साहित्य में साम्यवाद को समाजवाद तथा गाँधीवाद के आधार पर संशोधित करके उसका एक अहिंसात्मक ग्राह्य रूप बना लेने का प्रयास स्पष्ट होता है।"

प्रयोगवाद और नयी कविता : आधुनिक भारतीय भाषाओं में स्वाधीनता प्राप्ति के आसपास की नयी काव्य चेतना को प्रयोगवाद या नयी कविता के नाम से सम्बोधित किया गया है। इसके पूर्व की भारतीय कविता स्वाधीनता आन्दोलन की आशाओं-आकांक्षाओं की प्रबल अभिव्यक्ति रही है। इस दौर की कविता में स्वच्छन्दतावादी प्रगतिवादी प्रवृत्तियों की सृजनात्मक चेतना विकसित होती रही है। किन्तु द्वितीय विश्वयुद्ध की भयंकर विभीषिकाओं ने अपने प्रभाव दबाव से विश्वभर में परिवर्तन ला दिया। फलतः नयी सम्वेदना नयी काव्य भूमि खोजने लगी। भारतीय नयी कविता इस नवीन सम्वेदना (नये रूपों, प्रतीकों, बिम्बों, शैलियों-विचारधाराओं) की ही काव्यात्मक अभिव्यक्ति है। प्रयोगवाद तथा नयी कविता में विद्रोह का यह प्रबल स्वर हिन्दी के कवि अज्ञेय, मुक्तिबोध और तेलुगु के शिष्टला, अनसेद्धि नयी काव्य प्रवृत्तियों के प्रवर्तक के रूप में उभरते हैं। ये सभी सौन्दर्य की अभिरुचियों पर प्रहार करते हुए काव्य सृजन करते हैं।

यहाँ ध्यान देने की बात यह है कि हिन्दी और तेलुगु में प्रयोगधर्मी नयी

कविता एक साथ विकसित नहीं होती। हिन्दी में नयी काव्य प्रवृत्तियाँ पहले विकसित होती हैं। तत्पश्चात् तेलुगु में उभरती पनपती हैं। समय का थोड़ा बहुत अन्तराल होने पर भी दोनों भाषाओं की नयी कविता में प्रवृत्तिगत आन्तरिक एकता है। हिन्दी में प्रयोगधर्मी नयी कविता और तेलुगु में अभ्युदय कविता तथा वचन कविता नाम दिया गया है। ये दोनों भाषाओं की कविताएँ पुरानी मान्यताओं से हटकर नयी शैलियों, नयी विचारधाराओं, नये विषयों से काव्य सृजन करते हैं। इनकी कविताएँ पुरानी कविता की तुलना में अधिकाधिक जुझारू और द्वन्द्व की स्थिति का संकेत करती हैं। हिन्दी के तारसप्तक के कवि गजानन माधव मुक्तिबोध, नेमिचन्द्र जैन, भारत भूषण अग्रवाल, प्रभाकर माचवे, गिरिजाकुमार माथुर, रामविलास शर्मा और अज्ञेय ये सात कवि हैं, जिनमें माथुर और अज्ञेय को छोड़कर शेष मार्क्सवादी विचारधारा से जुड़े हुए हैं। उनमें मतैक्य भी नहीं है। जीवन, समाज, धर्म, राजनीति आदि विषयों को लेकर उनका आपस में मतभेद भी है। सभी राहों के अन्वेषी थे। सभी अलग-अलग ढंगों से सोचते और रचते हैं। किन्तु बदलते हुए जीवन सम्बन्धों पर इन कवियों का ध्यान गया है। अज्ञेय जी ने ''हरी घास पर क्षण भर'', 'बावरा अहेरी', 'इन्द्रधनु रौंदे हुए' जैसे काव्य संग्रहों से कविता की नयी और परती जमीन तोड़ी है। वे लिखते हैं—

मैं वह धनु हूँ, जिसे साधने में प्रत्यंचा टूट गयी है।

दूसरे तार सप्तक में नयी कविता को महत्त्व और प्रतिष्ठा मिली है। सर्वेश्वर दयाल सक्सेना, कुँवर नारायण, जगदीश गुप्त, रघुवीर सहाय, धर्मवीर भारती, भवानीप्रसाद मिश्र, श्रीकान्त वर्मा, शमशेर बहादुर सिंह आदि कवियों ने लोकभाषा के नजदीक जाकर संत्रास, व्यंग्य, विद्रूपता, तनाव-संघर्ष, अँधेरा अवसाद आदि को कविताओं में अभिव्यक्त किया है। अज्ञेय अपनी दृष्टि में बदलाव लाते हुए लिखते हैं—

ये उपमान मैले हो गये हैं।

तेलुगु में शिष्टला की कविताओं में भावकवित्वम् के विरुद्ध विद्रोह मिलता है और इनकी कविताएँ प्रयोगवाद का शिलान्यास करती हैं। 'नवामि चिलका' काव्य संग्रह की कविताओं ने नये प्रयोगों की प्रतिष्ठा की है। इन कविताओं पर फ्रायड के सिद्धान्तों का प्रभाव लक्षित होता है। मुक्तिबोध के समान ही अनसेद्धि आदि ने शहरी जीवन की उदासी पर ''राक्षस नगरम्'' जैसी कविताएँ लिखी हैं। डाडावाद, निराशावाद और भविष्यवाद तो हिन्दी की नयी कविता के समान ही रमणरेड्डि के काव्यसंग्रह 'अरवि' (जंगल) में व्यक्त हुआ है। तेलुगु की 'वचन

कविता' हिन्दी की नयी कविता के समान ही परम्परागत रूढ़ियों को तोड़कर शब्द अर्थ की लय पर केन्द्रित है। अज्ञेय और मुक्तिबोध के समान ही ये शब्दचय के प्रति विशेष रूप से जागरूक हैं और घिसे शब्दों के स्थान पर नये टटके शब्दों को खोजकर लाते हैं। हिन्दी की नयी कविता के समान ही 'वचन कविता' भी गद्य कविता ही है। दोनों भाषाओं की कविताएँ सम सामयिक जीवन के समस्त विचारों को रचती है।

सन् 1960 के बाद हिन्दी में अकविता चला जिसके प्रवर्तक जगदीश चतुर्वेदी हैं। इस धारा में श्याम परमार, सौमित्र मोहन, राजकमल चौधरी आदि ने सक्रिय हिस्सेदारी की है। इन कवियों ने बंगला की 'भूखी पीढ़ी' की भाँति ही बयान दिये हैं। अकविता पूरी तरह गद्यात्मक कविता है। इसमें न लय है न गीत है। इनमें जीवन के अनेक अनजाने पहलू उभरकर सामने आये हैं और अनेक पुराने पाखण्डों की कलई खोली गयी है। असन्तोष, त्रास, आक्रोश, फ्रस्टेशन, ऊब, विक्षोभ, अनास्था निराशा आदि से व्यथित आज के मानव को अकविता ने अपना लक्ष्य बनाया है।

सन् 1960 के आस पास तेलुगु में भी नयी कविता या गद्य कविता पूरी तरह प्रतिष्ठित हो जाती है जिसमें न लय है न गीत है। तेलुगु के नये कवि रमणारेड्डि ने इस गद्य कविता पर अपने विचार व्यक्त करते हुए लिखा है कि "समाज के सभी वर्गों का चित्रण केवल गद्य गीत ही कर सकता है। प्रसिद्ध गद्य कवि श्री तिलक और आरिपिराला विश्वम् की कविताओं में हिन्दी की अकविता के समान ही पीड़ित जनता के प्रति करुणा भाव व्यक्त हुआ है–

नगर स्मृति चित्र
मेगिरि पडेनुत्ना कवला

तो दुष्यन्त कुमार लिखते हैं–

नगर में शोर है
विषैला धुआँ आँखों से निकल रहा है।

तेलुगु की वचन कविता के कवियों में श्रीराम शास्त्री, विश्वम्, रामुलुरेड्डि, दाशरथि आदि उल्लेखनीय हैं।

साठोत्तरी हिन्दी की अकविता एवं तेलुगु की दिगम्बर पीढ़ी में घृणा, आक्रोश और हिंसा के बिम्ब अनर्गल यौन आचरण के माध्यम से भी समाज तन्त्र के खिलाफ कवि की जद्दोजहद् को ही प्रमाणित करते हैं। इस दौर के जगदीश चतुर्वेदी, श्याम परमार आदि अकविता के कवि और दिगम्बर पीढ़ी

के कवियों ने अमर्यादित यौन बिम्बों का सायास विस्फोटक उपयोग किया है। चतुर्वेदी लिखते हैं–

"हम एक दूसरे का नग्न शरीर, आलिंग्न के लिए क्यों खोजते रहते हैं, –ताकि शिकारी कुत्तों की तरह झपटें, एक दूसरे पर काटें।"

तेलुगु के दिगम्बर पीढ़ी के प्रमुख कवि बंडुराज, भैरवय्या और नग्न मुनि हैं। समाज के कुत्सित रूप के अनावरण में इनकी अभिव्यक्ति आक्रामक बन गयी है। इनका विश्वास है कि दिक् कविताएँ ही मानवता का असली मानदण्ड हैं। यौन क्रान्ति के प्रतीक हैं। नारायण बाबू और पठामि की रचना में यौन क्रान्ति का यह विस्फोट अधिक प्रखर है।

हिन्दी के जगदीश चतुर्वेदी जैसे कवियों की तरह संत्रस्त मनःस्थिति के बिम्ब को यौन और मृत्युबोध की मुद्राओं में ये उभारते हैं–"जीवित मिट कामातुर ककाल केलि प्रेमेतर मृत्तिकातरै कपालाल कृष्णधूलि (वैरागी)।

हिन्दी और मलयालम की आधुनिक कविता

नवजागरण : आधुनिक भारतीय नवजागरण 1857 ई. के स्वाधीनता संग्राम से आरम्भ होता है। यह संग्राम जाति धर्म, वर्ग को भूलकर पूरे देश में जन संग्राम के रूप में लड़ा गया। कार्लमार्क्स नें अपने लेखों में यह विचार व्यक्त किया है कि भारत के सैनिक विद्रोह मात्र सैनिक विद्रोह नहीं हैं वे एक बड़े परिवर्तनकारी राष्ट्रीय विद्रोह का संकेत देते हैं। देश भर में रचित साहित्य का सार भी यही निकलता है कि यह प्रथम मुक्ति संग्राम ब्रिटिश साम्राज्यवाद द्वारा प्रेरित सम्प्रदायवाद, धर्मवाद तथा जातिवाद की सबसे करारी हार थी। इसी क्रान्ति के फलस्वरूप देश में आधुनिक भारतीय समाज का उदय हुआ। हिन्दी में भारतेन्दु से सांस्कृतिक सामाजिक नवजागरण की पृष्ठभूमि तैयार हुई और मलयालम में वल्लत्तोल से नवजागरण की पृष्ठभूमि प्रदीप्त हुई। नवजागरण की चेतना को फैलाने में पत्र-पत्रिकाओं का भी उल्लेखनीय योगदान रहा। हिन्दी में 'कविवचनसुधा' 'हरिश्चन्द्र चन्द्रिका', हिन्दी प्रदीप और मलयालम में नवजागरण का पहला रूप 'नलिनी' में दिखायी पड़ता है। राजा राममोहनराय, दयानन्द सरस्वती आदि के सुधारवादी आन्दोलनों भी नवयुवकों के चिन्तन की दिशा बदल डाली। इसी समय पश्चिम ने मार्क्स, रूसो, डार्विन, फ्रायड जैसे प्रबुद्ध चिन्तकों को जन्म दिया, जिन्होंने मानव इतिहास और मानव चेतना को नवीन दिशा और दृष्टि दी। 20वीं सदी के भारतीय समाज सुधारकों और चिन्तकों ने भारतीय समाज व्यवस्था के आमूल परिवर्तन से भारतीय स्वाधीनता के प्रश्न को जोड़कर विचार मन्थन किया। फलस्वरूप सामाजिक कुरीतियाँ और अन्धविश्वास जैसे वर्ण व्यवस्था, छुआछूत, बाल विवाह, अनमेल विवाह से मुक्ति के उपाय पूर्ण शक्ति के साथ किये गये। देशभक्ति की भावना जाग्रत करने के लिए मलयालम में वल्लतोल ने कई ग्रन्थों की रचना की। उनके स्वर में राष्ट्रीयता का तूर्यनाद था। उन्होंने राष्ट्रीय महत्त्व के प्रत्येक विषय पर लिखा—सामाजिक और आर्थिक अन्याय पर

भी और भविष्य की पुकार पर भी। उनके सभी गीतों में नवजागरण के विकसित चिह्न दृष्टिगत होते हैं।

19वीं, 20वीं शताब्दी के प्रथम दो दशकों के स्वाधीनता आन्दोलन ने भारतीय साहित्य की विषयवस्तु, रूपगठन आदि पर निर्णायक प्रभाव डाला। साहित्य में साम्राज्यवादी शक्तियों के विरुद्ध आक्रोश का स्वर फूटने लगा। हिन्दी और मलयालम के साहित्य में भी यह आक्रोश व्यक्त हुआ। निबन्ध, कहानी, उपन्यास, आलोचना, नाटक और कविता आदि सभी विधाओं में नयी प्रवृत्तियाँ विकसित हुईं। हिन्दी में भारतेन्दु और मलयालम के प्रसिद्ध कवि वल्लतोल, कुमारन आशान् और उल्लूर परमेश्वर ऐय्यर आदि की सृजन चेतना में यथार्थवादी शैली का आन्दोलन स्फुटित हुआ। उल्लूर अपने महाकाव्य "उमाकेरलम्" में नये आन्दोलन की भावना से प्रेरित हुए। इसी समय स्वाधीनता को स्वावलम्बन से जोड़कर महात्मा गाँधी ने सामाजिक कुरीतियों पर निर्मम प्रहार किये और उन्हें काफी हद तक ध्वस्त कर दिया। वास्तव में गाँधी भारत के सांस्कृतिक सामाजिक अवचेतन मन के प्रतीक रहे। गाँधी का प्रभाव हिन्दी और मलयालम के रचनाकारों पर भी पड़ा। हिन्दी में मैथिलीशरण गुप्त, माखनलाल चतुर्वेदी, सियारामशरण गुप्त, रामनरेश त्रिपाठी आदि और मलयालम में वल्लतोल और जी. शंकर कुरूप पर गाँधी विचारदर्शन का गहरा प्रभाव रहा है। दोनों भाषाओं के रचनाकारों ने गाँधी को आधार बनाकर देशभक्ति और राष्ट्रीय चेतना के गीत सृजित किये। स्वच्छन्दतावादी छायावादी रचनाओं पर तो गाँधीजी की अमिट छाप है।

नवजागरणकाल में साम्राज्यवाद विरोधी एवं सामन्तविरोधी चेतना के विरुद्ध आक्रोश था। स्वदेशी वस्तुओं के व्यवहार की माँग की जा रही थी। उदारवादी सामाजिक भावना, राजनीतिक चेतना और विषय तथा शिल्प दोनों क्षेत्रों में नयी साहित्यिक धारा—ये सभी तत्त्व मिलकर नवजागरण का शंख फूँक रहे थे। काव्य को सामन्तों की चहारदीवारी से मुक्त कराने का प्रयास किया जा रहा था। हिन्दी में भारतेन्दु और उनके सहयोगियों द्वारा यह कार्य किया जा रहा था तो मलयालम में केरल वर्मा तथा वेनमणि द्वारा यह कार्य सम्पन्न हुआ। ए.आर. राजवर्मा (1863-1938) ने मलयालम काव्य में व्याप्त रूढ़िवाद तथा कल्पनाशीलता के विरुद्ध आन्दोलन शुरू किया। उन्होंने अपनी रचनाओं द्वारा जनता की रुचि और काव्य के प्रति दृष्टि को ही नहीं बदला, समसामयिक और तात्कालिक राजनीतिक स्थिति और समस्याओं पर लिख जनता में जागृति भी पैदा की।

पुनर्जागरण काल में देश प्रेम की भावना, आर्थिक शोषण और राजनीतिक परतन्त्रता की अनुभूति ने हिन्दी और मलयालम के कवियों को ऐसी कविताएँ

लिखने की प्रेरणा दी, जिसका प्रमुख स्वर राष्ट्र प्रेम था। हिन्दी में भारतेन्दु युग के कवियों ने; तो मलयालम में कुमारन अशन (1873-1924) एक ओर सामाजिक समस्याओं—जात-पाँत, सामाजिक असमानता, आर्थिक शोषण .पर कविताएँ लिखीं तो दूसरी ओर अतीत के चारित्रिक गुणों का स्तुतिगान किया। भारतेन्दु, प्रतापनारायण मिश्र, रामनरेश त्रिपाठी, मैथिलीशरण गुप्त और मलयालम के कुमार अशन ने जनता की आर्थिक दुर्दशा, शोषण, गरीबों के कष्टों आदि का मार्मिक चित्रण किया है। कुमार अशन की कविताओं का विषय सामाजिक एवं आर्थिक असमानता और वर्ग-चेतना है। हिन्दी में भारतेन्दु ने निम्न पंक्तियों द्वारा ब्रिटिश शासकों के आर्थिक शोषण की कटु निन्दा की है—

चहुँ दिशि काल परयो भारत में
भय उपज्यो महामारी को।

कुमार अशन के 'दुरवस्था' काव्य संग्रह में ऐसा ही दर्द प्रतिगुंजित है।

नवजागरणकाव्य में काव्य की विषयवस्तु में ही परिवर्तन नहीं आया अपितु भाषा, काव्यरूप, छन्द, शैली आदि में भी क्रान्तिकारी परिवर्तन आया। हिन्दी में भारतेन्दु ने लोकगीत की शैली अपनाकर सरल और सरस भाषा में कजली, ठुमरी, बिरहा आदि ग्रामगीतों की रचनाकर जनता को उद्‌बोधन दिया। मलयालम में कुमार अशन ने केरल वर्मा की ललित भाषा परम्परा को भी छोड़ दिया और इसके बदले एक सीधी और परिष्कृत अभिव्यक्ति अपनाई। इसमें बाह्य रूप के बदले विचारों की सूक्ष्मता पर अधिक बल दिया गया था। वल्लतोल तो पुराने क्लासिक शैली के प्रसिद्ध कवि थे, जबकि नवजागरण युग ने उन्हें परिवर्तित किया। उन्होंने परम्परागत छन्दों को त्याग कर देशी छन्दों को अपनाया।

नवजागरण काल में भारतीय साहित्य की सभी विधाओं में राष्ट्र भावना का स्वर मुखर हो गया। राजभक्ति के साथ देशभक्ति का समझौता हुआ लेकिन शीघ्र ही राजभक्ति समाप्त हो गयी। हिन्दी में भारतेन्दु हरिश्चन्द्र और मलयालम में वेण्मणिनपूंतिरिप्पाद, केरल वर्मा, ए.आर. राजराज वर्मा, कुमार अशन, वल्लतोल और उल्लूर ने अपनी रचनाओं के द्वारा देशभक्ति की भावना जाग्रत की। हिन्दी में मैथिलीशरण गुप्त, गयाप्रसाद शुक्ल सनेही, रामनरेश त्रिपाठी, माखनलान चतुर्वेदी, सुभद्रा कुमारी चौहान, रामधारीसिंह दिनकर आदि कवियों की एक पीढ़ी अपनी राष्ट्रीय एवं सांस्कृतिक कविताओं में देशप्रेम, बलिदान, करुणा और आस्था के गीत गाती रही है। हिन्दी और मलयालम के उक्त सभी कवियों ने भारत के प्राचीन गौरव का गान, आगे बढ़ने की भावना आदि को अभिव्यक्ति दी है। माखनलाल चतुर्वेदी ने तड़प के स्वर में लिखा—

बलि होने की परवाह नहीं, मैं हूँ कष्टों का राज्य रहे।
मैं जीता, जीता, जीता हूँ माता के हाथ स्वराज्य रहे।

मलयालम में राघवन पिल्लै, पी. भास्करन, एन.वी, कृष्ण वारियार आदि और हिन्दी के कवियों ने देशभक्ति में प्राणों के उत्सर्ग की भी बात कही है।

स्वच्छन्दतावाद : हिन्दी स्वच्छन्दतावाद ने एक नया नाम पाया है—छायावाद। छायावाद के प्रवर्तक कवि जयशंकर प्रसाद माने जाते है किन्तु इसके पूर्व मुकुटधारा पाण्डेय ने श्री शारदा पत्रिका में "हिन्दी में छायावाद" शीर्षक से चार लेख लिखे थे। उन्होंने ही सर्वप्रथम छायावाद को रहस्यवाद का पर्याय मानते हुए उसे भावमूलक पाश्चात्य 'मिस्टिसिज्म' से सम्बद्ध माना था। साथ ही छायावादी कवियों पर अंग्रेजी के कीट्स, वर्ड्सवर्थ, शैली आदि का प्रभाव देखकर इस काव्य को 'रोमैंटिसिज्म' का पर्याय भी घोषित किया था। किन्तु छायावाद भारतीय परम्परा के रूढ़िविरोधी चरित्र की ही स्वाभाविक परिणति है। छायावाद के कवियों, जयशंकर प्रसाद, सुमित्रानन्दन पन्त, सूर्यकान्त त्रिपाठी 'निराला', महादेवी वर्मा, माखनलाल चतुर्वेदी आदि का सृजन देशी मौलिकता की नयी भावभूमि के साथ आया था। इसमें विषय और शिल्प के सर्वथा नवीन प्रयोग थे। सुमित्रानन्दन पन्त की कृतियों में वीणा, ग्रन्थि, गुंजन, पल्लव का हिन्दी के स्वच्छन्दतावादी काव्य में विशेष आदर है। निराला की कृतियों में अनामिका, अप्सरा, गीतिका, तुलसीदास और राम की शक्तिपूजा ने हिन्दी के स्वच्छन्दतावादी काव्य को भीतर से समृद्ध किया है और प्रयोगों से सिद्ध।

मलयालम की मणिप्रवाल शैली ही आधुनिक स्वच्छन्दतावाद का रूप धारण कर लेती है। लोक कवि नांबियार का तेजस्वी भावचिन्तन भी इसी परम्परा में निखर कर आया है। उन्होंने केरल की संस्कृत साहित्य परम्परा को नया रस दिया है। वेण्मणि की रचनायें 19वीं सदी के उत्तरार्ध में एक लहर पैदा करती हैं। किन्तु मलयालम काव्य केरल वर्मा की नयी शैली से गति पकड़ता है। ए.आर.राजवर्मा ने "द्वितीयाक्षारप्रसद" की स्थापना की और स्वच्छन्दतावादी प्रवृत्तियों का नेतृत्व किया। राजवर्मा ने 'प्रिय विलाप' तथा सी.एस सुब्रह्मण्यम पोट्टी ने 'ओरुविलापम' (1903) जैसे काव्य लिखे हैं। वी.सी बालकृष्ण पणिक्कर जैसे प्रतिभाशाली कवि उभरकर आगे आये। उन्होंने रोमाण्टिक भावधारा का मार्गदर्शन किया है। कुमार अशन, वल्लतोल और उल्लूर ने स्वच्छन्दतावादी कविता को प्रगति के पथ पर अग्रसर किया। 'ग्रामवृक्षतिले कयिल' काव्य में गाने वाली कोयल कुमार अशन का प्रतिरूप है। वल्लतोल का 'वधिर विलासम' काव्य संग्रह स्वच्छन्दतावादी है।

फिर 'बन्धन स्थनाय अनिरुद्धन' (1914) काव्य संग्रह नयी हवा लेकर आया। वल्लतोल के अनेक खण्डकाव्यों में मलयालम कविता महक उठी। 'किलिकोंचल' (नन्हीं चिड़िया की तुतली बोली) काव्य संग्रह में कवि कल्पना के पंख खोलकर उड़ रहा है। कवि उल्लूर की काव्य प्रतिभा का प्रकाश "उमा केरलम" महाकाव्य से फैलता है। इस काव्य ने स्वच्छन्दवाद को नयी भूमि दी है। उनके काव्य संग्रह हैं—'अरुणोदय', 'तारहारम्', 'किरणावली', 'रत्नमाला', 'मणिमंजूषा', 'हृदयकौमुदी' आदि। कर्णभूषणम्, पिंगला, भक्तदीपिका उनके खण्डकाव्य हैं। उल्लूर की शिरोमणि रचना है कर्णभूषणम्। इसमें महाभारत की दानधर्म कथा है।

कवित्रय (आशान, वल्लतोल तथा उल्लूर) के बाद रोमाण्टिक धारा के कवि नालपाट्ट नारायण मेनन, केशवन नायर, गोपालमेनन, एम.आर. कृष्ण वारियार, पल्लतुरामन और के.एम. पणिक्कर। पणिक्कर मलयालम के प्रसिद्ध लेखकों में हैं। वे कवि, नाटककार, उपन्यासकार और आलोचक के नाते प्रसिद्ध उनकी काव्यकृतियों में चिन्ता तरंगिणि, पंकीपरिणयम् अम्बापाली विशेष उल्लेखनीय हैं। उसके साथ ही कुंजिरामन नायर, के.एफ. राजा, एन. गोपाल पिल्लै आदि स्मरणीय नाम हैं। शंकरकुरूप प्रतीकवादी कविता के जनक हैं और प्रकृति के उपासक हैं। उनकी कृतियाँ—'साहित्य कौतुकम्, अन्वेषणम्, साक्षात्कारम्, पूजापूणम्, सूर्यकान्ती, मुत्तुकल (मोती), निमिष आदि हैं। उनकी रचनाओं में स्वाधीनता आन्दोलन का तेजस्वी प्रकाश प्रस्फुटित होता रहता है।

प्रगतिवादी चेतना : हिन्दी में प्रगतिवादी चेतना का प्रारम्भ पन्त और निराला से ही हो जाता है। यद्यपि उनमें वास्तविक जीवन से पलायन की प्रवृत्ति उनकी प्रारम्भिक रचनाओं में दिखायी पड़ती है, फिर भी वे पूर्णरूपेण समाज निरपेक्ष और देश के सामान्य जन-जीवन से सर्वथा विरत नहीं रहे। उनकी कुछ रचनाएँ ऐसी भी है, जिनमें उनकी सामाजिकता और जन-जीवन की अभिव्यक्ति परिलक्षित होती है। उदाहरण के लिए सुमित्रानन्दन पन्त की परवर्ती ग्राम्या, युगबोध, युगवाणी और पूर्ववर्ती माँ 'मेरे जीवन की हार' (वीणा) परिवर्तन तथा गुंजन की कुछ रचनाओं में जन-जीवन की अभिव्यक्ति है। निराला जी की 'भिक्षुक', 'तोड़ती पत्थर', 'कुकुरमुत्ता', 'जागो फिर एक बार' आदि रचनाओं में मानववादी स्वर है। निराला की 'कुकुरमुत्ता', रचना तो जनशोषकों की कुत्साओं का ही व्यंग्य काव्य है। गुलाब इस शोषक रूप का प्रतीक है, जो जन-साधारण का नहीं, अमीरों का है। वह खाद का रक्त चूसने वाला कैपिटलिस्ट है—

अबे सुन बे गुलाब

X X X

शाहों, राजों, अमीरों का रहा प्यारा।

इसलिए, साधारणों से रहा न्यारा ॥

निराला की रचना हिम और ज्वालामय-इन दो तटों के बीच रंग-रस-सौरभ का अथाह समुद्र बनकर उमड़ी है।

आगे चलकर दिनकर (सामधेनी) शिवमंगलसिंह 'सुमन' (विप्लव), रामेश्वर शुक्ल अंचल ने वर्गहीन मानव समाज की कल्पना द्वारा साम्यवादी सिद्धान्तों को वाणी दी है। नागार्जुन की ''युगधारा'' और ''सतरंगे पंखों वाली'' संकलनों में जनवादिता तथा संघर्ष करती कवि की मानसिकता के अनेक आयाम उद्घाटित हुए हैं। ''प्यासी पथराई आँखों की'' ''वे और तुम'' कविता में बुद्धिजीवी की कुण्ठा और श्रमजीवी के कर्म-संघर्ष का वैषम्य मुखर है–

वे लोहा पीट रहे हैं, तुम मन को पीट रहे हो।

मलयालम में प्रगतिवाद के लिए ''पुरोंगमनवादम्'' शब्द प्रयुक्त हुआ है। हिन्दी के समान मलयालम में भी प्रगतिशील चेतना एक विस्फोट की तरह नहीं आयी। 1935 के आस-आस अंकुरित होने वाली दो काव्य प्रतिभाओं–राघवन पिल्लै और चङ्ङ्म्पुषा कृष्ण पिल्लई की प्रणय कविताओं में ही सामाजिक विषमता दृष्टिगत होती है। चङ्ङ्म्पुषा ने एक ग्रामजीवन का शोककाव्य लिखा है, जिसका शीर्षक है–'रमणन्'। अपने होनहार कविमित्र राघवन की दुःखद मृत्यु के अवसर पर लिखा था। अपने काव्यसंग्रह 'रक्तपुष्प' में भी कवि चड्.ड्.म्पुषा उर्दू शायर मजाज की भाँति सामाजिक क्रान्ति की ओर उन्मुख हैं। परवर्ती कवियों में पी. भास्करन की रचनाओं में मार्क्सवादी चिन्तन पर प्रकाश डाला गया है। उनका मुख्य काव्य संग्रह है–मड्.ड्. चोदिकुम, जिसमें वैषम्य पीड़ित वर्ग के चित्र प्रखर सम्वेदना लिए हुए हैं। अन्य कवियों में पाला नारायण नायर, आसान पणिक्कर की रचनाओं में मानवीय शोषण की यथार्थ परिस्थितियाँ अंकित हुई हैं। इटशेरी गोविन्द नायर की रचना पणिमुटक्क (हड़ताल) में कृषक और मजदूर वर्ग के लोग हैं। ओ.एम. अनुफ ने 'चिल्लुवतिल' (काँच की दीवार) को वर्ग वैषम्य का प्रतीक मानकर उसके टूटने की आस्था व्यक्त की है।

हिन्दी और मलयालम की प्रगतिवादी रचनाओं के कुछ सन्दर्भ तुलनीय हैं–

हिन्दी में भूख और दारिद्रय पर दिनकर लिखते हैं–

श्वानों को मिलता दूध-दही बच्चे भूखे अकुलाते हैं
माँ की हड्डी से ठिठुर चिपक, जाड़ों की रात बिताते हैं

मलयालम के रामपुरत्तवारियर ने इसी सन्दर्भ को लेकर लिखा है–

क्षुत्क्षामास्तनयाः (शिशवः) लशवाइव।

अर्थात् पतिव्रता को क्षुधाग्नि में होम करने वाले पापी को मुक्त होने पर भी मुक्ति कहाँ?

वारियर लिखते हैं–

दारिद्रय से बढ़कर दूसरी व्याधि नहीं।
इल्ला दारिद्रयाति लोभ–।

प्राचीन सौन्दर्य के प्रति इन कवियों में जो अनभिरुचि है उसे लेकर मलयालम के कवि उल्लूर ने कहा है–श्रमजीवा अछूत कन्या भी सैरंध्री है। उसके पिचके गालों में दारिद्रय रूपी हल ने जो चिन्ता और व्यथा की जुताई की है उसके चिह्न दिखायी दे रहे हैं–

इवल्लुकु द्रारिद्रय हलितल मेन मेल–।

हिन्दी के नरेन्द्र शर्मा ने यही भाव व्यक्त किया है–

धूल धूसरित अस्त-व्यस्त वस्त्रों की शोभा मनमोहे। (युगसन्ध्या)

वर्ग संघर्ष, शोषकों के प्रति आक्रोश और शोषितों के प्रति सहानुभूति प्रगतिशील कविता का आधारभूत तत्व है। हिन्दी के कवि सुमित्रानन्दन पन्त कहते हैं–

वे नृशंस हैं वे जन के श्रमबल से पोषित
दुहरे धनीजोंक जग के भू जिनसे शोषित
नहीं जिन्हें करनी श्रम से जीविका उपार्जित
नैतिकता से भी रहते हैं जो अतः अपरिचित

मलयालम के चङ्ङम्पुषा ने लिखा है–

"जो वर्तमान है उसको तोड़ो फोड़ो। धनिक कुलीन दरिद्रों का शोषण करके विश्व में दुरित समूह का भी नृत्य कराने वाले वंचक हैं।"

हिन्दी और मलयालम के कवि शोषण का अन्त चाहते हैं पूँजीवादी आर्थिक दासता से मुक्ति के आकांक्षी हैं। मलयालम के शंकर कुरूप आनन्द से स्तब्ध खड़े होकर देख रहे हैं कि संसार अपने क्लेशों के जीर्णवसन उतारकर फेंक रहा है–

क्लेशत्तिन जीर्णभाग वस्त्रम् बलिच्चेरि (ओट्क्कुषल)

कुरूप साम्यवाद के पक्ष में दरिद्रों के साथ हैं। स्वयं को सनातन साम्यवादी बताते हुए कहते हैं कि उनके गीतों में ढहते महलों की नीवें विलीन हो जायेंगी, नवचेतना के अंकुर फूट निकलेंगे–

आनेन्नेन्नम् साम्यवादिया-जीर्णमाम किटङ्ङ्क्ल
नोवु मेन गानत्तिन्टे चालक लाले माँगअु

पोकुमाकवे नव्य चैतन्यम् भूलच्चार्कुम (ओटुक्कुषल 200)

तो हिन्दी के कवि दिनकर लिखते हैं

भारत अब भी व्याकुल विपत्ति के घेरे में
मिट्टी फिर कोई आग उगलने वाली है।

प्रगतिशील काव्य की भाषा भी परिवर्तित युगबोध की अभिव्यक्ति में सार्थक होनी चाहिए। पुराने शब्द, पुरानी उपमाये सब व्यर्थ हैं। मलयालम के कवि नांबियार संस्कृत शैली से भिन्न जन-साधारण की असंस्कृत मलयालम शैली के समर्थक हैं–

भट जनड़ंडटे नुटुविल्लुल्लोरु पणयणिविकह चेरुवाम्।

तो कवि पन्त लिखते हैं–

खुल गये छन्द के बन्ध प्रास के रजतपाश
अब गीत मुक्त और युगवाणी बहती अयास।

प्रयोगवाद और नयी कविता : हिन्दी में नयी काव्यधारा के संकेत निराला के "कुकुरमुत्ता" और पन्त के "रूपाभ" से दृष्टिगत होने लगता है। इसकी सम्पूर्ण अभिव्यक्ति अज्ञेय द्वारा सम्पादिक तारसप्तक में हुई है। सन् 1951 में अज्ञेय ने नयी कविता शब्द का प्रयोग करते हुए कहा–मैं आग्रहपूर्वक कह सकता हूँ कि नयी कविता की–जिसमें मुझे 'प्रयोगवादी' शब्द अपूर्ण, अव्याप्त और पूर्वग्रहयुक्त जान पड़ता है–मूल प्रवृतियाँ इसी देश की हैं। (प्रतीक जून 1951)–कहने का आशय यह है कि प्रयोगवाद और नयी कविता में कोई सर्वमान्य विभाजक रेखा नहीं खींची जा सकती। वस्तुतः नयी कविता, प्रपद्यवाद, प्रयोगवाद एक ही आन्दोलन की विविध संज्ञाएँ हैं। प्रो. श्यामसुन्दर घोष नयी कविता का बीजवपन सन् 40-42 के आसपास मानते हैं। किन्तु कथ्य और शिल्प की नवीनता, जो प्रयोगवाद की मूल प्रवृत्ति है, निराला और पन्त के काव्य में ही मिलने लगती है। हिन्दी में प्रयोगवाद का स्वरूप सन् 43ई. में प्रकाशित "तारसप्तक" से स्पष्ट होता है। अज्ञेय द्वारा सम्पादित इस संग्रह में सात कवियों–मुक्तिबोध, नेमिचन्द्र जैन, अज्ञेय, भारतभूषण अग्रवाल, प्रभाकर माचवे, गिरिजाकुमार माथुर, एवं रामविलास शर्मा की कविताओं का संग्रह हुआ है। सन् 1951 में प्रकाशित दूसरे तारसप्तक में शमशेर बहादुरसिंह, हरिनारायण व्यास, नरेश मेहता, शकुन्त माथुर, धर्मवीर भारती, रघुवीर सहाय एवं भवानीप्रसाद मिश्र की कवितायें हैं। सन् 1959 में प्रकाशित तीसरे तारसप्तक में मदन वात्स्यायन, प्रयाग नारायण त्रिपाठी कीर्ति चौधरी, केदारनाथ सिंह, कुँवर नारायण, विजय देव नारायण साही और सर्वेश्वर दयाल सक्सेना की कविताओं का संग्रह हुआ है। इन सभी कवियों

का ध्यान बदलते हुए जीवन सम्बन्धों एवं रागात्मक सम्बन्धों पर गया है। सभी ने सभी प्रकार की रूढ़ियों और परम्पराओं का तिरस्कार किया है। धर्म, समाज और साहित्य में जो बँधे-बँधाये नियम मिलते हैं, प्रयोगवाद उनके प्रति विद्रोह का स्वर ऊँचा करता है। अज्ञेय आततायियों को ललकारते हुए कहते हैं—

ठहर ठहर आततायी। जरा सुन ले
मेरे क्रुद्ध वीर्य की पुकार आज सुन जा।

इन कवियों में सबसे समर्थ कवि गजानन माधव 'मुक्तिबोध' हैं। उन्होंने व्यक्तिवाद-नकारवादी चिन्तनधाराओं के विरोध में आवाज उठायी है। उन्हें चमकीली आधुनिकता पसन्द नहीं है। मुक्तिबोध की परम्परा को धूमिल, लीलाधर जुगड़ी आदि आगे बढ़ाते हैं। धूमिल के "संसद से सड़क तक" और मुक्तिबोध के "चाँद का मुँह टेढ़ा है" काव्य-संग्रहों में सामाजिक व्यंग्य विद्रूपता को उघाड़कर रख दिया है। सन् 1960 के बाद हिन्दी में "अकविता" आन्दोलन चला जिसके प्रवर्तक हैं जगदीश चतुर्वेदी। नयी कविता की तुलना में अस्वीकृति की ओर बढ़ना ही "अकविता" है। अकविता के उदाहरण के रूप में दुष्यन्त कुमार लिखते हैं—

गर्भवती है—
मेरी कुण्ठा क्वांरी कुंती—

इस धारा में श्याम परमार, सौमित्र मोहन, राजकमल चौधरी आदि ने सक्रिय हिस्सेदारी की है।

मलयालम में 1950 के बाद नयी कविता का प्रारम्भ माना जाता है। सन् 1960 के बाद तो अनेक दिशाओं में नयी कविता का विकास माना जाता है। हिन्दी के समान ही स्वच्छन्दतावादी कवि ने ही मलयालम कविता में नयी कविता को जन्म दिया। एन.वी. कृष्ण वारियर, ओ. एम. अनुजन जैसे कवियों ने नयी काव्य चेतना को सर्वप्रथम स्पष्ट किया है। प्रगतिशील धारा के कवि गोविन्दन नायर, जी. कुमार पिल्लै, ओ. एन. जी कुरूप आदि की रचनाओं में एक बदला हुआ भावबोध झाँकने लगा। एन.बी.कृष्ण वारियर की "लम्बी कविताएँ" और "कुछ और लम्बी कविताएँ" जैसे काव्य-संग्रहों में शिल्प के नूतन प्रयोग है। सामान्य बोलचाल की भाषा में इन्होंने "इंजीनियर", "एक पुराना गीत" लिखा है जिसमें हास्य के साथ सामाजिक व्यंग्य हैं। मलयालम की नयी कविता में ऐतिहासिक मोड़ अक्कितकी "बीसवीं शताब्दी का इतिहास" नामक कविता के प्रकाशन से दृष्टिगत होता है। उनकी इस लम्बी कविता के चार भाग हैं—स्वर्ग, नरक, पाताल और भूमि। हिन्दी के कवि मुक्तिबोध की लम्बी कविता "अँधेरे में" से तुलना की जा सकती है। दोनों कवियों की इन रचनाओं में समकालीन

जीवन की विद्रूपताओं, विडम्बनाओं और यन्त्रणाओं की प्रबलता से अभिव्यक्ति हुई है। मुक्तिबोध की 'अँधेरे में' कविता के समान ही अक्कित की यह लम्बी कविता एक ऐतिहासिक दस्तावेज है। दोनों के समाज के खोखलेपन को उजागर किया गया है। मलयालम की नयी कविता के उल्लेखनीय कवियों में चेरियान, माधवन अय्यपत्तु, पप्पतुकट्टी, वयलार, राम वर्मा, करुणाकरन सच्चिदानन्दन, मेतिल राधाकृष्णन, रवि वर्मा, रामकृष्णन, एम.एन. पालूर आदि है। इन कवियों की रचनाओं में अवसाद, अँधेरा, घूसखोरी, महँगाई, अन्धकारपूर्ण भविष्य, राजनीतिज्ञों की अनैतिकता, बेकार शिक्षा पद्धति–संक्षेप में वे सारी विद्रूपताएँ, विडम्बनाएँ अभिव्यक्त हुई हैं, जो सुरसा की तरह मुँह बाए खड़ी हैं। विष्णु नारायन की "दिल्लीपन", चेरियान की "भस्मासुरन" सुगतकुमारी का "कालियमर्दन", रवि वर्मा का "नगर में एक यक्ष" रचनाओं में मिथकीय चेतना के अच्छे उदाहरण हैं। सुगतकुमारी ने "काले पंख और रोमशून्य लम्बी ग्रीवा से किसी की प्रतीक्षा में बैठी है मृत्यु" जैसे नये जीवन बिम्ब जगाये हैं। कभी-कभार वे मृत्यु को "चाय की प्याली में भारी पड़ी मक्खी की तरह" नाम देती हैं। इन कवियों की रचनाओं में चित्रमयता भी है। परम्परागत छन्दों को बरकरार रखते हुए भी इन कवियों ने तरंगिणी, केका, अन्ननटा जैसे नये छन्दों का प्रयोग किया है।

हिन्दी और मलयालम की नयी कविता में प्रेम और प्रकृति जैसे विषयों को लेकर नयी प्रतिक्रिया हुई है। हिन्दी में गिरिजाकुमार माथुर आदि कुछ कवियों की रचनाओं में प्रेम में मानव तत्व की प्रतिष्ठा हुई है। हिन्दी की 'अकविता' की भी यही स्थिति है। मलयालम की नयी कविता में प्रकृति वर्णन का बहुत विस्तार है जबकि हिन्दी में प्रकृति वर्णन क्रमशः कम होता गया है। दूसरी बात यह है कि हिन्दी और मलयालम के कवियों ने लोक जीवन और लोकव्यथा के हर पक्ष को अपनी सृजनात्मकता की धार से उजागर किया है। हिन्दी में केदारनाथ सिंह, रघुवीर सहाय, धूमिल, मुक्तिबोध और मलयालम में शान्ता ज.वी. अण्णिकृष्णन् नायर, वेण्णिक्कुतम, गोपाल, जी शंकर कुरूप आदि ने लोक जागरण और लोकचित्तवृत्ति की हर भाव मुद्रा को अभिव्यक्ति दी है।

हिन्दी और मलयालम में एक विशेष बात यह भी है कि नये कवियों ने बिम्ब को जिन उपकरणों से सजाया हैं वे प्रायः पुराने हैं पर बिम्ब को रागदीप्त करने वाली काव्य सम्वेदना एकदम नयी है, जिससे बिम्ब में नयी ताजगी और अर्थवत्ता आ गयी है। मदन वात्स्यायन लिखते हैं–

> इंजन के हेडलाइट-सा शोरगुल के
> सूरज निकल गया।

आधुनिक हिन्दी और तमिल काव्य

नवजागरणकालीन कविता : आधुनिक भारतीय साहित्य नवजागरण के स्रोतों की शक्ति से प्रस्फुटित ओर विकसित होता हुआ आगे बढ़ा है। अनेक विचारधाराओं, आन्दोलनों, क्रान्तियों, युद्धों, संगठनों, संस्थाओं, प्रवृत्तियों एवं परिवर्तनों ने आधुनिक कविता के कथ्य और रूप का संस्कार किया है। आधुनिक मनुष्य का जन्म तब होता है जब वह अपने देश और काल के प्रति अत्यधिक संवेदनशील, ग्रहणशील, तार्किक, वैज्ञानिक एवं बौद्धिक विवेक से सजग हो उठा। इधर पश्चिम की विचारधाराओं ने भी भारतीय संस्कृति, साहित्य और कला के क्षेत्रों में अपनी परम्परा के पुनर्विचार का अवसर दिया। अंग्रेजों के आगमन से पाश्चात्य ढंग की शिक्षा का प्रचार देश में होता गया। 19वीं एवं 20वीं शताब्दी के प्रथम दो दशकों में स्वाधीनता आन्दोलन ने भारतीय साहित्य पर निर्णायक प्रभाव डाला। समस्त भारतीय साहित्य राष्ट्रीय सांस्कृतिक नवजागरण से उमड़ पड़ा। साहित्य की सभी विधाओं में नवजागरण की चेतना का प्रकाश झिलमिलाने लगा। फलस्वरूप निबन्ध, कहानी, उपन्यास, संस्मरण आदि नये ढंग की विधाओं का विकास हुआ।

कविता के क्षेत्र में आधुनिक हिन्दी कविता का प्रारम्भ भारतेन्दु युग से होता है और तमिल में रामलिंगम पिल्लई से। यह गाँधीयुग था। महात्मा गाँधी साहित्यकार नहीं थे पर साहित्यकारों को प्रेरणा देने की उनमें असीम शक्ति थी। महात्मा गाँधी में जो मानववाद तेजोद्दीप्त हुआ था, वही हिन्दी के भारतेन्दु युग और द्विवेदी युग के कवियों में तथा तमिल के रामलिंगम पिल्लई, देशिकम विनायक पिल्लई, तीरू वी. कल्याण सुन्दरानर, पीर मुहम्मद पावलर, शंकरदास कृष्णमूर्ति कल्कि, अ.ल. वैलम्पा में उद्दीप्त हुआ था। उसमें कोई आश्चर्य नहीं कि महात्मा गाँधी शीघ्र ही न केवल हिन्दी प्रदेश वरन् तमिल भाषी प्रदेश के भी आदर्श पुरुष बन गये और उनके "बिना तलवार या रक्त के युद्ध" में तमिल भषियों ने भी महत्त्वपूर्ण भाग लिया। दक्षिण अफ्रीका के सत्याग्रह के दिनों से ही महात्मा गाँधी

और उनके सत्याग्रह ने तमिलनाडु के हृदय को भी छू लिया था। गाँधी युग की धारा के अधिकतर गीत इसी राष्ट्रीय भावना से प्रेरित हैं।

हिन्दी में नवजागरण पहले गद्य में और बाद में काव्य में दिखायी पड़ता है किन्तु तमिल में पहले कविता में और बाद में उपन्यासादि में। हिन्दी कविता में आधुनिक चेतना जगाने वालों में भारतेन्दु युग और द्विवेदी युग के कवि थे तो तमिल कविता के क्षेत्र में आधुनिक चेतना का आविर्भाव सुब्रह्मण्यम भारती से होता है तथापि उनसे पहले भी रामलिंग अड्डिल तथा गोपालकृष्ण भारती ने अपनी सरल भाषा शैली में सामान्य विषयों पर लिखकर काव्य को सामन्ती चंगुल से मुक्त कर उसे जन-साधारण के धरातल पर प्रतिष्ठित किया। उन्होंने प्रारम्भ में परम्परागत शास्त्रीय छन्दों का परित्याग कर भारतेन्दु के समान ही लोकगीतों की शैली में कवितायें लिखीं और जनता को स्वतन्त्रता के लिए लड़ने का आह्वान किया। भारतेन्दु और सुब्रह्ममण्यम् भारती राष्ट्रीयता के कवि थे। दोनों ही महान और सर्वव्यापिनी देशभक्ति के गति गाते थे। दोनों की कविताओं में बड़ा प्रवाह है। कहीं भी कोई बेसुरापन या असन्तुलन नहीं दिखायी देता। दोनों के लिए देशभक्ति एक प्रकार का धार्मिक कर्तव्य है और स्वतन्त्रता का आन्दोलन चिरन्तन का नृत्य है।

हिन्दी और तमिल के नवजागरण के कवियों ने एक ओर सामाजिक अन्याय के प्रति क्षोभ व्यक्त किया तो दूसरी ओर क्रान्ति का नारा भी लगाया। हिन्दी के भारतेन्दु और तमिल के सुबह्मण्यम भारती का विश्वास था कि राजनीतिक स्वतन्त्रता प्राप्त होते ही आर्थिक आजादी आ जायेगी और सामाजिक तथा आर्थिक शोषण का अन्त हो जायेगा। तमिल कवि यही गाता है कि 'सीधा खड़ा तमिल दीर्घजीवी हो, अच्छे तमिल भाषी दीर्घ आयु वाले हों।' ऐसा समाज, जो सुखी हो दरिद्रता, अज्ञान और रोगों से मुक्त हो, यही आदर्श है। तमिल कवि चिल्लाता है—यदि एक भी व्यक्ति के लिए अन्न नहीं है तो ऐसी दुनिया को हम नष्ट कर दें। हिन्दी में इसी प्रकार का तीव्र स्वर भारतेन्दु और उनके सहयोगियों की कविताओं में प्रकट हुआ है। पद्य और गद्य दोनों में ही उन्होंने आर्थिक शोषण की कटु निन्दा की—

बिन धन अन्न लोग सब व्याकुल
भई कठिन विपत नर नारी को।

हिन्दी के प्रतापनारायण मिश्र के समान ही तमिल के वेद विनायक पिल्लई ने जन सामान्य की भाषा और मुहावरों का प्रयोग करते हुए अनेक सामाजिक हास्य व्यंग्य लिखे हैं। प्रचलित घटनाओं और व्यक्तियों पर मनोरंजक टिप्पणियाँ भी हं।

1857 के स्वाधीनता संग्राम के बाद हिन्दी और तमिल में साहित्य की सभी विधाओं में राष्ट्रीय भावना का स्वर मुखरित हो गया। हिन्दी में भारतेन्दु और उनके सहयोगी और तमिल में गोपालकृष्ण भारती, भारतीदासन, कवि विनायक पिल्लै, नामक्कल रामलिंगम पिल्लै आदि ने अपने सृजन कर्म को नवजागरण के आलोक से दीपित किया। तमिल साहित्य आधुनिक युग में राष्ट्रीय भावनाओं से अनुप्रेरित है। जन-साधारण और राष्ट्र ही उसका लक्ष्य है। हिन्दी में मैथिलीशरण गुप्त, सियारामशरण-गुप्त, रामनरेश त्रिपाठी, माखनलाल चतुर्वेदी, बालकृष्ण शर्मा नवीन, सुभद्राकुमारी चौहान, रामधारीसिंह दिनकर आदि कवियों की एक पूरी पीढ़ी राष्ट्रीय कविता में देशप्रेम, बलिदान करुणा और आस्था के गीत गाती रही है। देशभक्ति के लिए प्राणों के उत्सर्ग का महत्त्व स्वीकार करने वाले कवियों में हिन्दी के मैथिलीशरण गुप्त, रामनरेश त्रिपाठी, गयाप्रसाद शुक्ल सनेही, दिनकर और तमिल में शुद्धानन्द भारती (भरत शक्ति महाकाव्य) भारतीदासन आदि के नाम स्मरणीय है। इन कवियों में भारतीय संस्कृति की वैष्णव प्रेमधारा और प्राकृतिक सौन्दर्य भी रचा-वसा है। इनकी स्वच्छन्द विचारधारा वीरता की नहीं उगलती अपितु गाँधी विचार के प्रेम प्रवाह में निमग्न रही है।

स्वच्छन्दतावाद : आधुनिक भारतीय साहित्य में स्वच्छन्दतावाद अत्यन्त व्यापक एवं समृद्ध काव्य प्रवृत्ति है। यह काव्य प्रवृत्ति स्वाधीनता आन्दोलन की मुक्ति की आकांक्षा और व्यक्ति स्वातन्त्र्य भावना से जुडकर प्रस्फुटित हुई है। स्वच्छन्दतावाद या छायावाद पर रवीन्द्रनाथ टैगोर, कीट्स, शैली, कालरिज आदि का प्रभाव लक्षित होता है। हिन्दी में रामनरेश त्रिपाठी (पथिक, मिलन, स्वप्न), मुकुटधर पाण्डेय, जयशंकर प्रसाद (आँसू लहर, झरना, कामयनी), सुमित्रानन्दन पन्त (वीणा, ग्रन्थि, गुंजन, पल्लव) सूर्यकान्त त्रिपाठी निराला (अनामिका, अप्सरा, गीतिका, परिमल, तुलसीदास, राम की शक्ति पूजा) महादेवी वर्मा (नीहार, रश्मि, नीरजा, यामा, दीपशिखा) और तमिल के कवि भी स्वाधीनता संग्राम में पीछे नहीं रहे। उन्होंने भी मुक्ति और स्वतन्त्रता के गीत गाये हैं। तमिल काव्य में आधुनिक स्वच्छन्दतावाद को प्रेरणा देने में वैष्णव-शैव चिन्तन परम्परा, आलवार कवियों की भक्तिधारा का प्रभाव काफी महत्त्वपूर्ण ढंग से काव्यभूमि तैयार करता है। इसमें कंबन के रामायण का भी योगदान रहा है। उन्होंने ही तमिल साहित्य को श्रेष्ठ मानने पर बल दिया। अंग्रेजी के रुमानी कवि कालरिज, वर्डसूवर्थ तथा रवीन्द्रनाथ भी तमिल के रचनाकारों को आकर्षित न कर सके। अतः तमिल में आधुनिक

स्वच्छन्दतावादी काव्य का विकास उनकी अपनी स्थिति-परिस्थिति की टकराहट, आत्मसंघर्ष और देशी मौलिकता की शक्ति से हुआ है। देश के स्वाधीनता संग्राम में तमिलवासियों ने भी बढ-चढ़कर हिस्सा लिया है। राष्ट्रीयता के गीत गाये है। तमिल की इस महान परम्परा के भीतर से सुब्रह्मण्यम भारती जैसा महान प्रतिभाशाली कवि उभरकर सामने आया। उनके गीत स्वाधीनता आन्दोलन में महान प्रेरणा के स्रोत बने रहे। उनके गीत 'शक्तिगीत' नाम से प्रसिद्ध हैं। सुब्रह्मण्यम भारती जी की यही परम्परा कविनायकम् पिल्लै तथा भारतीदासन में गहराती है। तमिल काव्य पिल्लै को 'कविमणि' सम्बोधन से आदर देता है। पिल्लै ने उमरखैय्याम की रूबाइयों का भी अनुवाद किया है। भारतीदासन ने सुमित्रानन्दन पन्त की तरह प्रकृति प्रेम को विश्वप्रेम से जोड़कर काव्यसृजन किया है। वे पन्त की तरह ही आडम्बर और रूढ़ियों के खिलाफ रहे हैं। नामक्कल रामलिंगम पिल्लै गाँधी विचारदर्शन से प्रभावित है। कंबदासन भी पन्त के समान ही प्रकृति के सुकुमार कवि है। उनके दो काव्य संग्रह "भारती चरितम्" तथा "गोविन्द महान कवै" पन्त के "पल्लव" और "ग्रन्थि" के समान ही प्रकृति प्रेम की अर्चना के रूप में हैं। शुद्धांनंद जैसे कवि ने तो निराला के "रामशक्ति की पूजा" के अनुकरण पर "भारतशक्ति" महाकाव्य की रचना की है। सुन्दर पिल्लै ने अपने "मनोन्मणीम" जैसे सुन्दरकाव्य में तो हिन्दी के छायावादी कवियों के समान ही सूक्ष्मतर भावों की तह तक जाने का प्रयास किया है। इस प्रकार हिन्दी और तमिल काव्य के स्वच्छन्दतावाद का सृजन मौलिकता की दृष्टि से बड़ा गौरवान्मय इतिहास रहा है।

प्रगतिवाद : प्रगतिवादी साहित्य का वैज्ञानिक दार्शनिक आधार मार्क्सवादी चिन्तन है, जो द्वन्द्वामक भौतिकवाद की आधारभित्ति पर खड़ा है। भारतीय प्रगतिशील लेखक संघ का प्रथम अधिवेशन, जो लखनऊ में सन् 1936 में सम्पन्न हुआ था, उसका प्रभाव भारतीय भाषाओं के साहित्य पर भी पड़ा। जो दलित है, पीड़ित हैं, वंचित हैं, चाहे वह व्यक्ति हो या समूह उसकी हिमायत या वकालत करना साहित्य का फर्ज समझा गया। साहित्य अब जीवन की समस्याओं पर विचार करने लगा। हिन्दी के पन्त, निराला, बालकृष्ण शर्मा 'नवीन', भगवतीचरण वर्मा, रामधारी सिंह 'दिनकर' आदि प्रगतिशील आन्दोलन की ओर उन्मुख होकर काव्य रचना करने लगे। छायावादी कवि निराला के 'बादलराग', 'भिक्षुक', 'तोड़ती पत्थर', पन्त के 'युगवाणी', 'युगबोध', 'ग्राम्या', ने मानववादी स्वर ग्रहण किया। दिनकर ने "कस्मैं देवाय" में आक्रोश का स्वर जगाया। पन्त ने लिखा—

"द्रुत झरो जगत के जीर्ण पत्र"

निराला ने शोषित मनुष्य को ललकारते हुए कहा—

"उठ समय से मोरचा ले
धूल धूसर वस्त्र मानव,
देह पर फबते नहीं हैं
देह के ही रक्त से तू देह के कपड़ रँगा ले।"

तमिल में अकाल का यह दारुण दृश्य व्यक्त हुआ—

अन्न कहीं नहीं मिलता सुन्दर मदुरा में
शून्य मुख हो गये थे पाण्ड्य देश के नर सब
अन्न चिन्ता वही एक सताती बड़ी सब को

(अल्लियार शामिमालै, तमिल कथा)

तमिल में प्रगतिवाद के लिए मुर्षोक्कु शब्द प्रयुक्त होता है। भारतीयदासन में यह प्रगतिवादी दृष्टिकोण अधिक स्पष्ट है। उनके गुरु सुब्रह्मण्यम भारती के काव्य में तो प्रगतिशील चेतना के विविध आयाम उद्‌घाटित हुए हैं। गाँधीयुग के कवि भारती के काव्य में मुक्ति, चेतना, देशभक्ति, विश्वबन्धुत्व एवं समाज सुधार के भाव अंकुरित हुए हैं। उनकी 'भारतनाडु', 'सुततिरम्', 'पिरनाडुहल' का मूल स्वर जहाँ स्वातन्त्र्य संघर्ष से प्रेरित है वहाँ "पुदिय एशिया" (नया रूप) इत्यादि में रूसी क्रान्ति का स्तवन करते हुए क्रान्ति का उद्‌घोष किया है। 'काली' के प्रतीक का बड़ा जीवन्त प्रयोग भारती ने शोषण और अत्याचार के विरुद्ध खड़ी शक्ति के रूप में किया है। उन्होंने लिखा है—

न्यायधर्म की जड़ खोदी
मेटी परिपाटी जब नय की
तब परा शाक्ति माँ का मन द्रवित हो उठा।

सुब्रह्मण्यम भारती जब भारत को शृंखलामुक्त करने की कल्पना करते हैं तो उनका स्वर विप्लव का उद्‌घोषक बन जाता है—

तनि ओरुवनुक्करण विलयैनिल
जगत्तिने आषित्तिडुबोम वाषह।

यदि राष्ट्र का एक व्यक्ति भी भोजनरहित रहता है तो हम जगत का विध्वंस कर देंगे।

भारतीदासन ने भी निराला की प्रगतिवादी कविताओं की भाँति जातिभेद, वर्णभेद एवं वर्गभेद आदि वैषम्यों के विरुद्ध आक्रोश-व्यक्त किया है। जैसे

निराला को क्रान्तिकारी और पौरुष का कवि कहा जाता है वैसे ही भारतीदासन को तमिल में "पुरंटचि कविज्ञर" (क्रान्तिकवि) कहा गया है। उन्होंने लिखा है–

"तोड़ डाली सीमाएँ वर्ग विभेदों की मानव की
मानव की स्व की पर की
उठा ले हाथों में ज्योतिपुंज
प्रयाण करो उत्तुंग शिखर तक"

(अनु. हीरावल्लभ तिवारी)

नामक्कल रामलिंगम पिल्लै और विनायकम पिल्लै ने भी वैषम्य एवं दासता के विरुद्ध आवाज उठायी है। इस परम्परा के अन्य कवियों में शुद्धानन्द भारती, एस.डी.एस. योगी आदि है। कंबदासन भी इसी परम्परा के कवि हैं उन्होंने निराला के "तोड़ती पत्थर" के समान श्रमिकों से सम्बन्धित कवितायें लिखी हैं। वे लिखते हैं–

पाप और पुण्य की कल्पना विलीन हो जाये
विस्मृति के गर्त में
भरो सखि प्याली में दिव्य मधु

(अनु. सोमसुन्दरम्)

प्रगतिशील काव्य में धर्म और ईश्वर के प्रति भी अनास्था व्यक्त की गयी है। हिन्दी के कवियों में अंचल, नागार्जुन और त्रिलोचन ने धर्म के दृढ़ प्रतीक दुर्गों पर आक्रमण किया है। किन्तु बीच-बीच में उन्होंने अपने अन्दर के उभरते आस्तिक भाव को भी स्वीकारा है। बच्चन ने लिखा है कि–

रक्त से सींची गयी है राह मन्दिर-मस्जिदों की
किन्तु रखना चाहता मैं पाँव मधु-सिंचित डगर पर।

यह नास्तिक भाव तमिल के प्रगतिशील कवियों में भी है। भारतीदासन नास्तिकता का समर्थन प्रगतिशीलता के लिए अनिवार्य समझते हैं–

धर्म नाव के ओ शिकार
तुम हो बलि पशु हो
मूर्खता के शिकार

(अनु. पूर्ण सोमसुन्दरम्)

प्रगतिशील कवि समाज में परिवर्तन का आकांक्षी है। इसे व्यक्त करने के लिए कवियों ने अनेक बिम्बों का प्रयोग किया है। शुष्क पत्र पतन के बिम्ब के माध्यम से हिन्दी के कवि पन्त युगान्तर के लिए प्राचीन धर्म-नीति, रूढ़ि-रीति का विनाश अनिवार्य मानते हैं–

ये जीर्ण-शीर्ण चिर दीर्ण पर्ण
जो स्रस्त ध्वस्त श्रीहत विवर्ण
क्षय हो समस्त युग सूर्य अस्त

(युगवाणी)

अन्यत्र कवि पन्त ने कोकिल को युग की क्रान्ति का सन्देशवाहक प्रतीक बनाया है—

गा कोकिल बरसा पावक कण
नष्ट भ्रष्ट हो जीर्ण पुरातन।

सुब्रह्मण्यम भारती बिडदुल्ले (छुटकारा) कहकर मुक्ति का उद्‌घोष करते हैं—

हम सब समान हैं समानता का आया युग आया।

(अनु. आनन्दी)

एक तमिल लोकगीत में भी यही भाव व्यक्त हुआ है—

पानी से कोई छूत
रोकने वाला प्रभु नहीं
वामन को ठण्डा पानी
भंगी को भी ठण्डा पानी
कावेरी लाँघ बह रहा वह कावेरी जल हर कहीं।

प्रगतिवाद की एक अन्य प्रवृत्ति भाषा मुक्ति है। डॉ. नगेन्द्र ने लिखा है कि—"प्रगतिवाद की शब्द योजना में भी प्राकृत जन-जीवन का अनगढ़पन मिलता है, रीतिकाल और छायावाद की अमूर्त मधचर्या नहीं है।

(आ. हि. कविता की मुख्य प्रवृत्तियाँ, पृ. 108)

तमिल के कवि सुब्रह्मण्यम् भारती नवयुग की प्रगति के साथ नवरस, नवअर्थ एवं शब्दों की नव शक्ति की आराधना करते हैं—

शवै पुदिदु पौरुल पुदिदु
वलम पुदिदु शोर पदिदु शोदिभिक्क
नवकवित्तै एन्नालु मषियाद महाकवित्तै।

तो कवि पन्त कहते हैं—

खुल गये छन्द के बन्ध प्रास के रजतपाश
अब गीत मुक्त और युगवाणी बहती अयास।

प्रगतिवादी काव्य में धरती का यथार्थ स्तवन किया गया है। फसलों की कटाई-बुवाई के दृश्य, लोकधुन, लोकनृत्य, आम्रबौर की महक, टेसु, अलसी के

भावप्रवण चित्र अंकित किये गये हैं। हिन्दी के कवि नागार्जुन लिखते हैं–

अलसी को फूले कई दिन हो गये
बौरों को महके कई दिन हो गये
टेसू को सुलगे कई दिन हो गये
झपटी पछिया दरक गये केले के पात।

तमिल के कवि सुब्रह्मण्यम भारती ने गाँव के किसानों, बैलगाड़ी चलाने वालों की धुन बाँधकर धरती की गन्ध का आस्वाद लिया है–

काल तु ट्टुक्कू कडले बागि

तमिल के प्रगतिशील कवि कंबदासन की धान कूटने वाली श्रमिक कन्याओं के गीत स्वर हैं–

''हाँफती कूटती हम स्वर्णिम धान
जिससे निकले मुक्तासम चावल
हाँ हाँ हो गयी कुमकुम सन्ध्या
अब तनिक जोर से चलाओ मुसल सखि।

(अनु. सोमसुन्दम्)

प्रयोगवाद और नयी कविता : भारत के भाषा साहित्यों में नयी कविता एक साथ विकसित नहीं हुई है। उसके उद्‌भव और विकास में एक दो दशक का अन्तराल पाया जाता है। किन्तु ध्यान देने की बात है कि हिन्दी और तमिल में नयी काव्य प्रवृत्तियाँ लगभग एक साथ एक-सी साहित्यिक सांस्कृतिक चुनौतियों से विकसित होती हैं। इन दोनों में प्रवृत्तिगत आन्तरिक एकता भी है। तमिल और हिन्दी काव्य में नयी भावधारा के संकेत सन् 1936-40 के बीच ही दृष्टिगत होने लगते हैं। प्रायः आधुनिक भारतीय भाषाओं में स्वाधीनता प्रगति के आसपास की नयी काव्य चेतना को नयी कविता के नाम से सम्बोधित किया गया है। सन् 1947 में स्वतन्त्रता के बाद देश में नव उत्साह का वातावरण उत्पन्न हुआ। नये-नये स्वप्न उत्पन्न हुए। नयी परिस्थितियों ने आक्रोश, विद्रोह, संकट, पीड़ा, आत्महत्या आदि को जन्म दिया। नयी कविता इन सबको रेखांकित करने वाली युग चेतना का वाहक बनी।

हिन्दी में प्रयोगवाद का जन्म प्रगतिवाद की प्रतिक्रिया से हुआ है ऐसा कतिपय आलोचकों का मत है। 'तारसप्तक' जो 1943 ई. में प्रकाशित हो गया था, उसे ही प्रयोगवाद का दस्तावेज माना जाता है। प्रथम तारसप्तक अज्ञेय के सम्पादकत्व

में छपा। दूसरा सप्तक 1951 और तीसरा 1956 में आया। एक चौथा सप्तक 1969 में भी आया है। तारसप्तक में गजानन माधव 'मुक्तिबोध', नेमिचन्द्र जैन, भारतभूषण अग्रवाल, प्रभाकर माचवे, गिरिजाकुमार माथुर, रामविलास शर्मा और अज्ञेय सात कवि थे। इनमें अधिकांश कवि मार्क्सवादी विचारधारा से जुड़े हुए हैं। वे राही नहीं राहों के अन्वेषी हैं। इन कवियों का ध्यान बदलते हुए जीवन सम्बन्धों पर गया है। 1951 में प्रकाशित दूसरे तारसप्तक से कविता को जमीन मिलती है। "तीसरा सप्तक" में इसका एक वृत्त पूरा होते दृष्टिगत हुआ। नयी कविता के कवि बदलाव की बात करते हैं–

ये उपमान मैले हो गये हैं
देवता इन प्रतीकों के कर गये हैं कूच।

मुक्तिबोध पूँजीवादी शक्तियों की काली करतूतों को 'अँधेरे में', शीर्षक कविता में उघाड़ते हैं। मुक्तिबोध की परम्परा को नयी कविता में सर्वेश्वर दयाल सक्सेना, रघुवीर सहाय, केदारनाथ सिंह, धूमिल, लीलाधार जुगड़ी आदि कवियों ने आगे बढ़ाया है। धूमिल समय के हाथ-पाँव को तोड़ते हुए सलाह देते हैं–

अपनी आदतों में
फूलों की जगह पत्थर भरो
मासूमियत के हर तकाजे को
ठोकर मार दो
अब वक्त आ गया है कि तुम उठो
और अपनी ऊब को आकार दो।

एक तरह से हिन्दी का प्रयोगवाद व्यक्तित्व की खोज का नया मानवतावादी आन्दोलन है। इस आन्दोलन के साथ कुछ ऐसे अधकचरे कवि भी जुड़ गये हैं, जो कोरे रूप शिल्प की भोंडी रचनाएँ लिखते रहे।

तमिल की नयी कविताएँ राष्ट्रीय सांस्कृतिक नवजागरण के साथ स्वभाषाभिमान से हिलोर लेने लगती हैं। सुब्रह्मण्यम भारती की परम्परा को ही आगे बढ़ाने की चेष्टा की गयी है। ठीक वैसे ही जैसे हिन्दी में निराला के प्रयोगधर्मी परम्परा को आगे बढ़ाया गया। निराला के समान ही स्वच्छन्दतावादी कवि देशी कवि विनायकम् पिल्लै तथा भारतीदासन ने सामाजिक विद्रूपता को नये सृजन की ज्ञानात्मक सम्वेदना में ढाला है। सामाजिक क्रान्ति और विषमताओं की पीड़ा का स्वर लेकर निराला और भारतीदासन उदित हुए। इन्हीं के कारण हिन्दी और तमिल काव्यधारा में नया बल आया। रामलिंगम पिल्लै भी निराला के

समान क्रान्ति और संघर्ष के कवि हैं। जनता ने इन दोनों को मरणोंपरान्त महत्त्व दिया है। कंबदासन ने नये प्रतीकों से नये काव्य को सजाया है। तमिल में सन् 1950 के बाद नयी कविता की चेतना का विस्तार होता है। इस नयी कविता के प्रमुख कवियों में परंदामनार, उम्मैताणु पिल्लै, एम.के. तंगवेल, एम.पी. भास्करन, गणपतिदासम्, तमिषमुडि पुत्तनेरि, मुडियरसन, वी दुरैस्वामी, एन.एस. चिदम्बरम् अखिलन, कृष्णदासन, तमिलरस, तरवैन, पी. तरन, त्रिलोक सीताराम आदि हैं। सुन्दरम्, मंगलम्, सुसोभु आदि ने नयी कविता को परिमार्जित करने का काम किया है। तमिल का कवि हिन्दी के कवियों की तरह जीवन की हर नयी सांस का यथार्थ बोध लिख देना चाहता है। हिन्दी के नयी कविताओं के समान ही तमिल की नयी कविताओं के वर्ण्य विषय नये मानव की छटपटाहट, बेचैनी, चिन्ता, आक्रोश, घूसखोरी, भ्रष्टाचार, चोरबाजारी, भाषावाद, जातिवाद एवं वर्ग संघर्ष, क्षेत्रवाद, आर्थिक असन्तुलन, बेरोजगारी, बेकारी, महँगाई आदि हैं। ए.के. परंदामनार ने 'मानव' शीर्षक कविता में लिखा है–

"पर क्या बताऊँ मैं, मानव!
तुम्हें देखकर के स्वयं मानव काँपता है।"

आज की सभ्यता भस्मासुर की भाँति अपने सिर पर हाथ रखकर भस्म होना चाहती है। यही भाव चिदम्बरम् को बेचैन किये हैं। पी. तरन ने "विलंगनेरि" कविता में गिद्धधर्म की कटु आलोचना की है। मुडिपरसन ने "मनः पूतं समाचरेत्" में गाँधी जीवन दर्शन की पुकार लगाई है। उनका विश्वास है कि वर्तमान में डूबते मानव को गाँधी की नौका ही बचा सकती है। पश्चिम के अनास्थावादी दर्शन नहीं। इस प्रकार हिन्दी और तमिल की नयी कविता में टूटते जीवन मूल्यों की व्यथा भरी हुई है। फिर भी हिन्दी के कवि सर्वेश्वर दयाल सक्सेना ने लिखा–

फिर भी चलता हूँ मजबूरियाँ गति में साधे
अपने मंजिल का धुआँ अपनी नजर में बाँधे।

(काठ की घण्टियाँ)

हिन्दी व बांग्ला कहानी

हिन्दी और बांग्ला में कहानी का जन्म अंग्रेजी की कहानियों के सम्पर्क और प्रभाव का परिणाम है। ईसप की कहानियाँ, क्लैरिसा, हारलो, वोकेशियो की कहानियाँ, एडगरलर एलन पो की रोमांचक कथाएँ, डिकेन्स और हार्डी के उपन्यास रूसो तथा फ्रांसीसी लेखको की कहानियों से प्रेरणा लेकर इस नयी विधा का जन्म हुआ है। बांगला में सर्वप्रथम इसका सफल प्रयोग रवीन्द्रनाथ टैगौर ने किया और उनका प्रभाव हिन्दी के कहानी साहित्य पर भी परिलक्षित होता है।

आधुनिक कहानी का जन्म 19वीं शताब्दी के अन्तिम दशकों में हुआ। आरम्भ में यूरोपीय कहानियों का अनुवाद होता रहा। उसके बाद जासूसी, अपराध कथाएँ, रोमांस आदि को लेकर दोनों भाषाओं में मनोरंजन और नीति की शिक्षा देने के उद्‌देश्य से कहानियाँ लिखी गयीं। 20वीं सदी के दो दशकों में ब्रह्म समाज (बंगाल) आर्य समाज, (हिन्दी भाषी क्षेत्र) बन्धु समाज (गुजरात) जैसी संस्थाओं के सुधारवादी प्रयत्नों के कारण लेखकों का ध्यान धर्म तथा समाज में व्याप्त सामाजिक कुरीतियों—नारी अशिक्षा, विधवा की करुणदशा, वृद्ध विवाह, बाल विवाह, छुआछूत आदि की ओर आकृष्ट हुआ। हिन्दी में प्रथम कहानीकार श्री किशोरीलाल गोस्वामी माने जाते हैं। उनकी कहानी 'इन्दुमती और गुलबहार' सरस्वती पत्रिका में प्रकाशित हुई थी। इस कहानी में सामजिक कुरीतियों की आलोचना की गयी है। इन कहानी के बाद हिन्दी में अनेक उच्चकोटि के लेखकों—जयशंकर प्रसाद, प्रेमचन्द, चन्द्रधर शर्मा गुलेरी, विश्वम्भर नाथ कौशिक, सुदर्शन, पाण्डेय बेचन शर्मा 'उग्र', आचार्य चतुरसेन शास्त्री आदि का आविर्भाव हुआ। प्रसाद की प्रथम कहानी 'ग्राम' सन् 1909 ई. में प्रकाशित हुई थी। उनके अन्य कहानी-संग्रह 'प्रतिध्वनि' 'आकाशदीप', 'आँधी' और 'इन्द्रजाल' प्रकाशित हुए। प्रसाद की प्रारम्भिक कहानियों पर बांग्ला की कहानियों का प्रभाव दृष्टिगोचर होता है किन्तु बाद में वे स्वतन्त्र शैली का विकास कर सके। प्रेमचन्द

तो ग्रामीण जीवन के कथाकार थे। उनके द्वारा रचित कहानियों की संख्या तीन सौ से अधिक है जो मानसरोवर के आठ भागों में संगृहित है। उनकी प्रथम कहानी "पंच परमेश्वर" 1916 में प्रकाशित हुई। इसके अतिरिक्त 'आत्माराम', 'शतरंज के खिलाड़ी', 'अलग्योझा', ' ईदगाह', 'पूस की रात', 'कफन' आदि अधिक विख्यात हैं।

बांग्ला में सुरेश चन्द्र और शीषचन्द्र की कहानियाँ प्रेमकथाओं को लेकर लिखी गयी है। इनकी कहानियों में आदर्शवाद स्पष्ट परिलक्षित होता है। उन्हें अपनी संस्कृति और परम्परागत मूल्यों में अपार निष्ठा है।

चौथे दशक के मध्य में हिन्दी और बांग्ला की कहानियों को फ्राइड के मनोविज्ञान और मार्क्स के द्वन्द्वात्मक भौतिकवाद ने अत्याधिक प्रभावित किया। परिणामतः कहानियों में यथार्थवादी स्वर मुखरित होने लगा। लेखकों का ध्यान समाज से हटकर व्यक्ति और उसके मानसिक संघर्ष, कुण्ठा, अतृप्ति, और उससे उत्पन्न विकृतियों पर गया। हिन्दी में जैनेन्द्र, अज्ञेय और इलाचन्द्र जोशी ने अपनी मनोवैज्ञानिक कहानियों में सूक्ष्म मनोविज्ञान का चित्रण किया है। जैनेन्द्र ने हिन्दी को एक नयी दृष्टि, सम्वेदनशीलता और दार्शनिक गहराई प्रदान की। उनकी प्रमुख कहानियों के संग्रह हैं—'वातायन', 'स्पर्धा', 'फाँसी', 'जयसन्धि', 'एक रात', दो चिड़ियाँ' आदि। अज्ञेय की कहानियों में व्यक्ति का भटकता खोया मन किसी तलाश में मारा-मारा फिरता दिखाया गया है।

बांग्ला के जगदीशगुप्त मानव सम्बन्धों और मानव मूल्यों के प्रति कोई श्रद्धा-भाव नहीं रखते। इनकी कहानियों पर फ्राइड के अवचेतन और उपचेतन सम्बन्धी सिद्धान्तों तथा 'इड', 'इगो', 'सुपर इगो' की अवधारणाओं का स्पष्ट प्रभाव परिलक्षित होता है।

1935-36 के आसपास प्रगतिशील लेखक संघ की स्थापना के बाद व्यक्ति को बदलने के स्थान पर समाज को बदलने पर बल दिया जाने लगा। सुधार के स्थान पर विद्रोह और अहिंसा के स्थान पर क्रान्ति का मार्ग अपनाये जाने की वकालत की जाने लगी। बांग्ला में माणिक बनर्जी, ताराशंकर, स्वर्णकमल भट्टाचार्य तथा नानि भौमिक ने साम्यवादी विचारों से प्रभावित कहानियाँ लिखीं। हिन्दी में प्रेमचन्द, यशपाल, राहुल सांकृत्यायन और नागार्जुन की कहानियों में शोषितों के प्रति सहानुभूति और शोषकों के प्रति आक्रोश व्यक्त किया गया है।

स्वतन्त्रता के पश्चात जो मोहभंग हुआ और उससे जो नैराश्य का वातावरण उत्पन्न हुआ, उसने कहानी लेखकों को आत्मोन्मुख बना दिया। अब वे अकेले,

कटे, ऊबे, टूटे व्यक्ति की भावनाओं और मनःस्थिति के चित्र उकेरने लगे। अब कहानी में व्यक्ति और समाज का संघर्ष चित्रित न होकर व्यक्ति के हृदय और मस्तिष्क का द्वन्द्व चित्रित होने लगा। व्यक्ति अकेला, कटा हुआ, टूटा हुआ, अन्त में निराश महसूस करता है और मृत्यु को एकमात्र आश्रयस्थल मान लेता है। बांग्ला में मोती नन्दी और सुनील गंगोपाध्याय तथा हिन्दी में निर्मल वर्मा, अमरकान्त, उषा प्रियंवदा, मन्नू भण्डारी, राजेन्द्र यादव, कमलेश्वर, मार्कण्डेय आदि इस प्रकार की कहानियाँ लिखने वाले प्रमुख कहानीकार हैं। ये सब कहानी लेखक बहुपठित हैं और पश्चिम के अधुनातन साहित्य और विचारधाराओं से परिचित हैं। इन पर पश्चिम के अस्तित्ववादी लेखकों सार्त्र, कामू का प्रभाव स्पष्ट है। फिर भी इनकी कहानियों को पश्चिम की नकल नहीं जा सकता। उन्होंने स्वयं जिस जीवन को भोगा है और जिन कटु परिस्थितियों से टक्कर ली है, उसका चित्रण भी उनकी कहानियों में है।

सन् 1960 के बाद कहानी लेखकों की एक नयी पीढ़ी का आविर्भाव हुआ है। कहानी को नये नामों—नयी कहानी, सचेतन कहानी अकहानी, विद्रोही कहानी, भूखी पीढ़ी की कहानी (बांग्ला) आदि नामों से पुकारा गया है। ये सभी कहानियाँ पुरानी कहानी से भिन्न हैं। नयी कहानी केवल जीवन का यथार्थ प्रस्तुत करती है, भोगे हुए जीवन को ज्यों का त्यों प्रस्तुत करने का प्रयास करती है। बांग्ला में मणिशंकर मुखोपाध्याय और प्रफुल्ल रे तथा हिन्दी के राजेन्द्र यादव और मोहन राकेश नयी कहानी के कुछ उल्लेखनीय हस्ताक्षर हैं।

संक्षेप में, हिन्दी और बांग्ला की कहानियाँ विषय और शिल्प दोनों दृष्टियों से समानान्तर प्रवृत्तियाँ लेकर चली हैं फिर भी स्थानीय समस्याओं ने उन्हें सामान्य प्रवृत्ति से हटकर नयी भूमि पर चरण बढ़ाने की प्रेरणा दी है। उदाहरण के लिए—नक्सलवादी आन्दोलनों को लेकर बांग्ला कहानी लेखकों ने अपनी रचनाओं में विभिन्न प्रतिक्रियाएँ व्यक्त की हैं। इसी प्रकार भारत-पाकिस्तान युद्ध पर कहानी लिखने वाले अधिकांश लेखक उत्तर भारत के हैं क्योंकि उसका सर्वाधिक प्रभाव उत्तर भारत पर पड़ा।

विदेशों में रहने वाले भारतीयों पर भी बांग्ला और हिन्दी में कुछ कहानियाँ लिखी गयी हैं। उनके पात्र विदेशों में बसे भारतीय हैं और पृष्ठभूमि है लन्दन, न्यूयार्क अथवा कोई अन्य पश्चिमी नगर।

हिन्दी और बांग्ला दोनों भाषा साहित्यों के कहानी लेखकों ने राष्ट्र प्रेम, देश की संस्कृति और इतिहास के प्रति गौरव भाव जगाने वाली तथा समाज की

कुरीतियों को हटाकर स्वस्थ समाज बनाने का सन्देश देने वाली आदर्शोन्मुख यथार्थवादी कहानियाँ लिखी है। हिन्दी में प्रेमचन्द और बांग्ला में शरत बाबू ने इसी धारा की कहानियाँ लिखीं। इसके बाद फ्रायड के मनोवैज्ञानिक विचारधाराओं से प्रभावित होकर दोनों भाषाओं में मनोवैज्ञानिक कहानियाँ लिखी गयीं। दूसरी ओर मार्क्स की विचारधारा से भी प्रभावित होकर प्रगतिवादी या समाजवादी कथाकारों ने शोषितों के प्रति सहानुभूति व्यक्त की। पश्चिम की विचारधाराओं से प्रभावित दोनों भाषाओं के प्रयोगवादी कहानी लेखकों ने विषय और शिल्प दोनों क्षेत्रों में नये प्रयोग किये। बांग्ला में संदीपन चटर्जी, श्यामल गांगुली और अमेंलदु चक्रवर्ती तथा हिन्दी में निर्मल वर्मा आदि ने कहानी शिल्प में नये प्रयोग कर उसकी काया ही पलट दी है। किन्तु जीवन का सच्चा मित्र और उदात्त सन्देश न होने से पाठकों ने इन कहानियों का तिरस्कार ही किया है।

हिन्दी और मलयालम कहानी साहित्य

प्रवृत्तियों के बदलाव के साथ ही साहित्य के मानदण्ड भी बदलते हैं और उसी के आधार पर एक लम्बे युग को हम कई काल-खण्डों में बाँटकर व्याख्यायित करते हैं। यही साहित्य का इतिहास कहलाता है। किसी भाषा के संग्रह के प्रकाशन के समय हर बार यह असमंजय की स्थिति बनती है कि भूमिका में क्या लिखा जाये। भाषा का अनुवाद जो कुछ हमें समझा पाता है आखिर उससे परे भाषा की जो अपनी गन्ध है, उसका जो अपना रंग-रूप है उस तक हमारी पहुँच कैसे हो। आखिर हमारे कौन से सामान्य सरोकर हैं जो हमें बार-बार प्रेरित करते हैं कि हम दूसरी भाषा के कथा-साहित्य की पड़ताल करें और अपनी भाषा में उसे देखे-परखें। इस क्रम में इस बार हमने मलयालम कथा-साहित्य को लिया है।

मलयालम कहानी की विकास-यात्रा पर बात शुरू करनी हो तो हमें केरल में प्रकाशित होने वाली पत्रिकाओं की भूमिका का स्मरण हो आता है। साक्षरता की दृष्टि से भी देश में केरल का स्थान सर्वोच्च माना गया है और यहाँ से निकलने वाली नियमित पत्रिकाओं की संख्या काफी है। इसके साथ ही कई अनियतकालीन पत्र-पत्रिकाएँ भी निकल ही रही हैं। पत्रिकाओं के प्रकाशन की बड़ी संख्या मलयालम पाठकों की साहित्यिक रुचि की परिचायक है। इन पत्र-पत्रिकाओं में सबसे ज़्यादा छपने वाली विधा कहानी ही है। तो इस विधा के महत्त्व को देखते हुए बात हम यहाँ से शुरू कर सकते हैं कि 'मलयालम' की पहली कहानी कौन-सी है? इस सम्बन्ध में दो कहानियों को लेकर विवाद है। 1891 में प्रकाशित कहानी 'वासना विकृति' मलयालम की पहली कथा मानी गयी है जिसके लेखक वेंगायिल कुंजुराम नायनार। एक और कहानी, जिसके बार में यह पता नहीं है कि यह मौलिक है या कथा, जो 1873 में प्रकाशित हुई थी, को भी कुछ विद्वान मलयालम की पहली कहानी मानते हैं। इन कहानियों का महत्त्व मलयालम की पहली कहानी होने में ही है। लेकिन साहित्यिक विधा के

रूप में कहानी की गौरवपूर्ण उन्नति उन्नीसवीं सदी के उत्तरार्ध में ही हुई। गद्य का यह विदित तथ्य है कि आधुनिक लिखित कहानी की परिपाटी अंग्रेज़ी और अन्य योरोपीय भाषाओं के सम्पर्क से शुरू हुई। दूसरी भारतीय भाषाओं की तरह मलयालम में भी अंग्रेज़ी शिक्षा के प्रचार-प्रसार से कहानी लिखने और पढ़ने की रुचि बढ़ी। देश में वह दौर नवजागरण का था। बंगाल के नवजागरण आन्दोलन के असर ने मलयालम कहानी के लिए ज़मीन तैयार की।

मलयालम साहित्य के इतिहासकार महाकवि उल्लूर परमेश्वर अय्यर का मानना है कि 'नायनार ही मलयालम के पहले कहानीकार हैं।' उनकी कहानियाँ हिन्दी के गोपालराम गहमरी और देवकीनन्दन खत्री की तरह ही फंतासी जासूसी कहानियों की श्रेणी में आती हैं। उनके अलावा अंपाहि नारायण पोतुवाल, एम.आर.के.सी., सी.एस. गोपाल पाणिक्कर, कुंजिकृष्ण मेनन, मर्कोत्तुकुमारन, के. सुकुमारन और ई.वी. कृष्ण पिल्लै के नाम भी उल्लेखनीय हैं। बाद मे समाज की आलोचना की प्रवृत्ति 'मदिराशि पित्तलाहं', 'पालालराजात्', जैसी कहानियों में मिलती है तो नारायण पोतुवाल की कहानियों में सम्वेदना हास्य-व्यंग्य के माध्यम से अभिव्यक्त होती है। मगर चेंकलंतु कुंजिराम मेनन ने अपनी कहानियाँ ऐतिहासिक परिदृश्य के आधार पर बुनी हैं। अंग्रेजी सभ्यता की वजह से केरल के सामाजिक जीवन में जो बदलाव आया, मुख्य रूप से यही उनका विषय है। इस सन्दर्भ में 'काल पोयं पोक्क (जमाना क्या बदला)', 'चंकरं कोता की डायरी', 'कुटिप्पका (आजन्म दुश्मन)', 'मच्चाट्ट पहाड़ का भूत' आदि कहानियाँ उल्लेखनीय हैं। 'मगर का शिकार', 'पता', 'छोटा सा पत्र', जैसी कहानियों से स्पष्ट होता है कि गोपाल पणिक्कर का कथा संसार यथा-तथ्य के आधार पर खड़ा है, वहीं कुंजिकृष्ण मेनन की कहानियाँ भावपूर्ण काव्यमय भाषा में लिखी हुई लम्बी लेकिन भावुक व मार्मिक कथाएँ हैं। संक्षेप में कहें तो प्रथम काल की कहानियों में मनोरंजन, सदाचार संवर्धन, आदर्शों के प्रति लगाव आदि ही कहानियों के सामान्य कथ्य और लक्ष्य थे।

लखनऊ में प्रेमचन्द की अध्यक्षता में जो अखिल भारतीय प्रगतिशील साहित्य सम्मेलन हुआ, ठीक उसके दो साल बाद बीसवीं सदी के तीसरे दशक में केरल में भी प्रगतिशील साहित्य संघ स्थापित हुआ। जिसने मलयालम साहित्य के एक नये व्याकरण और जागरण की रचना की, जिसने भाषा और कथ्य दोनों स्तरों पर कहानी की धारा बदल दी। प्रसिद्ध आलोचक ए. बालकृष्ण पिल्लै इस महत्त्वपूर्ण महत्त्वपूर्ण परिवर्तन के माध्यम बने। उनकी पत्रिका 'केसरी' ने विश्व साहित्य के

कई कहानीकारों जैसे चेखव, मोपासां से केरलीय पाठकों का परिचय कराया। साथ ही इस विदेशी साहित्य के नये प्रयोगों और मूल्यों पर उनके साथ उनके दफ्तर में बैठकर चर्चा करने वालों में प्रमुख थे तकषी शिवशंकर पिल्लै, जिन्होंने इन मूल्यों पर साहित्य-रचना प्रारम्भ की। इस नवोत्थान काल के कहानीकारों में प्रमुख हैं तकषी शिवशंकर पिल्लै, पी. केशवदेव, पोनकुन्नम वर्की, मोहम्मद बशीर, एस.के पोट्टेकाट, काका नीलकण्ठ पिल्लै और पी.सी. कुहिकृष्णन (उकब)।

'जीवन या कला' यह विवाद मलयालम साहित्य में भी जोर-शोर से उठता रहा। इन कहानीकारों ने 'जीवन या कला' प्रश्न से जूझने के बाद कहानी के 'कथ्य' में जीवन को ज़्यादा महत्त्व दिया। केशवदेव ने अपने प्रतिनिधि संकलन में यह स्पष्ट भी किया था कि 'कला मेरे लिए कोई गम्भीर समस्या नहीं है। मेरी केन्द्रीय समस्या जीवन ही है।' पहले दौर की आदर्शवादिता की जगह यथार्थ ने ले ली थी। इस काल के लेखकों ने शोषण और अन्धविश्वास पर निष्ठुर प्रहार किये, साथ ही दलित, शोषित और सर्वहारा की पीड़ा इनकी कहानियों में मुखर हुई। तकषी को तो यथार्थवाद का संस्थापक माना जाता है। उनकी कहानियों के तीन विशिष्ट आयाम हैं। पहली तरह की कहानियाँ वह हैं जिसमें किसी-न किसी तरह के आदर्श की अभिव्यक्ति है, जैसे 'कंगाल', तीन पीढ़ियाँ', 'साथी लोग'। दूसरी तरह की मनोवैज्ञानिक कहानियाँ, जिनमें पात्रों का चरित्र उभरकर आता हो। 'चात्तन की कथा', 'किसान', 'कल्याणी की कथा', 'मंगलसूत्र की कथा', आदि इसके उदाहरण हैं और तीसरी श्रेणी में उन किसानों और जन-साधारण की कहानियाँ हैं, जो लेखक के ही गाँव के लोग हैं। इन कथाओं में तकषी ने उनकी न पूरी होने वाली इच्छाओं, निराशा और क्लेश का चित्रण किया है। 'तहसीलदार के पिता', 'वेलुत्तकुंज', अंधे का चरितार्थ्य' जैसी कथाएँ इसके उदाहरण है।

तकषी के समकालीन और मित्र-कथाकार थे—पी.केशवदेव। विदेशी प्रभाव से दूर ठेठ केरलीय जीवन के चित्र उकेरने वाले मार्क्सवादी केशवदेव प्रतिबद्ध कहानीकार थे। 'कोलूकरुतूअनिया कोलकरुतू' (हत्या मत करो...भाई मत...), 'प्रतिज्ञा', 'पड़ोसिन', 'कोल्ड ड्रिंक्स', 'पिता और उनकी पत्नी', 'निक्षेप' (खजाना) आदि इनकी श्रेष्ठ कहानियों में है। 'प्रतिज्ञा' कहानी में सर्वहारा वर्ग के हृदय की आशाएँ कल्याणी पात्र के माध्यम से अभिव्यक्त हुई हैं। समाजवादी यथार्थवाद को जिन कहानियों की मूल सम्वदेना में उन्होंने ढाला है वह कहानियाँ हैं 'उणर्व' (जागरण), 'इकलिल' (अँधेरे में), 'रेड वालंटियर' आदि।

पोनकुन्नम वर्की की कहानियाँ दो प्रकार की हैं : राजनीतिक और सामाजिक।

मध्य त्रावणकोर के किसानों के जीवन की विषमताओं को उन्होंने अपनी कहानियों में अभिव्यक्ति दी। धर्म के नाम पर चर्च और पादरियों द्वारा शोषित उन लोगों के जीवन को वर्की ने अपने कथा-ससांर में जगह दी, जो जीवन भर अत्याचार की मार सहते रहते हैं। 'बोलने वाला सिर' (शब्दिक्कुन्न कलप्पा), 'अन्तोणी नीयुं अच्छानायों?' (एंटनी तू भी पादरी बना) 'पालें कोटून', 'नॉनसेंस, 'ओरुपिशाचुकूति' (एक और पिशाच) आदि उनकी उल्लेखनीय कहानियाँ हैं। राजनीति पर आधारित कहानियाँ भी सबसे पहले वर्की ने ही लिखीं।

मोहम्मद बशीर एक घुमन्तु कहानीकार थे। समाज की विभिन्न बुराईयों को उन्होंने कथा का आधार बनाया। दूसरे विश्वयुद्ध के समय देश की गरीबी, बेकारी काला बाजार और शोषण को बशीर की कहानियों में जगह मिली। स्वतन्त्रता-संग्राम के खिलाफ अंग्रेजी सरकार के दमन की तीव्र आलोचना भी इनकी कहानियों में मिलती है। 'भारत-माता', 'पुलिस वाले की बेटी', 'हथकड़ियाँ', 'कैदी का चित्र', आदि कहानियों में तात्कालिक केरलीय जीवन का जीवन्त वर्णन है। इनकी शैली की खासियत है कि यह समाज की आलोचना व्यंग्यात्मक शैली में करते हैं। 'चहुकालि' (लँगड़ी), 'पूवनपष', 'आयिषा' जैसी कथाएँ इसी शैली में रची गयी हैं।

द्वितीय उत्थान के कुछ महत्त्वपूर्ण लेखकों में से थे काका नीलकण्ठ पिल्लै, जो कि खुद एक अध्यापक थे, इसलिए अध्यापकीय जीवन की गरीबी, भुखमरी और विसंगतियों को उन्होंने बखूबी अभिव्यक्ति दी है। भूख मिटाने के लिए विद्यार्थियों के खाने से चोरी करने वाले अध्यापक की कहानी 'पोतिच्चोर' और अपना एकमात्र कपड़ा धोबी के पास होने की वजह से, निरीक्षण के समय छिपे रहने वाले अध्यापक का चित्रण 'इंस्पेक्शन' में मिलेंगे। 'तिरुवोविरा' कहानी उस गरीब पोस्टमैन की निरीह गाथा है जो दूसरे के मनीऑर्डर से दस रुपये चुराता है। साधारण-जन की विभिन्न मनःस्थितियों पर ही उनकी कहानियाँ मुख्य रूप से आधारित हैं। इनकी कहानियाँ हैं 'उतुप्पानकाकुआँ, 'पोंडर-पोत्तन, 'नाववाला', 'कंजूस', मिलिटरी', 'पहला खत', 'काठ का पुतला', इत्यादि।

एस.के. पोट्टेकाट ज्ञानपीठ-पुरस्कार के सम्मानित कथाकार हैं। दुनिया भर में घूम-घूमकर उन्होंने जीवन के अनुभव इकट्ठे किये। सम्भवतः इसलिए उनकी कहानियाँ किसी वैचारिक प्रतिबद्धता के विपरीत जीवन की सरल अनुभूतियों से ओत-प्रोत हैं। 'पुंलिलमान' (हिरण), 'संदर्शन', 'निशागंधी' आदि उनकी महत्त्वपूर्ण कहानियाँ हैं। केरल के प्राकृतिक सौन्दर्य को अभिव्यक्त करने वाली कहानियाँ हैं 'अन्नकंटेतोही (यम का कांटा), विधि', ओषिञा कट्टिल' (खाली चारपाई) आदि।

क्रान्ति की भावना बहुत मुखर न होते हुए भी सामाजिक रीतियों की आलोचना से सम्बन्धित कहानियाँ भी उन्होंने लिखी हैं। 'पाट्टुकारी' (गायिका), 'वेश्या का पत्र' 'ऊँट' आदि ऐसी ही कहानियाँ हैं। संक्षेप में भी पोट्टेकाट को मलयालम का आंचलिक कथाकार कहा जा सकता है, उन्होंने ग्रामीण परिवेश को ग्रामीण शब्दावली से ही जीवन्त अभिव्यक्ति दी है।

इस काल के अन्तिम महत्त्वपूर्ण कथाकार थे 'उरुब' नाम से विख्यात पी.सी. कुट्टिकृष्णन। जीवन के कई आयामों को उन्होंने अपनी कहानी में उद्घाटित किया। घरेलू वातावरण और मातृत्व को लेकर उरुब ने कई कहानियाँ लिखी हैं। 'बा का बेटा', 'सुर्वण चुम्बन', 'जुला', 'खुदा का ओदन' इनकी महत्त्वपूर्ण रचनाएँ है।

1960 के बाद मलयालम कहानी के भाव और रूप दोनों में गहरा परिवर्तन आया। कहानी जो एक कथा को लेकर चलती रही थी, उसका स्पष्ट अभाव इस दौर की कहानियों में है। कथा (नैरेटिव) की जगह कहानी में अब एक पल की अभिव्यक्ति का दौर शुरू हुआ, जिसने परम्परागत कथा-कथन के ढाँचे को तोड़कर मलयालम कहानी को नये रचनात्मक दिशाओं की ओर अग्रसर किया। आन्तरिक सत्य के उद्घाटन को लेकर लिखी गयी कहानियों में एम. मुकुन्दन की 'मैं' अच्छा उदाहरण है। कमला दास और विशेषतः एम.टी. वासुदेवन नायर की कहानियों ने मलयालम कहानी को आधुनिक कथा चेतना से जोड़ा। एम.टी. की कहानी 'कुट्टयेट्टमि' में घटनाएँ न के बराबर हैं बल्कि वहाँ मन के भावों की सघन अभिव्यक्ति है। इस कालखण्ड की कहानियों में कहानी के सम्वेदनात्मक मूल्यों में परिवर्तन तो आया ही, साथ ही शिल्प की भी एक नयी भाषा रची गयी। 'मरण' कहानी उस दौर की 'असाधारण शिल्प' रचनाओं में शुमार की जाती है। इसी कहानी ने मलयालम साहित्य का बिम्बात्मक शैली से परिचय करवाया। इस पीढ़ी के कहानीकार अनुभव और अनुभूति के शिल्पकार हैं। एम.टी. वासुदेवन नायर, टी. पद्मनाभन, माधविकुट्टि, एम.पी. मुहम्मद इस युग के बहुचर्चित कथाकार हैं।

चौथी पीढ़ी के कहानीकारों ने मलयालम में नयी कहानी का सूत्रपात किया। अब तक अछूते रहे प्रसंगों, मनोवृत्तियों के साथ वैचारिक धरातलों पर इस युग में कहानियाँ लिखी जाने लगीं। ये कहानीकार समीक्षकों की नज़र में अत्याधुनिक कहानीकार हैं। घटना, पात्र और परिवेश का स्थान विचार तत्व ने ले लिया। अस्तित्ववाद की व्याख्या, पलायनवृत्ति, सेक्स सम्बन्धित कुण्ठाएँ, अजनबीपन, मृत्यु-बोध, महानगरीय जीवन की विसंगतियाँ आदि विषय इन कहानीकारों की चेतना का अंश बनकर अभिव्यक्त हुए। परम्परागत मूल्य व नैतिकता-बोध पर

इन्होंने व्यंग्य के माध्यम से प्रहार किये। 'नवीन कहानियाँ' 'ग्यारह कहानियाँ', 'पुनः ग्यारह कहानियाँ' इस युग के प्रतिनिधि संकलन हैं। इस दौर के मुख्य कहानीकार हैं : एम. मुकुन्दन, ओ.वी. विजयन, सक्करिया, सेतु, पुनत्तिल कुंजब्दुल्ला, एम.पी. नारायण पिल्लै, पट्टलविला करुणाकरण, पद्मराजन, आनन्द, वी.के.एन इत्यादि।

आज मलयालम कहानी में पाँचवी पीढ़ी की कहानियों पर बहस शुरू हो गयी है। 1980 में डी.सी. बुक्स द्वारा 'पाँचवी पीढ़ी की कहानियाँ', 1983 में केरल विश्वविद्यालय छात्र संघ द्वारा प्रकाशित 'महाविद्यालय-कहानियाँ', और 1985 में पी.के. ब्रदर्स द्वारा प्रकाशित 'प्रतिभा-संगल' आज की पीढ़ी के प्रतिनिधि संकलन हैं। यह पीढ़ी रचना-कर्म में लगी हुई है और इसके समग्र मूल्यांकन का समय अभी नहीं आया है। वी.पी. माधवन, एन.एस. माधव, यू.के. कुमारन, कोच्चुभावा प्रभाशकंर, के.एम. राधा, अकबर ककट्टिल, एम.ए रहमान, रघुनाथ पलेरी, ई.वी. श्रीधरन, नलिनी बेकल, अष्टमूर्ति, वी.बी. ज्योतिराज आदि इस दौर के प्रमुख कथाकार हैं।

हिन्दी व मलयालम कहानी : हिन्दी व मलयालम में गाँव, ग्रामीण जीवन और ग्रामीण पात्रों को लेकर कुछ कहानियाँ लिखी गयी हैं। हिन्दी में प्रेमचन्द्र तो ग्रामीण जीवन के कथाकार ही कहे जाते हैं। जैनेन्द्र, अज्ञेय और इलाचन्द्र जोशी ने अपनी मनोवैज्ञानिक कहानियों में मानव मन की अन्तर्भूमियों तक पहुँचकर वहाँ परस्पर टकराती भाव-वीचियों का विश्लेषण और चित्रण किया है। जैनेन्द्र की कहानियाँ यदि उनके आत्मपीड़ा के सिद्धान्त से प्रभावित हैं, तो अज्ञेय की कहानियों में व्यक्ति का भटकता खोया मन किसी तलाश में मारा-मारा फिरता दिखाया गया है। नये कहानीकारों में अमरकान्त ने जीवन के सभी क्षेत्रों में फैलते भ्रष्टाचार, कुशासन, सत्ता के लिए आपाधापी शासक-दल के लोगों के असामजिक कृत्यों, अवसरवादियों के हथकण्डों के आगे सच्चे देश सेवकों की पराजय, सरकारी कर्मचारियों की मानसिक दासता आदि पर कहानियाँ लिखकर कटु यथार्थ की ओर हमारा ध्यान आकृष्ट किया है। मलयालम के कुछ लेखकों ने अपनी कहानियों मे केरल के गाँवों में रहते समय वहाँ के सामाजिक और पारिवारिक जीवन को चित्रित किया। नन्दनार ने मलावर के टूटते बिखरते गाँवों का चित्रण किया तो पारपुरट्टु ने ट्रावनकोर के मध्यवर्गीय ईसाई परिवारों की विभिन्न समस्याओं को उभारा। हिन्दी मैं सैनिक जीवन पर बहुत कम कहानियाँ लिखी गयी हैं। किन्तु मलयालम इसका अपवाद है। बैरकों में रहते समय समान कठिनाइयाँ और कष्ट झेलते हुए, विविध भाषाएँ बोलते हुए और विभिन्न रीति-रिवाज और धार्मिक

विश्वासों और परम्पराओं से चिपटे हुए सैनिक किस प्रकार भाषा, धर्म और प्रदेशों की दीवारें तोड़कर भाई-भाई की तरह रहते हैं—यह अनेक मलयालम कहानीकारों जैसे कोविलन, नन्दनार आदि की कहानियों का विषय है। कुछ कहानियों में सैनिक जीवन की सामान्य घटनाओं का चित्रण है तो कुछ में भय और पीड़ा के रोमांचक चित्र हैं।

हिन्दी और मलयालम में मार्क्स की विचारधारा से प्रभावित होकर कुछ कहानीकारों ने कहानियाँ लिखी हैं। इनमें शोषकों के प्रति आक्रोश और शोषितों के प्रति सहानुभूति व्यक्त की गयी है। इन कहानियों के विषय और शिल्प नये हैं। ऐसी कहानी लेखकों में हिन्दी में निर्मल वर्मा, सुरेश सिन्हा और मलयालम में ओ.वी. विजयन, मुकुन्दन हैं। सुरेश सिन्हा के "नया जन्म" "कुछ मरे हुए" और "हत्यारे" आदि कहानियों में नयी पीढ़ी की निष्क्रियता और दायित्वहीनता व्यक्त की गयी है।

हिन्दी और ओड़िया कहानी साहित्य

ओड़िया साहित्य की कथा-परम्परा अति प्राचीन है। एक समय था, जब उत्कल में लोक-नाट्य मण्डलियाँ या गायक-मण्डलियाँ जगह-जगह जाकर कला-प्रदर्शन करती थीं। उसी तरह कथा-वाचक भी एक गाँव से दूसरे गाँव में जाकर श्रोताओं को मनोरंजक कथाएँ सुनाकर अपनी रोजी-रोटी कमाते थे। इन कथा-वाचक कलाकारों को 'कथासागर' कहा जाता था। इन्हें राज-दरबारों से धन और सम्मान मिलता था। इनकी कथन-शैली गद्य-पद्य मिश्रित, नाटकीय और इनका ढंग मोहक था। बहुत तो ऐसे 'कथासागर' होते थे, जिनमें पात्रानुकूल स्वर बदलकर कथा कहने की क्षमता थी। वे 'कथाएँ' लोकमुखी थीं और लोक-मुख से प्रचलित थीं। पेशे के रूप में यह परम्परा पीढ़ी-दर-पीढ़ी चलती रहती थी। इसी कथन-शैली की आद्य रचना है 'चतुर विनोद'! अठारहवीं सदी में ब्रजनाथ बड़जेना ने इसकी रचना की थी। 'नीति विनोद', 'प्रति विनोद', 'हास्य विनोद' और 'रस विनोद' शीर्षकों से इस कथा-संकलन का चार खण्डों में विभाजन हुआ है और नाम ही से पता चल जाता है कि ये कहानियाँ श्रोताओं और पाठकों के मनोविनोद के लिए ही रची गई थीं।

लोक-कथा और किंवदन्ती-पूरक कहानियों के रूप में जो कहानियाँ आज भी प्रचलित हैं, साम्प्रतिक विचार-दृष्टि से परिभाषित करने पर जो आज भी सार्थक और महत्त्वपूर्ण लगती हैं, उनमें मिशाल गोपाल प्रहराज की 'उत्कल काहाणी' है और डॉ. कुन्ज बिहारी दाश द्वारा संकलित 'लोकगल्प सन्चयन' मे भी ऐसी कथाएँ मौजूद हैं। 'अबोलकरा काहाणी', 'आई माँ काहाणी' आदि-आदि भी अनेक अज्ञात रचनाकारों की कथाओं के संकलन भी मौजूद हैं जिनमें कथावस्तु और परिवेश चाहे कुछ भी क्यों न हों, परिसमाप्ति लगभग उपदेशात्मक ही है।

ओड़िया भाषा में साहित्यिक सृजन का आरम्भ 'बौद्धगान ओ दोहा' या 'चर्यागीतिका' से हुआ था। इनकी रचना लगभग आठवीं सदी से ग्यारहवीं

सदी की अवधि में हुई थी। इसके पश्चात् सारलादास की 'महाभारत' की रचना की अवधि तक का जो समय है, वह ओड़िया साहित्य के इतिहास में अन्धकार-युग है। अध्यापक कवि श्री चिन्तामणि बेहेरा के शब्दों में, 'ओड़िया साहित्य के आदि जनक माने जाने वाले कवि महाकवि सारलादास (पन्द्रहवीं सदी) ने 'संस्कृत' महाभारत का अनुसरण किया है, फिर भी जैये महाकवि व्यास ने अपने 'महाभारत' को समग्र भारतवर्ष के जीवन-वेद के रूप में परिणत किया है, उसी तरह सारलादास ने भी ओड़िया महाभारत को ओड़िया जाति का जीवन-वेद बनाया है। ओड़िया जाति के स्वप्न, साधना, आदर्श और संस्कृति के प्रतिबिम्ब के साथ उसका सामाजिक चित्रण और उसकी चारित्रिक यथार्थता इस महाभारत में लक्षणीय है। ओड़िया महाभारत की भाषा आम आदमी की भाषा है जिसमें न आडम्बर है न कृत्रिमता, पर इसके पश्चात् साहित्य-सृष्टि में धीरे-धीरे कृत्रिमता बढ़ती गयी। भाषा सजी-सँवरी, आलंकारिक-संस्कृतनिष्ठ, पाण्डित्यपूर्ण होती गयी।'

चार सौ वर्ष के पश्चात् सेनापति फकीर मोहन ने जनभाषा को अपनाया, उन्हीं शब्दों के प्रयोग से उनका साहित्य लालित्यपूर्ण बना और अभिव्यक्ति आम आदमी की अभिव्यक्ति बनी। उसमें आम आदमी, साधारण से साधारण आदमी के मन की गहराई को छूने वाली शक्ति थी। इसी कारण ओड़िया के विद्वान आलोचक उन्हें 'व्यास कवि' कहकर सम्मान देते हैं। उनकी कहानी 'लछमनिया' (1868) आधुनिक ओड़िया साहित्य की पहली कहानी है।

उनकी दूसरी रचना है 'रेवती' (रचना-काल 1898 और प्रकाशन-काल 1900)। 'रेवती' की शिल्पगत सार्थकता और अश्रुमय सम्वेदन से इस कहानी ने ओड़िया कहानी के क्षेत्र में अपना उल्लेखनीय तथा सार्थक स्थान बनाया है। यह एक अम्लान कृति है और 'कहानी फकीर मोहन की' एकमात्र प्रेम-कहानी है।

'रेवती' से पहले सन् 1897 में कवि मधूसुदन ने 'हेमलता' नाम से एक रूमानी कहानी लिखी थी, जो प्रकाशित भी हुई थी। उसे एक कहानी नहीं वरन् एक प्रणय-प्रधान आख्यायिका कहना अधिक उचित होगा।

उस समय प्रकाशित होने वाली दो साहित्यिक पत्रिकाओं की भूमिका ओड़िया की आधुनिक कहानी के विकास के सन्दर्भ में उल्लेखनीय है। 'उत्कल साहित्य' और 'मुकुर'-इन दोनो पत्रिकाओं के आग्रह के फलस्वरूप ओड़िया में 'कहानी' लिखी जाने लगी और तब दिव्यसिंह पाणिग्राही, गोदावरीश मिश्र, बांकनिधि पटलायक, चिन्तामणि महान्ति, लक्ष्मीकान्त महापात्र आदि लेखकों

ने तब की सामाजिक समस्याओं को लेकर कहानियाँ लिखीं। ठोस विचार के अभाव में भी ये रचनाएँ पठनीय हुईं और पात्र, परिवेश आदि सूत्रों से बँधे हुए होने के कारण पाठकों ने भी इनकी सराहना की, जिससे कहानी-लेखन को प्रतिष्ठा और प्रोत्साहन दोनों प्राप्त हुए। धीरे-धीरे सहकार, नवभारत, युगवीणा, आधुनिक डगर आदि पत्रिकाएँ प्रकाशित हुईं जिससे प्रकाशन का क्षेत्र-विस्तार हुआ, नये-नये कथाकार आये, ओड़िया कथा-साहित्य विकसित रचनात्मकता की दिशा में बढ़ने लगा। 1933-1936 में प्रकाशित 'युगवीणा' और नवयुवक साहित्य संसद द्वारा प्रकाशित साहित्यिक पत्रिका 'आधुनिक' में लिखने वालों में कालिंदीचरण पाणिग्राही, कमलाकान्त दास, भगवती पाणिग्राही, हरिश्चन्द्र बड़ाल, अनन्तप्रसाद पण्डा, राजकिशोर राय, राजकिशोर पटनायक, गोदावरीश महापात्र, नित्यानन्द महापात्र, प्राणबन्धु कर, कान्हुचरण महांति, गोपीनाथ महांति, सच्चिदानन्द राउतराय आदि अग्रगण्य हैं। ये लेखक अब भी जन-मानस में छाये हुए हैं। अपनी सार्थक रचनात्मकता के लिए गोपीनाथ महांति और सच्चिदानन्द राउतराय ज्ञानपीठ सारस्वत पुरस्कार से सम्मानित भी हो चुके हैं।

सेनापति के बाद यह तो नहीं हुआ कि वर्ग-संघर्ष समाप्त हो गया, शोषण रहा नहीं, मानवीय पीड़ा नहीं रही। हाँ, साधारण जन-जीवन अपने उचित अधिकार से वंचित न होकर, मानवीय मूल्यबोध के प्रति सचेत होकर सही ज़िन्दगी जीने लगा; फिर भी कहानी का वह प्राथमिक स्वर धीरे-धीरे क्षीण होता गया। तब भगवतीचरण पाणिग्राही भगीरथ बनकर आये। चिन्तन और कर्मक्षेत्र—दोनों में आने वाले विप्लव की नींव उन्होंने डाली, जिसे बहुतों ने उस समय नहीं समझा। उनकी दो अप्रतिम कहानियाँ उल्लेखनीय हैं—'शिकार' और 'हातुड़ी ओ दा'। इनमें से 'शिकार' कहानी का नायक धेनुआ एक मानवतावादी पात्र है, जिसने प्रतिक्रिया से चालित होकर गाँव के अत्याचारी लम्पट साहूकार गोविन्द सरदार की हत्या की थी और उसका कटा हुआ सिर लेकर वह अदालत में जज साहब से बख्शीश माँगने पहुँचा था! उनके समकालीन सच्चिदानन्द राउतराय ने (जो मूलतः कवि हैं) कुछ कहानियाँ भी लिखीं, जिनमें मानवीय मूल्यों के प्रति सम्मान है, आर्थिक असंगति, समाज की पारम्परिक अव्यवस्थाओं के फलस्वरूप मजबूर मानव-मन की विवशता का एहसास है। साथ ही इनकी कहानियों में कलात्मकता भी है। 'मशाणीर फुल' और 'माटिर ताज' सच्चिदानन्द राउतराय की प्रतिनिधि कहानियों के संग्रह हैं। कालिन्दीचरण पाणिग्राही ने भी बड़ी रचनात्मक और सार्थक कहानियाँ लिखीं, जिनमें प्रगतिवादी चिन्तन और

मानवतावादी सम्वेदना का अपूर्व संगम हुआ। पर उनकी कहानियों से कहीं अधिक महत्त्वपूर्ण सिद्ध हुआ उनका उपन्यास 'माटिर मणिष'। वे विराट विचार और मानवतावादी दृष्टिकोण के रचनाकार हैं।

उस समय जिन तरुण कथाकारों ने प्रतिष्ठा पायी, उनमें उल्लेखनीय हैं—गोदावरीश महापात्र, गोपीनाथ महांति, राजकिशोर पटनायक, राजकिशोर राय, कान्हुचरण महांति, नित्यानन्द महापात्र, सुरेन्द्र महांति आदि। इनकी कहानियों में मानव-समाज के प्रति अनुकम्पा थी और जीवन-संग्राम में एकनिष्ठता थी। उनकी कहानियों में ऐसा नहीं कि रोमाण्टिक चेतना नहीं थी, पर उसमें भी रचनाशीलता थी। इन अग्रणी कथाकारों में प्रमुख थे--गोदावरी महापात्र, जिनकी कहानियों में शिल्प चातुरी से कथ्य अधिक प्रभावशाली था। 'मागुणीर शगड़', 'नील माष्ट्राणी', एबे मध्य बंचिछि' आदि कहानियाँ इतनी सशक्त और यथार्थवादी थीं कि उनसे समाज के सारे चिन्तन-क्षेत्र और साहित्य में एक आन्दोलन भूकम्प की तरह आया।

ओड़िया गद्य-साहित्य में महागाथाओं के रचयिता गोपीपाथ महांति ने भी अनेक कहानियाँ लिखी हैं। ये कहानियाँ मानव-मन की सच्चाइयों को उजागर करती हैं। 'गुप्त गंगा' और 'उड़न्ता खई' आदि कहानी-संग्रह समाज की कई दिशाएँ चित्रित करते हैं। मानवीय चेतना और मूल्यबोध का सूक्ष्मता से चित्रण करने वाली अभिव्यक्ति आपकी मौलिकता है।

कथाकार सुरेन्द्र महांति ने 1948 से कहानी लिखना आरम्भ किया और आज तक वे शिखर पर विद्यमान हैं। कहानी-कला की हर विधा और नूतनतम शैली का प्रयोग करके, ऐतिहासिक किंवदन्ती केन्द्रित, मिथकीय, राजनैतिक, सामाजिक कहानी के इस सार्थक स्रष्टा ने अपने को हर क्षेत्र में सफल साबित किया है। उनकी हर एक कहानी अपने-आपमें महत्त्वपूर्ण है। उन्होंने प्रारम्भ में (1948) अकहानी ही लिखी थी। 'अष्ट्रेलिया', 'भारत आविष्कार', 'नयनपुर एक्सप्रेस', 'महानगरी रात्री', 'कृष्णचूड़ा', 'रूटि ओ चन्द्र' आदि कहानियों में हिन्दी अकहानी की वैचारिक शून्यता और वैयक्तिक विलक्षणवादिता नहीं थी... पूँछ दबाये कुत्ते, नीले अँधेरे और दो इंच वाली 'सेक्स-भूमि' नहीं थी! इन कहानियों में भरपूर सम्वेदना थी, आस्था थी, विश्वास था; संघर्ष के लिए अटूट आत्मबल था। इस रचयिता की कहानियों में वह व्यापकता मिलती है जहाँ सच्चाई है, मिथ्या को नकारने की भरपूर ताकत है, छलना और अन्याय के विरुद्ध लड़ने का साहस है।

आज़ादी के बाद पूर्ण रूप से ओड़िया कहानी की स्थिति और गति तो बदली नहीं, फिर भी आज़ादी के पहले और बाद के चिन्तन में व्यापक अन्तर आया। कर्मण्यता से हटकर कहानी अकर्मण्य होकर मानो सुस्ताने लगी थी। यह भारत की किसी भाषा की कथा-रचना में नहीं, केवल ओड़िया साहित्य में हुआ था।

पाँचवें दशक के अन्तिम दौर में जिन कथाकारों के स्वर गूँजे, उनमें अग्रगण्य हैं—बामाचरण मित्र, किशोरी चरण दास, अखिल मोहन पटनायक, महापात्र नीलमणि साहू, अच्युतानन्द पति आदि। इस क्रम में बामाचरण मित्र और वसन्त कुमार शतपथी का अग्रज कथाकारों के रूप में स्मरण करना ही होगा और साठ के आस-पास के समय की अप्रतिम देन हैं—मनोज दास, कृष्णदास मिश्र और शांतनु कुमार आचार्य। इनके समकालीन हैं—रामचन्द्र प्रसाद पुरोहित, उमाशंकर पण्डा आदि। 1957 में श्रीनिवास उद्‌गाता की कहानियों का पहला महत्त्वपूर्ण संग्रह प्रकाशित हुआ। चन्द्रशेखर रथ, कृष्णप्रसाद मिश्र, दुर्गामाधव मिश्र, रवि पटनायक, सातकड़ि होता आदि समर्थ कलाकारों की रचनाओं से ओड़िया कथा-साहित्य को तब नयी दिशा मिली।

आज की ओड़िया कहानी सीमित-संकुचित इलाके से मुक्त होकर धीरे-धीरे विस्तृत क्षितिज को स्पर्श करने लगी है; सदियों की गाँठों के साथ-साथ उसमें अब मन की गाँठें खुलती जा रही हैं।

इस समय के अग्रज कथाकारों के रूप में बामाचरण मित्र और वसन्त कुमार शतपथी प्रमुख हैं। बामाचरण बहुपठित रचनाकार थे, वे आधुनिक विचारों में जीये और उन विचारों को, जो अन्तरंग मानवीय विचार थे, अत्यन्त ललित शैली के जरिए व्यक्त किया। हर मानवीय पहलू पर उन्होंने अत्यन्त सूक्ष्म और रोचक ढंग से कहानियाँ लिखीं। उनकी कहानियों के संकलन 'बट महापुरुष' और 'नर छंचाण' बहुचर्चित रहे हैं। बामाचरण की भाँति वसन्त कुमार शतपथी की कहानियों में काफी गहराई से झाँकने की शक्ति है जिसे उन्होंने बेहद विनोदी ढंग से चित्रित कर रोजमर्रा की ज़िन्दगी के सुख-दुख, विषाद-विनोद की झाँकियों से जोड़ दिया है।

किशोरी चरण दास ने आदर्श के नाम पर यथार्थ को ठुकराया नहीं है। उन्होंने आधुनिक आदमी के मन में अन्तर्निहित कामना और द्वन्द्व का चित्रण किया है। उनकी कहानी 'भंगा खेलना' मानव के क्षत-विक्षत मन का एक मूर्त चित्र है। उनके 'मणिहरा' कहानी-संग्रह में साम्प्रतिक आदमी की असहाय यातना,

विवेकहीनता और रोगाक्रान्त मन का चित्रण मिलता है। उनकी कहानियों के संग्रहों में 'भंगा खेलना', 'ठाकुर घर', 'गमन' बहुचर्चित हैं।

अत्यन्त महत्त्वपूर्ण कथाकार अखिल मोहन पटनायक ने काफी कम कहानियाँ लिखी हैं। 'झड़र इगल ओ धरणीर कृष्णसार' कथा-संग्रह की कहानियों में उन्होंने साम्प्रतिक आदमी के हर अभिशाप के बीच जीने की दुर्वार लालसा का चित्रण किया है उनके पात्र और कहानी, दोनों सार्थक अभिव्यक्ति के कारण काफी सतेज रूप में मौजूद रहते हैं। यह नहीं लगता है कि उनकी कहानियों के पात्र किसी खास वर्ग के हैं; पर वे मूलतः इसी संसार के हैं। अखिल मोहन मूलतः वामपन्थी विचार के लेखक रहे हैं। वे आशावादी थे। उनमें तथाकथित क्रान्ति की तत्काल प्राप्ति की लालसा तो नहीं थी, पर जीवनपरक आशावाद की ऊष्मा है उनमें! जीवन में यथार्थ के साथ संघर्ष के समय हँसते हुए मुकाबला करने की और आँसू को भी विजयी मुस्कान में बदल देने की ताकत थी उनमें।

महापात्र नीलमणि साहू की कहानियों में समाज के बौद्धिक परिवर्तन के चित्रों के साथ-साथ किसी आत्मपुरुष की शाश्वत सत्ता को उद्घाटित करने की लालसा स्पष्ट होती है। उनकी कहानियों में व्यंग्य और करुणा साथ-साथ उपस्थित हैं, जिससे कई आलोचक यह मानते हैं कि उनकी कहानियाँ मूलतः व्यंग्यपरक हैं। पर यथार्थ में उनकी अभिव्यक्ति में कहीं करुणा, दया, स्नेह, दुःख, आनन्द आदि के चित्रण इस बारीकी से होते हैं जिससे उनकी कहानियाँ अक्सर विश्लेषण की उपस्थिति से उठकर रचनात्मक प्रहार करती हैं।

मनोज बाबू की प्राथमिक कहानियों में युद्ध और आजादी के परवर्ती काल के जीवन में ऊँच-नीच, शिक्षित-अशिक्षित, अमीर-गरीब की मानसिक असहायता, बिखरती सामन्ती मनोवृत्ति और आज़ादी के बाद के स्वार्थी और अहमपूरित नेताओं, के प्रति व्यंगोक्ति स्पष्ट है। मनोजदास की कहानियों के आद्य संकलन 'आरण्यक' में मानव-मन की छलरहित भावों की कहानियाँ हैं। उनकी 'फेबल्स एण्ड फैण्टसी फॉर एडल्ट्स' नाम से कहानियों का एक संग्रह है। लगता है, उनकी कहानियों को पाठक आत्मीयता और आग्रह से फेबल के रूप में पढ़ते हैं। उनकी कहानियों में स्थूलता से अधिक सूक्ष्मता होती है। अब भी अपने समकालीनों की तुलना में मनोजदास की रचनाशीलता बहुत सक्रिय और सतेज है।

समकालीन ओड़िया कहानी की रचनात्मकता के प्रति शान्तनु आचार्य की प्रतिबद्धता उल्लेखनीय है। वह प्रखर मानवतावादी चिन्तक रचनाकार हैं। मानवता की निर्मम हत्या को मौन नीरवता में निर्लिप्त, निरीह आँखों से उनकी

रचनाएँ नहीं देख पातीं। उनकी कहानियाँ चीखती हुई, कमर कसकर लड़ जाने को तैयार हो जाती हैं। वे प्रतिवाद-प्रतिरोध करती हैं और निःशंक होकर मनुष्य की विजय का भरोसा दिलाती हैं। उनकी कहानियाँ मनुष्य को सही-सही मूल्यांकित करती हैं। वे भारतीय विचारों, नयी चेतना, संस्कृति, सिद्धान्तों के अनुयायी हैं। इसके बावजूद उसका अन्धानुकरण नहीं करते। निष्ठा, प्रतिबद्धता, लगन, यथार्थता, समीचीनता और स्नेही दृष्टि से परखने के बाद ही वे अपनी रचनात्मकता का आधार चुनते हैं। वे स्वयं निर्भीक हैं, किसी भी दबाव के आगे झुक जाने की, थोपी गयी गलत बात को स्वीकार कर लेने की या सच्चाई को नकारने की आदत उनमें नहीं है। वे अन्याय, अत्याचार, अनाचार के आगे झुक नहीं जाते। शोषण की प्रतिक्रियाओं को कबूल न कर पाने के कारण विद्रोही, बागी बन जाते हैं और निरन्तर संघर्षशील बने रहते हैं। वह लड़ाई मानव के लिए मानवीय अधिकारों की लड़ाई होती है। वे अपनी चयनात्मकता में अत्यन्त कठोर हैं पर मानवता अधिकारों की लड़ाई होती है। वे अपनी चयनात्मकता में अत्यन्त कठोर हैं पर मानवता के लिए ममताबद्ध और स्नेहानुबद्ध हैं। बाहर से दृढ़, रुक्ष, कर्कश लगने वाले, मानवीय आवेग और संवदेना के आगे नम्र और कोमल!

कथा-रचना के क्षेत्र में काफी देर से आने के बावजूद कथाकार चन्द्रशेखर रथ, कथ्य की गम्भीर सूक्ष्मता, सम्भ्रान्त भाषा तथा मोहक वर्णन-शैली के कारण पाठकों में लोकप्रिय हुए। उनकी कहानियों के संकलनों में 'मुँ सत्यधर्मा कहुछि', 'अनेक वन्या परे', 'अश्वारोहीर गल्प', 'सम्राट ओ अन्यमाने', 'अन्य एक सकाल' आदि महत्त्वपूर्ण और उल्लेखनीय हैं। बौद्धिकता की दृष्टि से चोटी की ये रचनाएँ, केवल आदर्श, दर्शन, अध्यात्म, भागवत चिन्तन की बात करती हैं बल्कि आम जिन्दगी के उलझे हुए मसलों, को भी सुलझाती हैं। 'मुँ सत्यधर्मी कहुछि' से संगृहीत रचनाएँ एक तरह से कहें तो कहानी नहीं हैं, फिर भी इन रम्य रचनाओं के जरिए चन्द्रशेखर रथ के अन्तर्मन को पहचाना जा सकता है। आपका कथा-क्षेत्र बिन्दु से लेकर अनन्त की व्याप्ति तक फैला हुआ है जिसके अन्तर्गत केवल अतिमानवीय विचार ही नहीं, पार्थिव विचारों के पहलुओं के चित्र भी प्रखरता से उभरते हैं।

कृष्णप्रसाद मिश्र शायद 1957 से कहानियाँ लिख रहे हैं। 'नाएग्रा ओ देवयानी', 'अरण्य ओ उपवन', 'पश्चिमा', 'चित्रित चादर', 'सनातन ओझा गले कुआड़े' आदि कथा-संग्रहों में उनकी कहानियाँ संग्रहीत हुई हैं। दर्शन के छात्र होने के नाते स्थिति को तात्त्विकता के माध्यम से देखते हुए और भारतीय

दार्शनिक आस्था, सांस्कृतिक और पारम्परिक विश्वास के नजरिए से उसकी परिणति पर विचार करके, अनुकूल माहौल पैदा करने की कलात्मकता उनकी विशेषता है। उनकी प्रसिद्ध कहानियाँ, 'नाएग्रा ओ देवयानी', 'ट्रोजन अश्व', 'गोटिए हिप्पी तरुणीर इतिवृत्ति', 'मार्थार समाधि', 'यशोदार शोक' आदि-आदि कहानियों की पृष्ठभूमि भारत नहीं, अमेरिका है। इन कहानियों में प्रत्यक्ष रूप में जीवनदर्शन, पारम्परिक स्नेह, सहानुभूति, निष्ठा, प्रतिबद्धता का टकराव है, प्राच्य और पाश्चात्य दृष्टिकोण से। ये कहानियाँ जब प्रकाशित हुईं तब ओड़िया साहित्य का पाठकवर्ग रोमांचित हो उठा था। कृष्ण प्रसाद की कहानियों में रोमाण्टिकता के रहते शहरी सभ्यता में ऊँचें वर्ग के लोगों की कृत्रिम सहानुभूति, मध्यवर्गीय समाज की कुण्ठा, असन्तोष, दिखावे की क्रियाएँ और उनसे उपजी स्थितियों की गहराई तक पहुँचने की कोशिश दिखाई पड़ती है। इनकी कहानियों में मानव में पशुत्व, असंस्कार और भटकन के गहन चित्र हैं। साम्प्रतिक आदमी की निःसंग और असहाय व्यक्ति-सत्ता को भी उनकी कहानियाँ रेखांकित करती हैं।

श्रीनिवास उदगाता मूलतः कवि हैं। 1957 में उनकी कथा रचनाओं का पहला संकलन प्रकाशित हुआ—'पूर्णिमा'। इस संकलन और उसके बाद प्रकाशित कथा-संग्रह 'पार्वती' में संकलित कहानियाँ मूलतः प्रेम-कहानियाँ थीं। कुछेक ऐतिहासिक कहानियाँ भी उसमें ली गयी थीं। प्रेम-कहानियाँ वर्णनात्मक नहीं थीं वरन किसी सूक्ष्म आत्मीय भावना, एक कोमल क्षण, एक अन्तरंग समर्पित स्थिति ही उन कहानियों की आधार-भूमि हुआ करती थी। 1978 में इनका तीसरा कहानी-संग्रह 'किपरि कहिबि मुं' और 1982 में 'रणीपद्र ओ अन्यान्य काहाणी' प्रकाशित हुए। इन संकलनों की कहानियों में भी प्रेम ही था, पर था व्यापक। इनमें मानवता के प्रति प्रेम, समाज, जीवन, सामाजिक कुण्ठा और विडम्बना, जीवन की उलझनें और असहायता, पर इनमें हताशा नहीं थी; अध्यात्म-विश्वास था, आस्था थी। इन कहानियों में उस जगत की कामना मौजूद है जहाँ मित्र होते, स्नेह होता, परिपूरकता का एहसास होता। 1990 में आपका पाँचवाँ संकलन 'दिव्य पुरुष' के नाम से प्रकाशित हुआ। इस संकलन की यथार्थपरक और मानवतावादी कहानियों में समाज की विषमता, धर्मान्धता, भ्रष्ट राजनीति के विरुद्ध आवाज अधिक स्पष्ट है, अनिवार्य आगामी विनाश की चेतावनी है, गुमराह समाज के लिए ताकीद है, दम्भ है, आह्वान, सहानुभूति, प्रेम, आशा, आस्था है, नवीन सूर्योदय और स्नेहार्द्र जगत की प्रतीक्षा है। पारम्परिक सौहार्द्र, सद्भावना ही भयानक भावी विध्वंस से उबरने के मार्ग हैं, उनमें यह विश्वास

दृढ़ होकर सामने आता है। ये सभी कहानियाँ मूलतः और अन्ततः प्रेम-कहानियाँ ही हैं।

ओड़िया कथा-साहित्य में लेखिकाएँ गिनती में कम होने के बावजूद वे अपनी महत्त्वपूर्ण सार्थक रचनात्मकता के लिए पहचानी जाती हैं। बीसवीं सदी के साहित्य-क्षेत्र को श्रीमण्डित करने वाली प्रतिभाओं के आद्य नाम के रूप में कुन्तला कुमारी सावंत का स्मरण करना आवश्यक है। इन्हें अपनी हिन्दी के अन्यतम चिन्तक और रचनाकार जैनेन्द्र जी की सन्निद्धता भी प्राप्त हुई थी। ओड़िया के अलावा कुन्तला कुमारी की कुछेक रचनाएँ हिन्दी में भी हैं। इस क्षेत्र में बसन्त कुमारी पटनायक और विद्युतप्रभा देवी ने बाद में सार्थक पदार्पण किया। इन प्रतिभाशालिनी लेखिकाओं का आना दूसरों के लिए आमन्त्रण था। साम्प्रतिक कथा-साहित्य के क्षेत्र में जिन्हें प्रसिद्धि और प्रतिष्ठा मिली और जो अब भी सृजनशील हैं, उनमें नन्दिनी शतपथी, प्रतिभा राय, वीणापाणि महांति, यशोधरा मिश्र, सुधांशुबाला पण्डा, सौदामिनी उद्‌गाता, सरोजिनी साहू आदि अनेक महत्त्वपूर्ण नाम हैं। इनकी कहानियों के आधार हैं—सामाजिक, साम्प्रतिक जीवन के मूल्यबोध, विवशता, मानवीय मनःस्थिति, जो यथार्थता और सरल कोमल शैली के लिए पहचानी जाती है।

नंदिनी शतपथी की कहानियाँ तीन संकलनों में प्रकाशित हुई हैं। उनकी कहानियों में हिन्दी और अंग्रेजी अनुवाद भी संकलनों में प्रकाशित होकर भारत के विशाल पाठकवर्ग में समादृत हुए हैं। प्रतिभा राय की लगभग पच्चीस पुस्तकें प्रकाशित हो चुकी हैं, जिनमें उपन्यास भी हैं। हिन्दी में अनुदित उनकी अनेक कहानियाँ प्रकाशित हुई हैं। उनकी साहित्य-सेवाओं की स्वीकृति के रूप में उन्हें ओड़िया साहित्य का सर्वोच्च शारला पुरस्कार (1990) देकर सम्मानित किया गया।

वीणापाणि महांति केवल कहानी ही लिखती हैं। अब तक उनके लगभग पन्द्रह कथा-संग्रह प्रकाशित हो चुके हैं। इन संकलनों में 'तटिनीर तृषा', 'कालान्तर', 'आरोहण', 'मध्यान्तर', 'वस्त्रहरण', 'अन्य अरण्य', 'पांथशाला ओ रक्त करवी' आदि महत्त्वपूर्ण हैं। 'कस्तूरी मृग ओ सबुज अरण्य' के लिए इन्हें ओड़िसा साहित्य अकादमी पुरस्कार से सम्मानित किया गया है। यशोधरा मिश्र ने भी अपनी कहानियों में आम जीवन की उलझनें और उससे उपजी मानसिकता का चित्रण कलात्मक ढंग से करने की कोशिश की है। सुन्दर और यथार्थ उपमाओं के जरिए कथ्य और स्थिति की अभिव्यक्ति के लिए उनकी कहानियाँ प्रशंसित हैं।

प्रखरतम लेखिका के रूप में और यथार्थ स्पष्टवादिता के लिए सरोजिनी साहू एक विशिष्ट नाम है इनकी कहानियाँ मन को झकझोरती हैं। मध्यम वर्ग के पारिवारिक जीवन की समस्याएँ, उलझनें, सुख-दुख, आशा-निराशा, सँजोए-बिखरते सपने, आम जिन्दगी के संघर्षशील अनुभवों को लेकर वे बड़ी ही प्रखर शैली में अपनी बात कहती हैं। ओड़िया कथा-साहित्य में सरोजिनी साहू एक विशिष्ट प्रतिभा का नाम है। अब तक उनका एक ही संकलन 'सुखर मुँहि' प्रकाशित हुआ है। यों नियमित रूप से पत्र-पत्रिकाओं में उनकी कहानियाँ प्रकाशित होती रहती हैं और बहुचर्चित कथा-लेखिका के रूप में उनकी ख्याति है।

समकालीन कहानी के सन्दर्भ में गायत्री बसु मलिक, कविता बारिक, गायत्री सर्राफ आदि का उल्लेख भी आवश्यक है!

आजादी के पहले साहित्य की अन्य विधाओं की भाँति कहानी की दुनिया भी कुछ और थी। वहाँ मानसिक दासता थी, भारतीय आत्मा की भीतरी परत पर जड़ता थी। बावजूद इसके, चेतना थी, संघर्षशील प्रयास थे। आत्मत्याग, मनोबल, साहस था, बलिदान की भावनाएँ थीं। फलस्वरूप आजादी मिली। तब हर भारतीय एक स्वर्णिम, उज्जवल नवीन सुबह की प्रतीक्षा करने लगा; सुख-शान्ति के सपने देखने लगा। वह एक मोह था। अन्ततः मोह भंग हुआ। आम आदमी ने अपने आर्थिक, सांस्कृतिक और राजनैतिक शोषण को जाना और पहचाना! गणतन्त्र, साम्यवाद, समाजवाद आदि के नाम पर स्वार्थी सत्ताधारियों को बारम्बार वोट के जरिए चुनकर आज जनता यही महसूस करने लगी कि उसने अपनी ही आजादी खो दी है, और उसने खुद ही अनाचारी, चालाक, मौकापरस्तों को सत्ता में बैठा दिया है! इन्हीं मौकापरस्त स्वार्थी तत्त्वों ने अपने लिए धन, क्षमता, अधिकार को ही काबू में नहीं कर लिया है वरन ये तत्त्व धर्म, स्वेच्छासेवी संस्थाओं, शिक्षा, संस्कृति और साहित्य तक को अपनी उँगलियों पर नचा रहे हैं।

सभी भारतीय भाषाओं की कहानी का स्वर यही है। विभिन्नता के रहते एक ही वैचारिकता के सूत्र में बँधे भारतीय रचनाकारों की भाँति ओड़िया साहित्य के प्रबुद्ध कथाकार फकीर मोहन सेनापति से लेकर आज तक के लेखक अपनी जिम्मेदारी को बखूबी निभाते आ रहे हैं और अपनी युगीन तथा प्रासांगिक रचनाओं से कथा-क्षेत्र को समृद्ध करते आ रहे हैं।

बीसवीं सदी अन्तिम दौर से गुजर रही है। इक्कीसवीं पता नहीं किस रूप में आयेगी! बहुत-कुछ उलझा हुआ और सन्देहास्पद है। असुरक्षा, अनात्मीयता,

अशृंखला, असत्य, अत्याचार अविवेकता–इन स्थितियों और मनःस्थितियों से होकर गुजरते हुए आज का रचनाकार अधिक सजग है, सतर्क है।

भारतीय कथा-साहित्य की इसी धारा में शामिल ओड़िया के जिन नये कथाकारों पर भरोसा कर सकते हैं, वे हैं–रवि पटनायक, रामचन्द्र बेहरा, रत्नाकर चइनि, प्रसन्न कुमार मिश्र, पद्मज पाल, जगदीश महांति, हृषिकेश पण्डा, उत्तम कुमार प्रधान, दाश बेनहूर, गौरहरि दास, नारू महांति, सेनापति प्रद्युम्न केशरी, कइलास पटनायक, रणजीत पटनायक, सदानन्द साहू आदि अनेक नाम हैं। इनमें से प्रमुख हैं–कन्हेइलाल दास। इनमें वह साहस और स्पष्टवादिता थी, वह निष्ठा थी जो एक सम्वेदनशील लेखक को जीवन की गहराई में झाँककर अन्धकार को आलोकित करने की समर्थता प्रदान करती है। उनके असामयिक निधन के पश्चात् उनकी रचनाओं का एक ही संग्रह प्रकाशित हुआ, उनके मित्रों की आत्मीयता के कारण।

मैं ओड़िया कथा और उसके अप्रतिम कथाकारों के प्रति आभार प्रकट करता हूँ आशा है, हमारी अनिच्छाकृत त्रुटियों के लिए सहृदय पाठकवर्ग मुझे क्षमा कर देंगे।

मैं बहुत आभारी हूँ अपने तमाम परामर्शदाताओं, अपने रचनाशील अनुवादक मित्रों और विशेषतः भाई श्रीनिवास उद्‌गाता और भाभी सौ. सौदामिनी उद्‌गामा का।

परिशिष्ट

ज्ञानपीठ पुरस्कार प्राप्त साहित्यकार

	साहित्यकार	वर्ष	कृति	भाषा
1.	जी. शंकार कुरुप (कवि)	1965	(काव्य) ओटक्कुषल	मलयालम
2.	ताराशंकर वन्द्योपाध्याय (कथाकार)	1966	(उपन्यास) गणदेवता	बंगाल
3.	कुवेंपु (कवि)	1967	(काव्य) रामायण दर्शनम्	कन्नड
4.	उमाशंकर जोशी (कवि)	1967	(काव्य) निशीथ	गुजराती
5.	सुमित्रानन्दन पन्त (कवि)	1968	(काव्य) चिदम्बरा	हिन्दी
6.	फिराक़ गोरखपुरी (कवि)	1969	(कविता संग्रह) गुल-ए-नग्मा	उर्दू
7.	विश्वनाथ सत्यनारायण (कवि, नाटककार, उपन्यासकार)	1970	(काव्य) रामायण कल्पवृक्षमु	तेलुगु
8.	विष्णु दे (कवि)	1971	(काव्य) स्मृतिसत्ता भविष्यत्	बंगाली
9.	रामधारी सिंह दिनकर (कवि)	1972	(काव्य) उर्वशी	हिन्दी
10.	डी. आर. बेन्द्रे (कवि)	1973	(काव्य संग्रह) नाकुतंती	कन्नड़
11.	गोपीनाथ महान्ति (उपन्यास)	1973	(उपन्यास) माटी मढाल	उडिया
12.	विष्णु सखाराम खांडेकर (कथाकार)	1974	(उपन्यास) ययानि	मराठी
13.	अखिलन (कथाकार)	1975	(उपन्यास) ययाति	मराठी
14.	आशापूर्ण देवी (कथाकार)	1776	(उपन्यास) प्रथम प्रतिश्रुति	बंगाली

15.	शिवराम कारंत (उपन्यासकार, कहानीकार, संस्मरणकार, नाटककार)	1977	(उपन्यास) मुकजिया कनसुकलु	कन्नड़
16.	अज्ञेय (कवि, कथाकार)	1978	(काव्य संग्रह) कितनी नावों में कितनी बार	हिन्दी
17.	वीरेन्द्र कुमार भट्टाचार्य (उपन्यासकार)	1979	(उपन्यास) मृत्युंजय	असमिया
18.	एस.के. पोट्टेक्काट (कथाकार)	1980	(उपन्यास) ओरु देशानिन्टे कथा	मलयालम
19.	अमृता प्रीतम (कथाकार, कवयित्री)	1981	(काव्य संग्रह) काग़ज़ ते कानवास	पंजाबी
20.	महादेवी वर्मा (कवयित्री, निबन्धकार संस्मरणकार)	1982	तमाम साहित्य	हिन्दी
21.	मास्ति वेंकटेश अय्यंगार (कथाकार, कवि)	1983	तमाम साहित्य	कन्नड़
22.	तकषी शिवशंकर पिल्लै (कथाकार)	1984	तमाम साहित्य	मलयालम
23.	पन्नालाल पटेल (कथाकार)	1985	तमाम साहित्य	गुजराती
24.	सच्चिदानन्द राउतराय (कवि)	1986	तमाम साहित्य	उड़िया
25.	कुसुमाग्रज (कवि नाटककार)	1987	तमाम साहित्य	मराठी
26.	सी. नारायण रेड्डी (कवि)	1988	तमाम साहित्य	तेलुगु
27.	कुर्रतुल-एन-हैदर (कथाकार)	1989	तमाम साहित्य	उर्दू
28.	वी. के गोकाक (कवि, नाटककार, आलोचक, कथाकार)	1990	तमाम साहित्य	कन्नड़
29.	सुभाष मुखोपाध्याय (कवि)	1991	तमाम साहित्य	बंगाली
30.	नरेश मेहता (कवि, उपन्यासकार)	1992	तमाम साहित्य	हिन्दी
31.	सीमाकान्त महापात्र (कवि)	1992	तमाम साहित्य	उड़िया
32.	यू.आर. अनन्तमूर्ति (कवि, कथाकार आलोचक)	1994	तमाम साहित्य	कन्नड़
33.	एम.टी. वासुदेवन नायर (कथाकार)	1945	तमाम साहित्य	मलयालम

34. महाश्वेता देवी (कथाकार)	1996	तमाम साहित्य	बंगाली
35. अली सरदार जाफरी (कवि)	1997	तमाम साहित्य	उर्दू
36. गिरीश कर्नाड (नाटककार)	1998	तमाम साहित्य	कन्नड़
37. निर्मल वर्मा (कथाकार)	1999	तमाम साहित्य	हिन्दी
38. गुरदयाल सिंह (कथाकार)	1999	तमाम साहित्य	पंजाबी
39. इन्दिरा गोस्वामी (कथाकार)	2000	तमाम साहित्य	असमिया
40. राजेन्द्र केशवलाल शाह (कवि)	2001	तमाम साहित्य	गुजराती
41. टी. जयकान्तन (कथाकार)	2002	तमाम साहित्य	तमिल
42. विन्दा कारंदिकर (कवि, आलोचक)	2003	तमाम साहित्य	मराठी
43. रहमान राही (कवि, आलोचक)	2004	तमाम साहित्य	कश्मीरी
44. कंवर नारायण	2005	तमाम साहित्य	हिन्दी
45. रवीन्द्र केलेकर (निबन्धकार भाषी शास्त्री)	2006	तमाम साहित्य	कोंकणी
46. सत्यव्रत शास्त्री (कवि)	2006	तमाम साहित्य	संस्कृत
47. ओ. एन.वी. कुरुप (कवि)	2006	तमाम साहित्य	मलयालम
48. अखलाख खान शहरियार (कवि)	2007	तमाम साहित्य	उर्दू
49. अमरकान्त (कथाकार)	2009	तमाम साहित्य	हिन्दी
50. श्रीलाल शुक्ल (कथाकार)	2009	तमाम साहित्य	हिन्दी
51. चन्द्रशेखर कंबार (कवि, नाटककार)	2010	तमाम साहित्य	कन्नड़
52. प्रतिभा राय	2011	तमाम साहित्य	उड़िया
53. राउरी भारद्वाज (कथाकार, कवि, समीक्षक)	2012	तमाम साहित्य	तेलुगु
54. केदारनाथ सिंह (कवि)	2013	तमाम साहित्य	हिन्दी
55. भालचन्द्र नेमाडे	2014	तमाम साहित्य	मराठी
56. रघुवीर चौधरी (उपन्यासकार, कवि)	2015	तमाम साहित्य	गुजराती
57. शंख घोष (कवि)	2016	तमाम साहित्य	बंगाली
58. कृष्णा सोबती (कथाकार)	2017	तमाम साहित्य	हिन्दी

मूर्ति देवी पुरस्कार प्राप्त साहित्यकार

भारतीय ज्ञानपीठ समिति के द्वारा इस पुरस्कार के तहत चार लाख रुपये की राशि, सरस्वती देवी की प्रतिभा व प्रशस्ति पत्र प्रदान किया जाना है। पहला पुरस्कार 1983 को दिया गया। पुरस्कार प्राप्त साहित्यकार निम्नलिखित हैं–

वर्ष	साहित्यकार	भाषा
2017	जॉय गोस्वामी	बंगला
2016	एम. पी. वीरेन्द्र कुमार	मलयालम
2015	प्रो. कोलकलुरी इनोच	तेलुगु
2014	विश्वनाथ त्रिपाठी	हिन्दी
2013	सी. राधाकृष्णन	मलयालम
2012	हरप्रसाद दास	उड़िया
2011	गुलाब कोठारी	हिन्दी
2007	वीरप्पा मोइली	कन्नड
2006	कृष्ण बिहारी मिश्र	हिन्दी
2005	डॉ. राममूर्ति शर्मा	हिन्दी
2004	नारायण देसाई	गुजराती
2003	कल्याण मल लोढ़ा	हिन्दी
2002	यशदेव शल्य	हिन्दी
2001	राममूर्ति त्रिपाठी	हिन्दी
2000	गोविन्द चन्द्र पाण्डेय	हिन्दी
1995	निर्मल वर्मा	हिन्दी
1995	शिवाजी सावंत	मराठी
1993	श्यामाचरण दुबे	हिन्दी
1992	कुबेरनाथ राय	हिन्दी
1991	डॉ. प्रतिभा राय	उड़िया
1990	मुनिश्री नागराज	हिन्दी
1989	विद्यानिवास मिश्र	हिन्दी

1988	विष्णु प्रभाकर	हिन्दी
1986	कन्हैयालाल सेथिआ	राजस्थानी
1985	मनुभाई पाँचोली 'दर्शक)	गुजराती
1984	वीरेन्द्र कुमार सखलेचा	हिन्दी
1983	सी.के नागराज राव	कन्नड़

सरस्वती सम्मान प्राप्त साहित्यकार

के.के. बिडला फाउडेशन द्वारा दियया जानेवाला साहित्य पुरस्कार है। प्रतिवर्ष भारतीय संविधान की आठवी अनुसूची में शामिल भाषाओं के भारतीय लेखकों की पिछले 10 वर्षों में प्रकाशित साहित्यिक कृति को पुरस्कृत किया जाता है। इसमें एक शॉल प्रशस्ति पत्र प्रतीक चिह्न और 15 लाख रुपये की राशि दी जाती है। 1991 को पहली बार दिया गया। पुरस्तकृत साहित्यकार निम्न हैं–

वर्ष	साहित्यकार	भाषा
2017	शीतांशु यशचन्द्र	गुजराती
2016	महाबलेश्वर सैल	कन्नड़
2015	पद्मा सचदेव	हिन्दी
2014	वीरप्पा मोइली	कन्नड़
2013	गोविन्द मिश्र	हिन्दी
2012	सुगता कुमारी	मलयालभ
2011	ए.ए मणवालन	तमिल
2010	एस. एल. भैरप्पा	कन्नड़
2009	सुरजीत पातर	पंजाबी
2008	लक्ष्मीकान्त बोरा	असमिया
2007	नैयर मसूद	उर्दू
2006	जगन्नाथ प्रसाद दास	उड़िया
2005	प्रो. के अय्यप पणिक्कर	मलयालम
2004	सुनील गंगोपाध्याय	बंगला
2003	प्रो. गोविन्द चन्द्र पाण्डे	संस्कृत
2002	महेश एलकुंचवार	मराठी
2000	मनोजदास	उडिया
1999	इन्दिरा पाथसारथी	तमिल
1998	प्रो. शंख घोष	बंगला

1997	मनुभाई पंचोली 'दर्शक'	गुजराती
1996	शम्सुर्रहमान फारुकी	उर्दू
1995	बालमणि अम्मा	मलयालम
1994	हरिभजन सिंह	पजाबी
1993	विजय तेंडुलकर	मराठी
1992	रमाकान्त रथ	उडिया
1991	हरिवंशराय बच्चन	हिन्दी

□□